A SHORT HISTORY OF
E U R O P E

페리클레스에서

푸틴까지

짧은 유럽사

사이먼 젠킨스 지음
임웅 옮김

From Pericles to Putin

한울
아카데미

A Short History of Europe

From Pericles to Putin

by Simon Jenkins

Text copyright © 2019 by Simon Jenkins
Korean translation copyright © 2022 by HanulMPlus Inc.
All rights reserved.
Korean translation rights arranged with PENGUIN BOOKS LTD through EYA(Eric Yang Agency).

이 책의 한국어판 저작권은 EYA(Eric Yang Agency)를 통한 PENGUIN BOOKS LTD와의 독점 계약으로 한울엠플러스(주)에 있습니다. 저작권법에 의해 보호를 받는 저작물이므로 무단전재 및 복제를 금합니다.

차례

도판 목록

지도

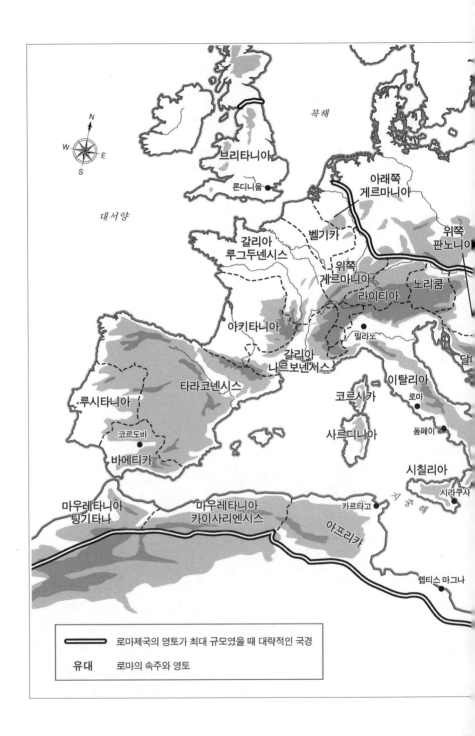

북해

브리타니아

론디니움

대서양

아래쪽
게르마니아

위쪽
판노니아

갈리아
루그두넨시스

벨기카

위쪽
게르마니아

라이티아

노리쿰

아키타니아

갈리아
나르보넨시스

밀라노

달[

타라코넨시스

코르시카

이탈리아

로마

루시타니아

사르디니아

폼페이

코르도바

바에티카

시칠리아

시라쿠사

마우레타니아
팅기타나

마우레타니아
카이사리엔시스

카르타고

지중해

아프리카

렙티스 마그나

───── 로마제국의 영토가 최대 규모였을 때 대략적인 국경

유대   로마의 속주와 영토

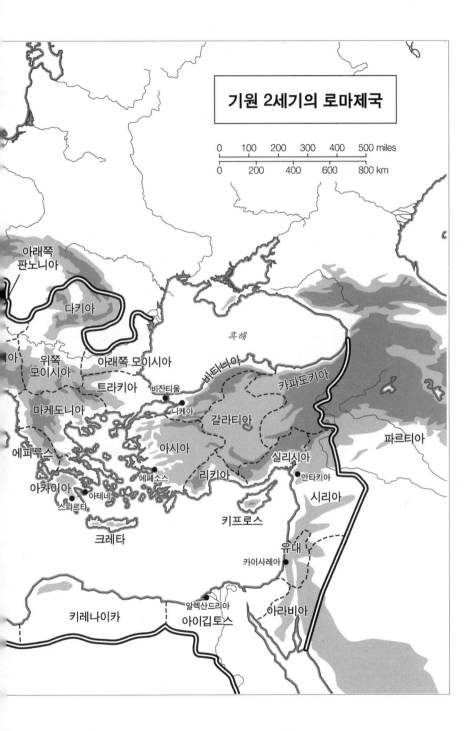

기원 2세기의 로마제국

0   100   200   300   400   500 miles
0   200   400   600   800 km

아래쪽
판노니아

다키아

흑해

위쪽
모이시아

아래쪽 모이시아

비티니아

카파도키아

트라키아   비잔티움

마케도니아   니케아

갈라티아

파르티아

에피루스   아시아

실리시아

리키아   안티키아

아카이아   에페소스

시리아

아테네
스파르타   키프로스

유대

크레타   카이사레아

키레나이카   알렉산드리아   아라비아

아이깁토스

피트인

아일랜드인

북해

주트족

데인족

앵글로-
색슨족

브리튼인

프리슬란트인

색슨족

대서양

브리튼인

투르네

쾰른

튀링겐족

바이에른인

왕

파리

루아르강

레겐스부르크

롬

프랑크

알라만족

부르고뉴
왕국

밀라노

동고트
왕국

보르도

왕국

알프스산맥

아를

라벤나

수에비족

바스크인

에브로강

툴루즈

피레네산맥

로마

서고트
왕국

코르시카

나폴리

톨레도

사르디니아

코르도바

반달
왕국

히포 레기우스

베르베르족

카르타고

시칠리아

	525년경 게르만 왕국과 민족
	525년경 동로마제국
◉	로마제국 후기 수도들

6세기 초의 게르만 왕국

| 0 | 100 | 200 | 300 | 400 | 500 miles |
| 0 | 200 | 400 | 600 | 800 km |

슬라브족

카르파티아 산맥

훈족

드족

게피다이족

다뉴브강

흑해

아드리아노플

콘스탄티노플

동 로 마 제 국

테살로니키

티그리스강

유프라테스강

아테네

안티오크

시리아

키프로스

크레타

지중해

프톨레마이스

키레네

예루살렘

키레나이카

알렉산드리아

이집트

나일강

홍해

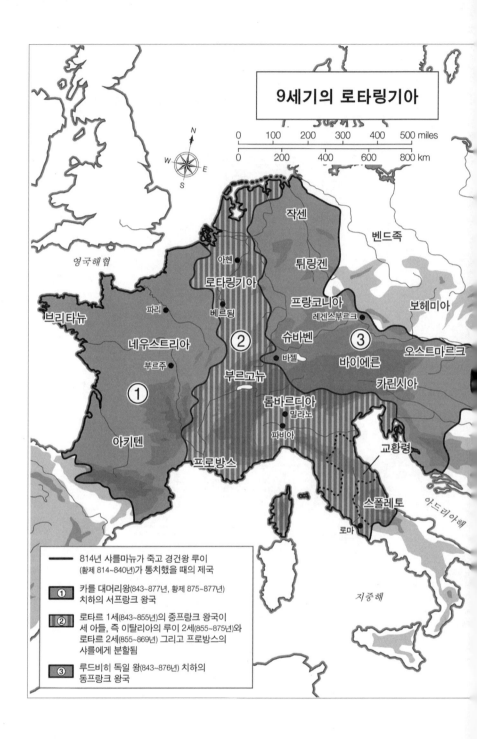

9세기의 로타링기아

0   100   200   300   400   500 miles
0   200   400   600   800 km

작센

벤드족

아헨

튀링겐

로타링기아

프랑코니아

보헤미아

파리

베르됭

레겐스부르크

영국해협

네우스트리아

슈바벤

③

브리타뉴

바젤

바이에른

오스트마르크

부르주

②

부르고뉴

카린시아

①

룸바르디아

밀라노

아키텐

파비아

교황령

프로방스

아드리아해

스폴레토

지중해

로마

─── 814년 샤를마뉴가 죽고 경건왕 루이
(황제 814~840년)가 통치했을 때의 제국

① 카를 대머리왕(843~877년, 황제 875~877년)
치하의 서프랑크 왕국

② 로타르 1세(843~855년)의 중프랑크 왕국이
세 아들, 즉 이탈리아의 루이 2세(855~875년)와
로타르 2세(855~869년) 그리고 프로방스의
샤를에게 분할됨

③ 루드비히 독일 왕(843~876년) 치하의
동프랑크 왕국

덴마크

발트 해

슐레스비히의 진군

함부르크

브레멘

엘베강

포메라니아

폴란드

오데르강

작센

제국 국경

0   100 miles
0   200 km

북
해

프
리
슬
란
트

라인강

하(下)
로렌

쾰른

마스강

색슨족의
진격

보헤미아

모라비아

프랑크푸르트

트리어

마인츠

프랑코니아

상(上)
로렌

베르됭

마스강

스트라스부르

엘자스

아우크스부르크

슈바벤

라인강

레겐스부르크

도나브강

바이에른

잘츠부르크

오스트리아의 진군

비엔나

상(上)
부르고뉴

카린시아

드라바강

사바강

부르고뉴
왕국

론강

롬바르디아

포강

베로나

베네치아

크라인
진군

N

토리노

하(下)
부르고뉴

아를

이탈리아 왕국

라벤나

로마냐

아드리아해

W   E

S

토스카나의
진군

스폴레토

11세기의 신성로마제국

교황령

지중해

로마

16세기의 신성로마제국

덴마

북해

잉글랜드

암스테르담
네덜란드
브뤼주 앤트워프
칼레 겐트 브뤼셀 리에주 쾰른
아라스 루셀 마인츠
룩셈부르크 트리어
메스 스트라스부
파리 프라이부르
프랑슈콩테 바젤
디종 브장송 베른
스위스
연방
리옹 밀라노
밀

대서양

프랑스

아비뇽

코르시카

페르피냥

포르투갈

도루강 에브로강

마드리드 바르셀로나

리스본

스페인

사르디니아

과달키비르강

발레아루스 제도

카디스

탕헤르 세우타

오랑

보나

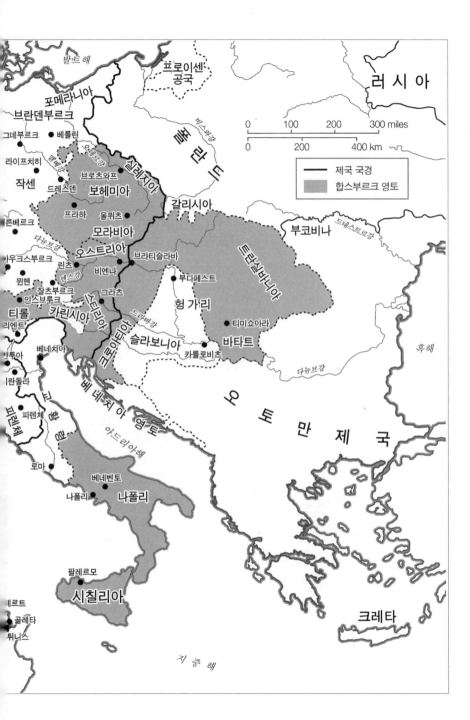

발트 해

프로이센
공국

러 시 아

포메라니아

브란덴부르크

비스와강

마 들 라 니

그데부르크   ●베를린

라이프치히

엘베강

작센   ●드레스덴

브로츠와프

보헤미아

오데르강

슐레지아

갈리시아

부코비나

드네스트르강

●프라하   ●올뮈츠

모라비아

런베르크

다뉴브강

오스트리아

●브라티슬라바

트란실바니아

나우크스부르크   ●린츠

엔스강

비엔나

부다페스트●

뮌헨

잘츠부르크   ●그라츠

●인스브루크

슈 티 리 아

헝 가 리

티롤

카린시아

드라바강

●티미쇼아라

리엔트

크 로 아 티 아

슬라보니아

바나트

●베네치아

●카를로비츠

부투아

베 네 치 아

다뉴브강

영
토

흑해

란돌라

오

토

만

제

국

피렌체

아드리아해

로렌체

●로마

로마

베네벤토●

●나폴리   나폴리

팔레르모●

시칠리아

헤르트

●골레타

튀니스

지중해

크레타

0   100   200   300 miles
0   200   400 km

── 제국 국경
▨ 합스부르크 영토

지도 **17**

나폴레옹 1세 시대의 유럽

0   100 200 300 400 500 miles
0   200   400   600   800 km

프랑스 제국
나폴레옹 가문이 통치하는 국가들
다른 종속국들

핀란드

스웨덴

발트해

스 웨 덴

단치히
공화국

동프로이센

프로이센

바르샤바
대공국

바스샤바령
서갈리시아
1809

러시아의
몰다비아 점령
1806~1812

러시아

1761년부터
명목상 종속된
대(大) 카바르디아

실레지아

헤미아

모라비아

오스트리아

러시아령
베사라비아

카린시아

트란실바니아

몰다비아

체르케스인

왈라키아

보스니아
헤르체
고비나

세르비아

도브루자

흑해

몬테네그로

불가리아

트라키아

마케도니아

에게해

오토만제국

프랑스령
코르푸
1807~1814

테살리아

모레아

이오니아 제도
1807년 프랑스령
1809년 영국 점령

크레타

키프로스

그린란드

아이슬란드

알래스카

캐나다

대서양

대평양

미국

모로코(스페인)
모로코
리오데오로

멕시코

쿠바

영국령
기아나

네덜란드령
기아나

프랑스령
기아나

콜롬비아
에콰도르

브라질

페루

볼리비아

파라과이

칠레

아르헨티나

감비아

포르투갈령
기니

프랑스
서아프리

토고

시에라리온
라이베리아

골
코스
리오무
카메

프랑스령 적도 아프리
벨기에령 콩
앙골
로디지
독일령 남서아프리

유럽 통치를 받는 국가들

전에 유럽 통치를 받았던 국가들

유럽 통치를 받지 않은 국가들

20세기 초의 유럽 제국들

노르웨이
스웨덴
러시아 제국
오토만 제국
아프가니스탄
중국
한국
일본
태평양
페르시아
리비아
이집트
아라비아
인도
버마
타이완
앵글로 이집트 수단
에리트레아
샴
프랑스령 인도차이나
나이지리아
소말릴랜드(프랑스령)
필리핀제도
아비시니아
소말릴랜드(영국령)
카이저-빌헬름슬란트
우간다
이탈리아령 소말릴랜드
영국령 동아프리카
네덜란드령 동인토
독일령 동아프리카
파푸아
니아살랜드
마다가스카르
오스트레일리아
모잠비크
인도양
남아프리카공화국
뉴질랜드

1차 세계대전 초기의 유럽

노르웨이

북해

덴마크
코펜하겐

엘베강

포츠

더블린

영국

네덜란드
헤이그

벨기에
브뤼셀
리에주

룩셈부르크

런던

영국해협

파리

마른강

라인강

다뉴브강

루아르강

프랑스

베른

스위스

대서양

포강

포르투갈

마드리드

코르시카
(프랑스)

리스본

스페인

사르디니아
(이탈리아)

발레아루스
제도

지중해

스페인령 모로코

알제리
(프랑스)

모로코
(프랑스)

튀니지
(프랑스)

스 웨 덴
스톡홀름

핀 란 드
상트페테르부르크

에스토니아

리보니아

러 시 아
모스크바

발트해

베만강

돈강

동프로이센
타넨베르크

베를린
포즈난
바르샤바

백러시아

폴 란 드

비스와강

키예프

하르키우

도네츠강

드니에프르강

갈리시아

오스트리아

우 크 라 이 나

비엔나
부다페스트

오데사

헝 가 리

크림반도
세바스토폴

루마니아
부쿠레슈티

흑해

보스니아
사라예보

베오그라드

불가리아

보스포러스
해협

헤르체고비나
몬테네그로
세르비아

소피아

아드리아해

콘스탄티노플

이탈리아

에게해

오 토 만 제 국

그 리 스
아테네

몰 타
(영국령)

크 레 타

키프로스
(영국령)

리 비 아
(이탈리아령)

이 집 트
(영국령)

1차 세계대전으로 인한
유럽 영토의 변화

노르웨이
오슬로

북해

덴마크
코펜하겐

①

네덜란드
헤이그

포츠담
도
(바이마

벨기에
브뤼셀   리에주

룩셈부르크

아일랜드
자유국
더블린

영국

템스강
런던

영국해협

파리
베르사유

④

다뉴브강

뮌헨

대서양

루아르강

알자스
로렌

오

남티롤

베른
스위스

프랑스
보르도

포강

마르세유

유고슬라비아
왕국

코르시카
(프랑스)

로마

마드리드

바르셀로나

포르투갈

리스본

스페인

세비야

사르디니아
(이탈리아)

지브롤터(영국령)
탕헤르(국제관리지역)

스페인령
모로코

발레아루스
제도

지중해

모로코
(프랑스)

알제

알제리
(프랑스)

튀니지
(프랑스)

독일이 잃은 영토

구소련이 잃은 영토

1914년의 오스트리아 - 헝가리

---- 1차 세계대전 이후의 국경

①~④ 국민투표를 통해
독일에 반환된 영토

핀란드
헬싱키
레닌그라드
스웨덴
스톡홀름
탈린
에스토니아
발트해
리가
라트비아
모스크바
소비에트
연방
러시아 소비에트 연방
사회주의 공화국
리투아니아
메멜
카우니스
폴란드
회랑
빌나
네만강
단치히
동프로이센
②
포츠난
벨로루시 소비에트
사회주의 공화국
린
화국)
타넨베르크
바르샤바
브레스트-리토프스크
키예프
하르키우
도네츠강
돈강
길
③
폴란드
실레지아
비스와강
프라하
테셴
갈리시아
드네프르강
우크라이나 소비에트
사회주의 공화국
베코슬로바키아
비엔나
부다페스트
베사라비아
오데사
트리아
헝가리
트란실바니아
크림반도
리에스테
피우메
루마니아
세바스토폴
부쿠레슈티
흑해
사라예보
베오그라드
몬테네그로
불가리아
소피아
보스포러스 해협
이탈리아
폴리
알바니아
살로니카
이스탄불
앙카라
터키
그리스
에게해
이즈미르
시칠리아
아테네
콜타
경국령)
크레타
키프로스
(영국)
리비아
(이탈리아)
이집트
(영국)

아이슬란드

노르웨이 스웨덴

발트 해

북해

아일랜드 영국 덴마크

베네룩스 동독 폴란드
(독일민주공화국)

대서양 서독 체코슬로바키아
(독일연방공화국)

프랑스 오스트리아 헝가리

스위스

안도라 유고슬라비아
(1948년까지)

포르투갈 이탈리아

스페인 알바니아
(1961년까지)

지브롤터
(영국령)

지중해

철의 장막

0   100   200   300   400   500 miles
0   200   400   600   800 km

철의 장막
구소련권

에스토니아
소비에트 사회주의 공화국

라트비아
소비에트 사회주의 공화국

투아니아
비에트 사회주의 공화국

벨로루시
소비에트 사회주의 공화국

러시아 소비에트 연방
사회주의 공화국

소 비 에 트 연 방

우크라이나
소비에트 사회주의 공화국

몰도바
소비에트 사회주의 공화국

루마니아

카스피해

불가리아

흑해

그루지야
소비에트 사회주의 공화국

아제르바이잔
소비에트 사회주의 공화국

아르메니아
소비에트 사회주의 공화국

터키

이란

그리스

시리아

이라크

란드

2018년의 유럽연합과 나토

0 100 200 300 400 500 miles
0   200   400   600   800 km

노르웨이
1949

북해

네덜란드
1957 1949

벨기에
1957 1949

덴마크
1973

아일랜드
1973

영 국
(2019년 EU 탈퇴)
1973 1949

룩셈부르크
1957 1949

독
195
199

프 랑 스
1957 1949

아이슬란드
1949

영국해협

대서양

포르투갈
1986 1949

스 페 인
1986 1982

지브롤터
(영국령)

지 중 해

일러두기

1 이 책은 다음을 완역한 것이다. Simon Jenkins. 2019. *A Short History of Europe: From Pericles to Putin*. PENGUIN BOOKS LTD.

2 되풀이해서 나오는 주요 고유명사는 필요하면 가장 먼저 나오는 곳에서 원어를 같이 표기했다.

3 본문에 등장하는 도서, 신문 등의 표기에서 단행본 제목에는 『 』, 논문, 시 제목에는 「 」, 신문이나 잡지 제목에는 ≪ ≫, 그림 제목, 오페라 제목, 뮤지컬 제목에는 〈 〉를 사용했다.

4 맞춤법과 외래어 표기는 국립국어원 표준국어대사전과 외래어표기법을 따랐다.

머리말

세인트 빈센트St Vincent곶의 절벽은 유럽의 최단 남서쪽 끝에 자리 잡고 포르투갈 해안에 자연 그대로 우뚝 솟아 있다. 여기서 땅거미가 질 때 대서양으로 해가 지는 것을 볼 수 있다. 최초 유럽인들은 그들이 세계의 끝에 도달했던 곳이 대서양이라고 믿었다. 매일 밤 그들은 다음 날 아침이면 다시 모습을 드러낼 바다로 사라지는 열과 빛의 근원을 보고 있다고 생각했다. 나는 어디에서도 그런 신화에 더 도움이 되는 곳을 알지 못한다. 이 황량한 절벽 너머로는 끝없이 바다가 이어지고 있을 뿐이다. 그 뒤에는 폭풍우가 몰아치는 역사의 파도 위로 굴러왔던 광활한 땅덩어리가 있다.

유럽은 원래 아시아의 북서쪽 모퉁이에서 떨어져 있는 별로 크지 않은 반도다. 유럽은 포르투갈 해안에서 북쪽으로 북극, 남쪽으로 지중해, 그리고 동쪽으로 코카서스Caucasus산맥과 우랄Ural산맥까지 펼쳐져 있다. 이 두 산맥의 도로 옆 거친 금속 표지판이 임의의 경계를 표시하고 있다. 유럽 대륙에는 사막이 없고 단 하나의 주목할 만한 산맥으로 알프스Alps산맥이 있다. 대체로 온화한 하늘 아래 비옥한 충적 평야로 미국 인구의 두 배가 넘는 7억 5000만 명이 살고 있다.

유럽은 세계의 민족 결집에서 우위를 주장할 수 없다. 다른 것들이 규모와 문명 그리고 번영에서 유럽에 필적할 수 있다. 유럽이 두 번째 천년기the second millennium 끝 무렵 제국의 지배로 들어간 것은 극적이었고 오래가지 못했다. 하지만 다양성과 군사적 우위, 역동성과 경제의 활력, 그리고 과학적 능력과 문화적 창조성은 유럽을 인류 역사에서 특별한 장소로 만들어준다. 심지어 상대적 쇠퇴의 시기인 오늘날에도 유럽은 여전히 전 세계의 난민, 이주자, 학자, 그리고 여행자에게 매력적인 곳이다.

유럽이라는 단어는 기원전 6세기에 그리스 본토 북부를 나타내는 것으로 등장했다. 유럽은 결코 경계를 합의한 적이 없었다. 처음에는 로마제국과, 그 다음에는 기독교 세계와 동의어였다. 둘 다 오늘날의 유럽의 한계를 넘어 아시아와 아프리카의 넓은 지역으로까지 확대되었다. 동쪽 경계는 고정된 적이 없었지만 일반적으로 우랄산맥, 흑해, 그리고 코카서스산맥으로 받아들여지고 있다. 여기에는 유럽 러시아가 포함되지만 조지아뿐 아니라 보스포루스Bosporus 해협 동쪽의 터키도 제외된다.

유럽 대륙의 어떤 짧은 역사도 본질적으로는 정치에 관한 것으로 땅에 대한 사람들의 권력 투쟁이다. 홉스Hobbes는 인간은 끊임없는 투쟁에서 태어난다고 주장했다. 그 두생이 폭력적일 필요가 있는지는 여전히 미해결 상태이지만, 유럽의 이야기는 전투에 성공한 사람들, 즉 그들이 통치했던 사람들보다는 통치자들로부터 시작된다. 이것은 유럽 대륙의 권력에 대한 이야기다. 그 이야기는 적어도 최근까지는 전쟁의 관행이, 따라서 전쟁이 준비되고 마무리되는 과정이 수도해 왔다. 오늘날까지도 유럽인들은 서로 평화롭게 살기 위한 헌법 공식을 찾을 수 없는 것 같다. 그들은 '유럽'이 의미하는 바가 무엇인지 끊임없이 논쟁하고 있다.

나는 역사가 논란의 본원지라는 것을 알고 있다. 일부 역사가들은 유럽의 이야기에 대한 정치적 접근을 편파적이라고 간주할 것이다. 정치적 접근이 빈민, 노예가 된 사람, 여성, 이민자, 그리고 국외자와 같이 다양한 권력의 피해자였던 사람들을 배제한다고 보는 것이다. 그들 모두에게는 나의 역사만큼

'타당한' 자체적인 역사가 있다. 또한 유럽 제국의 지배 아래 살았던 외국인들도 유럽을 다른 시각으로 볼 것이다. 나는 이 책이 한 대륙의 서사에서 권력의 행사와 분배에 관한 것이라는 점을 반복해서 말할 수밖에 없다. 그것은 다른 모든 서사의 시작에 서야 한다.

나는 전통적인 역사를 쓴다. 유럽의 이야기를 몇 시기로 나누었다. 가장 광범위하게는 고전 세계, 중세, 국가의 성장, 그리고 현대로 나누는 것이다. 첫 번째 고전 세계에는 그리스와 로마가 포함된다. 두 번째는 먼저 지중해 주변으로 그 이후엔 북유럽 너머로 기독교 세계의 승리를 다룬다. 이는 신성로마 제국의 발흥 및 지중해 유역으로의 이슬람 출현과 결부된다. 세 번째는 국가의 부상, 종교 및 왕위계승 전쟁, 그리고 18세기와 19세기의 이념 혁명의 시기다. 나는 지난 세기의 대격변과 오늘날 우리가 알고 있는 대륙의 재건으로 끝을 맺는다.

그동안 나는 독자들이 더 깊이 파헤치기를 바라며 유럽의 역사에 끈질기게 따라다녔던 논란들을 지적해 왔다. 나는 유럽 이야기를 '시대'로 나누는 것에 의견이 분분하다는 것을 알고 있다. 고전 문화에 대한 그리스와 로마의 상대적 중요성에 대해 의견이 다르다. 게다가 유럽의 진화에 비잔티움이 갖는 의미에 대해, 무슬림 침입이 유럽 대륙에 미친 영향에 대해, 그리고 유럽의 수많은 분쟁에서 교회의 역할과 르네상스 및 계몽주의를 촉진하거나 방해하는 교회의 역할에 대해 의견이 다르다. 나는 지나가는 말로만 이런 차이들에 고개를 끄덕일 수 있다.

이것은 유럽 국가들의 역사가 아닌 유럽의 역사다. 어떻게 일단의 국가들이 오랜 시간에 걸쳐 서로 상호작용하면서 집단적이고 대륙적인 의식을 발전시켰는지 서술하려는 것이다. 지리는 어떤 지역이 다른 지역보다 그런 의식의 발전에 더 중요하다는 것을 뜻한다. 그리고 이것이 나의 이야기를 이끌어주었다. 우리는 동부 지중해에서 서부 지중해로, 그다음 알프스산맥 북쪽에서 중부 유럽의 커다란 강 유역으로 이동한다. 프랑스, 독일, 그리고 인접한 이웃 국가들은 지난 천 년의 기간 동안 유럽 이야기의 핵심에 머물러 있었고, 지금까지도 그렇다. 마찬가지로 이베리아반도, 영국제도, 스칸디나비아반도, 그리고 동유럽도 더 돌발적이고 지엽적인 역할을 수행해 왔다. 나는 이것이 많은 나라를 서술에서 제외시키고, 게다가 자신의 나라가 빠져 있는 사람들에게는 엉성하게 보일 수 있다는 것을 알고 있다. 나의 아버지의 나라 웨일즈는 역할을 하지 않는다. 하지만 이것은 유럽을 구성하는 지역들의 이야기가 아닌 유럽 전체의 이야기다.

나는 주로 아우구스투스Augustus, 샤를마뉴Charlemagne, 인노켄티우스 3세Innocent III, 카를 5세Charles V, 예카테리나 2세Catherine the Great, 나폴레옹Napoleon, 히틀러Hitler 그리고 고르바초프Gorbachev 같은 지도자들처럼 그들의 활동이 이야기의 일부였고 그들의 영향력이 국가의 경계를 넘어 확대되었던 개인들에 초점을 맞추고 있다. 나는 경제학 전공자로서 정치에서 자원과 돈의 역할을 잘 알고 있지만 이것은 경제사가 아니다. 문화사도 아니다. 나는 유럽의 많은 화가, 작가, 음악가들의 명단과 내가 생각하기에 중심 이야기에 광채를 더하는 주요 지적 인물들을 언급한다. 이렇게 해서 소크라테스Socrates, 아리스토텔레스Aristotle, 교황 그레고리우스 1세Gregory the Great, 셰익스피어Shakespeare, 괴테Goethe, 베토벤Beethoven, 헤겔Hegel, 그리고 마르크스Marx를 만나게 된다. 그들은 항상 절박한 이 시대의 드라마에 유사한 의견을 가지고 함께하는 사람들이다.

다양한 주제가 이야기 중에 드러나서 이야기를 하나로 묶는 역할을 한다. 적어도 최근까지는 그 이야기에서 하나의 주제는 폭력의 특별한 역할과 폭력의 기술이다. 또 다른 주제는 한편으로는 헬레니즘 문화와 로마 문화의 이원론이고, 다른 한편으로는 기독교 윤리와 믿음의 이원론이다. 두 가지 영향력 모두 개인에 대해 외부의 도덕적 권위를 내세웠지만, 또한 교회에서 구체화되든 국가에서 구체화되든 개인의 생각을 각성시켜 그 권위에 대항하게 했다. 두 가지 주제를 더 말하자면 그리스인들 때부터 끊임없이 통치권을 정당화하고 그것을 동의와 결부시키려는 시도와 민족국가의 출현을 추진하기 위한 무역과 자본의 창조적 에너지다. 마지막 주제는 어떻게 이런 힘들이 20세기에 유럽 대륙을 자멸에 가까이 다가서게 만들었는지이다. 그 위기로부터 오늘날의 세계에 유럽이 남긴 가장 호의적인 유산, 즉 민주주의 체제하에서의 사회적 시장경제 개념이 구축되었다.

나는 이야기를 정확히 연대순으로 진행했다. 왜냐하면 역사란 시간이 지나면서 원인에 따른 결과를 볼 수 있어야만 의미를 지니게 된다고 믿기 때문이다. 따라서 가능한 곳이면 어디에서나 우회나 역추적 또는 도약을 피했다. 어떤 의미에서 이야기의 핵심을 찌르지 않는 것은 무엇이든 생략했던 반면 이야기에 중요한 사람과 생각에 대해서는 상세히 묘사했다. 이로써 나는 전후 유럽연합이 겪은 어려움에 대해 결론내리는 것을 망설이게 된다.

나는 오랫동안 현재 유럽연합의 헌법과 행동 그리고 그 성과물인 유로존에 대해 회의적이었지만, 유럽연합의 협력하는 활력의 중요성에 대해서는 전혀 의심하지 않는다. 내가 태어난 유럽에 한층 감탄하면서 유럽사 개관을 마무리했다. 유럽의 억압과 잔인함, 그리고 계속되는 실수에도 불구하고, 나는 유럽이 풍부한 문화와 탁월한 지도력 및 자선 능력을 갖추고 세계의 한 모퉁이를 차지하고 있는 놀라운 곳이라고 생각한다. 나는 과거에 유럽의 외교가 얼마나 쉽게 그리고 자주 혼란과 유혈 사태로 무너졌는지를 알게 되었다. 또한 하나의 정치적 실체로서 유럽을 결합시키려는 시도가 얼마나 자주 실패했는지도 알게 되었다. 통합과 다양성 사이의 균형을 찾는 일은 항상 그래왔던 것처럼 여전히 그대로다. 이는 유럽 정치의 본질적인 의미를 규정하는 도전이다. 나는 맺음말에서 이 주제로 되돌아간다.

끝으로 간결함에 대해 주목하려고 한다. 이 짧은 내용의 책은 더 긴 내용의 책을 읽을 시간이나 의향이 없는 사람들을 겨냥한 것이다. 나는 역사를 폭보다 깊이 있게 가르친다고 주장하는 커리큘럼에 동의하지 않는다. 깊이는 폭을 뒤따라야 한다. 왜냐하면 그렇지 않을 경우 역사는 무의미하기 때문이다. 인간 활동의 연대표를 알지 못한다면 개인은 텅 빈 무대 위의 분리된 인물이 된다. 서로 역사를 말할 수 없는 사람들은 의미 있게 말할 수 있는 것이 없다. 균형 감각을 의미하는 맥락이 가장 중요하다.

나는 '역사에 무지한 사람은 영원히 어린아이로 사는 것과 같다'고 말한 키케로Cicero의 말에 동의한다. 그렇지만 일련의 무작위 사건들로 이루어진 역사는 왜곡과 이기적인 이용으로 이어지며, 과장된 충성과 오랫동안 유지되어 온 불만이 무기화되는 결과를 초래한다. 그래서 역사학이란 무엇을 잊어야 할지 기억하는 것뿐 아니라 아는 것이기도 하다. 그것은 과거에 줄거리와 이야기를 주는 것이다. 그것은 짧은 내용의 역사가 해야 할 일이다.

1

동틀 녘의 에게해 – 그리스의 영광

기원전 2500~300년

:: **동트기 이전: 최초의 유럽인들** ::

신이 된다는 것은 도움이 된다. 제우스Zeus가 페니키아 해안을 바라보았을 때, 그의 시선은 해변에서 놀고 있는 아름다운 공주 에우로파Europa에게로 향했다. 그는 욕망에 사로잡혀 흰 황소로 변신하더니 그녀 곁을 어슬렁거렸다. 멋스러운 황소에 넋을 빼앗긴 에우로파는 목에 화환을 두르고 황소 등에 올라탔다. 시인 오비디우스Ovidius에 따르면 황소는 바다로 헤엄쳐 나와 크레타섬에 도착했다. 크레타섬에서 황소와 공주는 괴물 미노타우로스Minotaur의 의붓아버지이자 장차 왕이 될 미노스Minos를 낳았다. 이런 사실일 것 같지 않은 뜻밖의 만남으로 왕, 국가, 문명 그리고 대륙이 창조되었다.

우리는 후에 에우로파의 이름을 받았던 땅의 최초 거주자를 거의 알지 못한다. 선사시대의 유적을 통해 네안데르탈인과 호모 사피엔스 둘 다 최초 거주자에 포함되었음을 알 수 있다. 그들의 문화는 프랑스의 라스코 동굴에서 묘사된 바와 같이 인간과 동물을 포괄하고 있었다. 약 2만 년 전으로 거슬러 올라가는 라스코 동굴은 여전히 놀라운 작품으로, 현실을 플라스틱 형태로 묘사하고 싶은 충동을 전하고, 이미 공유되고 있는 인간성을 암시한다. 기원전 7000년이 지난 어느 시점에 석기시대 정착민들은 지브롤터Gibraltar 해협을 건넌 사람들로부터 진화했거나 아니면 중앙아시아에서 서쪽으로 이동했다. 그들은 종종 영국의 스톤헨지Stonehenge처럼 거대한 구조물인 환상유적環狀遺跡에서 후세에 전해지고 있다. 영국의 스톤헨지는 놀라울 정도의 사회 조직과 공학 능력을 알려준다. 뼈 분석을 통해 스톤헨지 방문객들이 스위스만큼 멀리 떨어진 곳에서 여행해서 왔다는 것을 알 수 있다. 일찍이 유럽은 여행으로 결속되어 있었다.

청동을 생산하기 위해 주석과 구리를 제련할 수 있다는 사실이 밝혀지면서 인구 이동이 크게 진전되었다. 이로써 도구와 무기의 제작이 가능해졌다. 청동은 가장 쉽게 해상을 통한 무역과 그것으로 인한 해안 정착지의 성장을 의미한다. 유럽의 내부는 숲이 우거져 대규모로 뚫고 들어갈 수 없었지만, 강과 해안을 따라 형성된 이런 정착지들은 외부 지향적인 해양 문화를 발달시켰다. 이는 육상보다 해상 여행이 더 쉬웠기 때문이다.

고고학자들은 기원전 5000년부터 아시아에서 서쪽으로 인도·유럽 공통조어를 구사하며 아나톨리아Anatolia에서 온 이른바 쿠르간Kurgan족과 기원전 3000년부터 이주해 오는 켈트족Celts을 추적했다. 무역은 이러한 이동을 원활하게 해주었다. 가공품들이 북에서 남으로 그리고 발트해와 북해 및 지중해 해안을 따라 교환되었다. 사람들은 여행했고 만났으며 배웠다.

기원전 3000년 후기 청동기 시대에 접어들면서, 동쪽과 남쪽 두 출발 지점에서 새로운 사람들이 유럽에 들어왔다. 동쪽에서는 아시아의 스텝 지대와 카프카스Caucasus에서 사람들이 도착했다. 게르만Geruman족이 새로운 인도 유럽어를 가져왔으며, 인도 유럽어는 브리튼어, 게르만어, 슬라브어, 그리스어, 이탈리아어 등으로 변형되어 간다. 게르만족의 내륙 기원설에 대한 암시는 가족과 농사에 대한 어원은 있지만 바다와 항해에 대한 어원은 전혀 없다는 점에서 알 수 있다. 인도 유럽어는 DNA 연구의 발전과 함께 유럽 이야기에서

이 초기 시기를 끊임없이 재정의 하고 있는 언어 고고학을 제공한다.

다른 영향들은 더 멀리서 지중해에 퍼져 스며들었다. 기원전 2000년까지 중국의 황하, 인도의 인더스강, 그리고 유프라테스강과 나일강의 '비옥한 초승달 지대'의 계곡에서 세계에서 가장 발달된 사회가 출현하고 있었다. 유럽인의 정착지가 안정되기 오래전에, 이 사람들은 농업, 건설, 무역, 예술, 그리고 메소포타미아에서는 글쓰기에 숙달해 있었다. 그들은 도시를 발전시키고 조상을 신으로 숭배했다. 그들의 건물은 거대한 것일 수 있다. 가장 규모가 큰 기자Giza의 피라미드(기원전 2560년 무렵)는 14세기에 링컨 대성당Lincoln Cathedral이 정상에 오르기 전까지 지구상에서 가장 높은 146미터의 건물이었다. 에우로파의 아들로 추정되는 미노스 왕은 크레타에 기반을 둔 미노스 제국의 시조로 간주되었다. 미노스 제국은 2500년 무렵에서 1450년 무렵까지 적어도 1000년 동안 지속된 것으로 보인다. 통상적으로 이집트나 메소포타미아에서 온 정착민들을 추적했다고는 하지만, DNA 고고학을 통해 고대 그리스인과 더 밀접하게 관련된 미노스인의 뼈가 발견되고 있다. 미노스인은 동부 지중해 전역에서 무역을 했고, 궁전을 건축했으며, 식민시를 건설했고, 운동 경기와 황소 몰이를 즐겼다. 그들의 삶은 평온했던 것으로 보인다. 인신공양이 실제로 행해졌음에도 불구하고 전사 계급이나 군사 폭력에 대한 숭배는 알려져 있지 않다. 미노스 시대 크노소스의 벽화와 도자기에서 우리는 크노소스의 우아한 젊은이들이 매력적으로 보이는 생활을 하고 있는 것을 엿보게 된다. 이는 유럽 특유의 문화 사슬에 최초로 정교하게 연결된다.

미노스 제국은 청동 생산에 중요한 크레타섬의 숲이 고갈되면서 쇠퇴했던 것으로 보인다. 제국에 치명적인 타격을 입힌 것은 일련의 자연재해였던 것으로 보이며, 주로 방사성 탄소를 이용한 연대 측정으로 기원전 1630년경까지 거슬러 올라가는 테라Thera섬의 폭발에 기인했던 것 같다. 이 대재앙은 쓰나미를 일으켜 동부 지중해 전역을 휩쓸었고 크레타의 정착지를 거의 황폐화시켰다. 이제 세력은 북쪽으로 그리스 본토인의 조상인 미케네의 아카이아인에게 옮겨갔다.

:: 동틀 녘의 에게해와 집단 이주 ::

아카이아인(혹은 미케네인 혹은 다나아인)은 기원전 1450년경부터 1100년경까지 에게해 유역을 지배하게 되었다. 그들은 육지에 기반을 두었고 군주의 통치를 받고 있었다. 그들의 전설, 영웅, 그리고 선문자 B는 후기 그리스 문화를 통해 어렴풋이 나타났다. 아카이아인들은 히타이트인들과 갈등을 빚었다. 히타이트인들이 소아시아 및 레반트Levant 지역을 점령하면서 오랫동안 이집트 북쪽으로 팽창할 수 없었다. 히타이트인들은 일찍이 철을 활용할 줄 알았다. 철을 섞어 만든 단단한 칼은 몽둥이나 돌도끼보다 더 효과적인 살상 도구가 되었다. 공교롭게도 이 시기에 트로이가 발흥했고, 아카이아인의 여왕인 헬렌을 납치해서 일어난 트로이와 아카이아인의 전쟁은 아마도 기원전 1180년대에 트로이가 포위 공격을 받고 불타면서 절정에 달했다.

유럽의 이야기에서 첫 번째로 기록된 이 사선은 수 세기를 이어가며 다시 이야기되고 의심할 여지없이 정교해졌고 후세에 전해졌으며, 아마도 기원전 8세기에 어딘가에서 시인 호메로스Homeros에 의해 기술되었다. 그것은 이웃의 행동에 의해 극도의 폭력과 복수에 내몰린 부족들의 이야기다. 그들이 우상으로 삼고 있었던 것은 조상들의 정적인 모습이 아니었다. 그들의 신들은 지나치게 활동적이고 의인화된 남녀였으며 사랑, 분노, 질투, 호기심을 드러낼 준비가 되어 있었다. 신들은 인간들처럼 음모를 꾸미고, 논쟁하고, 싸웠다. 게다가 신들은 유럽의 가장 강력한 무기가 되었던 이성을 가지고 칼을 빼들었다.

이른바 이 초기 그리스의 궁전 문화는 삼림지대의 고갈 아니면 화산 폭발과 전염병 같은 자연재해로 인해 기원전 1200년에서 1150년 사이 어느 때인가 막을 내렸다. 대략 기원전 1100~900년에 해당되는 이 기간은 그리스의 '암흑시대'로 알려져 있다. 그것은 새로운 침입자들이었던 그리스 본토의 도리아인과 소아시아 해안의 이오니아인이 에게해 유역을 침략했던 것과 시기가 일치했다. 도리아인과 이오니아인은 고전 건축양식에 그들의 이름을 남기고 있다. DNA를 통해 현대 그리스인조차도 초기 미케네인의 후손이라는 점이 밝혀지고 있기 때문에 새로운 침입자들은 초기 미케네인을 정복했을지는 모르지만 대체하지는 못했다.

결국 내륙 주민들이 궁전 정착지에서 더 규모가 작은 해안 도시와 촌락으로 분산되었다. 이곳은 지리적 이유로 팽창이 제한되었고 접촉은 주로 해상을 통해 이루어졌다. 이로 인해 모든 자유 시민들이 방어에 참여할 필요가 있었던 소규모 자치 공동체인 그리스의 폴리스가 생겨났다. 그리스 철학자 아리스토텔레스에 따르면 그러한 국가는 자신을 '가능한 한 동등자와 동료로 구성되는 것'으로 정의했다. 여기에서 말하는 동등자와 동료에는 여성이나 노예 또는 외국인이 포함되지 않았다. 이러한 소규모 해양 국가들의 성장은 그리스인들이 인간 공동체, 게다가 궁극적으로는 인간성을 구성하는 것으로 규정하게 될 개인주의, 자립, 그리고 독립의 근본 원리를 동요시켰다.

기원전 800년경 아마도 전체 인구가 대략 80만 명에 달했던 이 도시국가들은 에게해의 좁은 해안에서 벗어나고 있었다. 그들은 지중해를 가로질러 남쪽으로 그리고 흑해를 향해 북쪽으로 퍼져나가고 있었다. 이곳에서 멀리 서쪽으로 스페인에 정착한 티레Tyre와 시돈Sidon에서 온 페니키아인과 접촉하게 되었고, 이는 잠재적 갈등을 불러일으키는 요인이 되었다. 지금의 튀니지인 페니키아의 도시 카르타고Carthago는 기원전 814년에 세워졌다고 알려져 있다. 한편 그리스인들은 지중해 해안을 따라 북쪽으로 시칠리아와 이탈리아 그리고 심지어 프랑스까지 정착했다. 그리스인들이 페니키아의 알파벳을 채택할 정도로 충분한 통합이 이루어졌다. 페니키아의 알파벳 버전은 오늘날까지 유지되고 있다.

이때부터 무려 1000개나 되는 그리스인 정착지가 지중해 전역에서 추적되었다. 이 정착지들은 에게해에서 유래한 그리스인 정착지들을 규모와 인구 및 사치품에서 수적으로 훨씬 압도했다. 시칠리아의 아그리겐툼Agrigentum과 남부 이탈리아의 시바리스Sybaris는 큰 도시가 되었고, 시바리스는 '호사스러운sybaritic'이라는 별명을 낳을 만큼 번영했다. 그리스어를 말하면서 지중해 구석구석까지 그리스 문화를 전달했던 이 식민자들은 기원전 776년경부터 매년 그리스에서 개최되었던 범汎그리스 올림픽 경기에 참가하곤 했다. 이는 미국인들이 유럽의 고국을 방문하러 대서양을 가로질러 돌아오는 것과 같았다.

지금의 보드룸Bodrum보다 북쪽으로 터키 해안에 위치한 고대 도시 밀레투스Miletus만큼 이 시기를 환기시키는 곳은 어디에도 없다. 밀레투스는 페르시아인에게 파괴된 후 479년에 재건되었다. 밀레투스의 격자무늬 지도가 출토되었지만 사라지고 없다. 그래서 오늘날 방문객들은 포장된 거리를 걷고, 집에 들어가고, 극장 위로 기어 올라가고, 성채에 올라가서 바다 쪽으로 들판을 바라볼 수 있다. 절묘하게 아름다운 언덕 비탈을 가로질러 에게해에서 따뜻한 바람이 불어온다.

이 거리는 여행자들이 먼 거리에 있는 곳, 특이한 관행, 창의적인 생각, 그리고 격렬한 충돌에 관해 나누었던 이야기로 넘쳐났을 것이다. 그런 생각들은 아프로디테Aphrodite, 아르테미스Artemis, 헤르메스Hermes, 포세이돈Poseidon, 이아손Jason, 헤라클레스Heracles 테세우스Theseus 같은 신과 영웅들의 삶에 반영되었다. 무엇보다 식민자들은 호기심이 많았다. 동시대를 살았던 역사가 헤로도토스Herodotus는 '매년 우리는 "당신은 누구인가? 당신의 법은? 당신의 언어는?"을 묻기 위해 멀리 아프리카까지 엄청난 비용과 위험을 무릅쓰고 배를 보낸다'고 말했다고 한다. 헤로도토스는 '그들이 우리에게 묻기 위해 한 번도 배를 보내지 않는' 이유는 뭔가?'라고 물었다. 그 질문 속에 후기 유럽 문명의 본질적인 의미를 규정하는 특성이 포함되어 있다.

:: 페르시아전쟁과 아테네의 발흥 ::

기원전 7세기경 그리스 본토 도시들은 새로운 폴리스 운영 방식을 발전시켰다. 마치 시행착오를 겪는 것처럼 코린트Corinth, 스파르타Sparta, 아테네Athens 그리고 그 밖의 도시들은 어떻게 하면 그들이 함께 평화롭게 살아갈 수 있을지 알아냈다. 왕국이 귀족정과 과두정 그리고 참주정으로 대체되었다. 자유와 정의 그리고 공정한 자원 분배 같은 개념들이 논의되었다. 기원전 621년 아테네의 드라콘Draco은 '게으름 피우는' 행위를 사형으로 처벌하는 일련의 가혹한 법률을 성문화했다. 드라콘의 법은 잉크가 아닌 피로 쓰였다고 한다. 드라콘의 법은 나중에 행정장관 솔론Solon이 재산을 가진 시민계급에게 권력을 분산시키면서 수정되었다. 그의 조치는 시민권 개념을 향한 첫걸음이었다.

기원전 508년 아테네에서 지배 귀족들에 맞서 원로 정치가인 클레이스테네스Cleisthenes가 반란을 이끌었다. 그는 어느 지주 가문이 그리고 언제 통치해야 하는지를 논쟁하기보다는 아테네의 전체 남성 시민들이 아테네를 통치할 것을 제안했다. 시민들은 성씨family name가 아닌 사는 지역deme으로 알게 될 것이다. 협의회 구성원과 공직은 추첨으로 뽑힌 순번에 따라 선정되어야 한다. 행정장관직만은 자격을 갖춘 후보자로 제한되었다. 행실이 나쁜 관리들은 오스트라시즘ostracism이라는 형벌로 대중들의 직접 투표를 통해 10년 동안 추방될 수 있었다.

클레이스테네스의 민주주의 방식은 선출된 대표들에 의해 중재되기(그리고 완화되기)보다는 폴리스의 친밀함에 적합했다. 약 5만 명의 자유민 남성 시민들이 추첨에 참여했을 것이다. 그것은 참여정부의 여명을 밝히는 것이었다. 아크로폴리스 아래 프닉스Pnyx 언덕에 자리 잡은 아테네 민회 모임을 위한 장소에서는 묘한 생각을 떠올리게 하는 뒤죽박죽 섞여 있는 돌멩이와 가로대 그리고 벽감을 아직도 볼 수 있다. 이상하게 들릴지 모르지만 내가 아는 유일한 클레이스테네스 기념비는 오하이오Ohio주 의회 의사당에 있다.

기원전 6세기 그리스의 안정은 동쪽으로부터 위협받았다. 페르시아의 키루스Cyrus 왕(기원전 559~530년)은 546년 에게 해안에 이르더니 계속해서 그리스의 이오니아섬들을 포함해 소아시아 전역을 점령했다. 기원전 499년 이오니아의 그리스인들은 페르시아에 반란을 일으켰고 잔인하게 진압되었다. 다리우스Darius 왕(기원전 520~486년)은 이오니아인을 지원했다는 이유로 아테네인을 응징하기 위해 군대를 파견했다. 페르시아군은 기원전 490년 마라톤 전투에서 패배했고, 이 전투에서 아테네군 192명과 비교하여 페르시아군 6400명이 사망했다고 전해지고 있다. 달려서 승전보를 알린 직후 죽었던 페이디피데스Pheidippides에 의해 승전 소식이 아테네에 전해졌다. 그가 달린 거리는 오늘날까지 마라톤을 통해 기념되고 있다. 결국 페르시아군은 기원전 480년 살라미스Salamis 해전과 그다음 해인 기원전 479년 플라타이아Plataea 육상 전투에서 격퇴되었다.

종종 엄청난 역경을 이겨내고 쟁취한 그리스의 승리는 우수한 철제 무기와 남성의 운동 기량에 대한 숭배에 힘입은 것이었다. 그리스인들은 집과 가족을 지키려는 남성들의 규율로 싸웠다. 헤로도토스에 따르면 그리스인들의 장군 테미스토클레스Themistocles는 살라미스 앞에서 행한 연설에서 폴리스가 아니라 '인간의 본성과 처지에서 고귀한 것'에 충성하라고 호소한다. 민주주의 역사는 기껏해야 4반세기에 불과했지만, 이미 민주주의는 폭정으로부터의 집단적 자유뿐 아니라 개인적 자유를 위해 개인으로서 싸우는 시민들에게 호소하고 있었다.

페르시아전쟁은 유럽의 진화에 결정적인 사건들 중 하나이다. 페르시아인이 승리해서 그리스와 에게해 유역이 그들의 통치권에 편입된다면, 아마도 발칸반도와 지중해 대부분도 그렇게 되었을 것이다. 페르시아인이 왕위에 올랐을 것이고 신들과 지역의 풍습들은 동쪽으로 이끌렸을 것이다. 유럽의 개념이 아직 존재하지 않았으므로, 그런 개념을 만들어낼 명분이 결코 없었을 것이다. 그렇다고 하더라도 페르시아전쟁은 유럽이 처음으로 식민지화되었던 것은 아시아로부터였고, 게다가 유럽은 그 이야기로부터 결코 벗어날 수 없었다는 사실을 상기시켜 준다.

:: 아테네 황금기 ::

페르시아전쟁에서 그리스를 이끌어나갔던 아테네는 델로스Delos 동맹(기원전 478~404년)에서 절정에 이르렀던 군사적 및 문화적 지배권을 주장했다. 이것은 곧 에게해 해안선을 따라 300여 개의 종속된 섬과 정착지로 이루어진 아테네 제국으로 발전했다. 기원전 461년 아테네는 페리클레스Pericles(기원전 461~429년)라는 대중연설가의 지도력하에 있었다. 그는 보수적인 적수 키몬Cimon을 오스트라시즘을 통해 추방했다. 페리클레스는 한 세기의 3분의 1에 걸친 이른바 황금기 내내 아테네를 통치했다. 교양 있고 금욕적이며 혁신적인 그는 첩이었던 아스파시아Aspasia에게만 다정다감했다고 한다. 페리클레스는 기원전 449년 페르시아와 평화를 추구했으나 델로스 동맹의 동맹시들과 끊임없이 갈등을 빚었다.

페리클레스가 생각하는 정부는 최근에 만들어진 법규로 뒷받침되는 시민적 의무와 개인적 의무를 거미줄처럼 연결시켜 주는 것이었다. 페리클레스 시대의 아테네는 지적 및 창조적 에너지의 혜성이었던 에게해 위로 활활 타올랐다. 아크로폴리스는 대리석 건물들로 장식되어 있었다. 아테나 여신에게 봉헌된 아크로폴리스의 파르테논Parthenon 신전은 오늘날까지 건축가들에게 본보기가 되고 있는 세상에서 가장 유명한 건축물이 되었다. 파르테논 신전을 빙둘러 다른 신들에게 봉헌된 신전이 세워졌고, 그 아래에는 아고라agora와 디오니소스Dionysus 극장이 세워졌다. 이 건설 계획에 필요한 자금은 델로스 동맹으로부터 조달되었고, 따라서 동맹 구성원들의 엄청난 분노를 자아내기에 충분했다.

페리클레스에게 시민생활은 예술과 융합되어 있었다. 그의 친구인 조각가 피디아스Phidias는 이전의 정형화된 인간 형상의 묘사에 새로운 사실주의와 우아함을 가져다주었다. 극작가 소포클레스Sophocles, 에우리피데스Euripides, 아이스킬로스Aeschylus는 사랑과 야망과 복수의 감정을 분석했다. 풍자시인 아리스토파네스Aristophanes는 그리스인들에게 스스로를 비웃게 했다. 역사가 투키디데스Thucydides는 아테네인들에게 그들의 가장 위대한 업적들뿐 아니라 가장 커다란 실수들까지도 상기시켜 주었다. 히포크라테스Hippocrates는 질병을 신성한divine 현상이 아닌 자연스러운natural 현상으로 분석했다.

또한 아테네는 신중한 추론 개념의 선구자인 소크라테스(기원전 469~399년)에게도 기회를 제공했다. 소크라테스에게 인간이란 자신의 의지를 가지고 신과 피조물에 대한 프로메테우스Prometheus의 신화에 얽매이지 않은 자유로운 사람이었다. 지혜를 찾기 위해 인간은 신이나 사회가 그들을 만들었던 것과는 다르게 그들을 둘러싸고 있는 세상에 마음을 열기만 하면 되었다. 소크라테스는 미신에 맞서 이성을, 권위에 맞서 탐구를 옹호했다. 소크라테스에 따르면 무엇보다 인간이 거리낌 없이 탐구하려는 호기심을 갖는 것은 본성에 힘입은 것이었다.

소크라테스는 회의적이고 도전적인 질문 방식인 변증법의 대가였다. 그의 가장 뛰어난 제자 플라톤Plato(기원전 429~347년)은 계속해서 소크라테스의 사상을 윤리적·정치적 행동의 구조로 체계화했다. 이는 개개인의 상호 관계 및 폴리스에 대한 관계를 지배했다. 플라톤의 국가 통제주의 이념은 오늘날 개인의 독립적 고귀함과 대조를 이루지만, 그것은 정의와 자유를 사회에 대한 시민의 의무와 결합시키려는 최초의 시도로 기록되었다. 기원전 387년 플라톤이 세운 아테네의 아카데미는 그의 제자 아리스토텔레스(기원전 384~322년)에게 안식처였다. 플라톤의 아카데미는 르네상스 시대 바티칸Vatican의 라파엘로Raphael의 방에 그려진 위대한 프레스코화에서 환기되었던 유럽 정신의 요람이었다.

아테네의 명성은 유럽 역사에서 반복적으로 부활되고 매력이 더해질 것이다. 아테네의 '발명품'인 민주주의는 오래가지 못했다. 아테네의 지적·문화적 유산이 보존된 것은 알렉산드리아Alexandria 서기들과 로마 학자들 덕분이었다. 하지만 아테네 황금기가 이루어낸 성취들은 계속해서 유럽 이야기의 다른 모든 에피소드를 능가한다. 필자는 아테네를 학교에서 처음 공부한 이후 줄곧 경이로움의 원천으로 남아 있다. 내해內海의 이 작고 구석진 곳에서 어떻게 인간 조건에 대해 그런 놀랄 만한 혁신과 이해력을 도출할 수 있었을까. 아테네 없는 유럽 문명 개념은 생각할 수 없다.

:: 펠로폰네소스 전쟁 ::

투키디데스는 페리클레스의 마지막 세 개 연설을 그리스 웅변의 걸작으로 기록했다. 마지막 세 개 연설에서(혹은 투키디데스가 그것들을 회상하면서) 위대한 지도자 페리클레스는 아테네 정신의 뿌리가 관용에 있다고 선언했다. 아테네 법률은 '개인적인 차이에도 불구하고 모든 사람에게 공평한 정의를 제공한다. … 어떤 사람이 국가에 봉사할 수 있다면, 그는 신분이 미천하다는 이유로 방해받지 않는다. 우리가 정부에서 누리는 자유는 평범한 삶으로도 확장된다. … 우리는 그가 좋아하는 것을 한다는 이유로 이웃에게 화를 내도록 요구받는다고 생각하지 않는다.' 투키디데스가 기록한 페리클레스의 이 구절은 오래전부터 반향을 불러일으켰다. 이것은 여러 세대에 걸쳐 정치가들과 학자들에 의해 인용되었으며, 나중에 유럽인들이 세상에 내놓았다고 생각하고 싶었을 가치들에 근거를 주었다.

아마도 더 나중의 유럽인들처럼 페리클레스는 그의 가치들을 선택적으로 고려했던 것 같다. 그 가치들은 여자나 노예는 말할 것도 없고 델로스 동맹에 대한 아테네의 제국주의적 행위에도 적용되지 않았다. 아테네의 패권 몰락을 오만함hubris과 인과응보nemesis처럼 그리스의 다른 개념들 탓으로 돌리는 것이 정당한지는 논의할 여지가 있을 것이다. 페리클레스는 '모든 바다와 육지를 우리의 대담성이 뻗어나가는 탄탄대로가 되도록 만들었다'고 주장했다. 결국 이 탄탄대로가 반란을 일으켰다. 델로스 동맹에 종속된 도시들이 아테네의 경쟁자인 스파르타와 동맹을 맺었다. 스파르타의 금욕적인 통치자들은 페리클레스의 민주주의나 허영심을 받아들이지 않으려 했다. 기원전 431년 페리클레스는 아테네를 스파르타와의 펠로폰네소스 전쟁으로 몰아넣었다.

펠로폰네소스 전쟁은 페리클레스의 비문으로 드러나게 되었다. 기원전 429년 무렵 가장 위대한 아테네인이었던 페리클레스는 전염병에 걸려 죽었다. 펠로폰네소스 전쟁은 기원전 404년까지 질질 끌며 계속되었고, 스파르타의 승리와 델로스 동맹의 진압으로 끝이 났다. 아테네의 새로운 기념물들은 청교도적인 스파르타인들에게 완전히 파괴되었다. 이는 아테네인들이 소포클레스의 합창곡을 부를 때만 피했던 운명으로 알려졌다. 아테네 문화생활의 힘이 계속 유지되었는데도, 민주주의의 황금 실the golden thread이 민주주의 비평가들이 우려했던 대로 대중영합주의populism와 폭도들의 지배로 옮겨갔다. 기원전 399년 아테네인들은 소크라테스가 '젊은이들의 정신을 나락시키는 깃'을 용납할 수 없다고 결정했다. 타락한 배심원들이 그에게 독미나리로 만든 독초를 마시고 자결하게 했다.

아리스토텔레스는 유명한 150개의 그리스 국제國制를 개관하면서 노골적인 대중영합주의에 반대하는 방어책으로 고안된 '체계적인 아테네 정체'에 찬성한다고 결론 내렸다. 북쪽의 정신을 아시아의 지성과 비교한 아리스토텔레스는 그리스인들이 두 가지 자질을 모두 갖추고 있다고 보았다. 그는 '그리스인들은 최고의 정치제도를 가지고 있다. 만약 그들이 정치적 통합을 이루어낼 수 있다면, 나머지 세계를 통제할 수 있을 텐데'라고 말했다. 그리스인들은 그런 통합을 이루어낼 수 없었다. 아테네는 역사적으로 민주주의를 짧게나마 경험할 수 있었지만, 민주주의를 지속시키는 수단을 갖지 못했다. 민주주의는 진정한 정치 기술이며 오늘날까지도 유럽의 많은 지역에서 회피되었다.

:: 알렉산더 시대 ::

이 초기 몇 백 년의 유럽 역사는 대륙의 드라마가 전개되는 것처럼 지중해 해안을 따라 이쪽저쪽 배회하면서 주목받았다. 아테네의 쇠퇴에 뒤이어 그리스 도시들은 때로는 항상 위협적인 페르시아인들에 맞서면서 때로는 그들과 동맹을 맺으면서 끊임없이 다투었다. 기원전 359년 마케도니아 왕국은 자신을 그리스인이자 당당한 아킬레우스Achilles의 후예라고 주장한 야심만만한 필리포스Philip 왕의 통치하에 들어갔다. 팔을 뻗고도 적과 교전할 수 있는 창으로 무장한 그의 군대는 그리스 도시국가들을 빠른 속도로 정복해 나갔다. 기원전 336년 필리포스는 알려지지 않은 사람의 손에 암살되었고, 스무 살의 아들 알렉산더Alexander가 그의 뒤를 이었다.

젊은 알렉산더는 비범한 인물이었음에 틀림없다. 많은 사람 중에서도 아리스토텔레스를 고용해서 그에게 철학 및 정치학을 가르치게 했던 아버지로부터 군 통솔력을 배웠다. 작지만 카리스마 넘치는 알렉산더는 한쪽 눈은 푸른색 다른 한쪽 눈은 갈색이었으며, 넋을 빼놓을 정도의 장악력으로 병사들을 지휘했다고 알려져 있다. 젊음에도 흔들림 없이, 아마도 젊음 때문에 대담해진 알렉산더는 자신의 제국을 그리스를 넘어 페르시아가 소유한 땅으로 전진시키려는 필리포스의 야망을 실현해 가기 시작했다.

그것은 유럽의 정복 역사에서 가장 주목할 만한 모험이 될 것이다. 소아시아를 건넌 알렉산더는 기원전 333년 이수스Issus 전투에서 다리우스 3세 휘하의 훨씬 더 규모가 큰 페르시아군을 격파했다. 그는 다리우스의 딸들을 포로로 잡았고, 나중에 그들 중 두 명과 결혼했다. 하지만 그 사이에 박트리아Bactria의 록사나Roxana 공주에게 매료되었다. 알렉산더는 단지 명예에 만족한 채 집으로 돌아가기보다는 이제 남쪽 이집트로 진격했다. 이곳에서 그의 장군 프톨레마이오스Ptolemy는 계속해서 클레오파트라Cleopatra를 마지막으로 멸망하게 될 왕조를 창건했다. 프톨레마이오스는 알렉산드리아에 도서관을 건립했고, 파피루스 두루마리를 발명하여 경쟁 상대인 페르가몬Pergamum 도서관에 수출하지 못하게 했다. 페르가몬에서는 여전히 값비싼 양피지가 사용되고 있었다.

알렉산더는 한 번 더 다리우스를 격파하고 메소포타미아를 거쳐 무방비 상태의 페르시아를 가로질러 인도의 인더스 강변으로 진격했다. 여기서 그의 장군들이 반란을 일으켜 귀국할 것을 요구했다. 따라서 알렉산더는 페르시아의 사막을 가로질러 바빌론Babylon으로 돌아가야 했다. 그는 기원전 323년 바빌론에서 갓 서른두 살에 병사했다. 가는 곳마다 알렉산더는 도시와 식민시를 세웠고, 많은 지명이 그의 이름을 따서 지어졌다. 그는 서남아시아의 가장 위대한 제국을 궤멸시켰다. 그는 자신의 군대를 지역 여성들과 결혼시켰고 지휘관들을 지방 총독으로 남겨두었다. 하지만 알렉산더가 가로질러갔던 땅에 세워진 헬레니즘 시대 식민시의 영향력은 정치적인 것이 아니었다. 그는 어떤 제국도 남기지 않았다.

대부분의 모험이 그렇듯이 알렉산더의 여정은 궁극적으로 아무런 결실도 없이 전리품에 대한 엄청난 허영심과 탐욕을 드러냈다. 그가 만들어낸 제국은 공허했고 소아시아나 메소포타미아의 그리스인을 위한 안전한 국경을 결코 구축하지 못했다. 그것은 역사를 통틀어 유럽에서 가장 구멍투성이의 경계로 판명될 것이다. 하지만 단명한 마케도니아 제국은 한 가지 지속적 결과를 낳았다. 그것은 그리스 언어와 문학의 헬레니즘 문명을 지중해 전역에 단단히 자리 잡게 하는 것이었다. 그리스 본토가 내전의 희생자가 되면서 그리스 상인과 학자들이 바다 건너 퍼져나갔다. 이는 역사가들이 결국 숫자가 1000만 명에 달했다고 추정한 집단 이주diaspora였다. 알렉산드리아 도서관이 그리스 문화유산의 보고寶庫이자 전파자가 되었다.

그리스의 정치적 영광은 알렉산더와 함께 사라졌다. 하지만 그의 명성은 계속 살아남아서 후대 통치자들의 허영심에 호소했다. 그가 죽음으로써 고전기 아테네가 열었던 인간 정신의 창이 닫히게 될 것이다. 이제 탐조등은 페리클레스의 민주주의가 주는 흥분이 아니라 군국주의적 공화정의 역량에 천재성을 발휘했던 한 도시를 비추고자 서쪽으로 방향을 튼다.

2

로마의 지배

기원전 500년~서기 300년

:: **공화국의 탄생** ::

그리스가 황소에게 겁탈당한 공주에 의해 건국되었다면, 로마는 암 늑대의 젖을 빨고 자랐던 한 아기에 의해 건국되었다. 시간의 안갯속 어딘가에서 로물루스Romulus는 로마를 어떤 위치에 둘 것인가를 놓고 말다툼을 벌이다 쌍둥이 동생 레무스Remus를 죽였다. 이제 로물루스는 누구의 간섭도 없이 자유롭게 선택할 수 있게 되었다. 수년 후 기원전 5세기에 들어서면서 아테네인들이 민주정을 위해 귀족정을 몰아내고 있었을 때, 로마인들은 공화국을 위해 군주들을 몰아냈다. 기원전 509년 로마인들은 오만한 타르퀴니우스Tarquin the Proud를 추방했고, 그 후 그는 이웃한 토스카나Tuscany의 라르스 포르센나Lars Porsena에게 왕위 복귀를 도와달라고 부탁했다. 이 싸움은 매콜리Macaulay가 『고대 로마의 노래Lays of Ancient Rome』에서 아주 생생하게 묘사했던 전설로 남을 만한 대결로 막을 내렸다. 호라티우스Horatius가 테베레Tiber강 위의 다리를 용맹스럽게 방어함으로써 토스카나인들은 달아났고 군사적 영웅주의가 구현되었다. 로마의 카피톨리움Capitolium 박물관에는 다정한 늑대 조각상이 있다. 한때는

'에트루리아Etruria'에서 제작된 것으로 판단되었지만, 이 늑대 조각상은 11세기의 것이다.

로마인들은 현재 이탈리아 중서부 지역인 라티움Latium의 아주 오래된 주민들이었다. 그들의 공화국은 정부의 책임을 합법화하려고 시도했다는 점에서 아테네와 비슷했다. 세습 귀족들로 구성된 원로원은 로마의 자유민 시민들에 의해 선출된 집정관 두 명을 통해 집행권을 행사했다. 원로원으로부터 독립된 평민회에서는 호민관들의 주도로 평민회의 의견, 특히 과세 문제에 관련한 의견을 원로원에 전달했다. 이렇게 해서 집정관과 호민관은 공화국의 중심에서 창조적 긴장감을 조성했다. 그리스에서처럼 국가 안보는 소집된 모든 시민에게 군 복무를 요구했다. 군대는 백인대라는 이름으로 100명 단위의 병력으로 나누어진 보병 군단으로 구성되었다. 그들은 측면에서 전차의 호위를 받으며 서로의 몸을 연결한 방패와 긴 창으로 무장한 채 잘 훈련된 밀집전술(팔랑크스phalanx)로 싸웠다. 그들은 야전野戰에서 거의 무적이었다.

:: 제1차 포에니 전쟁 ::

2세기 동안 공화국 로마는 도시국가로 남아 있었다. 로마는 아테네나 마케도니아를 모방해서 제국 건설에 착수하기는커녕 도시국가를 넘어서 확대하려는 시도도 하지 않았다. 3세기 초에 비로소 이탈리아 남부 전역으로 확대되어 지중해 해안을 따라 그리스 및 페니키아 정착지들과 대립하게 되었다. 264년 로마인들은 시칠리아로 건너가 지중해 서쪽 바다의 지배권을 장악하기 위해 카르타고에 도전했다. 로마 보병은 메시나Messina를 점령했지만 카르타고 해군은 여전히 우세했다. 241년 로마인들은 100여 척의 5단 노선(노를 저어서 가는 갤리선)으로 구성된 함대로 카르타고인들을 시칠리아에서 몰아냈다. 이렇게 해서 세 차례 포에니 전쟁 중 첫 번째 전쟁이 막을 내렸다. 제1차 포에니 전쟁은 서부 지중해의 두 열강인 로마와 카르타고 사이의 격렬한 적개심이 드러난 전쟁이었다.

218년 스물아홉 살의 카르타고 장군 한니발Hannibal은 스페인에서 육로로 로마를 공격하기로 결정했다. 그는 군대를 이끌고 37마리의 전투 코끼리와 함께 알프스를 넘었다. 전투 코끼리 중 단 한 마리만이 이탈리아에 도착했다. 그 경로는 학술 토론과 다큐멘터리 영화 제작의 주제로 남아 있다. 한니발이 당시 이탈리아에서 로마에 예속된 이탈리아 속주들이 그를 지지해서 봉기할 것으로 믿었던 데는 그럴 만한 이유가 있었다. 그는 217년 트라시메네Trasimene 호수 전투에서 그리고 216년 칸나에Cannae 전투에서 로마군을 무찔렀다. 4만 명 이상의 병사들이 학살당했던 칸나에 전투는 지금까지 로마 역사에서 가장 처참한 패배로 여겨지고 있다.

한니발은 자신의 이점을 끝까지 밀어붙일 수 없었다. 그는 새로운 로마 장군 '지연자' 파비우스Fabius Cunctator의 게릴라 전술로 인해 이탈리아 시골 지역에 갇힌 채로 있었고, 로마에 결코 도달하지 못했다. 또 한 명의 로마 장군 스키피오Scipio는 결국 이탈리아에서 카르타고인들을 몰아냈고, 마침내 202년 카르타고 본토를 공격했다. 한때 페르시아가 항상 아테네에 위협적인 존재로 남아 있었던 것처럼 카르타고는 로마에게 계속 위협적인 존재였다. "카르타고는 파괴되어야 한다Carthago delenda est"는 호전적 애국주의자의 슬로건이 나올 정도였다. 결국 146년 카르타고는 파괴되었다.

:: 제국의 탄생 ::

기원전 2세기까지 로마의 서부 지중해 패권은 거의 완성되었고, 로마의 지배권 확대는 빠르게 진행되었다. 이탈리아 외에도 스페인 남부와 갈리아Gallia 남부 그리고 아프리카 북부에 속주가 건설되었다. 동쪽으로는 200년에 로마군이 약화된 마케도니아의 속박에서 아테네가 벗어나게끔 도와주었고, 133년경에는 로마의 새로운 아시아 속주가 알렉산더가 정복했던 페르가몬에서 생겨났다. 이 속주들 각각은 로마의 통치권과 세금에 복종해야 했다. 그 대가로 각 속주의 지도자들에 대해서는 로마의 보호 및 시민권이 제공되었다.

법의 지배를 받는 시민권이라는 그리스 로마의 이상은 로마의 신생 국가 지위에 접착제 역할을 했다. 정복자였음에도 불구하고 로마인들은 지중해 유역에 널리 퍼져 있는 헬레니즘을 받아들였다. 그들은 그리스인들의 문헌을 수집했고, 건축술을 모방했으며, 조각품을 수입했다. 그들은 알렉산드리아의 대도서관을 존중했다. 유럽 귀족들이 나중에 프랑스어를 그리고 그다음에 영어를 말할 수 있었던 것과 마찬가지로, 로마 상류층은 그리스어를 말했고 자녀들에게 그리스어를 가르쳤다. 로마는 스토아학파Stoics, 에피쿠로스학파Epicureans, 회의학파Sceptics 그리고 키니코스학파Cynics(견유학파) 같은 아테네 철학 사조를 채택했다. 웅변가 키케로는 그리스 법률과 자신의 선조인 데모스테네스Demosthenes의 웅변술에서 영감을 받았다.

이것이 모두의 취향에 맞았던 것은 아니다. 자칭 애국자였던 카토Cato(234~149년)는 로마인들에 대한 그리스 문화의 매력을 '달콤한' 허세로 여겼다. 그것은 '가장 끔찍하고 난폭한 인종'의 습관으로 젊음의 활력을 약화시켰다. 시인 호라티우스는 '포획된 그리스가 무례한 정복자 로마를 포로로 삼았다'고 썼다. 몇 년 후, 시인 베르길리우스Vergilius는 그리스 문화와 로마 문화의 통합을 이루었다. 그는 자신의 동포들에게 그리스인들이 '대리석으로 생동감 넘치는 모습을 이끌어냈을 수도 있다'고 말했다. 말하자면 그리스인들이 더 뛰어난 법률가, 천문학자 그리고 수학자였을 수도 있다는 것이다. 그러나 이러한 미덕은 행동의 자유에 달려 있었다. 베르길리우스는 '로마인들이여, 여러분의 힘으로 민족들을 통치하십시오. 이것을 기억하십시오. 평화로 가는 길을 강제하는 것은 여러분의 수완에 달려 있습니다'라고 말했다. 평화는 군사적 패권에서 시작되었으므로 로마인이었던 베르길리우스는 제국이 끝날 때까지 지속되었던 전쟁의 미덕에 대해 그렇게 강조했던 것이다.

베르길리우스의 팍스 로마나Pax Romana(로마의 평화)는 보조군을 제외한 약 12만 5000명 병력의 상비군을 바탕으로 이루어진 것이었다. 군사 지도자의 권한으로 속주를 통치했던 귀족 장군들이 지휘한 군단들이 제국 전역으로 분산되어 있었다. 귀족 장군들은 원로원에 의해 임명되었지만 전리품과 세금으로 부자가 되었다. 이로써 그들은 종종 병사들의 배타적인 충성심을 확보했고, 여기에 덧붙여 로마에서 정치권력을 다시 장악할 수 있었다. 이렇게 해서 속주 정치가 공화국의 정치를 지배하게 되었다.

133년 호민관 티베리우스 그라쿠스Tiberius Gracchus와 그 후 동생 가이우스 그라쿠스Gaius Gracchus의 지배하에서 사태가 악화되었다. 그들은 퇴역병과 평민에게 토지를 재분배하려고 시도했다. 그라쿠스 형제는 자신들의 암살 계획을 세웠던 부유한 원로원 의원들의 반대에 직면했다. 하지만 킨나Cinna와 술라Sulla 같은 다른 정치인들과 전직 장군들이 그들의 자리를 차지했다. 그들은 공화국 제도들을 파괴하려고 시험해 보았다. 82년에 술라는 자신을 독재관으로 선언했다. 그는 뇌물로 매수된 부패한 원로원을 과두정으로 바꾸는 개혁을 도입했다. 카푸아Capua 근처에서 검투사들이 카리스마 넘치는 지도자 스파르타쿠스Spartacus가 이끄는 반란을 일으켰던 73년에 새로운 불안 징후가 나타났다. 스파르타쿠스는 7만 명의 노예와 지지자로 구성된 군대를 끌어모았다. 이 군대는 1년 안에 12만 명으로 불어났다. 그 결과 발생한 내전은 노예들의 패배로 막을 내렸다. 노예 반란이 되풀이되지 않도록 로마로 들어가는 도로에 십자가에 못 박혀 잔인하게 처형된 시신 6000구가 늘어서 있었다.

로마 공화국은 이제 아테네 민주주의와 똑같은 중압감을 경험하고 있었다. 개인적인 권력과 야망이 공화국 제도를 타락시키고 공화국 방어를 회피하고 있었다. 로마의 수많은 내전에서 승리한 군인 폼페이우스Pompeius가 52년에 단독 집정관이 되었다. 그는 군사적인 성공으로 명성과 부를 얻었고, 세 번의 개선 행렬로 보상받았다. 개선 행렬 중 하나에서 폼페이우스는 야생동물들이 뒤따르는 보석으로 장식된 전차를 타고 있었고 자신의 정복을 상징하는 지구본을 들고 있었다. 이른바 원로원과 집정관과 호민관 사이에서 세력 균형은 결국 한 사람이 대중의 환호를 받고 각각을 차례로 통제할 수 있었을 때 무너졌다. 대중영합주의만큼 강력한 힘은 없다.

:: 율리우스 카이사르 ::

로마의 원로원과 대중Senatus Populusque Romanus: SPQR은 독재 권력이 되었다. 폼페이우스는 머지않아 옛 로마 가문의 일원으로 또 한 명의 개선장군이었던 율리우스 카이사르Julius Caesar의 도전을 받게 되었다. 폼페이우스처럼 카이사르도 집정관이자 알프스산맥 남쪽과 북쪽의 두 개의 갈리아 속주 군사령관이 되었다. 이와 같이 넓은 영토를 통치하게 되면서 자기 계발을 할 수 있게 되었다. 카이사르는 무자비하면서도 침착한 뛰어난 군인이자 자신의 승리를 기술한, 학식이 풍부한 역사가였다. 그의 갈리아 전쟁(58~50년)으로 로마 국경선이 북쪽으로 영국 해협까지 그리고 동쪽으로 라인Rhine강까지 확대되었다. 그 과정에서 갈리아의 성인 남성 3분의 1이 사망한 것으로(카이사르에 의해) 추정되었다. 또 다른 3분의 1은 노예로 팔려 나갔고, 카이사르는 이것으로 많은 이익을 얻었다. 라인강 서쪽의 갈리아는 로마의 지배를 받게 되었고, 그곳의 지도자 베르킨게토릭스Vercingetorix는 로마에 거리 행진하도록 보내진 다음 살해되었다.

폼페이우스는 사실상 공화국의 통치자였으나, 50년에 원로원은 그와 카이사르 둘 다 군대를 해산해야 한다고 제안했다. 카이사르는 이를 무시하고 49년에 갈리아에서 남쪽으로 향했다. 이는 장군들이 속주 지휘를 그만둘 때 군단에서 손을 떼야 한다는 법률을 위반하는 것이었다. 그는 극적으로 갈리아 남쪽과 로마를 갈라놓는 '루비콘강을 건너' 이탈리아로 들어갔다. 여기서 질투심 많은 폼페이우스에 맞서게 되었고, 로마 시민들 사이에서 지지를 받았다. 폼페이우스는 자신의 군단을 이끌고 그리스로 도망쳤다.

2년 동안 로마는 내전에 빠져들었다. 독재관으로 선포된 카이사르는 키케로와 같은 보수적 공화주의자들의 충성을 시험했다. 이 시대를 기록한 『서한집』에서 키케로는 기원전 1세기의 로마를 흥미진진하게 이야기하고 있다. 48년경 카이사르는 그리스 남쪽에서 이집트로 폼페이우스를 뒤쫓아 결국 암살했다. 그 후 이집트에 도착하자마자 카이사르는 남동생들과 이집트를 공동 통치한 스물한 살의 클레오파트라와 만났다. 그녀는 카이사르를 만나기 위해 자신의 몸을 돌돌 말린 양탄자에 숨겼다. 카이사르는 한눈에 반했고 클레오파트라는 그의 아들을 낳았다.

카이사르는 이제 그리스, 이탈리아, 스페인, 그리고 아프리카에서 자주 반란군들에 맞서 전투를 치러야만 했다. 44년 초 그는 '종신' 독재관직을 포함해 개선식과 명예를 아낌없이 받고 로마에 돌아왔다. 속주에서 약탈한 돈은 병사들과 로마 시민들에게 분배되었다. 대담하게도 카이사르의 사치에 항의하던 병사 한 명이 살해되었고, 그의 시체는 광장forum 벽에 못질하여 고정되었다. 공공 부문 허영심 프로젝트에 반대하는 사람들은 모두 고통을 받아야 한다.

로마는 카이사르의 발밑에 있었지만 44년 3월 15일 피할 수 없는 벌이 찾아왔다. 카이사르는 원로원에 도착한 지 몇 분도 되지 않아서 옛 동료인 브루투스Brutus를 포함해 음모에 가담한 원로원 의원들의 칼에 찔려 쓰러졌다. 셰익스피어의 '브루투스, 너도냐?Et tu, Brute?'를 기록한 사람이 아무도 없다는 것을 제외하고는, 카이사르가 마지막 남긴 말에 대해서는 기록들이 엇갈리고 있다. 수에토니우스Suetonius는 카이사르가 아무 말도 하지 않았다고 기록했다. 어쨌든 그는 그리스어로 마지막 말을 남겼을 것이다.

:: 옥타비아누스 아우구스투스의 등장 ::

로마는 지도가 없는 상태에서 혼란에 빠져들었다. 시민들이 카이사르의 사망 사실과 방식 모두에 충격을 받았다는 것을 알게 된 음모 가담자들이 로마에서 도망쳤다. 카이사르는 유언장에서 조카이자 양자였던 18세의 옥타비아누스에게 사실상의 제국을 유산으로 남겼다. 집정관 마르쿠스 안토니우스Marcus Antonius는 경솔하게도 유언을 부정했고 카이사르의 병사들에게 급료를 지불하지 않았다. 젊은 옥타비아누스는 카이사르의 병사들을 자신의 깃발 아래 불러들였으며, 노년의 키케로는 옥타비아누스를 방어하는 장문의 연설문을 연이어서 썼다. '필리피카Philippicae'라는 제목의 연설문에서 키케로는 욕정에서부터 폭력과 배반 그리고 탐욕에 이르기까지 안토니우스의 모든 것을 무모할 정도로 맹렬히 비난했다.

옥타비아누스는 아직도 10대였지만 흥정을 벌이는 수완을 발휘했다. 그는 안토니우스에게 교섭을 제의함으로써 로마에서 자신의 권력 기반을 강화했다. 이 화해는 키케로의 운명을 결정했다. 키케로는 43년에 로마에서 도망쳤지만 끝까지 추적당해 살해되었다. 그의 손과 혀는 적들에 의해 핀으로 고정되어 원로원에 걸렸다. 키케로의 다음 경구警句들은 로마 문학의 보석으로 남아 있다. '그는 이성이라고는 사용할 줄 모르고, 열정만 내 세운다. … 정치인들은 태어나는 것이 아니라 배설되어진다. … 정원과 도서관을 가지고 있다면, 그 사람은 필요한 모든 것을 다 가진 것이다.'

옥타비아누스와 안토니우스는 함께 그리스까지 추격해서 42년 필리피Philippi 전투 이후 카이사르 암살자들을 살해했다. 두 지도자 사이의 관계는 곧 악화되었다. 안토니우스는 제국의 동쪽을 지휘했다. 그곳에서 파르티아Parthia(옛 페르시아)의 공격에 맞서 변경 지역을 확보하기 위한 일련의 전투에서 승리했다. 그는 헤로데스Herodes를 유대의 왕으로 임명했고, 41년에는 이집트로 갔던 카이사르의 발걸음을 뒤따랐다. 안토니우스가 클레오파트라에게 터키 남부의 타르수스Tarsus에서 만나자고 요구했을 때, 그녀는 양탄자가 아닌 황금빛 덮개 아래 장미꽃으로 장식된 침대에 누운 채 배를 타고 도착했다. 이번에는 남녀 쌍둥이가 태어났고, 안토니우스는 당연하게도 로마로 돌아가기를 주저했다.

40년 로마에 돌아온 안토니우스는 옥타비아누스의 여동생과 결혼함으로써 평화를 모색했지만, 곧 이집트의 클레오파트라에게 돌아갔고 아들을 한 명 더 낳았다. 그는 앞서 태어난 쌍둥이를 해와 달의 이름을 따서 명명했고, 클레오파트라와 카이사르 사이에서 태어나 이제 열세 살이 되었던 아들을 왕 중의 왕이라는 카이사리온Caesarion으로 선포했다. 이 소식이 로마에 보고되었을 때, 이는 당연하게도 돌이킬 수 없는 도발로 여겨졌다. 옥타비아누스는 이때쯤 이미 자신의 패권을 되찾았고, 신성의 의미를 함축하고 있는 카이사르Caesar의 칭호를 차지했다.

31년 옥타비아누스는 클레오파트라(그녀는 안토니우스의 대리인 역할을 하고 있었다)에게 전쟁을 선포했고 그들에게 맞서기 위해 지중해를 건넜다. 그리스의 악티움Actium 전투에서 안토니우스와 클레오파트라는 패배하고 알렉산드리아로 달아났다. 옥타비아누스가 그들을 붙잡으러 왔을 때, 안토니우스는 자살했고 클레오파트라의 품에서 죽었다고 한다. 그녀도 며칠 후에 아마도 독살되었던 것 같다. 이집트의 코브라에 물려 죽었다고 알려진 것은 신화라고 생각된다. 나중에 셰익스피어의 도움으로 로마는 세상 사람들에게 가장 극적인 암살, 가장 이국적인 연애 사건, 그리고 가장 낭만적인 자살을 전해주었다.

:: 황제 아우구스투스 ::

현대 유럽의 창시자라는 칭호를 받을 만한 사람이 있다면 그것은 바로 옥타비아누스(카이사르 아우구스투스)다. 중간 키의 미남으로 지적이고 성미가 느긋했던 그는 필요할 때는 무자비했지만 그렇지 않을 경우에는 관대한 사람이었다.

그는 이전 경쟁자들이 보여주었던 이기적인 과시를 거의 드러내지 않았고, 스스로를 원로원의 종복이자 두 명의 집정관 중 한 명인 자신을 '제1시민'이라고 부르며 옛 공화국의 외형을 보존했다. 그럼에도 불구하고 27년 원로원, 행정부, 법정 그리고 군대에 절대 권력을 행사하면서 아우구스투스라는 황제 imperator 칭호를 차지했다. 그의 병사들은 충분한 보상을 받았고 로마 시민들은 제국을 찬양하는 데 만족하고 있었다. 그는 사실 독재자였다.

아우구스투스가 로마제국을 창조했던 것은 아니다. 로마제국은 2세기 동안의 공화제하에서 획득한 영토를 물려받은 것이었다. 그는 오히려 빠른 상황 판단으로 제국을 통합했던 인물이었다. 그는 스페인과 이집트 그리고 시리아 정복을 마무리함으로써 제국의 변경 지역들을 정리했다. 아우구스투스의 중대한 패배는 서기 9년 작센Saxony의 토이토부르크Teutoburg 숲 전투에서 그의 장군 바루스Varus가 패배한 것이었다. 라인강 동쪽 게르만 부족들의 지도자로서 로마에서 훈련받은 아르미니우스Arminius에게 세 개 군단 전체가 괴멸되었다. 아우구스투스는 엄청난 충격을 받았고 이후 몇 달 동안 면도를 하려들지 않았다. 패배는 끝까지 그의 의식 속에 머물러 있었다.

아르미니우스의 승리는 유럽의 발전에 결정적인 전투들 중 하나로 평가되어 왔다. 그것은 현재 갈리아와는 완전히 다른 영토인 로마제국 경계 너머 라인강 동쪽에 중요성을 두었다. 게르만인들은 군단병 모집의 출처가 되었지만 로마의 통치나 문화의 영향권 안에 들어온 적은 결코 없었다. 이렇게 해서 확정된 분열은 유럽 전역에 영토적이고 민족적인 그리고 결국에는 심리적인 장벽이 되었다. 독일어로 헤르만Hermann으로 표기되는 아르미니우스는 불행하게도 나치즘의 영웅이 되었고, 결국에는 오늘날 자기 나라에서조차도 거의 찬양받지 못하고 있다.

아우구스투스는 보좌관 선택에 신중했다. 그는 군사적으로는 국방부 장관인 아그리파Agrippa에게 그리고 국내 문제에 관해서는 유능한 마이케나스Maecenas에게 의존했다. 마이케나스는 내무부 장관과 예술부 장관을 둘 다 겸임하는 드문 선례를 남겼다. 그의 후원 아래 번영한 시기는 아우구스투스 시대라고 불리게 되었다. 베르길리우스와 리비우스Livius는 로마 국가의 역사를 찬양했다. 호라티우스는 궁정시인이었다. 연애 시인 오비디우스는 『변신 이야기*Metamorphoses*』에서 철학적 깊이를 지닌 작가로 진화했다. 그는 급진주의 아니면 음탕한 시 때문에 흑해로 유배되었다. 그곳에서 국외로 추방된 경험을 가진 시인으로서 다음과 같은 시를 남겼다. '고향 땅은 우리 모두를 끌어당기지. 달콤함 때문이 아니라는 걸 난 알지. 우리는 절대 고향 땅을 잊지 못할 거야.'

헬레니즘 문화는 조금도 흔들리지 않고 있었다. 그리스 조각상의 공급이 고갈되기 시작하자, 귀족들이 그것을 너무나 잘 복제하게 했으므로 전문가들이 그리스 작품과 로마의 작품을 구별하기란 어렵다. 비트루비우스Vitruvius는 제국 전역의 도시들이 시장과 신전 그리고 광장으로 꽃을 피웠던 것처럼 그리스 건축 원리를 수정했다. 아우구스투스는 '진흙으로 지어진 로마를 발견해 대리석의 로마로 남겨 두었다'고 주장했다. 아우구스투스의 고전주의는 황제 권력을 특징짓는 양식이 되었다.

안전 보장과 함께 로마가 초기 유럽에 전해준 가장 큰 선물인 경제적 번영이 찾아왔다. 화물선이 지중해를 가로질러 멀리 떨어진 지역의 생산물을 로마의 식탁으로 가져다주었다. 수도교는 19세기가 되어서야 비로소 어울릴 정도의 규모로 로마의 목욕탕에 물을 공급했다. 경기장과 원형 극장이 잔인하고 폭력적이긴 하지만 공공 오락을 제공했다. 도로는 충분했다. 스물아홉 개의 고속도로가 로마에서 방사선 형태로 퍼져나가 제국의 동맥이 되었고, 로마의 군단들이 빠른 속도로 분쟁 지역으로 이동할 수 있게 해주었다. 로마의 전차 우편 서비스는 하루에 50마일씩 편지를 나를 수 있었다. 로마가 터득하지 못했던 한 가지 서비스는 거리 청소였다. 거리는 하수구였고 끊임없이 나오는 불평의 근원이었다.

아우구스투스의 통치는 서기 14년에 그가 죽을 때까지 40년 넘게 지속되었다. 그가 세운 제국은 5세기 동안 지속되었고, 게다가 제국의 파생물인 비잔틴Byzantine은 14세기 동안 지속되었다. 제국의 지도자들이 불멸이라는 수사를 좋아했음에도 불구하고 제국의 가장 큰 약점은 그것의 연속성을 필멸의 존재인 인간에게 의존해야 한다는 것이었다. 황제는 수백만 명에 대한 후원의 원천이자 생사의 결정권자였다. 공식적인 황제 계승이 없었을 뿐더러 암살 말고는 황제의 재량권을 견제할 수 있는 장치도 없었다. 처음 스물세 명의 황제들 중 대부분이 비참한 최후를 마쳤고, 그 후 자주 무정부 상태가 이어졌다. 그들에게 영감을 받아서 썼던 역사상 가장 매혹적인 고전 중 하나가 에드워드 기번Edward Gibbon의 『로마제국 쇠망사The History of the Decline and Fall of the Roman Empire』이다.

:: 티베리우스와 기독교의 탄생 ::

아우구스투스의 의붓아들 티베리우스Tiberius(14~37년)는 특히 다뉴브Danube강 국경에서 장군 역할을 훌륭히 수행했다. 하지만 그는 주로 아이들이 관련된 별난 성적 취향을 가졌던 것으로 알려진 음울하고 악의를 품은 황제였다. 그는 곧 로마를 버리고 카프리섬의 궁전으로 떠났고, 그곳에서 그가 저지른 악행들에 대한 소문이 퍼졌다. 폰티우스 필라투스Pontius Pilate(본디오 빌라도라고도 알려져 있다 – 옮긴이)라는 유대 지방의 총독이 잘 알려져 있지 않은 유대인 교사 나사렛의 예수를 십자가에 못 박아 처형한 것은 티베리우스 치세 말기 무렵이었다. 전해진 바에 의하면 예수의 범죄 행위는 자신을 유대인의 왕으로 주장한다는 것이었다. 예수의 죽음은 당시에 기록되지 않은 채 지나갔다.

예수의 제자들 중 첫 번째로 주목해야 할 사람은 초기 기독교도에 대한 박해자로 돌아섰던 천막 만드는 유대인 사울Saul of Tarsus이었다. 다마스쿠스Damascus로 가는 도중에 개종한 사울(나중에 바울)은 예루살렘으로 돌아왔고, 동부 지중해 전역에서 광범위한 사역을 시작하기에 앞서 사도 베드로Petrus와 야고보Jacobus를 접촉하게 되었다. 유대인들은 개종하지 않았던 배타적인 집단이었고, 그 결과 용인되었다. 유대교의 한 종파로서 기독교인들은 유대에 머물렀을 것이다. 그 대신 바울의 편지로 입증된 것처럼 제국의 동쪽 전역에 그들의 신앙을 퍼뜨렸다. 나중에 바울은 코린트인들에 보낸 편지에서 이렇게 말했다. '만약 내가 목소리의 힘을 모르면, 내가 말하는 그 사람에게 나는 이방인일 것이다. 게다가 말하는 그 사람도 내게 이방인일 것이다.' 그 목소리는 제국 동쪽의 언어이자 초기 기독교의 언어인 그리스어였다. 기독교 선교사들의 입을 통해 그리스어는 놀라운 호소력을 갖게 될 것이다.

티베리우스의 죽음 이후 황제들이 잇따라 뒤를 이었다. 티베리우스의 후임자 칼리굴라Caligula(37~41년)는 전임자와 비슷하게 음란한 취미로 유명했다. 그는 스스로 신이라고 선언했고 자신의 애마를 집정관으로 만들자고 제안해 원로원을 모욕했다. 자신의 경호원들에게 살해된 칼리굴라의 뒤를 이어 클라우디우스Claudius(41~54년)가, 그다음에 네로Nero(54~68년)가 후임자가 되었다. 클라우디우스 치세에는 잉글랜드 대부분이 정복되었다. 네로는 타락한 삶으로 되돌아갔고, 이는 나중에 할리우드에 큰 즐거움을 안겨주었다. 네로는 64년 로마 대화재에 대한 희생양으로 기독교인을 선택해 콜로세움Colosseum에서 야수의 먹이가 되게 하는 것이 이롭다는 것을 알았다. 이는 기독교 성장에 징후가 되는 사건이었다.

57년 이후 어느 때인가 바울은 예루살렘에서 체포되었다. 성전에 비유대인을 데리고 들어갔다는 억울한 누명을 뒤집어썼던 것이다. 감옥에서 2년을 보낸 후, 바울은 로마 시민으로서 로마에서 재판 받을 권리를 주장했다. 60년경 로마에 도착한 바울은 아마도 재판을 기다리면서 대략 4년 동안 머물렀다. 종교사학자 디아메이드 맥클로흐Diarmaid MacCulloch는 바울이 제국 시민으로서 가졌던 지위의 중요성을 지적하고 있다. 맥클로흐에 따르면 '환상 속에서 충성을 맹세했던 유대인 선지자 바울은 유대인만이 아니라 모든 사람을 위한 메시지를 가지고 있었다'. 바울이 로마에 호소한 것은 기독교를 제국 전역에 전파하는 또 하나의 결정적 요인이었다.

바울은 64년 아니면 그 이후에 아마도 네로의 박해 때 처형되었다. 사도 베드로Petrus 역시 로마에 있으면서 동시에 살해당했던 것으로 보이는데, 이에 대한 증거는 거의 없으며, 게다가 그가 교회를 설립했다거나 그 교회의 지도자로 복무했다는 증거도 전혀 없다. 학자들은 로마에서 베드로 탓으로 돌려진 거의 모든 것을 구전으로, 그리고 아마 텍스트를 끼워 넣은 것으로 간주하고 있다. 그럼에도 불구하고 이 두 사람의 이름, 즉 그리스어를 사용하는 사업가 바울과 아람어를 사용하는 어부 베드로는 로마와 정교회의 기독교 국가들을 지배하게 될 것이다. 70년 황제 베스파시아누스Vespasianus(69~79년)는 유대인의 반란을 진압했고, 그 결과 예루살렘 성전이 파괴되었다. 이때 기독교인들이 예루살렘에서 탈출함으로써 초기 기독교가 유대교의 뿌리에서 강력하게 분리되었다.

:: 안토니누스 왕조: 제국의 전성기 ::

베스파시아누스는 안토니누스Antonines 왕조가 뒤를 이었던 플라비우스Flavius 왕조 시대를 열었고, 서기 2세기에 로마에 상대적인 안정을 가져다주었다. 안토니누스 왕조가 가장 주목할 만한 성취를 이뤄낸 시기는 트라야누스Trajanus (98~117년) 치세였고, 그때 제국은 북쪽으로 브리타니아Britannia에서 동쪽으로 다키아Dacia와 아르메니아Armenia까지 최대 범위로 확대되었다. 그것은 잠시 카스피해 해안에 닿았고 시리아와 메소포타미아 그리고 모리타니아를 포함했다. 지중해는 이제 로마의 호수였고, 제국은 유럽의 제국이라기보다는 아시아의 제국이었다. 역사가 플리니우스Plinius가 감탄했을 정도로 로마의 질서와 로마의 정의 그리고 어느 정도 로마의 번영이 이 모든 것을 지배했다.

건축의 대가인 하드리아누스Hadrianus(117~38년)가 트라야누스의 뒤를 이었다. 그의 가장 위대한 건축물인 로마의 판테온Pantheon(126년)과 제국 초기를 드러내는 강력한 증거인 브리타니아의 하드리아누스 성벽(122년)은 여전히 건재하다. 모든 황제들 중에서 하드리아누스는 로마의 세력 범위, 그리고 아마도 그 한계에 대해 가장 명확한 개념을 가지고 있었다. 그는 트라야누스가 얻은 이익의 일부를 철회했다. 그는 '우리가 그들을 보호해 줄 수 없다면, 그들은 자유를 가져야 한다'며 철회 이유를 확실히 밝혔다. 하드리아누스는 로마 역사에서 황제라는 칭호에 걸맞게 돋보였던 몇 안 되는 황제들 중 한 명이었다. 그의 관심사는 그리스와 로마 문화의 통합이었다. 그는 철학과 건축, 시는 물론이고 법에도 관심을 가졌다. 그는 단지 정복자가 아닌 통치자로서 제국을 여행했다. 에피쿠로스주의자인 그는 죽음을 전혀 두려워하지 않았다.

오늘날까지 인기가 있는 『명상록Meditations』 저자인 스토아 철학자 황제 마르쿠스 아우렐리우스Marcus Aurelius(161~180)가 하드리아누스의 뒤를 이었다. 하드리아누스와 마찬가지로 그는 계속해서 기독교인들을 박해했다. 마르쿠스 아우렐리우스는 신앙의 자유를 허용할 각오가 되어 있었지만, 로마 황제를 신으로 숭배하지 않으려는 것을 용인할 각오는 되어 있지 않았다. 이런 식으로 황제를 대체하는 것은 반역죄에 해당되는 것이었다. 로마인들은 기독교인들이 왜 이 방향으로 고개를 끄덕이기조차 하지 않았는지 이해할 수 없었다. 그리스의 비티니아Bithynia 속주 총독인 플리니우스를 그토록 격분시켰던 것은 다름 아닌 기독교인들의 '완고함과 굽히지 않는 외고집'이었다.

이것들은 돌이켜 보면 황금기로 간주될 것이다. 안토니누스 왕조 치세에 로마는 그 자체로 평온했던 것 같다. 명확한 경계, 전례 없는 보안, 여행의 자유, 공통의 행정 언어와 법률 체계를 갖추고 있었다. 기번Gibbon은 자신이 '인류가 가장 행복했고 번영했던' 역사상의 시기를 선택해야만 한다면, 96년 도미티아누스Domitianus의 죽음에서 180년 마르쿠스 아우렐리우스의 죽음까지를 선택할 것이라고 결론 내렸다. 나중에 한 로마인은 마르쿠스 아우렐리우스가 죽었을 때 '우리 역사는 이제 금의 왕국에서 철과 녹의 왕국으로 전락하고 있다'고 말했다.

:: 3세기의 위기 ::

3세기 무렵 로마제국은 감당할 수 없을 정도로 커졌다. 로마 자체의 인구만 100만 명, 제국 전체로는 6000만 명으로 추산되었다. 로마 정도의 규모를 갖는 도시는 19세기에 와서야 비로소 유럽에서 다시 볼 수 있었다(아마 콘스탄티노플Constantinople을 제외하면). 하지만 로마 정부에는 운영 자금과 이전 공화국의 규율이 결여되어 있었다. 무엇보다 합법적인 승계의 연속성이 없었다. 황제가 후임자를 아들로 입양하여 후임자로 지명하는 관행은 능력도 동의도 보증하지 못했다. 거의 모든 승계가 도전받았다. 로마의 중앙정부는 일관성과 목적의식을 잃었다. 로마 정신은 생존 정신이 되었다.

안토니누스 왕조의 마지막 황제인 콤모두스Commodus(180~192년) 치세에 로마는 네로 시절의 자아도취와 방종으로 되돌아갔다. 이제 변경 지역 지휘관들이 공인된 군 지도자처럼 행동하고 있었고, 로마에서는 무정부 상태가 널리 퍼져 있었다. 콤모두스는 결국 192년 자신의 정부 마르키아Marcia에게 살해되었는데, 그녀는 제국의 신흥 종교인 기독교 공동체의 일원이었다. 그의 후임자로 제위에 오른 아프리카 출신의 최초 황제 셉티미우스 세베루스Septimius Severus(193~211년)는 로마의 동쪽 국경을 확장했다. 그는 로마의 시리아 속주에서 바알벡Baalbek은 물론이고 자신의 출생지인 리비아에서 웅장한 렙티스 마그나Leptis Magna를 재건했다.

군대는 대략 40만 병력을 유지했지만 과도한 세금과 충성심 약화 그리고 기강 해이가 초래되었다. 군대는 변경 지역에서 강할지 모르지만, 후방에서는 약해지는 경향이 있었다. 212년 폭군 카라칼라Caracalla(198~217년)는 제국에 거주하는 모든 자유민에게 로마 시민권을 부여함으로써 그들의 비위를 맞추면서도 세입을 늘리려 했다. 역사학자 메리 비어드Mary Beard에 따르면 이 로마 시민권 부여는 '정복자와 피정복자 사이의 차이를 약화시킴'으로써 로마의 멸망, 엄밀히 말하면 제국의 종말을 의미했다.

'3세기의 위기'로 불리는 기간에 상황은 악화되었다. 황제들은 이제 갑옷을 입고 있는 군인으로 묘사되곤 했다. 지금까지도 군주들(영국을 포함해서)이 군인으로 묘사되는 관습은 계속되고 있다. 로마에서는 질병과 기근이 흔한 일이 되었다. 황제들은 부패하고 게을렀고, 아니면 적어도 비정상적이었다. 238년에 한 달간 통치했던, 문학에 능통한 고르디아누스 2세Gordianus II는 후궁 22명과 책 6만 2000권을 자랑했다. 268년 고트족Goths 반란자들이 남쪽으로 멀리 아테네까지 침입했다.

장기간 쇠퇴기에 접어들었던 로마는 베드로와 바울의 성지를 순례하는 긴밀히 조직된 기독교 공동체들을 유인했다. 로마가 이것만으로 교회의 패권을 잡았는지는 분명하지 않다. 기독교는 안티오크Antioch와 알렉산드리아에 중심지를 둔 동부 지중해의 한 종파였다. 따라서 로마에서의 패권적 지위는 결코 예정된 것이 아니었다. 로마의 주교는 단지 점차적으로 교회의 아버지, 즉 파파papa로서 등장했다. 하지만 로마는 교황직과 그리스도 신성의 본질을 놓고 동쪽의 경쟁자들과 싸웠다. 일찍이 바울은 새롭게 나타나는 파벌주의, 그리고 그 이후의 교회 분열을 암시했다. 그는 자신의 첫 번째 서한에서 코린트인들에게 이렇게 호소했다. '형제 여러분… 여러분 모두 같은 말을 하고 여러분 사이에 어떤 분열도 없길 간청합니다.'

4세기 초 황제 디오클레티아누스Diocletianus(284~305년) 치세에 제국의 역사는 새로운 국면에 접어들었다. 그는 제위에 오르면서 안토니누스 왕조의 역량과 안정을 복원했다. 그는 통화와 관료주의를 개혁했고, 제국의 변경 지역들을 확보하기 위해 끊임없이 전투에 참가해서 게르만인, 슬라브인, 이집트인, 페르시아인을 무찔렀다. 종교적 보수주의자였던 디오클레티아누스는 303년 기독교인들에 대한 마지막 조직적 박해를 시작했다. 하지만 기독교 신앙은 이런 박해가 그리 오래가지 못할 정도로 충분히 견고했다.

무엇보다도 디오클레티아누스는 모든 제국이 당면하는 가장 중요한 약점인 감당할 수 없는 규모에 직면했다. 그는 로마의 경우 제국 보조금으로 살아가는 데 오래도록 익숙해 있었던 수도 로마가 보조금으로 인해 쇠약해져 가고 있다는 것을 알았다. 그는 정식으로 제국을 동쪽과 서쪽 둘로 나누었다. 안티오크에 근거지를 두었던 그는 동쪽 절반을 맡았고, 자신의 지휘관 막시미아누스Maximianus를 임명해 서쪽을 맡겼다. 디오클레티아누스는 로마에서 북쪽 밀라노Milano로 제국 서쪽 수도를 옮겼다. 이로써 국경의 군단들과 더 가까워졌다.

그 후 305년에 디오클레티아누스는 어떤 황제도 전에 해본 적이 없었던 일을 했다. 그는 퇴위하고 고향인 달마티아Dalmatia의 스플리트Split로 은퇴했다. 312년 그는 황제로서는 흔치않게 제명대로 살고 잠자리에서 죽었다. 18세기에 발굴된 그의 궁전은 오늘날까지 남아 있고, 게다가 로버트 애덤Robert Adam의 조지 왕조 양식의 건축에 영감을 주었다. 하지만 그가 유지하기 위해 분할했던 제국은 이제 분열되고 점점 더 멀어지게 되었다.

3

고트족, 훈족, 기독교도

300~560년

:: 콘스탄티누스와 비잔티움 ::

디오클레티아누스가 제국을 분할한 그 순간부터 유럽은 전환기로 접어들었다. 유럽은 주로 로마에 중심을 둔 통합된 지중해 연안의 영토를 떠나 로마의 통치를 받는 서쪽과 동쪽 국가들 사이에서 충성심이 분열된 곳으로 접근해 가고 있었다. 이 분열은 로마제국보다 오래 지속되었다. 또 다른 분열이 있었다. 하나는 이교도의 독재정치와 새로운 기독교 신앙의 권위 사이에서의 분열이었다. 다른 하나는 지배적인 그리스-로마 문화와 로마의 변경 지역들 및 그 너머에 살면서 로마인들에 의해 '이방인barbarians' – 반드시 경멸적인 용어는 아니었다 – 으로 불렸던 사람들의 경험 사이에서의 분열이었다.

서로마 황제 콘스탄티우스Constantius가 306년에 사망하고 아들 콘스탄티누스(306~337년)가 뒤를 이었을 때야말로 이 새로운 유럽을 상징적으로 보여주는 사건이었다. 두 사건은 로마제국의 북쪽 끝 요크York에서 일어났다. 콘스탄티누스의 병사들이 새 황제에게 경례했을 때, 그것으로 끝이 아니었다. 그는 자신의 권리를 주장하기 위해 그 후 18년을 경쟁자들과 싸우며 보내야 했다.

324년이 되어서야 비로소 그는 동로마와 서로마의 제위를 모두 차지했다. 그는 디오클레티아누스의 동쪽 궁정에서 훈련 받았고, 그곳이야말로 콘스탄티누스의 마음이 머무는 곳이었다. 그는 때맞춰 보스포루스 해협이 내려다보이는 비잔티온Byzantion에 새로운 도시를 세우겠다고 선언했다. 콘스탄티노플은 훌륭한 수도이자 새로운 로마가 될 것이다.

이제 콘스탄티누스는 노련한 군인이자 무자비하고 이기적이며 표리부동한 독재자였다. 그는 주요 경쟁자인 리키니우스Licinius를 지체 없이 살해하기 전에 성역과 안전한 은퇴를 약속함으로써 압도했다. 그가 기독교로 개종한 것이 어느 정도 진심에서 우러나온 것이었는지는 아무도 알 수 없었다. 사실은 전장에서 받은 '계시'에 뒤이어 313년에는 '기독교도뿐만 아니라 다른 모든 사람에게도 각자가 원하는 예배를 할 수 있는 모든 권한'을 부여하는 협정에 서명했다. 그의 새 도시가 '기독교 도시'가 될 것이라고 선언했다.

콘스탄티누스는 신앙을 주장하는 것이 정의하는 것보다 더 간단하다는 것을 알게 되었다. 이미 기독교는 통합과는 거리가 멀었다. 알렉산드리아의 사제 아리우스Arius(대략 250~336년)는 예수가 인간이자 지상에서 신의 대리인 또는 창조물이므로 신에게 종속되어 있다고 말했다. 그것만으로도 예수의 죽음을 설명할 수 있었다. 이것은 성부(하느님), 성자(예수 그리스도), 그리고 이른바 성령의 삼위일체를 주장했던 가톨릭 신자들과 대립했다. 콘스탄티누스에게 핵심 교리들에 동의할 수 없는 신앙 — 실제로 반목하는 주교들로 가득했다 — 은 위험했다. 325년 그는 권력을 강화한 지 1년 이내에 논쟁 해결을 위해 니케아 Nicaea(지금의 터키 이즈니크Izznik) 공의회를 소집했다.

기독교는 제국 동쪽에 아주 강하게 뿌리를 두고 있었다. 주교 1800명 중 1000여 명이 동쪽에 있었고, 니케아에 참석했던 주교 318명 중 제국 서쪽에서 온 사람은 5명에 불과했다. 마찬가지로 주교라면 누구라도가 아니라 황제가 개인적으로 공의회를 소집했다는 점이 중요했다. 콘스탄티누스는 단지 '할 일들에 대한 관객이자 참가자로서' 참석할 뿐이라고 말했다. 하지만 그의 전기 작가인 유세비오스Eusebius는 콘스탄티누스가 다음과 같이 말했다고 기록하고 있다. '나 역시 주교로서, 교회 밖의 사람들을 감독하라는 하느님의 명령을 받았다.' 그는 '이를테면 금과 보석의 광채로 화려하게 장식된 … 빛으로 반짝이는 옷을 입은 천국에 사는 하느님의 전령처럼' 공의회에 도착했다. 그 결과 제국의 가톨릭 신자들에 대한 콘스탄티누스의 지지는 변함없이 확고했다. 하느님과 그리스도는 '본질상 하나'였다. 이것은 니케네 신조로 공식화되었고 오늘날까지 모든 기독교도에 의해 사용되고 있다. 아리우스파Arianism는 이단으로 선언되었다.

콘스탄티누스는 이제 여전히 정서상 제국의 수도였던 로마와 화해해야 했다. 326년 그는 대규모 수행원들과 함께 출발하여, 명확하지 않은 이유로 잠시 멈춰 아내와 아들, 그리고 조카를 죽였다. 로마에서는 수심에 가득 찬 귀족들로부터 좋은 대접을 받지 못했다. 그는 로마 황제의 군복을 입지 않은 채 일반인의 비단옷을 입고 궁정 신하들의 수행을 받으면서 그들 앞에 나타났다. 고대 신전의 관리인들도 그의 기독교적 열정을 믿지 않았다. 로마는 황폐했고, 인구가 줄어들었으며, 말라리아에 신음하고 있었다. 콘스탄티누스는 로마에 기독교도 총독을 임명하고, 새로운 교회 두 곳으로 라테란Lateran 궁전 옆에 성 요한St John 교회와 바티칸 언덕에 성 베드로St Peter 교회를 건설하도록 명령했다. 그는 디오클레티아누스의 서로마 황제(밀라노에 근거지를 두었던) 개념을 그대로 두었지만, 콘스탄티노플의 우월성을 확인했다. 콘스탄티노플은 육로와 해로로 더 방어하기 쉬웠고 아시아 내륙과의 교역에 열쇠를 쥐고 있었다. 그곳은 또한 다뉴브 국경 및 페르시아제국과의 경계 가까이에 있었다. 콘스탄티노플은 로마제국의 새로운 종교인 기독교의 출처와 가까웠다.

327년 콘스탄티누스 황제의 어머니 헬레나Helena는 예루살렘 순례 길에 올랐다. 여기서 첫째 날 갈보리Calvary(골고다Golgotha) 유적과 수조에 묻힌 그리스도가 못 박힌 십자가 잔해를 발견함으로써 모든 고고학자가 꿈꾸던 것을 이루었다. 그녀는 죽어가는 한 여인에게 다른 십자가들을 놓음으로써 자신이 발견한 십자가가 틀림없이 그리스도가 못 박힌 십자가라고 주장했다. 이는 헬레나가 발견한 십자가만이 그녀를 치료했기 때문이다. 헬레나의 다른 기념품으로는 방주를 짓는 데 사용된 손도끼와 5000명을 먹이려고 사용된 바구니가 포함되어 있었다. 가짜 성유물의 시대가 도래했다. 330년 이 물건들은 콘스탄티누스의 새로운 도시 헌정식에서 주연을 맡게 되었다. 이때는 새로운 도시가 건설되기 시작한 지 6년 만이었다. 새로운 도시에는 거대한 성벽과 광장, 그리고 제국 전역에서 가져온 주랑 현관들과 조각품들로 장식된 포럼forum이 있었다. 도시의 중심에는 반신반인으로 묘사된 콘스탄티누스 자신에게 헌정된 기둥과 금박을 입힌 조각상이 있었다. 콘스탄티누스 황제는 소 5000마리로 만든 양피지가 필요한 50권의 채색 성서 제작을 명령했다. 동로마제국의 계승자인 비잔티움이 탄생했다.

콘스탄티누스는 7년 후인 337년 임종을 맞이해 기독교 교회에서 정식 세례를 받고 죽었다. 그는 통합된 제국을 남겼지만 조화로운 교회는 남기지 못했다. 니케아는 아리우스파를 억압하지 못했다. 아리우스파는 다음 세기 동안 제국의 서쪽 대부분에서, 특히 최근 이교로부터 개종한 이방인들 사이에서 지배적인 신앙이 되었다. 천상의 신과 지상의 '아들'이라는 아리우스파의 위계는 추상적인 삼위일체 신학보다 더 호소력이 있었다. 콘스탄티누스의 조언자인자 주교였던 유세비오스조차 아리우스파였다.

아리우스파만이 아니었다. 기독교는 노바티아파Novatianists와 도나투스파Donatists, 멜리시우스파Melitians와 성자유사성 주장파, 펠라기우스파Pelagians, 네스토리우스파Nestorians와 합성론파Miaphysites로 여러 차례 쪼개졌다. 기독교는 이원론자인 마니교도 및 도나투스파와 논쟁했다. 종파주의는 지리적으로 상이했다. 알렉산드리아는 안티오크와, 로마는 카르타고와 다투었다. 잠시나마 마지막 이교도 황제였던 철학자 황제 율리아누스Julianus(361~363년)는 '기독교인이 서로에게 위험한 적인 것만큼 어떤 야수도 인간에게 그렇게 위험한 적은 아니다'라고 말했다.

콘스탄티노플은 유럽에서 가장 큰 도시로 성장했고, 약 80만 명으로 추산되는 주민들이 살고 있었다. 성벽, 요새, 교회 그리고 궁전은 로마를 훨씬 앞섰다. 유럽과 아시아의 교차로에 위치해 있었다. 하지만 콘스탄티노플이 헬레니즘의 유산을 대단히 소중히 여겼음에도 불구하고, 한때 에게해의 도시들과 소크라테스와 플라톤의 철학에 영감을 주었던 자유로운 사고의 합리주의를 결코 발전시킬 수 없었다. 콘스탄티노플 주민들은 신학적 논쟁에 사로잡혀 있었고, 반대 의견에 대한 억압은 단지 종파주의를 조장했던 것처럼 보였다. 4세기에 콘스탄티노플을 방문했던 한 사람은 이런 강박에 대해 다음과 같이 전했다. '거스름돈을 요구해 보라. 그러면 그는 (성부로부터) 출생된 자the Begotten 와 출생되지 않은 자the Unbegotten에 대해 철학적으로 논한다. … 목욕 준비가 다 되었는지 물어보라. 그러면 종업원은 "성자는 무無에서 만들어졌다"고 주장한다.'

:: 훈족, 고트족, 반달족 ::

콘스탄티누스가 죽은 지 불과 30년 후인 370년대 초부터 다뉴브강 기슭에 도착한 훈Hun족 침입자들(스키타이인으로도 불린다)이 콘스탄티노플에 도착하고 있다는 소식이 보고되기 시작했다. 그들은 알 수 없는 말을 했던 기마 전사였다. 피부가 가무잡잡하고 키가 작은 그들은 무리를 지어 돌아다녔던 기마 궁수로 나타났다. 그들은 말을 타고 한 달 동안 1000마일(대략 1609킬로미터)을 달릴 수 있었다고 알려져 있다. 그들은 쥐 가죽을 꿰맨 옷을 입었고 식물의 뿌리와 넓적다리 사이에서 따뜻해진 날고기를 먹었다. 공성 탑과 공성 망치를 만드는 기술로 그들이 지나가는 길에 있는 마을들을 초토화시켰다. 그들과 함께 섞여 왔던 유목민들과 정착민들은 그들이 가로질러 갔던 지역에서 목초지와 공물을 열망했다.

현대의 DNA 학문이 시사하고 있는 바에 따르면 훈족은 고트족으로도 알려진 지역 게르만 부족과 결혼하면서 더 꾸준하게 침투해 들어왔다. 하지만 선두에 선 전사들은 어쩔 수 없이 유럽의 좁은 지형으로 들어가게 된 피스톤 같았다. 곧 그들은 동고트족과 서고트족을 그다음에는 반달족Vandals과 부르군트족Burgundians을 중부 유럽에서 쫓아내고 있었다. 그들에게 쫓겨난 자들은 결국 로마의 강과 도로를 따라 줄지어 이동했다. 이로써 제국은 훈족은 물론이고 훈족의 이동으로 어쩔 수 없이 이동할 수밖에 없게 된 자들로부터 이중의 위협을 받게 되었다. 로마 병사와 행정관 그리고 세금 징수관들이 요새화된 성채로 철수하거나 이탈리아로 도망쳤다. 유럽의 중심부는 방어할 힘을 상실했다.

379년 동쪽 황제 테오도시우스 1세Theodosius I(379~395년)는 제국을 통합하려 했으나 반란과 종교적 분열로 고통 받고 있었다. 이미 374년에 밀라노 총독 암브로시우스Ambrosius는 자신이 주교로서 칭송받고 있으며 아리우스파에 맞서 니케아 신조에 찬성하는 운동을 주도한 혐의로 기소되었다는 것을 알고 있었다. 그는 서쪽 황제이자 아리우스파였던 발렌티니아누스Valentinianus에 맞서 밀라노 성당에 방어벽을 쳤다. 그는 심지어 테살로니카Thessalonica 시민 7000명에 대해 섬뜩한 학살을 명령한 테오도시우스를 파문하기까지 했다. 로마 교회의 지도자들은 점차 세속적인 권한을 장악하고 있었다.

발칸반도에서 훈족에 의해 뿌리 뽑힌 자들 중에는 서고트족 왕 알라리크Alaric가 있었다. 제국 내 지도자들을 대표하는 알라리크는 아리우스파이자 훈련받은 로마 군인으로서 게르만족인 프랑크인의 반란을 진압하는 데 도움을 주었다. 충분하게 보상받지 못했다고 생각한 그는 군대를 이끌고 그리스 남쪽으로 진군해 395년 아테네를 약탈했다. 401년 그는 이탈리아로 관심을 돌렸다. 그곳에서 테오도시우스의 10대 아들로서 새롭게 서쪽 황제가 된 호노리우스Honorius(393~423년)에게 무시당했다. 402년 호노리우스는 수도를 밀라노에서 더 방어하기 쉬운 라벤나Ravenna로 옮기기로 결정했다. 알라리크는 410년 호노리우스에게 마지막으로 제국 군대에서 자신을 인정해 달라고 탄원하기에 앞서 8년간 이탈리아를 점령했다. 거절당한 그는 로마로 진군하여 3일간 약탈했다. 이 약탈은 로마제국 역사에서 최초의 엄청난 굴욕적 사건이었다. 로마의 황폐화에 대한 소름 끼치는 보고들에도 불구하고 믿을 만한 자료들은 고트족의 '놀랄 만한 관용'에 대해 이야기한다. 재물을 도난당했던 것은 확실하지만 집은 거의 파괴되지 않았다.

이제 갈리아는 반달족 및 부르군트족 등이 훈족을 피해 달아나면서 혼란에 빠졌다. 로마가 약탈당한 410년 절망에 빠진 호노리우스는 브리타니아의 신민들에게 보낸 서한에서 이미 브리타니아 동쪽 해안을 따라 정착했던 게르만 부족들의 침입에 대비할 군단이 없다고 말했다. 그들은 황제로부터 '자기 방어를 위한 조치를 취하라'고 권고 받았다. 앵글로족Angles과 주트족Jutes과 색슨족Saxons은 브리타니아를 가로질러 서쪽으로 밀고 나가는 기회를 잡았고, 점차 브리타니아인 기독교도를 서쪽, 이른바 켈트족이 사는 맨 끝으로 몰아넣어 고립시켰다. 북쪽의 기독교는 이 고립된 공동체인 웨일즈Wales와 콘월Cornwall 그리고 아일랜드Ireland에서 일시적으로 피난처를 발견할 것이다.

동시에 스페인에서 서고트족이 앞서 스페인을 침입했던 가이세리크Genseric 왕 휘하 반달족을 지브롤터 해협 너머 북아프리카로 몰아냈다. 여기서 반달족은 해안을 따라 동쪽으로 이동하며 공화정기 이래로 로마의 곡창지대였던 영토를 점령했다. 430년 반달족은 신학자이자 주교였던 성 아우구스티누스St Augustine의 고향인 현재 알제리의 히포Hippo 마을을 포위했다. 아우구스티누스는 카르타고에서 공부했고 밀라노에서 가르쳤으며 학자로서 히포로 돌아갔다. 그는 신학 저술에 철학에 대한 이해를 적용했다. 하지만 439년까지는 히포와 카르타고는 반달족의 수중에 있었고, 게다가 지중해는 더 이상 로마의 호수가 아니었다.

동쪽 제국은 이 위기에서 서쪽에 아무런 도움도 주지 않았다. 동쪽 제국은 종교적 이단으로 분열되어 있었다. 아리우스파는 억압되지 않았다. 시리아의 수도사 네스토리우스는 만약 그리스도가 인간으로 살고 죽었다는 게 분명하다면, 어떻게 그가 '불멸'일 수 있으며 하느님과 동등할 수 있느냐고 물었다. 431년 테오도시우스 2세에 의해 에페수스Ephesus에서 공의회가 소집되었다. 여기에서 네스토리우스파는 파문되었고 기독교의 영향력은 다시 발휘되었다. 에페수스 공의회는 질질 끄는 어떤 관용도 그만두었고 공의회 신조에서 일탈하는 모든 행위를 이단으로 금지했다. 이단에 대해서는 불구로 만들기와 눈이 멀게 만들기를 포함해서 공인된 처벌로 다루었다. 에페수스 공의회는 부활절 의식의 조건을 지시했고 성 주일을 공휴일로 선포했다. 더 나아가 449년과 451년의 공의회는 더욱더 가열되었고 심의는 더 모호해졌다. 451년 칼케돈Chalcedon 공의회에서 로마 교황 레오Leo가 하느님과 그리스도의 '동일본질'에 대한 절충안을 제시했다. 양분된 제국은 이제 서쪽에서는 아리우스파의 공격을 받은 가톨릭교도 그리고 동쪽에서는 네스토리우스파로 신앙이 분열되었다.

:: 아틸라와 제국의 종말 ::

434년 침략자 훈족은 호전적인 아틸라Attila(434~453년)라는 카리스마 넘치는 지도자를 얻었다. 그는 여러 나라를 뒤흔들기 위해 세상에 태어난 자로, 만국에 내려진 재앙'으로 묘사되었다. 그의 두리번거리는 눈과 심상치 않은 외모는 그가 지나가는 길에 있던 모든 사람을 공포에 떨게 했다. 하지만 '행동이 절제되었고, 조언에 능했으며, 탄원자들에게 자애로웠고, 그의 보호를 받았던 사람들에게 관대했다'고 전해졌다. 443년에, 그리고 재차 447년에 아틸라는 콘스탄티노플 성벽으로 군대를 이끌고 왔다. 매번 완강한 저항으로 콘스탄티노플의 성벽은 무너지지 않았고, 아틸라는 뇌물을 받고 철수했다. 마침내 테오도시우스의 군국주의적 후계자인 마르키아누스Marcianus(450~457년)는 더 이상 뇌물 주는 것을 거부했고 훈족을 자신의 영토에서 몰아냈다.

아틸라는 유럽을 가로질러 갈리아로 들어갔고, 그곳에서 유럽 역사상 전례가 없는 세력을 만났다. 451년 로마 장군 플라비우스 아에티우스Flavius Aetius와 서고트족 왕 테오도리쿠스 1세Theodoricus I는 그들이 집단적 위협으로 보았던 것과 맞서려고 로마인과 프랑크족 그리고 고트족으로 이루어진 연합군을 집결시켰다. 이 연합군은 로마 군대와 이방인 군대가 연합해서 최초로 외부의 적에 맞서 결성했던 최초의 '유럽 군대'였다. 451년 카탈라우눔Catalaunum 평원 전투에서 연합군이 승리했다. 아틸라는 퇴각했고 심한 공격을 받은 군대를 이끌고 남쪽 이탈리아로 갔다. 이탈리아 북동부 지역 베네토Veneto의 주민들이 아틸라를 피해 해안 석호들로 이루어진 인적 드문 섬으로 피신했다. 이렇게 해서 베네치아Venezia가 탄생했다. 유럽은 베네치아라는 가장 영광스러운 영토를 갖게 된 것에 아틸라에게 감사해야 한다.

이탈리아는 아틸라에게 마지막 기회였다. 교황 레오는 그를 다뉴브강으로 물러나도록 설득하려고 사절단에 합류했고, 훈족은 지금의 헝가리에서 확고하게 정착했다. 453년 아틸라가 죽었을 때 막 '약혼'한 상태였던 동고트족 여인의 품 안에서 다량의 피를 흘렸다고 한다. 아틸라의 패배에도 불구하고 훈족의 침입은 더 기틀이 잡힌 알라리크의 고트족이 한 세대 전에 보여주었던 침입을 되풀이했다. 그것은 새로운 유럽이 유럽 중부 평원을 가로질러 서쪽으로 휩쓸고 지나가는 세력들에게 취약했다는 것이다. 대부분 반쯤은 이방인이었던 로마의 시민 및 식민자들은 제국 군대에 대한 요원한 희망이 아니라 요새화된 도시에서 안전을 모색했다. 요새화된 도시에서라면 그들에게 안전을 제공하는 지도자가 누구이건 충성을 바쳤다. 제국이 왕국으로 바뀌었다.

그 무엇도 심한 공격을 받은 이탈리아에 평화를 가져올 수 없었다. 475년 아틸라의 수행원으로 일했던 오레스테스Orestes라는 로마 관리가 라벤나에서 권력을 장악했고, 자신의 열다섯 살 된 아들 로물루스를 황제로 임명했다. 그는 아들에게 로물루스 아우구스툴루스Romulus Augustulus라는 인상적인 이름을

지어주었다. 아버지들이 아들에게 주는 고통에는 한계가 없어 보인다. 이듬해 어린 소년 황제는 게르만 혈통의 로마 병사 플라비우스 오도아케르Flavius Odoacer에 의해 쫓겨났다. 오도아케르는 황제의 통치권에 신경 쓰지 않고 수도 라벤나와 함께 이탈리아 왕의 칭호를 차지했다. 이로써 476년은 '로마제국'이 공식적으로 소멸된 날짜로 널리 받아들여지고 있다. 하지만 로마제국은 또 다른 1000년 동안 비잔틴제국의 형태로 계속 이어질 것이다.

:: 클로비스와 테오도리쿠스 ::

로마 멸망과 샤를마뉴Charlemagne 등장 사이의 300년을 묘사하는 암흑시대라는 용어는 이제 당대의 역사가들에 의해 거부되고 있다. 하지만 그 용어는 사라진 것의 거대함에 충격 받고 불확실한 미래로 비틀거리며 들어가는 유럽 대륙을 무리 없이 묘사하고 있다. 481년 열다섯 살의 클로비스Clovis가 지금의 벨기에에서 프랑크족의 메로빙거Merovinger 가문 지도자로 부상했다. 클로비스(481~511년)는 전사들을 갈리아를 가로질러 행군시켰고, 마침내 라인강 동쪽에서 루아르Loire강 서쪽까지 항복을 받아냈다. 그 후 남쪽으로 이동하여 아키텐Aquitaine에서 서고트족을 정복했다. 6세기 초까지 그는 쾰른Cologne에서 피레네Pyrenees산맥까지 지배권을 주장할 수 있었다. 그는 파리를 수도로 정했지만 그의 이름은 루이Louis, 루드비히Ludwig, 그리고 루이스Lewis로 바뀌었다.

클로비스는 원래 이교도였지만, 신하들은 대부분 아리우스파였다. 492년경 부르군트족의 공주 클로틸드Clotilde와 결혼했다. 클로틸드는 부르군트족으로는 특이하게도 아리우스파가 아니라 가톨릭교도였다. 그녀는 새 남편 클로비스에게 가톨릭으로 개종해야 한다고 주장했다. 한 부족의 신앙이 지도자의 지시로 결정되었을 때, 그것은 위태로운 개종이었다. 만약 클로틸드의 신앙이 가톨릭이 아니었다면, 기독교 세계는 아주 다른 길을 택했을지도 모른다. 이제부터, 게다가 놀라울 정도로 변함없이 프랑스 왕들은 로마에 종교적으로 충성했다.

동시에 현재의 발칸반도에서 동고트족이 테오도리쿠스 대왕의 지배를 받았다. 그는 동고트족이 얌전하게 처신하도록 콘스탄티노플에서 인질로 자랐고, 제노Zeno 황제의 후원을 받았다. 488년 테오도리쿠스는 제노의 명령으로 그의 백성들에게 돌아갔고 동쪽 제국을 대신해 이탈리아를 탈환했다. 이를 위해서는 이탈리아의 왕 오도아케르를 제거할 필요가 있었다. 493년 테오도리쿠스는 오도아케르를 저녁 식사에 초대해서 어깨에서 사타구니까지 쪼개어 제거해했다고 한다.

파리의 클로비스는 테오도리쿠스를 이탈리아 왕으로 인정하고 493년 여동생 아우도플레다Audofleda를 그와 결혼시켜 조약을 체결했다. 테오도리쿠스가 독실한 아리우스파였고 현재까지 가톨릭교회로서 라벤나에 있는 아리우스파 교회당인 성 아폴리네르St Apollinaris 성당을 지었음에도 불구하고 조약은 체결되었다. 심지어 성당의 많은 모자이크 실물들조차 손상되지 않았다. 테오도리쿠스는 딸들을 부르군트족과 스페인의 서고트족 그리고 아프리카의 반달족 지도자들과 결혼시킴으로써 지위를 더욱 강화했다. 결혼 외교가 탄생했던 것이다. 이때부터 유럽의 정치적 성격은 필자가 이제까지 편의상 사용했던 지리 용어인 이탈리아, 프랑스, 그리고 독일이 되었던 곳에서 세 민족 집단 사이의 끊임없이 변화하는 관계에 초점을 맞췄다.

로마 교회도 새로운 국면을 맞이했다. 처음에 수도원은 이집트와 그 밖의 지역에 동쪽 교회에 의해 설립되었다. 이제 수도원이 서쪽에 나타났다. 500년경 베네딕투스Benedictus라는 젊은 사제가 교회의 부패로 여겼던 것에 매우 낙담하여 노동과 기도라는 금욕적인 생활로 은둔했다. 529년에는 로마 남동쪽 몬테카시노Monte Cassino에 수도원을 세우기 위해 '형제들'의 집단에 들어갔다. 수도승들을 위한 베네딕투스 '계율'은 서방 수도원 생활의 핵심 텍스트가 되어 로마에 충성했지만 자율적이었고 로마의 위계 밖에 있었던 기독교의 한 부문을 확립했다. 이처럼 베네딕투스 '계율'은 내부의 이견, 즉 '충성스러운 반대 loyal opposition'에 대한 안전판이었다. 수도원 운동은 그 자체의 세력 망power network을 발전시키면서 기독교 세계의 국가 안에서 빠르게 확산되었다. 몬테 카시노의 베네딕투스 수도원은 1944년 연합군 폭격기에 의해 허물어질 때까지 거의 1500년 동안 존속했다.

:: 유스티니아누스와 벨리사리우스 ::

클로비스와 테오도리쿠스는 각각 511년과 526년에 사망한 중세 유럽 건국의 아버지였다. 그리스가 로마에 문화를 물려주었던 것처럼 로마는 정착한 북방 부족들의 왕과 궁정에 문화를 물려주었다. 그들은 로마의 도시에서 살았고 로마의 방식을 채택했다. 그들은 서로 라틴어로 의사소통을 했다. 그러나 아마 북부 활력과 남부 문화의 생산적인 융합은 깨지기 쉬웠을 것이다. 그것은 권력에 의존했고, 상속에 의존하기도 했다. 허약한 상속인들에 의해 허투루 쓰인다면 생산적인 융합은 사라질 수도 있다.

클로비스와 테오도리쿠스의 동맹으로 암시된 안정은 그들이 죽은 후에 깨지고 말았다. 그 대신 이탈리아는 과거의 유령이 다시 등장해 엄청난 충격을 받았다. 6세기 초 동쪽 제국은 흑해와 에게해 그리고 레반트 해안보다 조금 더 축소되어 있었다. 궁정은 과거의 부와 동방과의 무역 수익으로 살아나갔다. 518년 황제 유스티누스Justinus의 조카인 유스티니아누스Justinianus가 그의 양자가 되었고, 9년 후에는 공동 통치자이자 계승자(527~565년)가 되었다. 유스티니아누스는 제국 행정을 개혁하고 로마 교회와의 관계를 개선한 유능하고 야심찬 인물이었다.

유스티니아누스가 서커스 공연자의 딸로서 배우이자 소문난 매춘부였던 테오도라Theodora를 아내로 맞이하자 콘스탄티노플은 충격에 휩싸였다. 유스티니아누스는 그녀를 열렬히 사랑했고 그녀는 상황 판단이 빠른 배우자가 되었다. 게다가 이후에는 페미니스트의 아이콘이 되었다. 당대의 역사가 프로코피우스Procopius 덕분에 유스티니아누스와 테오도라는 이 모호한 시대부터 과장되게 돋보이고 있다. 그들은 엄청난 과제에 직면했다. 페르시아와의 전쟁이 재개되었고 콘스탄티노플에서 청색당과 녹색당의 두 당파가 공공연하게 충돌했다. 청색당과 녹색당은 전차경기장에서 전차 팀의 지지자들이었다. 이 충돌은 532년에 폭동으로 절정에 이르렀고, 도시의 일부 지역이 폐허로 변했다. 유스티니아누스는 도망칠 준비가 되어 있었지만 테오도라는 그에게 남아 있을 것을 권했고 충성스러운 장군 벨리사리우스Belisarius는 폭도들을 100명 가까이 죽임으로써 질서를 회복했다.

활력을 되찾은 유스티니아누스는 권위를 확립하기 위해 움직였다. 그는 페르시아인들과 화해했고, 532년에는 마침내 콘스탄티누스 이후 2세기 만에 이 도시의 아야 소피아Hagia Sophia 대성당 건립 공사가 시작되었다. 유스티니아누스는 537년 성당이 완공되었을 때 '솔로몬이여, 나는 그대를 이겼노라'라고 말했다. 아야 소피아 대성당은 기독교 세계에서 가장 크고 가장 화려한 교회였으며, 오늘날까지 (박물관으로) 존속하고 있다. 유스티니아누스는 제국의 법률을 유스티니아누스 법전Codex Iustinianus으로 다시 공식화했다. 유스티니아누스 법전의 설명은 중세 내내 법률학교의 표준 텍스트가 되었다. 로마와 기독교의 전통에 의지한 유스티니아누스 법전은 법 앞의 평등 개념을 인정했지만 기독교 교회의 배타성도 인정했다.

그다음 유스티니아누스는 가장 원대한 계획에 착수했다. 그것은 다름 아닌 서로마제국의 동쪽을 재정복하는 것이었다. 지금까지 이탈리아는 동고트족이, 아프리카는 반달족이, 스페인은 서고트족이, 갈리아와 프랑스는 프랑크족이 지배하고 있었다. 유스티니아누스에게는 보기 드문 재능과 더 보기 드문 충성심을 가진 벨리사리우스라는 지휘관이 있었다. 기번은 벨리사리우스를 다음과 같이 묘사하고 있다. '키는 우뚝 솟아 있고 얼굴 표정은 위풍당당하다.

… 경솔함 없이 대담하고, 두려움 없이 신중하며, 순간적 위급 상황에 따라 느리거나 빠르다.' 그의 아내 안토니나Antonina는 테오도라와 연극배우라는 공통된 배경을 가지고 있었고, 평생 남편을 동행해 전투에 참가했다. 533년 유스티니아누스는 페르시아전쟁에서 벨리사리우스를 소환했고 대규모 육군 및 함대를 지휘해 카르타고를 탈환하도록 그를 파견했다. 그는 승리한 뒤 유대교의 제식에 쓰이는 여러 갈래로 나뉜 촛대의 진품을 가지고 돌아왔다. 이 촛대는 베스파시아누스 황제가 예루살렘에서 그리고 그다음엔 반달족이 로마에서 빼앗아온 것이었다. 수많은 의례를 거치면서 촛대는 예루살렘으로 되돌아왔다.

535년 유스티니아누스는 벨리사리우스에게 훨씬 더 큰 목표로 이탈리아를 재정복하도록 지시했다. 이 또한 성공을 거두었다. 처음에는 나폴리가 그다음엔 로마가 마지막으로는 라벤나가 콘스탄티노플에게 함락되었다. 하지만 결국 평화는 찾아오지 않았다. 동고트족 지도자 비티게스Witiges는 4년 동안 게릴라 전투를 벌였다. 따라서 벨리사리우스가 거두었던 최종적인 승리는 황폐한 땅을 지배하는 것으로 퇴색되었다. 540년 벨리사리우스가 페르시아로부터 또 다른 도전을 막기 위해 동쪽으로 돌아가야 했을 때, 동고트족은 새 지휘관 토틸라Totila 휘하에서 손쉽게 지배권을 되찾았다.

이번에는 확신이 서지 않았는지 유스티니아누스에게는 단호하게 대응하기 위한 지략이 없었다. 토틸라는 유스티니아누스의 지배를 받는 이탈리아 왕으로 여겨달라고 요청했지만, 유스티니아누스는 거만하게 거절했다. 552년 연로한 황제는 궁정 환관 나르세스Narses를 보내 점령지를 재건하게 했고, 당연하게도 재건되었다. 스페인 역시 잠시 비잔티움의 보호 아래 들어갔고, 이로써 유스티니아누스는 마침내 적어도 지중해 주변 일대에 부활했던 '로마'제국을 바라볼 수 있었다. 벨리사리우스와 유스티니아누스는 둘 다 565년에 몇 달 안에 죽었고, 비잔티움에 일종의 회복된 자신감을 가져다주었다.

그 대가는 끔찍했었다. 반세기도 안 되는 사이에 유스티니아누스는 테오도리쿠스가 독립 국가로 가는 길을 열어놓았던 이탈리아를 장악해서 해체해 버렸다. 로마의 수로가 끊어졌고, 원로원이 해체되었으며, 로마인들은 역병과 기아로 빠져들었다. 타키투스가 한때 말했던 것처럼(스코틀랜드 족장의 말을 인용해서) "그들은 황무지를 만들고 그것을 평화라고 부른다." 유스티니아누스가 죽은 지 3년 안에 옛 파벌들이 부활했다. 콘스탄티노플의 성벽은 수도를 안전하게 지킬 수 있었지만, 축소된 제국은 여전히 동쪽에서 페르시아인들에게 그리고 북쪽에서 슬라브족Slavs과 불가리족Bulgars에게 공격당했다. 콘스탄티노플은 방금 자신이 황폐화시켰던 그리고 지금은 적자만이 살아남을 멀리 떨어져 있는 유럽에서 고립되었다. 유스티니아누스의 제국은 한 통치자의 상상의 산물이자 한 장군의 위업이었다. 로마제국의 최종 사망 날짜로 제시된 것들 중에서, 필자를 가장 많이 환기시키는 것은 565년 유스티니아누스의 죽음이다.

이때부터 유럽의 윤곽에 대한 정의가 바뀌어간다. 유럽의 윤곽은 아메바처럼 서쪽으로 부풀어 오르고 동쪽에서 수축된다. 동쪽에서는 아시아의 새로운 제국과 경제 그리고 문화와 접촉이 증가한다. 살라미스 전투 이후로 유럽 '대륙'의 개념은 그렇게 취약해 보이지 않았다. 북쪽으로는 앞서 그리스인들이 에게해에서 이동했던 것처럼, 옛 게르만 부족들이 이웃 민족과 교역하려고 그리고 자주 맞붙으려고 스칸디나비아에서 이동하기 시작한다. 서부 지중해는 이제 약화되었다. 유스티니아누스의 전쟁은 북아프리카와 스페인과 이탈리아에 덜 회복된 제국, 더 훼손된 유물을 남겨주었다. 유럽은 동쪽에서 오는 새로운 침입자들에 대해 대비가 미흡했다.

4

샤를마뉴 시대

560~840년

:: 교황 그레고리우스 1세 ::

패배한 동고트족에게는 새로운 고향이었던 이탈리아의 옛 제국 중심지가 이제 무정부 상태와 침략에 노출되어 있었다. 568년 원래는 스칸디나비아 출신인 롬바르드족Lombards이 새로운 터전을 찾아 알프스를 통해 서쪽으로 다른 게르만 부족들과 함께 이동했다. 그들은 밀라노와 파비아Pavia를 장악했고 572년경에는 로마를 위협하고 있었다. 페스트로 인해 로마는 이미 감소한 인구의 3분의 1을 잃게 되었다. 100만 명에 가까웠던 인구가 겨우 3만 명이 되었다. 그레고리우스Gregory라는 서른 살 장관이 그들을 통치했다. 그는 곧 그 일에 절망했고 로마 외곽의 아버지 별장에서 수도원을 건립하기 위해 공직을 사임했다. 579년 교황 펠라기우스 2세Pelagius II는 그에게 콘스탄티노플에 가서 롬바르드족에 대비해 도움을 청하도록 설득했다. 이 일을 성공시키지는 못했지만, 콘스탄티노플에서 돌아온 후 그레고리우스는 590년 '만장일치로' 교황직에 올랐다.

로마는 오랫동안 수도로서 버려진 상태에 있었으므로 그레고리우스는 무제한의 권한을 가졌다. 그는 롬바르드족을 매수해서 로마를 평화롭게 떠나게 했고 동쪽의 콘스탄티노플 총대주교patriarch 요한네스Johannes와 욕설이 오가는 논쟁에 착수했다. 이 논쟁은 588년 요한네스가 스스로에게 서쪽 교회에 대한 통치권을 의미하는 '전체 기독교 교회 대표자'라는 칭호를 부여한 것 때문이었다. 솔직히 말하자면 그레고리우스는 요한네스를 '적그리스도의 선구자'로 불렀다.

그레고리우스의 14년 교황직(590~604년)은 그를 '대교황'으로 알려지게 했다. 그는 콘스탄티노플에 대해서는 전혀 언급하지 않고 가톨릭 예배 의식을 고쳐 만들었다. 교회의 전통은 교회 음악이 그에게서 시작되었다고 보고 있다. 왜냐하면 그가 그레고리우스 성가로 알려지게 된 것을 소개했기 때문이다. 그는 순례자 교회와 성지로부터 멀어지게 만드는 이교적인 수많은 고대 로마의 유적을 파괴했다. 수도사로서는 첫 번째로 교황이 된 그레고리우스 역시 전도를 통해 기독교를 확장하고 싶어 했다. 고대 로마가 유럽에 지배권을 확장하기 위해 군단을 사용했던 곳에서 그레고리우스는 대수도원장, 소수도원장, 수도사들을 사용했다. 그레고리우스는 이 시기에 등장한 최초의 교부로서 독특한 개성을 지녔고, 영리하고, 논쟁적이며, 자신감이 넘쳤다. 역사학자 크리스 위컴Chris Wickham은 당대의 모든 인물 중에 그레고리우스는 '내가 정말 기쁜 마음으로 만남을 상상할 수 있었던' 몇 안 되는 사람들 중 한 명이었다고 말한다.

595년경에 그레고리우스는 로마의 한 시장에서 금발의 잉글랜드인 노예 두 명에 주목했다. 그는 그들이 앵글족이 아닌 천사non Angli sed angeli라고 말한 것으로 알려졌다. 영국은 로마인의 지배하에서 기독교를 믿었지만, 대부분 앵글로색슨족의 이교 신앙으로 되돌아갔다. 그레고리우스는 로마의 소수도원장인 아우구스티누스에게 북쪽으로 가서 그곳 주민들을 원래의 신앙으로 복귀시키도록 명령했다. 마지못해 아우구스티누스는 597년 켄트Kent에 상륙했고, 그곳에서 40명의 수도사들과 함께 재빠르게 프랑크족 기독교도 공주였던 왕비 베르타Bertha의 도움으로 켄트의 왕 애설버트Aethelbert를 개종시켰다. 아우구스티누스의 전도는 '하느님이 세상의 끝마저 신앙을 가져다주었다'고 그레고리우스를 기쁘게 했다. 하지만 남쪽에서는 그러했을지도 모르지만, 고대 켈트족의 후손들이 살고 있었던 서쪽과 북쪽 일부에서는 이른바 아이오나Iona의 성聖콜룸바Columba 의례가 존속되고 있었다. 664년이 되어서야 비로소 휘트니Whitney 종교회의에서 영국 전체는 아니더라도 잉글랜드가 로마의 의례를 따르도록 결정했다.

유럽 대륙에서는 클로비스가 죽으면서 그의 제국은 해체되었다. 프랑크족의 관습에 따라 재산은 맏아들에게 물려주기보다는 남자 상속인들 사이에 분배되었다. 그러한 분할 상속은 친족들 사이에 정복의 전리품을 나누어 주면서 이동하는 부족에게는 어울릴지 모른다. 하지만 귀족과 상인과 농민의 위계를 보장하고 연속시키는 것에 의존하는 신생 국가의 결속력에는 재앙에 가까웠다. 분할상속의 승자는 교회였다. 주교와 대수원장은 법적 보호구역 및 세금과 군역의 면제를 협상했다. 그들은 늘어나는 부와 인간의 정신을 지배하는 영적인 힘을 즐겼다. 그들은 통치자들에게 일단의 숙련된 행정관과 외교관을 제공했다. 무엇보다도 그들은 고전 학문의 전통과 미미하게 연결 고리를 유지하면서 과거와의 연속성을 보여주었다. 따라서 604년 그레고리우스가 사망할 무렵, 새로운 제국이 옛 제국, 즉 로마 교회의 폐허에서 생겨나고 있었다. 웅장함과 규율에서, 게다가 충성심을 고취시키는 역량에서 새로운 제국은 잠시나마 옛 제국을 훌륭히 계승했다.

:: 페르시아와 이슬람 ::

7세기 초는 콘스탄티노플이 실질적 위협에 직면할 차례였다. 헤라클리우스 황제(610~641년)는 북쪽으로는 슬라브족과 불가리족 및 아바르Avar족으로부터,

그리고 동쪽으로는 재기한 페르시아제국으로부터 압박을 받았다. 페르시아인들은 시리아를 가로질러 진격했고 614년 예루살렘을 점령해서 콘스탄티노플의 곡물 공급을 차단했다. 그들은 마침내 콘스탄티노플 성벽에 도달했고, 기번의 주장에 따르면 그곳에서 페르시아인들은 '1000벌의 비단옷과 1000마리의 말 그리고 1000명의 처녀'를 제공받았다. 그야말로 콘스탄티노플이 제공했던 것은 엄청난 규모였던 것으로 보인다. 결국 헤라클리우스는 과감한 겨울 군사 작전을 통해 페르시아인들을 메소포타미아로 깊숙이 내몰았고 627년 니네베Nineveh 전투에서 승리함으로써 그들을 격퇴했다.

동쪽 제국에게 니네베 전투는 일시적인 승리에 지나지 않았다. 왜냐하면 그 전투로 인해 약해진 페르시아가 아라비아반도에서 전례 없이 강력한 새로운 세력에게 쉽게 공격받았기 때문이다. 632년에 메디나Medina에서 예언자 무함마드Mohammad의 죽음으로 팽창주의 열기가 폭발했다. 635년 아랍 기마병이 메소포타미아Mesopotamia를 넘어 시리아로 진입해 다마스쿠스Damascus를 점령했다. 그다음 이집트가 함락되었고, 642년에는 알렉산드리아가 점령되었다. 북아프리카가 그 뒤를 이었다. 마치 하룻밤 사이에 일어난 일처럼, 지중해와 흑해 그리고 카스피해에 둘러싸여 있었고 나일상과 비ㅡ니스강 기슭에 이르렀던 곳들은 더 이상 기독교 세계가 아니었다. 대략 기독교 세계 인구의 3분의 1을 차지하고 있는 고대의 대도시들 — 안티오크, 다마스쿠스, 알렉산드리아, 카르타고 — 이 이슬람으로 넘어갔다. 이것만큼 유럽 역사에서 아시아와 유럽의 동쪽 경계 개념을 그렇게 강력하게 바꾸고 고정시켰던 것은 없었다.

기독교는 이 위기에 대처할 준비가 되어 있지 않았다. 동쪽 제국의 신앙은 신학적 분열과 박해에 깊이 빠져 있었다. 헤라클리우스가 전쟁에 지친 백성들에게 그리스정교회 신앙을 강요하려 했었을 때, 속주들은 이단과 파문의 두려움 속에서 살았다. 무슬림의 진격은 처음엔 관대했다. 대량 개종이 아닌 복종과 공물만을 요구하고 있었다. 실크로드에 대한 연구에서 역사학자 피터 프랭코판Peter Frankofan 교수는 초기 이슬람이 근동 신앙을 다루었던 공감 능력을 다음과 같이 강조하고 있다. '메시지는 포괄적이고 친숙했으며, 기독교인들을 궁지에 몰아넣었을 정도로 다루기 힘든 논쟁의 핵심을 찌르는 것 같았다.'

결국 메소포타미아를 벗어나 팽창한 이슬람은 새로운 정복지의 유대인과 의견을 달리하는 기독교인 사이에서 광범위한 지지를 받았다. 기독교 예배 지역들이 현재까지 중동 전역에 남아 있다. 알렉산드리아는 헬레니즘과 기독교 문화의 중심지로서의 지위를 유지했다. 이집트의 콥트Copt인들은 이단자로 징계 받지 않으면서 살았다. 거의 모든 경우에 7세기의 무슬림 정복지는 절대 기독교로 되돌아가지 못할 것이다. 이제 기독교 신앙은 그것이 탄생한 지역과 가끔은 폭력적인 냉담한 관계만을 유지하게 될 것이다.

:: 찰스 마르텔과 단신 왕 피핀 ::

프랑스에서 새로운 프랑크족 지도자 에르스탈의 피핀Pepin of Herstal(687~714년)이 클로비스의 영토를 복원하기 시작했다. 687년 그는 라인강을 따라 펼쳐진 지역들뿐만 아니라 프랑스 북부를 장악했고, 계속해서 부르고뉴Burgundy와 아키텐을 정복했다. 그의 아들 찰스 마르텔Charles Martel(714~741년)은 북쪽의 프리슬란트Frisia와 저지대 국가들로 진출했다. 마르텔은 남쪽으로 이탈리아 롬바르드 왕국 국경에 이르렀다. 그러나 그의 가장 큰 도전은 서쪽에 있었다. 711년 아프리카의 우마이야Umayyad 왕조 군대가 지브롤터 해협에 도달하여 마침내 스페인으로 건너갔다. 719년경 무슬림은 바스크Basque 지방을 제외하고 이베리아반도 전체를 장악했다. 그 후 그들은 피레네강을 건너 멀리 프랑스의 가론Garonne강과 론Rhône강까지 도달했다. 또한 동쪽에서 우마이야 왕조 군대는 콘스탄티노플을 공격하고 있었다. 그곳에서 718년 레오 3세에 의해 가까스로 격퇴되었다. 우마이야 왕조 군대는 발칸반도로 옮겨갔다.

이것은 로마 멸망 이래로 유럽 대륙에 가해진 가장 심각한 침입이었다. 기독교 세계는 정복 군대뿐만 아니라 피정복민의 신앙과 결합되었음에도 불구하고 그것에 관대했던 신앙에도 대항했다. 프랑스 남부로의 진격과 그곳에서의 후퇴가 반복되면서 732년 압둘 라흐만Abdul Rahman 휘하의 군대가 스페인에서 가스코뉴Gascony와 프랑크Frank 영토 중심부로 건너갔다. 마르텔은 자신의 영토 전반을 걸쳐 군대를 소집했고 푸아티에Poitiers(또는 투르Tours) 전투에서 라흐만에 맞섰다. 여기서 우마이야 왕조 군대는 결정적으로 패배했다.

푸아티에 전투의 승리가 중세 유럽 운명에서 갖는 의미는 많은 논란이 되고 있다. 위협은 분명히 실제로 존재했다. 아랍인들은 스페인을 침략했고 북아프리카에서 이탈리아와 마주 보고 있었다. 그리고 콘스탄티노플과 발칸반도가 그들의 시야에 들어왔다. 기번은 마르텔이 푸아티에에서 이룬 위업이 없었더라면, 옥스퍼드 대학은 코란을 가르치고 있었을 것이라고 결론지었다. 케네스 클라크Kenneth Clark는 다음과 같이 동의했다. 마르텔이 없었더라면 '서구 문명은 결코 존재하지 않았을 것이다. … 우리는 가까스로 살아남았다.' 반사실적counter-factual 역사가 주는 즐거움들 중 하나는 그것을 실천하고 있는 사람들이 끝없이 동의하지 않을 수 있다는 것이다. 이제 어떤 사람들은 푸아티에를 단지 거대한 습격 정도로만 다룬다. 프랑크속이 보복 원정으로 곧 스페인 북부와 서부의 일부를 탈환했다고는 하지만, 우마이야 제국이 무너진 것은 지나친 확장과 분열 때문이었다. 741년 베르베르족의 반란에 뒤이어 750년 아바스족에 의해 이라크의 우마이야 왕조가 전복되었다. 이슬람은 기독교 세계가 그랬던 것처럼 분열되고 논쟁적이 되었다. 설사 이슬람이 푸아티에에서 승리했다고 할지라도, 유럽을 오랫동안 장악할 수 있었을지는 의심스럽다.

이러한 분열에도 불구하고 이슬람은 스페인에서 놀라우리만치 더 오래 존속했다. 코르도바Cordoba는 756년 독립 토후국을 선언하고 13세기까지 살아남았지만 그라나다Granada는 15세기까지 카스티야Castile에게 함락되지 않았다. 코르도바는 주민 수가 최고 50만 명까지 성장했다. 코르도바의 시장은 유명했고, 종교 생활은 관용적이었으며, 거리는 회랑이 있는 궁정과 시원한 분수 그리고 야간 조명으로 유명했다. 통치자 알 하캄 2세Al-Hakam II(961~976년)는 남성 아내 한 명과 기독교도 첩 한 명을 두었으며, 알렉산드리아 도서관에 필적하는 도서관을 건설했다. 그는 유럽 역사에 거의 등장하지 않는다.

마르텔은 741년에 죽었다. 그의 아들 피핀 단신왕Pepin the Short(751~768년)은 부친의 영토를 유지했음에도 상당한 이탈이 있었다. 그는 공식적으로 프랑크족의 군사지도자, 이른바 '궁재宮宰, major domo'에 지나지 않았으며 교황의 대관식을 간청했다. 당시 로마에 있던 교황 스테파누스 2세Stephanus II는 다른 도움이 필요했다. 751년 롬바르드족 군대가 라벤나를 점령하고 로마에 터무니없는 공물을 요구했다. 스테파누스 교황은 과거에 어떤 교황도 하지 않았던 일을 했다. 그는 이탈리아를 떠나 북쪽 파리 외곽의 피핀 궁전으로 갔다. 제안은 간단했다. 스테파누스는 피핀이 롬바르드족의 로마 공격을 막기 위해 개입한다면, 답례로 피핀을 프랑크족의 왕이자 '로마인의 수호자'로 지명할 것이다.

양측 모두 거래를 이행했다. 스테파누스는 754년 랭스Reims에서 피핀의 아들 카를로만Carloman과 찰스(미래의 샤를마뉴)와 함께 피핀을 왕위에 앉혔다. 그 답례로 피핀은 이탈리아를 침공해 롬바르드족에게 라벤나를 교황에게 넘겨주도록 강제했다. 롬바르드족은 또한 멀리 로마까지 이탈리아를 가로지로는 좁고 기다란 영토도 넘겨주어야 했다. 이 '교황령'은 교황에게 세입뿐 아니라 롬바르드족 침략에 맞선 완충지대를 제공해 주었다. 교황령은 '피핀의 기증 Donation of Pepin'으로 알려졌다. 그 기증은 여전히 동쪽 제국이 권리를 주장했던 지역에 해당되었으므로, 피핀의 처분은 콘스탄티노플에 의해 불법화되었다. 이는 '콘스탄티누스 기진장'이라는 유명한 위조문서를 탄생시켰다. 이 가상의 4세기 문서는 콘스탄티누스가 이탈리아에 있는 제국의 땅을 로마 교회에 양도했다고 암시하고 있다. 여하튼 피핀의 기증은 프랑크 왕국과 로마 사이의 동맹을 더욱 강화했다.

:: 샤를마뉴 ::

768년 피핀의 두 아들은 왕국을 나누어 받은 즉시 싸웠다. 3년 안에 카를로만이 코피를 심하게 흘려 죽었다는 것만이 알려졌을 뿐이다. 그 후 찰스는 카를로만의 어린 아들들에게서 프랑크 왕국 절반을 빼앗아 대부분 현재의 벨기에와 독일에서 자신이 상속받은 재산과 결합시켰다. 찰스 대제(768~814년)는 당시 6피트가 넘는 거인이었고, 수염이 텁수룩했으며, 양가죽 튜닉(소매가 없고 무릎까지 내려오는 헐렁한 웃옷 ― 옮긴이)과 무릎에서 교차되는 가터를 두른 레깅스를 착용하고 있었다. 그는 스스로 열 명의 아내와 첩(숫자는 차이가 있다)으로부터 열여덟 명의 자녀를 얻은 프랑크족 왕이라 지칭했다.

재위 기간 내내 거의 샤를마뉴는 클로비스와 마르텔 그리고 피핀이 정해 놓았던 프랑크족 경계를 바깥쪽으로 밀어내면서 싸우고 있었다. 그는 동쪽으로는 이교 지역인 작센과 가톨릭 지역인 바이에른Bavaria을, 남쪽으로는 카탈로니아Catalonia를 정복했다. 774년에는 이탈리아를 침공하여 스스로 롬바르드족 왕이 되었다. 로마 시대 이후로 정복되지 않았던 엘베Elbe강 너머 다른 게르만족들은 여전히 상당수가 이교도였지만 샤를마뉴에게 복종했다. 오딘Odin (혹은 보탄Wotan)의 신성한 숲은 계속 스칸디나비아반도에 마법을 걸었던 것처럼 여전히 마법을 걸고 있었다. 프랑스와 이탈리아가 변형된 라틴어를 개발하고 있었던 것에 반하여 독일의 프랑크족은 샤를마뉴의 토착어인 네덜란드어 또는 고대 고지 독일어를 계속 사용했다.

샤를마뉴는 수도 아헨Aachen을 북쪽의 로마로 만들려고 했다. 그는 라벤나의 성 비탈레St Vitale 성당을 모방해서 팔라티노palatine 예배당을 만들었고, 그것을 장식하기 위해 교황에게 라벤나의 모자이크를 구해달라고 간청했다. 그는 학식을 기독교 왕으로서의 그의 지위 중 일부로 보았다. 그는 결코 글쓰기 기술을 완전히 익힌 적은 없었지만 라틴어를 말할 수 있었다. 그의 학자들 사이에서 가장 뛰어난 사람은 온화한 잉글랜드 수도사인 요크 출신 앨퀸Alcuin

(735~804년)이었다. 요크의 도서관은 북유럽에서 가장 훌륭하다고 평판이 나 있었다. 앨퀸은 아헨 궁정학교의 교장이자 샤를마뉴 왕의 영적인 조언자가 되어 카롤링거 르네상스Carolingian Renaissance로 알려지게 되었던 것을 주도했다.

800년 샤를마뉴는 적들에 의해 날조된 성직매매와 간통 혐의를 받고 있던 레오 3세를 방어하기 위해 로마로 갔다. 800년 성탄 축제에서 레오는 프랑크 왕국 군주인 샤를마뉴가 멀리 떨어져 있는 콘스탄티노플보다 더 믿을 만한 동맹자임을 입증해보일지도 모른다는 것을 의식하고 성 베드로 성당에서의 미사와 '황제emperor'라는 칭호로 보답했다. 샤를마뉴는 황제라는 칭호가 동쪽 황제를 격분시킬지도 모른다고 걱정했지만, 동쪽 황제는 이를 수용했고 자신의 동전에 새겨진 '임페라토르imperator'라는 칭호를 과시했다.

이렇게 해서 1806년 나폴레옹 치하에서 해체되기 전까지 유럽 정치 지형의 특징이었던 것들 중 하나인 신성로마제국이 탄생했다. 그 중심지는 독일어권 지역인 중부 유럽이었다. 실제로 신성로마제국의 정식 명칭은 '독일 민족의 신성로마제국'이었다. 수도도, 군대도, 세입도 없었으며, 나중에 볼테르Voltaire 로부터 '신성하지도 않고, 로마도 아니며, 제국도 아니다'라는 조롱을 받았다. 그러나 황제의 칭호는 보유자에게는 장엄함 때문에, 그리고 교황에게는 그 칭호를 수여함으로써 암시되는 권력 때문에 가치 있게 여겨졌다. 강한 황제들은 군대를 소집하기 위해 황제 칭호에 대한 충성을 이용했고, 약한 황제들은 하위 통치자들에게 '자율성'을 부여하지 않으면 안 되었다. 신성로마제국이 존재한다는 사실 자체로 인해 19세기가 훨씬 넘을 때까지 독일과 이탈리아의 통일이 지연되었다. 오늘날까지도 신성로마제국의 느슨한 연합은 위임되고 국지화된 유럽연합의 옹호자들에 의해 되살아나고 있다.

:: 베르됭 조약 ::

동쪽 제국이 이제 소아시아와 지중해의 전초기지들로 전락하면서, 샤를마뉴는 서쪽 기독교 세계의 세속적 지배자로서 로마 황제들 이후로 적어도 유럽의 심장부를 지배한 최초의 인물이었다. 이처럼 그는 초기 유럽연합의 아이콘이 되었다. 그러나 메로빙거 왕조의 왕들처럼 카롤링거 왕조의 왕들도 마찬가지였다. 말하자면 어떤 제국도 제국의 왕위 계승 역량보다 안전하지 않았다. 814년 샤를마뉴가 일흔두 살의 나이로 사망하자 그의 궁정은 깊은 애도를 표했고, 당연하게도 민감한 반응을 보였다. 분할상속의 저주가 감돌았다. 샤를마뉴의 계승자인 루이 경건왕Louis the Pious(814~840년)은 자신의 영토를 세 아들 사이에 차례로 분배했다. 그가 죽자 세 아들은 형제끼리 서로 죽이는 3년간의 전쟁에 빠져들었고, 이 전쟁은 843년 베르됭Verdun 조약으로 막을 내렸다. 베르됭 조약으로 그들은 조부인 샤를마뉴의 제국을 분할하기로 합의했다. 유럽의 초기 역사에서 이보다 더 중요한 조약은 없었다.

베르됭 조약의 분할로 찰스 대머리 왕에게는 루아르강과 론강 서쪽 지역이 돌아갔다. 루이 독일 왕에게는 라인강 동쪽 지역이 돌아갔다. 이렇게 해서 최초로 현재의 프랑스와 독일의 전신이 만들어졌다. 이 두 지역 사이의 영토는 루이 경건왕의 장남인 로타르Lothair가 통치했다. 로타르의 통치 지역은 라인강 유역에서 남쪽으로 현재의 벨기에, 알자스Alsace, 로렌Lorraine, 부르고뉴 및 사보이Savoy를 거쳐 샤를마뉴의 롬바르디아Lombardy 왕국으로 이어지는 관련 없는 일련의 영토들로 이루어졌다. 로타르가 통치했던 영토는 처음엔 로타링기아Lotharingia로 불렸고 샤를마뉴의 수도 아헨이 포함되었으며, 게다가 황제 칭호도 보유했다. 프랑스와 독일이 자신들의 언어를 간직한 채 그들만의 독특한 길을 갔던 반면에 로타링기아는 안정된 경계는 물론이고 정체성도 얻지 못했다. 로타링기아는 여러 개의 왕국과 공국 및 주교 관할 지역으로 쪼개질 것이다. 그중에는 크기가 몇 마일에 불과한 것도 있을 것이다. 그러나 로타링기아의 도시들은 북쪽의 앤트워프Antwerp와 겐트Ghent로부터 남쪽의 제노바Genoa와 밀라노까지 유럽에서 가장 부유한 도시로 성장했다. 그 도시들과 주위의 비옥한 땅을 정복하는 과정에서 격렬한 싸움이 있었고, 이 싸움은 유럽에서 가장 야만적인 전쟁의 화약고가 되었다.

5

새로운 유럽인

840~1100년

:: 바이킹의 출현 ::

샤를마뉴가 사라지면서, 그의 제국이 의존했던 권력 집중이 감소하기 시작했다. 말년에 샤를마뉴는 일단의 '노르만Norman족'이 지방의 한 항구에서 쫓겨났다는 말을 들었다. 연대기에서는 '내가 앞을 바라보면서 재앙〔북쪽에 사는 사람들〕이 내 자손과 그들의 가족에게 무엇을 가져다줄 것인지 생각하면 슬픔에 겨워' 기뻐하지 않고 바다를 응시하고 있다고 샤를마뉴를 기록하고 있다. 바이킹이 왔다. 그들이 살았던 작은 만, 즉 '비크viks'의 이름을 따서 명명한 바이킹은 피오르드와 비좁은 정착지에서 벗어나 바다를 뒤덮고 있는 부에 대해 알아가고 있었다. 그들은 개척할 새로운 땅과 약탈할 오래된 부를 찾아 나섰다.

바이킹은 길고 바닥이 얕은 작은 배를 타고 이동했다. 여기에는 유럽이 이제까지 보아왔던 것에서 진전된 깎아 만든 뱃머리와 노, 그리고 돛이 갖추어져 있었다. 바이킹의 배는 지중해의 배처럼 화물을 운송할 정도로 폭이 넓고 불룩하지 않았지만 노를 젓는 전사들에게는 좁았다. 빠른 속도로 거친 바다를 뚫고 올라갈 수 있었지만 강 상류로 이동하기에는 흘수(배가 물에 잠겨 있는 부분의 깊이)가 2 내지 3피트에 불과했다. 따라서 바이킹의 배는 가장 얕은 내륙 수로를 따라 전사들을 실어 나를 수 있었다.

강과 연안을 따라 이동하면서 동시다발적으로 공격했던 바이킹은 샤를마뉴의 지상군과는 달랐다. 바이킹은 땅을 점령했다기보다는 약탈했다. 그들은 보물을 원했고, 그것을 얻는 데 양심이나 자제력을 보여주지 않았다. 말하자면 그들과 마주칠 만큼 불행한 사람은 누구든지 죽거나 노예가 되었다. 그들은 처음에 수도원을 공격했다. 수도원은 무방비 상태였고 대체로 부유했기 때문이다. 793년 노섬벌랜드 해안에서 약간 떨어진 공격받기 쉬운 린디스판Lindisfarne이, 795년부터 연속적으로 스코틀랜드의 아이오나Iona섬이 완전히 파괴되었다. 다른 바이킹들은 동쪽으로 가서 러시아 내륙을 관통해 흐르는 드니에프르Dnieper강과 돈Don강 그리고 볼가Volga강에 침투했다. 그들은 멀리 남쪽으로 카스피해와 흑해에 도달해서 토착 슬라브족을 제압해 크림(크리미아)반도의 시장에서 노예(노예를 뜻하는 단어 slave는 Slav족에서 파생되었다)로 팔았다. 840년대까지는 강변의 교역 정착지가 설립되었고, 860년대까지는 스웨덴의 군사 지도자 루릭Rurik이 노브고로드Novgorod와 키예프Kiev에 식민지를 세웠다. 그의 뒤를 이은 올레그Oleg는 키예프 루스 제국을 만들어냈다. 860년 콘스탄티노플 외곽에 '루스Rus족' 선박 200척이 도착해 도시 주변을 황폐화시켰다. 하지만 콘스탄티노플에 대한 포위 공격은 성공하지 못했다.

최근 역사학자들이 바이킹을 '인도적인 존재로 부각시키려고' 노력했지만, 현실은 그렇지 않았다. 강기슭에서 물가로 미끄러져 들어오는 바이킹의 좁고 긴 배를 보는 것만큼 9세기의 유럽을 공포에 떨게 했던 것은 없었다. 침략은 본토의 해안 도처로 확산되었다. 845년에는 파리가 약탈당했고, 843년에는 낭트Nantes의 주민들이 학살되었으며, 함부르크Hamburg와 보르도Bordeaux는 파괴되었다. 처음에는 피해자들이 금과 은을 지불하는 것으로 자구책을 마련할 수 있었다. 여기에서 데인겔드Danegeld라는 용어가 유래했다. 하지만 곧 바이킹은 교역소를 설립했고 새로운 고향을 찾았다. 그들은 정착하기 시작했다.

865년 데인Danes족의 함대가 동앵글리아East Anglia에 상륙했다. 연대기에 따르면 '대군'이 해안가로 다가왔고 머지않아 그 뒤를 이어 아내와 소를 실은 화물선이 도착했다. 이 침략은 878년 웨섹스Wessex 왕 알프레드Alfred(871~99)에 의해 윌트셔Wiltshire의 에딩턴Edington 전투에서 중단되었다. 알프레드는 잉글랜드 남부에서 데인족을 몰아내고 그들의 지도자 구스럼Guthrum을 설득해 기독교 신자로 세례 받도록 했다. 그러나 알프레드는 웨섹스 왕에 지나지 않았다. 침략자들은 런던 북쪽에서 요크까지 잉글랜드 동부에 걸쳐 있었던 이른바 '데인로Danelaw'에서 누구의 방해도 받지 않고 있었다. 이렇게 잉글랜드의 3분의 1이 반세기 동안 데인족의 수중에 있었다.

시간이 흐르면서 바이킹은 지역 주민들과 통합되었고 지역 언어를 채택했다. 그들은 북해와 발트해에서 러시아를 거쳐 북쪽의 활 모양 교역로까지 유럽 해안에 새로운 상업적 활기를 가져왔다. 10세기 말까지 당시 더 따뜻했던 북대서양을 가로질러 팽창해서 아이슬란드에 정착했다. 여기에서 930년 유럽에서 가장 오래되고 계속 이어지고 있는 의회인 알팅그Althing를 설립했다. 1000년경 레이프 에릭슨Lief Ericson이 그린란드 너머로 항해해서 뉴펀들랜드 Newfoundland 북쪽 끝의 랑스 오 메도즈L'Anse aux Meadows에 정착촌을 세웠지만 오래가지 못했다. 이렇게 아메리카가 '발견'되었다. 불과 2세기 만에 스칸디나비아반도의 부족들이 유럽 도처에 활력을 불어넣었다. 기동성이 있고 공격적인 역동성이 유럽 역사에 주입되었다.

:: 마자르족과 오토 대제 ::

바이킹족이 정착하기 시작하자, 우랄산맥에서 새로운 이주가 시작되었다. 마자르Magyar족은 860년 크림반도에서 처음 보고되었다. 그들은 훈족처럼 기마전사로 나타나서 약탈하고 토지를 열망했다. 그들은 프랑스의 오를레앙Orléans

과 멀리 남쪽으로 로마까지 도달했다. 910년 독일 군대를 격파했고, 924년 프로방스Provence를 황폐화시켰다. 바이킹을 바다에서 이길 수 없었던 것처럼 마자르족을 육지에서 이길 수 없었던 것 같다. 마자르족은 몇 년 동안 중부 유럽 전역을 약탈한 후에 중세 유럽의 또 다른 걸출한 인물이었던 작센의 오토Otto 대제(936~973년)와 마주쳤다. 오토는 독일과 로타링기아를 모두 상속받아 통치했다. 955년 그는 바이에른의 레흐펠트Lechfeld 전투에서 마자르족과 대결하기 위해 독일 공국 연합을 소집했다. 쇠사슬 갑옷을 입은 오토의 기병이 훨씬 더 규모가 큰 마자르족 군대를 압도했다. 마자르족은 후퇴해서 지금까지 헝가리에 정착하고 있다.

오늘날 흔히 독일의 최초 지도자로 여겨지는 오토는 군사 지원을 끌어모을 수 있는 강한 인물이 유럽의 안보에 얼마나 중요했는지를 보여주었다. 그는 이탈리아 북부에서 제국 주권을 다시 주장했고, 962년 로마에서 공식적으로 신성로마 황제로 즉위했다. 그는 폴란드 및 보헤미아를 '속국'으로 다루는 조약을 체결했다. 그는 또한 로마 교회에 대한 샤를마뉴 군주정치의 우위를 다시 주장했다. 그는 황제에게 충성을 맹세하지 않고서는 어떤 교황도 취임할 수 없다고 말했다. 그러나 그 또한 전임자처럼 로마 사랑에 취약하다는 것이 드러났다. 그는 이탈리아로 궁정을 옮겼고 콘스탄티노플과의 관계 개선을 바라며 아들을 비잔틴제국의 공주와 결혼시켰다. 존 율리우스 노르위치John Julius Norwich가 말했던 것처럼 단지 '오토가 교황을 그의 사제 정도로 여겼다는' 이유만으로 한 도시에서 교황과 황제의 양립은 성공하지 못했다.

10세기 말까지, 현재의 동유럽 전부는 아니지만 대부분이 가톨릭 의식을 받아들였다. 973년 오토가 죽고 10년이 지나서 강제적인 기독교화는 엘베강 동쪽의 웬드족으로 알려진 이교도 슬라브인들의 봉기를 초래했다. 일련의 '진군'으로 신성로마제국의 동쪽 경계를 대략 엘베강 강가에 고정시켰다. 이교도의 신앙은 2세기 동안 웬드Wend족 사이에서 살아남았다. 이후 신성로마제국의 동쪽 경계는 신성로마제국의 독일(서부 독일과 동부 독일)을 작센과 프로이센

Prussia으로부터 분리시켰다.

:: 블라디미르와 러시아의 등장 ::

바이킹 루릭Viking Rurik의 후예라고 주장했던 키에프 루스의 왕 블라디미르 Vladimir(980~1015년)는 이제 발트해에서 흑해까지 걸쳐 있는 슬라브족을 지배 했다. 자신의 왕국을 근대화하려는 열망으로 블라디미르는 987년 어떤 신앙 이 백성들에게 가장 잘 어울릴지 조언을 구하러 사절단을 파견했다. 그 결과 블라디미르는 불가리족의 이슬람교를 '슬픔만 깃들어 있고 심한 악취를 풍기 며', 게다가 '모든 루스족의 기쁨'인 술을 반대한다는 이유로 거부했다. 유대교 는 수도 예루살렘을 잃었고 결국에는 신까지 잃었다는 이유로 거부당했다. 독 일의 기독교는 '전혀 아름답지 않은 교회'에 불과했다. 하지만 콘스탄티노플 은 '우리가 천국에 있는지 이승에 있는지 모르겠다'는 최고의 찬사로 블라디미 르의 사절단을 기쁘게 맞이했다. 블라디미르가 비잔틴 정교회를 선택한 것이 필연적인 결론이었을지도 모르지만, 콘스탄티노플의 현란한 외교적 수완은 성공했다.

그로부터 1년이 지난 988년 블라디미르는 콘스탄티노플 황제 바실리우스 2세Basilius II의 누이 안나Anna와 결혼하여 러시아를 비잔틴 교회로 끌어들였 다. 그는 세례를 받으러 키에프의 전체 주민을 강으로 인도했다. 비잔틴 장인 들이 키에프의 체르크바 교회를 비롯한 교회 건축에 고용되어 양파 모양의 돔 을 러시아 특유의 교회 양식으로 만들었다. 또한 블라디미르는 자신의 가장 뛰어난 바랑기아인Varangian(바이킹) 전사들을 콘스탄티노플 궁정의 종신 경호 원으로 보냈다. 이러한 접촉으로 콘스탄티노플의 교역은 크게 향상되었고, 콘 스탄티노플은 곧 비단길 무역의 중심지로서 바그다드와 경쟁하게 되었다. 바 이킹 식민지가 심지어 페르시아 만 연안에서도 발견되었다. 반면에 스웨덴은 일찍이 동양의 비단을 사용했다. 블라디미르는 현명하게도 러시아를 콘스탄티노플의 타고난 동맹국으로 간주했고, 이후 러시아인들은 모스크바를 '제3의 로마'로 꿈꾸었다.

:: 노르만족의 발전 ::

스칸디나비아반도에서 돌아온 블라디미르의 사촌들도 마찬가지로 진취적이었다. 876년 덴마크에서 왔던 것으로 보이는 롤로Rollo라는 군사 지도자가 프랑스 깊숙이 쳐들어와 루앙Rouen시를 장악했다. 911년 프랑스의 샤를 단순왕Charles the Simple은 결국 더 이상의 침략으로부터 자신의 왕국을 지켜준다면, 그 대가로 롤로에게 루앙과 그 주변 지역을 차지할 수 있게 해주겠다고 말했다. 게다가 샤를은 롤로에게 자신의 발에 입맞춤할 것을 요구했다. 머뭇거리는 롤로를 호위하고 있던 한 거구의 경호원이 샤를이 내민 발을 붙잡아 자신의 입에 올리고 넘어뜨렸다고 전해진다. 더 외교적인 수완으로 롤로는 바이외의 포파Popa of Bayeux와 결혼했고 노르만족의 공국Dukedom이 되었던 노르망디Normandy를 세웠다.

바이킹은 북해 전역에서도 왕성하게 활동했다. 이제 데인로의 대부분을 탈환했던 잉글랜드의 웨섹스 왕국에 1015년 스웨인 포크비어드Sweyn Forkbeard와 오만한 시그리드Sigrid the Haughty의 아들인 데인족 지도자 크누트Cnut가 지휘하는 함대 200척이 침입해 들어왔다. 비록 이미 수많은 데인족이 동화된 지역이었다고 할지라도, 이것은 본격적인 정복이었다. 동시대의 역사 기록에 따르면 '이 대원정에는 노예도, 노예 신분에서 벗어난 사람도, 태생이 천한 사람도, 나이가 들어 쇠약해진 사람도 없었다. 모두가 귀족이었기 때문이다.' 잉글랜드 왕 애설레드Ethelred와 앵글로-색슨족은 1017년 웨섹스 북쪽에서 요크까지 잉글랜드를 휩쓸고 지나갔던 새로운 침입자들의 상대가 되지 않았다. 크누트는 애설레드의 노르만족 미망인 엠마Emma와 결혼했고, 1028년경에는 노르웨이와 스웨덴의 일부를 포함해서 영토를 확장했다. 이렇게 해서 25년 동안 잉글랜드는 스칸디나비아제국의 일부였다. 독실한 크누트는 로마를 방문했고 자신의 스칸디나비아 영토를 기독교화하기 위해 다수의 선교사를 파견했다.

다른 노르만족들은 위험을 무릅쓰고 남쪽으로 서유럽의 해안을 돌아 멀리 이탈리아로 들어갔다. 이곳에서 결국 아풀리아Apulia와 칼라브리아Calabria의 공작이 된 로베르 기스카르Robert Guiscard(1015~1085)를 통해 강력한 발판을 마련했다. 그의 동생 로제르Roger가 이끄는 노르만족은 현재까지 교회와 성이 노르만의 문양으로 장식되어 있는 시칠리아에서 무슬림 사라센인Saracens을 무찔렀다. 12세기까지, 남부 이탈리아 전체는 노르만과 이탈리아 그리고 북아프리카의 문화가 융합된 시칠리아 왕국으로 통합되었다.

:: 종교 대분열 ::

로마에서 교황권은 새로운 유럽 수립의 이상적 통치자인 그레고리우스 대교황(그레고리우스 1세)으로부터 멀리 벗어나고 있었다. 교황들은 독일에서 오토의 후손들을 이중적으로 그리고 자주 적대적으로 다루면서 부패해지고 종종 무능해졌다. 샤를마뉴와 오토는 정기적으로 비잔티움과 화해하려고 시도했었지만 성공하지 못했다. 서구인들이 비잔틴 사람들을 방탕하고 쇠약하다고 보았던 것처럼 비잔틴 사람들도 서구인들을 거들먹거리는 이방인으로 여겼다.

동서 교회 사이의 논쟁은 신학적으로뿐 아니라 정치적으로도 오랜 역사가 있었다. 프랑크 왕국 군주들이 마침내 아리우스파가 무대에서 물러나는 것을 보았던 것에 반하여 기독교 내부에서는 새로운 논쟁이 나타나기 시작했다. 성령은 성자를 통해 성부로부터 생겨났는가, 아니면 성부와 성자로부터 생겨났는가? 후자, 이른바 성자로부터filioque 조항은 그리스도의 순차적 역할보다는 동등한 역할을 암시했다. 특별한 지식이 없는 사람들에게 그것은 바늘 끝에 몇 명의 천사가 서 있을 수 있는가에 대해 논쟁하는 것이었고, 게다가 제국을 분열시켰다. 당면한 관심사는 로마든 콘스탄티노플이든 어느 쪽이 교회 신조와 조직을 규제하는 데 우위를 차지했는가 하는 것이었다. 로마는 730~787년과 815~843년에 일어났던 비잔티움의 우상파괴령에 적대적이었다. 이 우상파괴령은 '우상이나 어떤 것과도 닮은 것'을 금지한 구약성서에 뿌리를 두고 있었다. 이 기간에 비잔틴 예술의 엄청난 보물들이 파괴되면서 현재까지 정교회 예배 장소에서 교회 실내장식이 뜯겨져 맨 벽돌로 방치되어 있다.

1053년 교황 레오 9세는 자신과 대등한 지위에 있었던 콘스탄티노플 총대주교를 '근거 없이 추정하고 믿기 어려울 정도로 뻔뻔스러운 … 당신은 세상을 헤쳐 나가면서 고대 신앙을 약화시키고 전복시키려는 인간적인 주장과 추측에 맞서 혀로 싸우면서도 입은 천국에 두고 있다'고 비난했다. 1년 후, 콘스탄티노플의 아야 소피아 성당을 방문한 로마 사절들에게 쏟아진 욕설로 인해 타협을 위한 노력은 무산되고 말았다. 격노한 사절들은 교황의 파문 칙서를 높은 제단 위에 놓고 그들의 신발에서 아야 소피아 성당의 먼지를 털어냈다. 그리고 그들의 배로 물러났다. 콘스탄티노플 총대주교는 차례로 그들을 파문했다. 기독교 교회는 공식적으로 분열되었고, 이 분열은 현재까지 해결되지 않고 있다.

:: **윌리엄의 잉글랜드 정복** ::

로마는 친구를 절실히 필요로 했고, 그중에서 가장 확실한 친구는 새롭게 등장한 노르만족이었다. 노르망디의 노르만족은 프랑스인으로 귀화했고, 프랑스어로 말했으며, 기사의 전통을 발전시켰고, 파리의 클로비스Clovis 왕조에 형식적인 경의를 표했다. 노르만족 사회에 봉건적 체계가 자리 잡았다. 토지는 봉신과 기사 및 농노를 지배하는 공작의 소유였다. 토지 임차권은 세금으로 그리고 전시에는 군역으로 지불되었다. 더 웅장한 '로마네스크' 양식의 장엄한 건물에서 교회만이 재정적인 자유와 상대적 자율성을 누렸다.

1066년에 에드워드 고해왕Edward the Confessor으로부터 웨섹스의 백작 해럴드Harold에게로 잉글랜드 왕위가 계승된 것은 논란의 여지가 있었다. 그 자신이 앵글로-데인족이었던 해럴드의 왕위 계승은 한 명도 아닌 두 명의 경쟁자인 노르웨이의 하랄드 하르드라다Harald Hardrada와 노르망디 공작 윌리엄의 도전을 받았다. 죽은 에드워드가 먼 친척이었던 윌리엄이 정식으로 왕위를 약속받았다고 주장한 것은 어느 정도 타당한 것 같았다. 먼저 하르드라다가 노섬브리아Northumbria를 침공하고 요크를 장악하면서 공격을 시작했다. 그러나 1066년 9월 스탬퍼드Stamford 다리 전투에서 해럴드에게 패배하고 쫓겨났다.

몇 주나 지연된 후에 노르망디의 윌리엄은 당시 켄트에 상륙했고 1066년 10월 14일 헤이스팅스Hastings 전투에서 해럴드와 대결했다. 이 전투에서 충분히 훈련받은 노르만 기병이 압도적인 승리를 거두었다. 해럴드는 살해되었고 1년 안에 잉글랜드는 윌리엄의 지배를 받았다. 동앵글리아와 북부에서 잠깐 저항했지만 잉글랜드는 데인족의 정복에서처럼 노르만족의 정복에 취약했던 것으로 드러났다. 정복은 잉글랜드에서 이루어졌음에도 노르망디의 바이외에서 전시된 70미터 길이의 태피스트리tapestry에서 서사적으로 찬미되었다.

윌리엄 정복왕William the Conqueror(1066~1087)은 색슨족의 수도 윈체스터Winchester가 아닌 런던 외곽에 위치한 에드워드의 앵글로-노르만족 수도원 웨스트민스터Westminster에서 성탄절에 왕위에 올랐다. 잉글랜드의 언어는 앵글로-색슨어였고 행정 언어는 라틴어였지만, 에드워드 치하의 잉글랜드 궁정은 이미 프랑스어로 말하고 법률을 제정하고 있었다. 노르만 정복은 전통적으로 프랑스가 잉글랜드를 상대한 것으로 그려지고 있지만, 그것 못지않게 두 바이킹 후손들 사이의 개인적 싸움이었다. 요컨대 노르만 정복은 잉글랜드 역사만큼이나 유럽 역사에서도 중요한 사건이었다.

윌리엄의 정복은 다른 어떤 것과도 성격이 달랐다. 그의 원정은 봉건적 충성의 요건을 벗어난 개인적인 모험으로 귀족들의 반대에 직면했지만 교황 알렉산드르 2세Alexander II로부터 정당성을 인정받았다. 교황은 그에게 반지와 교황 깃발을 보냈다. 윌리엄은 잉글랜드인의 복종을 얻어내는 것뿐만 아니라 그의 지지자들에게 앵글로-색슨족 시민과 교회가 소유한 잉글랜드 재산 전부를 하사할 것이라고 말했다. 그는 대규모로 잉글랜드를 약탈할 것이다.

윌리엄은 약속을 지켰다. 놀랍게도 5년 안에 잉글랜드 남부 노섬브리아의 95%가 노르만족의 수중에 들어갔고, 그중 4분의 1은 교회로 넘어갔다. 이것은 아마도 19세기 이전 유럽 어디에서라도 수행될 최대 규모의 건설 계획에 자금을 공급했을 것이다. 노르만족은 색슨족의 거의 모든 성당과 수도원을 철거해서 교체했으며, 성과 요새 도시의 네트워크를 구축했다. 1086년 토지대장인 둠즈데이북Domesday Book이 15세기까지 유럽의 다른 곳에서는 볼 수 없었던 규모로 작성되었다. 한 세대 만에 재정 위원회 사무관들에 의해 세금이 징수되고, 등록되고, 회계 감사되고 있었다. 재판은 순회재판소를 통해 사법 집행관들과 판사들에 의해 집행되었다. 노르만족은 더 이상 난폭한 북쪽 침략자들이 아니었다. 잉글랜드 그리고 결국 웨일즈와 아일랜드는 개념상 노르망디의 식민지였다고는 하지만, 아직 초기 단계의 중앙집권적 민족국가가 되었다. 한 세기 전에 잉글랜드는 스칸디나비아제국의 일부였다. 1066년 잉글랜드는 유럽 대륙과 약혼했다

:: 하인리히 4세의 서임권 논쟁 ::

윌리엄은 하나의 문제에서 결코 벗어나지 못했다. 그는 자신의 정복이 로마에 얼마나 많은 빚을 졌는지 알고 있었다. 로마 또한 제대로 기능하지 않는 앵글로-색슨족 교회에 대한 그의 개혁을 승인했다. 그는 노르만족 교회에 대해서

는 성당과 수도원 그리고 무엇보다도 토지로 보상했지만, 결국 이것은 유럽의 세속적 삶에서 급성장하는 교회의 역할로 인해 만들어진 압력으로 교회를 공격했다. 교회의 영적 제국이 성장하면서, 교회는 지역 통치자들과 긴밀히 관련을 맺었고 불가피하게 그들과 충돌하게 되었다. 주교직과 그 수입은 지역 후원의 원천이었기 때문에, 누가 후원을 했는지에 대해서는 논쟁의 여지가 있었다. 사실 누가 신성로마 황제였는가?

수도원 운동은 이제 교회 내에서 주된 힘으로 자리 잡았고, 로마는 수도원 운동에 대해 정기적인 통제권을 전혀 행사할 수도 없었다. 심지어 금욕적인 베네딕트 수도원 수사들마저 안락함과 부패에 빠져버렸다. 그 결과 새롭게 수도원 교단이 출현하면서 클뤼니 수도원Cluniacs과 시토 수도원Cistercians이 인기를 끌게 될 뿐 아니라 교회 권력의 원천이 될 것이다. 그들은 엄청난 건축 규모를 자랑했다. 12세기 부르고뉴의 클뤼니 수도원은 잉글랜드에서 폴란드와 팔레스타인까지 1만 명에 달하는 경이적인 숫자의 수도사들이 1450개의 수도원 전역으로 퍼져나갔다고 자랑했다. 클뤼니 수도원 자체는 16세기와 17세기에 로마의 성 베드로 성당이 재건축될 때까지 서구 기독교 세계에서 가장 규모가 큰 교회였다.

1073년 힐데브란트Hildebrand라는 토스카나의 클뤼니 교단 수도사가 교황으로 선출되었으며, 그보다 6세기 앞선 전임자 그레고리우스 대교황(그레고리우스 1세)의 이름과 야망을 받아들였다. 그레고리우스 7세(1073~1085년)로서 힐데브란트는 2년 후 과대망상증이라고 할 정도로 대담하게 정책 성명서인 **교황교서***Dictatus papae*를 작성했다. 교황 교서에서는 종교적 우위는 물론이고 세속적 우위까지 로마 교회의 절대적 우위를 규정했다. 교황은 황제를 퇴위시킬수 있었고, 주교를 임명하고 전근시킬 수 있었으며, 사제 서품을 할 수 있었다. 사제는 독신 서약을 하게 될 것이다. 제후는 교황의 발에 입맞춤해야 한다. 만약 의심의 여지가 있다면, '로마 교회는 성서를 증거로 실수를 범하지 않았을 뿐 아니라 결코 실수를 범하지도 않을 것이다'. 그레고리우스는 자신을 샤를마뉴뿐만 아니라 제국 로마의 후계자로 보았다. 말하자면 아우구스투스가 통치했던 곳에서 그리스도가 통치했다Quibus imperavit Augustus, imperavit Christus. 만약 누군가 동의하지 않는다면, 파문이 뒤따를 것이다.

독일의 새 왕이자 신성로마 황제인 하인리히 4세Heinrich IV(1056~1106년)는 동의하지 않았음에 틀림없다. 그는 어린 왕에서 고집불통이지만 상황 판단이 빠른 통치자로 성장했다. 그는 치세의 대부분을 엘베강 국경 전역에서 색슨족 및 이교도 슬라브족과 싸우면서 보냈지만, 가장 끈질긴 적은 그레고리우스였다. 주교 임명에 관한 그레고리우스 교황의 교서는 하인리히의 후원과 권위에 직접 도전하는 것이었다. 1076년 하인리히는 지역 주교 회의를 소집해서 정식으로 그레고리우스의 퇴위를 선언했다.

이렇게 해서 교황과 샤를마뉴 제국 계승자들 사이의 종종 피비린내 나는 싸움을 완곡하게 표현한 '서임권 논쟁'이 시작되었다. 독일의 왕은 자동적으로 왕관을 물려받지 못했고, '선거인'으로 알려진 일단의 제후와 주교에게 선택되었다. 왕위 계승은 항상 그렇지는 않았지만 대체로 공훈과 부패의 영향을 받은 가족 상속에 기반을 두고 있었다. 이로써 결국 그레고리우스는 파문하겠다는 위협으로 선거인들, 즉 제후와 공작들 사이에서 하인리히에 대한 반대를 이끌어낼 수 있었다. 그레고리우스는 하인리히의 '전례 없는 오만함'을 비난했고, '모든 기독교인이 하인리히에게 했던 맹세의 구속'을 해제해 주었다.

대부분의 하인리히 지지자들은 불안해했고, 당시 에밀리아Emilia의 카노사Canossa에서 머물고 있던 그레고리우스에게 용서를 구하도록 요구했다. 1077년 하인리히는 굴복했다. 유명한 '카노사의 굴욕Walk to Canossa'에서 하인리히는 이탈리아로 가서 그레고리우스의 성 밖에 엎드렸다. 그는 '눈 속에 맨발로 서서 참회자의 모직 옷을 입고 있었다.' 그는 3일 밤낮으로 '신음 소리를 내고 눈물을 흘리며 용서를 빌면서' 서 있었다. 결국 그레고리우스는 용서를 받아들였고 성찬식을 허락했다. '카노사에 간다는 것'은 극도의 회개를 뜻하는 독일어 표현으로 남아 있다.

하인리히 같은 사람에게 그런 굴욕은 복수를 하지 않은 채로 사라지지는 않을 것이다. 1080년 그는 정식으로 군대를 소집해서 로마로 돌아왔고, 그곳에서 대립 교황을 임명하고 그레고리우스를 교황직에서 끌어내렸다. 그레고리우스는 이웃한 노르만인이었던 시칠리아의 로베르 기스카르Robert Guiscard에게 도움을 청했다. 그는 그레고리우스의 기대에 부응해서 1084년 로마를 약탈하고, 수많은 건물을 파괴했으며, 수많은 시민을 학살했다. 하인리히는 물러갔고 그레고리우스는 교황에 복위되었다. 하지만 로마는 교황의 귀환 방식을 결코 용서하지 않았다. 그레고리우스는 다음 해에 낙담한 채 죽었다.

하인리히의 치세는 또 20년 동안 계속되었지만, 서임권 논쟁은 그보다 더 오래 지속되었다. 1122년 보름스Worms 협약에서 타협안에 도달했다. 타협안에 따르면 교회 임명은 군주들에 의해 이루어질 수 있었지만, '주교'는 정식으로 '서임'되거나, 아니면 적절한 휘장을 하고 교황에 의해 임명되었다. 그것은 교회의 세속적 권력 부족이 여실히 드러났던 타협이었다. 보름스는 세속적 통치권을 인정했고, 게다가 영방국가 출현의 구성 요소 중 하나였다. 하인리히의 로마에 대한 도전은 루터로 하여금 그를 '최초의 프로테스탄트(신교도)'로 부르게 했다.

6

교회 전사들

1100~1215년

:: 1차 십자군 ::

1095년 콘스탄티노플의 황제 알렉시오스 콤네노스Alexios Kommnenos는 이제까지 40년이 된 종교 대분열의 치유를 탄원하러 로마 교황 우르바누스 2세 Urbanus II에게 접근했다. 그는 필사적이었다. 이제 페르시아와 터키의 새로운 통치자인 셀주크족Seljuks으로부터 '이방인의' 위협에 직면한 것은 로마가 아닌 동쪽 제국이었다. 셀주크족의 침입으로 알렉시오스의 제국은 그리스와 소아시아의 북쪽 지구로 축소되었다. 순례자들이 예루살렘에서 학살당하고 있었고, 알렉시오스는 병사가 필요했다. 로마의 전임 교황들로부터 동쪽에 대한 비슷한 탄원이 얼마나 자주 응답 받지 않았는지를 우르바누스가 언급했는지는 알려지지 않았다. 기독교 세계에서 세력 균형이 확실히 바뀌었다.

우르바누스는 정치가였다. 우르바누스는 알렉시오스의 탄원을 범유럽 세력으로서의 교황권에 대한 그레고리우스 7세의 비전을 추진할 수 있는 기회로 보았다. 1095년 11월 프랑스의 클레르몽Clermont에서 설교한 우르바누스는 전체 기독교 세계를 십자군에 소집함으로써 알렉시오스의 탄원에 응답했다.

그것은 비잔티움을 구하고 기독교를 믿는 예루살렘을 이교도의 점령으로부터 해방시킬 것이다. 서임권을 둘러싼 사소한 말다툼은 신앙 전쟁에서 제쳐놓아야 한다. 우르바누스는 "자신의 형제 그리고 친척과 싸워왔던 자들에게 이제는 정당하게 이방인과 싸우게 하라. 돈 몇 푼 때문에 고용되었던 자들에게 영원한 보상을 받게 하라"고 말했다. 우르바누스가 말했던 구호는 하느님이 원하신다Deus vult였다.

이것은 훈족이나 우마이야인Umayyads이나 또는 마자르족에 맞서기 위해 소집되었던 연합과는 다른 규모의 모험이었다. 기독교 세계의 엘리트들은 지역 경쟁자를 물리치고 공동의 대의로 교회 아래에 모이도록 초대받고 있었다. 우르바누스는 자신의 요구를 기사도적 모험심과 영광의 숭배에 연결시켰다. 그리스도를 위한 전사들은 반목과 비적 행위에 굴하지 않아야 하고, 게다가 명예와 신앙심과 동지애를 열망해야 한다. 그들은 자신들의 모든 죄에 대한 교황의 사면에 고무되어 열정으로 응답했다.

1096년 적어도 네 개의 십자군 부대가 유럽을 가로질러 출발했다. 가장 먼저 떠난 것은 카리스마 넘치는 프랑스 전도사인 은둔자 피터 휘하의 무질서한 '민중 십자군'이었다. 그는 그들이 어디로 가고 있는지 혹은 무엇을 해야 할지 거의 알지 못한 채 대략 1만 5000명의 모험적이고 굶주린 다양한 농부를 이끌었다. 도중에 피터의 십자군과 다른 추종자들이 라인란트Rhineland에서 유대인 수천 명을 살해했다. 아마도 그 숫자는 그 지역에 사는 사람들 중 4분의 1에 해당되었을 것이다. 계속해서 그들은 헝가리에서 주로 식량을 구하기 위해 비슷한 집단 학살을 저질렀다. 혼란에 빠진 생존자들은 결국 콘스탄티노플에 도착했고, 그곳에서 병참을 찾아 다시 시골 지역을 습격했다. 당황한 알렉시오스는 그들을 남쪽으로 밀어냈고, 10월에는 십자군 생존자들이 투르크인들Turks의 매복 공격을 받아 대학살되었다. 그들에 대한 소식은 더 이상 들려오지 않았다.

프랑스, 플랑드르, 독일 그리고 이탈리아에서 왔던 다른 십자군 부대는

1097년 콘스탄티노플 바깥쪽에 약 3만 5000명이 집결하여 해상으로 더 수월하게 이동했다. 그들의 동기는 모험주의와 이득에 대한 희망 그리고 진정한 신앙심이 뒤섞인 것으로 많은 논란이 되어왔다. 남쪽으로 진군했던 십자군 전사들은 더위와 질병과 의견 차이로 약화되었다. 그들은 니케아와 안티오크를 점령했고 1099년 예루살렘에 입성했다. 여기서 그들은 또 한 번 대량 학살을 저질렀다. 이번에는 예루살렘의 무슬림 주민이 희생당했고, 몸값을 노리고 유대인을 억류했다. 그때까지 겨우 1만 2000명의 십자군 전사들이 살아남았다. 예루살렘에 병력을 주둔시켰고 예루살렘 '왕국'을 포함해 네 곳의 기독교 정착지가 형성되었다. 연안 무역 식민지들이 설립되었다. 모두가 분명히 셀주크족의 역습에 취약했다.

:: 2차 십자군 ::

반세기 동안 유럽 제국주의 이 초기 모험인 십자군으로 레반트에 기독교 성지 순례의 길이 다시 열렸다. 기독교 성지 순례는 너무 위험해서 두 개의 기사단, 즉 병원 기사단과 템플 기사단이 예루살렘에 설립되었다. 병원 기사단은 순례자의 건강과 복지를 보살피기 위한 것이었고, 솔로몬의 성전 터에 근거지를 두었던 템플 기사단은 해안에서 올라오는 길에 순례자들을 방어하기 위한 군대였다. 기사단은 사실상 평신도 수도사들로서 곧 로마 교회의 후원을 받았다. 그들은 또한 부유한 후원자들과 은밀하고 매혹적인 신비감을 얻었다. 병원 기사단과 템플 기사단은 둘 다 십자군이 이후 신성한 도시 예루살렘에서 쫓겨난 뒤에도 살아남았다. 템플 기사단은 14세기 프랑스 정부에게 몰수당할 정도로 부유해졌던 반면에 병원 기사단(후에 몰타Malta 기사단)은 현재까지 세인트 존St John 구급차를 제공하고 있다.

교황의 권한으로 십자군 원정은 시작할 수 있지만, 그것을 지속시킬 수는 없었다. 1144년 십자군 최초 식민지인 에데사Eddesa가 셀주크족에게 침략 당했고, 나머지 식민지는 위협 받았다. 이듬해 2차 십자군이 교황 에우게니우스 3세Eugenius III에 의해 소집되었고, 이는 내세에 죄를 사면한다는 '더할 나위 없는 홍정'으로 고무되었다. 선동가인 시토 수도원 수도사 클레르보의 베르나르Bernard of Clairvaux가 2차 십자군을 옹호했다. 베르나르는 어디를 가든지 '여러분은 나중에 여성 일곱 명당 남성 한 명을 거의 찾지 못할 것'이라고 주장하며 능숙하게 십자군을 모집했다. 프랑스와 독일의 왕은 모두 군대를 약속했고, 그들이 직접 군대를 지휘할 것이다. 한술 더 떠 십자군은 이교도 슬라브족과 스페인의 무슬림 사라센인(또는 무어인Moors)에 맞선다고 선언되기도 했다.

2차 십자군은 1147년에 원정을 떠났고 대실패로 끝났다. 레반트에 도착하자마자 십자군 전사들은 다마스쿠스를 점령하려 했으나 실패했다. 그들은 투르크인들에게 수많은 패배를 경험했고, 내분으로 쓰러졌으며, 귀국했다. 이베리아반도의 십자군은 더 큰 결실을 맺었다. 이제 반도의 대략 절반 정도 — 레온León과 아라곤Aragon 그리고 카스티야 — 가 이른바 재정복운동reconquista을 통해 기독교로 복귀했다. 반면 이베리아반도 남부는 가끔 관용적인 칼리프 체제하에서 무슬림과 유대인 그리고 기독교도가 공존하며 번창했다. 지중해로 향하던 잉글랜드 기사들은 오포르토Oporto에 상륙했고, 그곳에서 1147년 최소한 리스본Lisbon을 탈환하기 위해 포르투갈의 알폰소Afonso 왕을 도왔다. 그들은 승리했고, 이는 2차 십자군이 거둔 유일한 성공으로 환영받았다.

:: 헨리 2세와 베켓 ::

5년 후, 잉글랜드의 마틸다Matilda의 아들이자 후계자로 18세의 앙주Anjou가 왕자인 헨리 플랜타지네트Henry Plantagenet가 파리의 프랑스 궁정에 경의를 표했다. 그는 다부진 체격을 가진 붉은 머리의 젊은이로 시선이 날카롭고 활력이 넘쳤다. 그는 곧 전 여왕 아키텐의 30세 엘레아노어Eleanor에게 홀딱 반했다. 엘레아노어는 프랑스 남서부 대부분을 통치했고 자신의 군대를 2차 십자군으로 이끌었다. 그녀가 '왕이 아니라 수도사'라고 비웃었던 프랑스 루이 7세와의 결혼은 무효 선언으로 끝났다. 두 달 뒤, 유럽의 넋을 빼 놓았던 스캔들 가운데 그녀는 헨리와 결혼했고, 헨리는 헨리 2세(1154~1189년)로 잉글랜드 왕위에 올랐다. 그들의 공동 영토에는 잉글랜드뿐만 아니라 루이 7세의 영토보다 더 많은 프랑스 영토가 포함되었다. 부부는 체비엇Cheviot 계곡에서 피레네산맥에 이르는 제국을 보유했다.

1164년 헨리는 클라렌든 헌법Constitutions of Clarendon을 공포함으로써 서임권 논쟁을 부활시켰다. 여기에서 자신이 잉글랜드 교회를 지배한다고 선언했고 전 친구이자 이제는 캔터베리Canterbury 대주교인 토머스 베켓Thomas Becket과 계속적인 논쟁에 빠져들었다. 그레고리우스 7세의 주장에 공감하고 있었던 베켓은 자신도 모르게 자신의 후임자를 지명하는 것을 포함하여 임명한 데 대해 왕을 파문하겠다고 위협했다. 1170년경 둘 사이의 관계가 너무 악화되어 프랑스에서 식사하던 도중 헨리가, 다양하게 해석되지만 '누가 이 사납게 날뛰는 사제를 없애줄 것인가?'라는 취지로 말을 했을 정도였다. 기사 네 명이 잉글랜드로 출항해 베켓을 찾아냈고, 캔터베리 대성당에서 살해했다.

그런 행위에 대한 공포, 특히 성소에 대한 모욕은 유럽을 분개하게 만들었고, 헨리는 책임에서 벗어날 수 없었다. 카노사에서의 하인리히 4세처럼, 그는 참회하는 굴욕을 당할 수밖에 없었다. 그는 교회에 특권을 아낌없이 부여했고 성당과 수도원의 재건 열풍을 일으켰다. 유럽 전역에서 온 순례자들이 캔터베리에 있는 베켓의 기적이 풍부한 성당으로 몰려들었고, 그곳에서 성당은 프랑스의 새로운 '고딕' 양식으로 확장되고 재설계되었다. 베켓에 대한 숭배 의식은 잉글랜드 종교개혁 때까지 거행되었다.

:: 바르바로사와 3차 십자군 ::

헨리와 동시대를 살았던 독일의 통치자 프리드리히 바르바로사Frederick Barbarossa (1152~1190년)는 십자군 전사의 전승에 따르면 헨리의 성격과는 달리 차분하고 지적이며 잘생긴 기사였다. 자신의 붉은 수염 이름을 따서 명명된 그는 경쟁 가문인 호엔슈타우펜Hohenstaufen가와 벨프Welf가 사이의 평화를 가져온 결혼의 산물로 독일 왕위에 올랐다. 이탈리아에서 기벨린Ghibelline당과 겔프Guelph당으로 재현된 그들은 각각 신성로마제국과 교황을 지지했다. 그들의 적대감은 자주 원한이 사무쳤고, 이는 셰익스피어에 의해『로미오와 줄리엣Romeo and Juliet』에서 몬테규Montague 가문과 캐플렛Capulet 가문으로 기억되었다.

바르바로사는 신성로마제국을 위해 하인리히 4세가 그레고리우스와의 서임권 논쟁으로 떨어뜨린 권위를 되찾아오기 시작했다. 이는 논쟁 자체가 부활하는 위험을 무릅쓰는 것은 물론이고 독일의 무수히 많은 소규모 통치자들의 충성을 확보하는 것을 의미했다. 1155년 바르바로사가 교황 하드리아누스에 의해 신성로마 황제로 즉위하기 위해 로마에 도착했을 때, 누가 누구의 발에 입맞춤을 해야 하고 누가 누구의 말을 로마로 이끌어야 하는가의 문제로 즉시 논쟁이 벌어졌다. 새로운 황제 바르바로사는 군대를 소집해 무장시키기에 충분할 정도로 영토 결집에 성공했다. 하지만 신성로마제국 내의 자치권과 왕권 사이의 모순은 점점 더 뚜렷해지고 있었다.

바르바로사의 독립적인 성향이 강한 독일의 영방국가들과 그에 반대하는 이탈리아 도시국가들로 인해 그의 권위는 줄곧 위협받게 되었다. 동쪽으로는 이웃한 작센의 하인리히 사자공Henry the Lion과 싸워야 했다. 이탈리아에서 바르바로사는 자주 반란을 일으킨 밀라노와 북쪽 도시들을 상대로 다섯 차례 전투를 벌였다. 교황권은 파벌로 나뉘어서 바르바로사에게 편을 들도록 그리고 한때는 대립 교황을 선언하도록 강요했다. 1176년 레냐노Legnano 전투에서 베네치아와 롬바르디아 그리고 시칠리아의 동맹에 대패하여 또 한 번 교황 앞에서 황제가 참회하게 되었다. 바르바로사의 수완이 신성로마제국을 단합시킬 수 없었다면, 신성로마제국이라는 개념이 본질적으로 제대로 기능하지 않았다고 결론 내릴 수도 있다.

1187년 살라딘Saladin이라는 레반트의 새로운 쿠르드Kurd족 무슬림 지도자가 하틴Hattin 전투에서 성지 예루살렘의 모든 기독교인을 사실상 전멸시켰을 때, 이 논쟁은 중단되었다. 예루살렘은 무슬림의 지배로 되돌아갔다. 이 충격적인 사건은 유럽을 자극해 3차 십자군을 일으키게 했다. 세 명의 군주, 즉 바르바로사 자신과 프랑스의 필립 2세Philip II(1180~1223년) 그리고 잉글랜드의 헨리 2세 아들인 리처드 사자왕(1189~1199년)이 전면에 나섰다. 1189년 세 사람 모두 성지로 떠났다. 독일 파견대는 육로로 가서 헝가리인들과 합류했다. 다른 군주들은 좀 더 편안하게 해로로 갔다.

시리아로 가는 길에 재앙이 닥쳤다. 원정을 성공으로 이끌어줄지도 몰랐던 지휘관 바르바로사는 갑옷에 짓눌려 터키의 강을 건너다 익사했다. 바르바로사의 군대는 당황했고 그의 시신을 식초에 절여 예루살렘에 묻으려 했으나 모두 실패했다. 3차 십자군의 나머지 부분은 2차 십자군의 반복이었다. 전장에서 상당한 기량을 발휘한 잉글랜드의 리처드는 1191년 아크레Acre 포위 공격에 성공했다. 아크레는 한 세기 더 기독교도의 수중에 남아 있었지만, 리처드는 예루살렘을 탈환할 수 없었다. 결국 그는 살라딘으로부터 겨우 기독교도 순례자들을 성지로 받아들이겠다는 약속을 얻어낼 수밖에 없었다. 3년간의 패배와 질병 끝에 십자군은 본국으로 향했다.

:: 인노켄티우스 3세와 4차 십자군 ::

십자군이 무언가를 성취했다면, 그것은 유럽 신흥 국가들에서 공통의 목적의식을 낳았다. 서로 싸우는 데만 익숙했던 크게 다른 민족들이 교회의 보호하에 모여 협력했다. 이처럼, 십자군의 후원자였던 교황들은 대대로 실패하더라도 강해졌다. 그레고리우스 대교황과 그레고리우스 7세 치하에서 공식화된 교황의 권위는 이제 인노켄티우스 3세Innocentius III(1198~1216년) 치하에서 최고조에 달했다. 그는 서른여덟이라는 유별나게 젊은 나이에 교황에 취임했고, 이때 두 명의 강력한 왕이었던 잉글랜드의 헨리 2세와 독일의 바르바로사는 둘 다 죽었고, 그들의 국가는 승계 분쟁으로 약화되었다. 인노켄티우스는 스스로를 그리스도의 대리자로 칭했고, 1202년 예루살렘 탈환을 위해 십자군 카드를 사용하려 했다.

이번에는 유럽 군주들이 반응을 보이지 않았다. 인노켄티우스의 4차 십자군은 재앙이었다. 돈이 부족했던 그는 현명하게도 성직자에게만 국한된, 아마도 유럽 최초의 소득세 부과를 시도했던 것 같다. 이것은 징수가 불가능한 것으로 드러났다. 그 후 십자군은 베네치아인들에게 납치되었다. 베네치아인들은 돈은 있었지만 투르크족과의 레반트 무역에 손해를 입히는 것을 주저했다. 그들은 예루살렘을 그다지 좋아하지 않았지만, 노르만족 용병들의 도움으로 콘스탄티노플에서 온 이른바 '그리스인들'을 내쫓게 되어 기뻤다. 1202년 십자군 병력이 정식으로 출항하여 먼저 베네치아의 경쟁자인 크로아티아의 자라Zara시를 포위 공격했고 그다음 콘스탄티노플로 방향을 돌려 거액의 보상금에 대한 대가로 퇴위한 황제의 왕좌 복귀를 도왔다.

그 계획은 빗나갔다. 보상금은 전달되지 않았고, 이에 대한 보복으로 1204년 4월 십자군 전사들은 콘스탄티노플 성벽 밑을 파고 기어 올라가 안으로 돌진했다. 현장에 있었던 한 프랑스 귀족의 기록에 따르면 그들은 '온 세상에서 높은 성벽과 높은 탑과 호화로운 궁전과 커다란 교회를 갖추고 있는 그렇게 멋진 곳을 결코 상상조차 할 수 없었다. … 전율을 느끼지 않았을 정도로 용감한 사람은 아무도 없었다'. 그 후 곧 십자군 전사들은 도시의 모범이 될 만한 이곳을 며칠 동안 약탈하고 파괴했다. 사제들이 살해되었고, 성상들이 파괴되었으며, 탑이 박살났고, 수녀들이 강간당했으며, 도시의 절반이 불에 탔다.

기독교 세계에서 여전히 가장 큰 도시였던 곳이 보물을 빼앗겼다. 플랑드르 Flanders 백작이 새로운 동쪽 황제가 되었고, 베네치아의 한 귀족이 총대주교가 되었다. 종교 대분열은 명목상 일시적으로 중단되었고, 콘스탄티노플은 라틴 족 도시로 선언되었다.

4차 십자군은 바이킹의 강도질 시절로 되돌아가는 것처럼 보였다. 그것은 동부 지중해에서 주요 관심사가 가끔 누가 성지를 점령할 것인지와는 관계없이 로마에서는 더 적은 사건들이었고 동쪽으로는 더 많은 무역 기회였다는 점을 상기시켜 주었다. 줄곧 경쟁 상대였던 제노바와 베네치아의 상인들은 콘스탄티노플을 새로운 기지로 삼고 그들의 세력 범위를 줄이지 않고 확대해 나갔다.

콘스탄티노플에 대한 약탈 소식이 로마에 전해졌을 때, 인노켄티우스는 절망했다. 그는 '이교도에게 사용되어야 할 칼이 이제 기독교도의 피로 흠뻑 젖는다'고 울먹이며 십자군 전사들을 파문했다. 십자군 전사들은 '종교도, 나이도, 성별도 가리지 않았다. 그들은 남자들이 보는 앞에서 근친상간과 간통과 간음을 저질렀다.' 근친상간이라는 비난은 이해가 안 되지만, 서쪽을 폭력배와 이방인이 사는 곳으로 간주했던 비잔틴인의 견해가 옳았음이 입증되었다. 베네치아인들은 반세기 동안 콘스탄티노플에 남아 산마르코St Mark 성당을 장식하기 위해 네 마리의 말이 끄는 장엄한 이륜전차(원래 로마에서 왔던)를 훔쳤다. 비잔틴 사람들은 1261년이 되어서야 비로소 말을 되찾지는 못했지만 그들의 도시로 돌아가서 피해를 복구할 수 있었다.

이런 좌절에도 불구하고 인노켄티우스는 자신감이 생겼다. 1209년 그는 자신이 지명한 캔터베리 대주교가 거부당하자 잉글랜드 교회 전체의 직무를 정지시키고 잉글랜드의 존 왕(1199~1216년)을 파문했다. 존은 굴복했고 잉글랜드를 엄밀히 말해 교황의 영지로 만들었다. 또한 1209년 인노켄티우스는 또 하나의 십자군을 선포했는데, 이는 무슬림이 아닌 프랑스 남서부의 알비파 Albigensian의 카타리파Cathars 신자를 탄압하기 위해서였다. 인간은 고행을 통해서만 자유롭게 구원받을 수 있다는 선악의 세속적 이원론dualism을 신봉했던 카타리파 이단과 맞서기 위해 새로운 교단인 도미니쿠스Dominicans 수도회가 설립되었다.

약 40년 동안, 카타리파 신자는 종교재판의 선구자격이었던 조사관들을 포함해서 교황과 프랑스 군주정 모두에 대항했다. 1244년 마침내 언덕 꼭대기에 자리 잡은 몽세규어Montsegur의 카타리파 요새가 함락되었고, 200명 이상의 지도자들이 거대한 장작더미 위에서 화형에 처해졌다. 그것은 현재까지 암울함을 환기시키는 현장으로 남아 있다. 카타리파에 대한 교회의 강박적인 박해뿐 아니라 이른바 그들의 보물이라는 것도 그 이후로 줄곧 역사가와 소설가를 매료시켜 왔다.

:: 4차 라테란 공의회 대對 마그나 카르타 ::

인노켄티우스의 권력은 대부분 13세기 초 유럽 군주국들의 반목과 그에 따른 허약함에서 비롯되었다. 옛 로타링기아 왕국 경계 지역의 도시 생토메르St Omer를 둘러싼 영토 분쟁이 싸움이 다가오고 있음을 알려주었던 1214년에 긴장이 고조되었다. 플랑드르 백작은 잉글랜드의 존 및 독일 북부의 신성로마 황제 오토 4세와 동맹을 맺었다. 그들의 상대는 프랑스의 필립 2세(1180~1223년)였다. 생토메르에 대한 필립 2세의 권리에 이의가 제기되었지만, 부재중에 신성로마제국 황제권을 놓고 20년간 오토와 경쟁했던 시칠리아의 프리드리히Frederick(나중에 프리드리히 2세)의 지지를 받았다. 양측은 1214년 부빈Bouvines 전투에서 격돌했고 필립이 승리했다.

부빈 전투는 잉글랜드의 존에게 재앙이었다. 존은 노르망디 전체와 브리타뉴Brittany를 포함해 아버지 헨리 2세와 어머니 엘리아노어Eleanor에게서 상속받은 앙주 제국의 상실을 감수해야 했다. 한편 필립은 이제 자신이 프랑스 대부분의 진정한 왕이라고 생각할 수 있었다. 잉글랜드는 존과 귀족들 사이의 내전으로 빠져들었다. 1년 후인 1215년 불평이 누적되면서 존은 윈저Windsor 외곽의 러니미드Runnymede 초원에서 헌장에 서명하지 않을 수 없게 되었다. 그것은 귀족들, 더욱이 어떤 점에서는 모든 자유민이 군주의 사법권과 행정권에 저항할 수 있는 권리를 갖는다고 주장했다. 존 왕은 귀족 25인으로 구성된 왕실 의회의 동의 없이는 세금을 부과할 수 없다는 것을 받아들여야 했다. 존은 또한 '권리나 정의를 어느 누구에게도 넘겨주지 않을 것이며, 어느 누구에게도 부정하거나 지연시키지 않을 것'이라는 데 동의해야 했다. 모든 사람은 '동등한 사람들의 적법한 판단과 국법'의 혜택을 누려야 한다. 1215년 헌장은 법앞에 모든 사람의 평등을 알리는 가장 기본적인 선언이었다. 하지만 여성에 대한 언급은 전혀 없었다.

헌장에 서명하자마자(후에 마그나 카르타Magna Carta로 불렸다) 존은 그것을 부인했다. 그의 새로운 봉건 영주 인노켄티우스 3세는 '그 헌장은 수치스럽고, 비열하며, 불법적이고 부당하다'는 칙령을 추가했다. 격분한 귀족들은 장차 루이 8세가 될 프랑스의 왕위 계승자에게 잉글랜드를 침공해서 존을 권좌에서 끌어내리고 왕이 되어달라고 요청했다. 이는 로마에 대한 경멸을 드러낸 것이었다. 루이는 1216년 잉글랜드를 침략해서 런던탑을 점령했다. 그해 말 존이 죽자 루이는 어쩔 수 없이 철수하게 되었고, 프랑스군은 링컨Lincoln과 도버Dover 앞바다에서 존의 아들이자 글로스터Gloucester에서 왕위에 오른 아홉 살의 헨리 3세(1216~1272)의 추종자들에게 패배했다. 그는 처음엔 유명한 전사로서 마상 시합에서 500명의 기사에게 '승리했다'고 알려진 연로한 윌리엄 마셜William Marshal 경의 보호하에 통치했다.

인노켄티우스에 대해 말하자면 그는 보기 드문 경력으로 클라이맥스를 연출했다. 1213년 그는 로마의 4차 라테란 공의회에 1500명의 대표들을 소집했다. 그들은 지배적이고 편협한 교회에 대한 그의 개인적 시각에 대해 토론하기 위해, 아니면 적어도 찬사를 보내기 위해 모였다. 공의회는 행정 당국과 사제에 대한 교황의 지배권을 회복했다. 공의회는 성체성사 중에 빵과 물이 그리스도의 살과 피가 되었다는 화체설을 주장했다. 공의회는 유대인을 이류 시민으로 규정하고 이단자의 박멸을 요구했다. 공의회는 또한 전투와 시련에 의한 재판처럼 원시적인 관행에 법적으로 종지부를 찍는 시간을 가졌다.

4차 라테란 공의회의 칙령은 잉글랜드의 마그나 카르타 이후 1년 뒤인 1216년에 공포되었다. 그 후의 역사에 비춰보면 이 두 문서는 13세기 시초보다 뛰어나다. 인노켄티우스의 칙령은 종교적인 문제와 세속적인 문제 모두에서 단 한 사람 지배하의 신앙 제국을 규정하고 있다는 점에서 독재적이고 미신적이다. 그것은 로마제국이 부활한 것으로 기독교 세계 전체를 대표하는 정체였다.

마그나 카르타는 교회의 승인으로 시작했지만 이보다 더 다를 수는 없었을 것이다. 그것은 세속적이었고, 실제적으로 유용했으며, 개인주의적이었고, 왕 아래의 모든 사람에게 매력적이었다. 13세기 잉글랜드의 독특한 세력 균형을 주로 반영했다고 하지만, 마그나 카르타는 시민적 자유에 대한 최초 문서로서 잉글랜드의 탁월성을 입증하는 것으로 보였다. 그것은 어느 모로 보나 인노켄티우스 3세가 중세 사회를 바라보는 견해와는 아주 달랐다. 키플링Kipling이 쓰려고 했던 것처럼, '폭도나 군주가 여전히 잉글랜드의 역사에 무례하게 개입하던 때, 러니미드 초원의 갈대들이 웅성거리며 몸서리친다'.

7
국가의 출현

1215~1400년

:: 프리드리히 2세 ::

인노켄티우스 3세의 의도는 기독교 유럽이 그의 지휘하에 영혼의 제국이 되게 하는 것이었다. 그러나 유럽이 교회라는 한 주인에게 봉사하는 데 영혼을 바칠 수 있을지는 몰라도, 몸은 다른 사람인 왕과 황제에게 봉사하는 데 바쳤다. 적어도 중부 유럽에서는 그들 사이에 신성로마제국이라는 보잘것없는 다리가 놓여 있었다. 인노켄티우스의 4차 라테란 공의회가 세속적인 문제로 잠시 돌아섰을 때, 스물두 살인 독일의 프리드리히 2세를 신성로마 황제(1220~1250)로 승인했다. 공의회 대표들이 그들이 존경하고 있었던 그 사람을 알았다는 것은 믿기 어렵다.

프리드리히는 조부인 바르바로사처럼 겨우 흔적만 남긴 채 중세의 하늘을 가르며 번쩍했던 혜성과 같았다. 독일인이었지만 프리드리히는 1194년 이탈리아 아풀리아Apulia에서 태어났다. 그곳에서 마흔 살의 어머니가 마을 광장에서 사람들이 보는 앞에서 그를 낳았다. 이는 그를 출산한 것에 대한 의심을 없애기 위해서였다. 그는 독일과 시칠리아 혈통이었고, 팔레르모Palermo는 그가 특히 관심을 가진 고향으로 남았다. 그는 두 살에 독일의 왕이 되었고 세 살에는 시칠리아 왕이 되었다. 게다가 인노켄티우스 3세가 그의 후견인이었다.

어린 프리드리히는 강하고 총명하게 그리고 매사에 주관이 뚜렷한 사람으로 자랐다. 그는 라틴어, 그리스어, 프랑스어, 독일어, 아랍어, 시칠리아어 등 여섯 개의 언어를 구사했고 팔레르모에 세련된 궁정을 가지고 있었다. 그는 또한 신앙심이 깊은 괴짜였으며 교황직을 수행하고 방대한 칙령들을 공포하기에는 시간이 거의 없는 에피쿠로스주의자였다. 그는 매사냥에 관한 책을 썼고, 동물원을 가지고 있었으며, 말을 배우고 '에덴동산에서 어떤 언어를 썼는지' 아는 법을 배우기 전에 유아들을 가두어두는 것과 같이 인간에 대해 실험했다. 프리드리히는 모든 면에서 '대체 가능한' 군주였다. 그는 교황들과 끊임없이 다투었고, 그들 중 한 명은 그를 '바다에서 나온 짐승'이라고 불렀다. 1239년 프리드리히는 십자군 전쟁을 완수하지 않았다는 이유로 파문되었고, 그 후 파문이 있을 때 십자군 전쟁을 완수했다는 이유로 또다시 파문되었다. 이 6차 십자군은 1차 십자군 이후 가장 성공적이었고, 프리드리히는 잠시 예루살렘의 왕으로 즉위했다. 그는 기독교 자체가 아닌 자신을 적그리스도라고 불렀던 교회를 거부했고 시토 수도회의 수도사로 생을 마감했다. 프리드리히는 무슬림을 경호원으로 뽑았고, 따라서 그들은 교황 암살자들로부터 그를 방어하기에 필요하다면 파문을 면하게 될 것이다.

화려함 때문에 프리드리히에게는 약간 아이러니하게도 세상의 경이로움 *stupor mundi*이라는 별명이 붙었지만, 그의 경력은 조부가 했던 것과 똑같이 분열된 제국의 외곽을 하나로 묶는 일에 소비되었다. 1226년에 폴란드와의 국경 지대를 방어하기 위해 프로이센의 튜튼 기사단Teutonic Knights을 인가하는 리미니 금인 칙서Golden Bull of Rimini를 공포했다. 원래 예루살렘 순례자들을 돕기 위해 결성된 기사들을 뤼베크Lübeck와 브레멘Bremen의 한자동맹 상인들이 끌어내어 군사-종교 국가인 동프로이센을 만들었다. 동유럽 전역과 볼가강, 그리고 트란실바니아Transylvania의 작센 땅에 또 다른 독일 정착촌이 있었고,

그 유적은 현재까지 남아 있다. 1231년 프리드리히는 보름스 협약의 특권에 동의하면서, 독일의 수많은 소규모 영방국가 통치자들에게 더 많은 자치권을 부여했다. 그러나 프리드리히는 또한 신성로마제국의 전임자들이 이탈리아 영토에 집착했던 것을 인정하지 않으면 안 되었고, 이러한 집착은 복잡하고 뚜렷한 결과를 내놓지 못한 전투들로 이어졌다. 독일의 왕과 황제들이 (현재의) 독일에만 관심을 국한시켰더라면, 유럽의 역사는 완전히 달라졌을 것이다.

:: 황금 군단 ::

프리드리히가 번갈아 싸우면서 자신의 신민들을 구해주는 동안 유럽은 동쪽에서 또 다른 침략에 직면했다. 1240년 다뉴브강 너머 지역들로 재차 훈족과 마자르족이 침입해 들어왔다. 2000명의 자식을 두었던 것으로 유명한 몽골인의 '지상의 군주' 칭기즈칸Genghis Khan(재위 1206~1227년)은 중국을 정복한 뒤 아시아를 가로질러 4000마일 떨어진 유럽으로 기병을 보냈다. 1227년 칭기즈칸이 죽자 후계자 오고타이Ögedei는 서쪽 군대 지휘관인 바투 칸Batu Khan에게 '황금 군단'을 볼가강을 가로질러 '큰 바다the Great Sea' 대서양에 이르도록 지시했다.

바투는 1236년 침입하여, 자신을 저지하려했던 모든 군대를 궤멸시켰다. 1240년에는 러시아 도시 키예프를 약탈했고 1년 후 레그니차Legnica 전투에서는 주로 폴란드 군대를 격파했다. 한편 또 다른 군대는 헝가리인을 격파하고 다뉴브강까지 이르렀다. 헝가리인의 구원 요청을 받은 프리드리히는 들은 척도 하지 않았다. 다만 보헤미아와 오스트리아의 국경을 따라 요새를 강화하라는 지시를 내렸을 뿐이었다. 가장 규모가 컸을 때의 몽골제국은 중국해에서 프라하Prague의 성벽까지 펼쳐져 있었다. 이는 지금까지 만들어진 가장 대규모의 육상 제국들 중 하나였다.

이후 유럽인에게 타타르족Tartars으로 알려진 몽골인은 정착할 생각이 없었다. 그들은 종교에 관대했고 오직 공물만을 열망했으므로, 공물 납부를 거부한 사람들에게는 끔찍한 타격을 가했다. 다른 도시들이 겁을 먹고 단념하도록 하기 위해 도시 전체가 학살을 당할 수도 있었다. 그러나 타타르족은 동서 간 접촉과 무역에 새로운 시대를 열었다. 실크로드에 유럽의 대상들이 허용되었고 성직자와 학자들이 중국 깊숙한 곳까지 도달했다. 타타르족을 높이 평가하는 역사학자 대니얼 부어스틴Daniel Boorstin은 유럽의 역대 어떤 세습 통치자들과도 비교할 수 없는 '군사적 천재성, 개인적 용기, 행정의 다재다능함, 그리고 문화적 관용'을 황금 군단이 가지고 있었다고 생각했다.

타타르족의 진격은 1241년 오고타이가 죽고 후계자를 기다리기 위해 황금 군단이 갑작스럽게 몽골로 철수하면서 중단되었다. 이후 침략은 몽골 영토를 전혀 넓히지 못했지만 타타르족의 멍에는 15세기까지 계속해서 러시아인들로부터 공물을 강제로 거두어들였다. 하지만 러시아는 침략에 취약하다는 점이 새롭게 드러나면서 정신적 충격을 받았다. 키예프는 고대의 명성을 결코 되찾지 못했고, 노브고로드와 모스크바가 러시아의 주요 도시가 되었다.

러시아 서쪽에서 스웨덴인과 튜튼 기사단은 몽골족을 이용해 동쪽으로 뻗어나갈 수 있는 기회로 삼았다. 1242년 프로이센군이 러시아 기독교도를 가톨릭교로 개종시키기 위해 전투를 벌였다. 타타르족이 여전히 다뉴브강에 있는 상황에서 러시아 왕 알렉산드르 네프스키Alexander Nevsky(1236~1263년)는 현재의 에스토니아 국경에서 프로이센인들과 대결해야 했다. 그는 '빙판 위 전투'에서 프로이센군을 얼어붙은 호수의 맞은편으로 몰아냈다. 이 전투의 규모와 의의는 요즘 의심받고 있지만, 네프스키는 러시아인들에게 전설적인 인물이 되었다. '빙판 위 전투'는 아이젠슈타인의 서사 영화 재연에서 기념되었다.

:: 헨리 3세와 의회의 탄생 ::

유럽은 몽골인에 직면하여 방어적 응집력을 전혀 보여주지 못했다. 국가들은 지속적인 리더십을 제공하기 위한 정치제도나 군사 제도를 발전시킬 수 없었다. 게다가 동맹을 만들 만한 힘이나 카리스마를 갖춘 지도자도 거의 없었다. 교회는 단합할 수 있었지만, 십자군 전쟁이 보여주었듯이 싸우거나 땅을 소유할 수 없었다. 프리드리히가 꿈꾸었던 시칠리아에서 북해에 이르는 대륙횡단 제국은 그가 죽은 1250년에 사라져버렸다. 교황 인노켄티우스 4세와 그의 동맹국들은 남부 이탈리아를 장악하고 프리드리히의 아들 만프레드Manfred를 시칠리아에서 추방하려 했다. 1254년에는 만프레드의 추방 비용을 지불할 수 있다면, 시칠리아 왕관을 잉글랜드의 헨리 3세(1216~1272)에게 넘기겠다고 제안하기까지 했다. 헨리는 처음엔 새로운 유형의 유럽 군주로 행세하고 싶어 동의했다. 그에게는 강력한 프랑스인 아내였던 프로방스의 엘레아노어Eleanor와 화려한('장식을 한' 또는 무늬로 장식된) 프랑스식 건축 양식에 대한 열정이 있었다. 그는 웨스트민스터 대수도원을 호화롭게 재건하기 위해 프랑스식 건축 양식을 사용했다. 그의 단 하나 불리한 조건은 돈이 부족하다는 것이었다.

중세 군주는 지지자들로부터 징집할 수 있는 병사들로만 싸울 수 있었듯이, 그는 지대와 일반 과세로부터 갈취할 수 있는 돈만을 쓸 수 있었다. 마그나 카르타에서는 헨리의 아버지 존에게 왕실 의회의 동의에 따라 과세할 수 있을 것이라는 점을 분명히 했다. 이는 1259년 웨스트민스터 조항에 의해 강화되었다. 왕은 귀족 및 다른 사람들의 '의회'를 소집하고 자문을 구하지 않으면 안 되었다. 헨리가 사실상 이탈리아에서의 모험적 시도에 허락을 구했지만 거절 당했다.

헨리에 대한 반대는 그의 매부인 프랑스 태생의 레스터Leicester 백작 시몽 드 몽포르Simon de Montfort에 의해 주도되었다. 왕과 귀족들 사이의 관계가 악화되면서 시몽 드 몽포르는 반란의 깃발을 올렸고, 결국 1264년 루이스Lewes

전투에서 헨리를 포로로 잡았다. 그 후 시몽 드 몽포르는 처음으로 귀족, 주교, 자치주 기사, 그리고 자치도시 시민을 웨스트민스터에서 만나기 위해 소집했다. 이는 그러한 집단이 왕실의 소집 없이 만났던 첫 번째 사례로, 사실상 국왕에 대한 주권을 주장하는 것이었다. 모임은 1265년 1월부터 3월까지 이어졌지만 지나치게 논쟁적이어서 존속할 수 없는 것으로 드러났다. 결국 혼란에 빠지면서 해체되고 말았다.

귀족들은 시몽 드 몽포르에 대한 찬반으로 나뉘었고, 결국 그는 이브샴 Evesham 전투에서 패배하고 전사했다. 헨리의 아들로서 웨일즈와 스코틀랜드에 통치권을 확대하기 위해 싸웠던 전사 왕 에드워드 1세(1272~1307)가 뒤를 이었다. 하지만 에드워드는 계속 이어지는 의회에 과세를 요구하는 데 신중했다. 이렇게 해서 유력한 개념이 탄생했다. 국가 권력은 군주의 의지가 아니라 군주와 적어도 더 중요한 국민들의 의회 사이에 맺은 협정에 있었다. 이 의회에서 국민들이 선택한 대로 국사를 논의한다는 것이다. 러니미드의 갈대숲을 헤치고 나온 것처럼 클레이스테네스의 유령이 웨스트민스터 위로 날아다녔다. 시몽 드 몽포르의 의회가 유럽에서 유일한 의회는 아니었다. 스페인 의회인 코르테스Cortes와 프랑스 의회인 파를망Parlement이 있었다. 하지만 시몽 드 몽포르의 의회는 대체로 잉글랜드의 군주들이 끊임없이 전비를 필요로 했기 때문에, 처음으로 행정부에 대해 실질적인 힘을 발휘한 최초의 의회였다.

:: 보니파키우스와 아비뇽 교황 ::

14세기 초까지 유럽 경제는 새로운 부의 원천을 전달하고 있었다. 저지대 국가들과 이탈리아에서 앤트워프와 겐트, 제노바, 밀라노, 그리고 베네치아의 상인들이 주로 남북 간의 직물 무역과 동서 간의 비단과 향신료 무역으로 번창하고 있었다. 그들은 자체적으로 함대를 만들었고, 롬바르디아의 금융인들은 처음엔 시에나Siena에서 그리고 그 후엔 피렌체의 메디치Medici가에서 돈을 거래하고 대출하는 기술을 개발했다(현재 런던 금융가 중심인 롬바드 스트리트Lombard Street는 이렇게 조성되었다). 양떼가 가득한 잉글랜드 고지대의 부가 헨리 3세 치하의 귀족과 자치도시 시민을 대담하게 만들어주었던 것처럼, 유럽 전역에서 돈은 권력 기관인 종교와 경쟁했다.

프랑스와 이탈리아에서, 돈은 예술 후원과 새로운 형태의 문화에 대한 자신감으로 이어졌다. 이탈리아 북부는 중세 후기 문예의 대가인 시인 단테Dante(1265~1321)와 낭만주의자 페트라르카Petrarca(1304~1374)를 배출했다. 키케로의 재발견에서 영감을 찾아낸 페트라르카는 '어둠이 걷힌 후 우리 손자들은 과거, 즉 고전 문명의 순수한 광채 속으로 걸어 되돌아갈 수 있을 것'이라고 썼다. 이 되돌아간다는 개념에서 르네상스로 불릴 수 있는 것이 탄생했다. 화가 조토Giotto(1267~1337년)는 스승인 치마부에Cimabue의 비잔틴 양식을 외면하고 파도바의 아레나 예배당Arena Chapel in Padova에서 1305년 새로운 자연주의, 즉 '초기 르네상스Proto-Renaissance'의 첫 번째 걸작을 만들어냈다.

이것은 인노켄티우스 3세에 의해 규정된 권위와 규율을 상실한 로마에게 아직까지 거의 영향을 주지 않았다. 1294년 보니파키우스 8세Bonifacius VIII(1294~1303년)는 교황의 독재권을 극한까지 끌어올리면서 마치 한낱 다반사로 행해졌던 것에 불과한 것처럼 십자군을 소집하고 적들을 파문했다. 보니파키우스 8세는 로마의 경쟁 당파인 콜론나Colonna 가문에 맞서 십자군을 소집했다. 그는 성 베드로 성당으로 순례자들을 끌어들이기 위해 1300년을 '성스러운 해'로 선포했고, 순례자 모두에게 사후 세계의 면죄부를 판매했다. 순례자 50만 명이 성 베드로 성당을 방문했다. 단테는 보니파키우스를 지옥의 여덟 번째 구렁에 배치했고, 1300년의 순례자 무리들을 지옥을 통과하는 행렬에 비유했다. 오늘날 성 베드로 성당을 방문하는 여름 관광객들은 공감할지도 모르겠다.

그다음 보니파키우스는 모든 가톨릭교회와 사제들에게 그가 명시적으로 동의하지 않는 한 어떤 군주에게도 세금을 내지 못하게 했다. 1302년 '모든 사람이 로마 교황의 지배를 받는 것이야말로 구원에 필요하다'고 선언했다. 이는 기독교 세계 전역의 통치자들에게 내던져진 주장이었다. 오랫동안 교황의 신뢰를 받아온 프랑스인들조차 이 주장이 지나치다고 생각했다. 프랑스는 반#자치적인 공국들로 이어진 누더기로부터 나라를 일으켜 세우기로 결심했던 미남왕 필립 4세(1285~1314년) 치하에 있었다. 이전에 파리에 명목상 경의를 표했던 지방들은 이제 왕실을 대리해서 집행관과 집사의 지배를 받게 되었다. 파리는 진정한 수도이자 필립의 권위의 중심지가 되었다. 그는 잉글랜드의 군주제와 의회 간 협상의 반향을 용납하지 않았다.

필립은 보니파키우스 교황의 칙서를 거부하는 것에만 그치지 않고 더 나아가버렸다. 1303년 그는 콜론나 가문을 도와 68세의 교황을 납치하러 집행관을 파견했다. 교황은 살인, 이단, 신성모독, 남색, 성직매매 그리고 추가로 마법을 포함한 화려한 범죄 목록으로 기소되었다. 보니파키우스는 탈출하여 곧 사망했지만, 1305년 필립은 가스코뉴 출신의 프랑스인 교황 클레멘스 5세 Clemens V(1305~1314년)를 확보했다. 클레멘스는 현명하게도 로마를 방문하지 않는 것이 최선이라고 생각했다. 그는 먼저 푸아티에에 그리고 나중에는 시칠리아 왕국 소유의 아비뇽Avignon 거주지에 편안히 자리 잡았다. 아비뇽 거주지는 그의 정부 페리고르Perigord의 백작 부인에게서 멀지 않은 곳에 있었다고 알려져 있다. 이렇게 해서 1309년에 67년간 일곱 명의 교황을 망라하는 아비뇽 교황의 임기가 시작되었다.

교황 클레멘스는 프랑스 왕에게 종속되었지만 단지 보니파키우스보다 나았을 뿐이다. 그는 아비뇽에서 계속적으로 이탈리아 도시들을 차례로 파문했다. 그는 베네치아에 대해 십자군을 선언했고 해외에서 포로로 잡힌 베네치아인들을 노예로 팔자고 제안하기까지 했다. 한 이탈리아 추기경은 '베드로의 배가 파도에 흔들리고, 어부의 그물이 찢어진다'고 말했다. 아비뇽은 '혐오스러운 것과 오물로 가득한 간음과 욕정과 만취의 근원이었다'. 중세 교회는 선정적인 산문을 좋아했다.

필립은 돈이 절실히 부족했다. 1306년 그는 잉글랜드의 에드워드 1세를 흉내 냈다. 에드워드 1세는 1290년 잉글랜드의 모든 유대인을 추방하고 그들의 재산을 몰수했었다. 피해자들은 네덜란드와 폴란드로 망명했다. 필립 역시 템플 기사단에 빚을 지고 있었다. 1307년 그는 클레멘스를 설득하여 전체 기사단을 해체하고, 그 조직원들을 체포하고 고문해서 이단과 악행을 자백하게 했다. 그들의 토지는 병원 기사단으로 넘어갔지만, 나머지 재산은 필립에게 돌아갔다. 추가로 롬바르디아의 은행가들 역시 추방당했다. 유럽 군주제는 사업에 해가 되는 존재로 드러날 것이다. 이는 처음이 아닐뿐더러 마지막도 아니었다.

:: 백년전쟁 ::

프랑스는 필립의 견고한 지배권으로부터 이익을 얻을 기회가 거의 없었다. 1314년 그가 죽은 후 프랑스는 논란이 된 왕위 계승으로 저주를 받았다. 왕족인 세 명의 아들과 한 명의 손자가 모두 남자 상속인 없이 죽었다. 그렇지만 한 명, 즉 루이 10세는 충분히 오래 살아서 '실내'(또는 왕실) 테니스를 만들어 냈다. 하지만 필립의 딸이면서 잉글랜드의 에드워드 2세 아내이자 미망인이면서 그를 살해했을 가능성이 있는 이사벨라Isabella는 매우 활기가 넘쳤다. 그녀의 10대 아들 에드워드 3세(1327~1377년) 역시 그랬다. 잉글랜드 법에 따라, 프랑스 왕위는 이제 이사벨라에게, 그리고 그다음엔 에드워드 3세에게 넘어갔다. 여성 상속을 금지한 프랑스 살리카 법Salic law에 따라 프랑스 왕위는 발루아Valois가의 필립 6세에게 넘어갔다. 이사벨라 자신은 왕위를 주장하지 않았지만, 아들 에드워드 3세는 분명하게 주장했다. 1330년 열여덟 살의 소년 에드워드 3세는 친구들과 함께 어머니를 권좌에서 끌어내리고 그녀의 정부로저 모티머Roger Mortimer를 잔인하게 살해함으로써 섭정을 제거했다. 이로써 왕위 승계가 완전하게 마무리되었다.

잉글랜드와 프랑스 귀족은 모두 전쟁을 매력 넘치는 기사다운 모험으로 간주하도록 아들을 교육했다. 아서왕 전설에 푹 빠진 채 에드워드와 그의 친구들은 고풍스러운 옷을 입곤 했다. 에드워드는 자신을 랜슬롯Lancelot 경으로 그의 (용서받은) 어머니를 귀네비어Guinevere로 간주했다. 프랑스의 연대기 작가 프로아사르Froissart는 '잉글랜드인들은 왕이 승리하지 않는 한, 그리고 이웃 나라들에 맞서 무기와 전쟁을 사랑하지 않는 한 결코 왕을 사랑하지도 존경하지도 않을 것이다'라고 썼다. 유럽에서 가장 부유하고 가장 잘 통합된 두 나라는 이제 전투에서 명예를 얻으려는 젊은이들의 열망을 충족시키기 위해 한 세기 이상 서로에게 고통을 줄 것이다.

백년전쟁은 거의 전적으로 프랑스 땅에서 치러졌다. 에드워드가 프랑스 왕위를 주장한 것과는 별개로, 1337년 에드워드의 초기 대의명분은 프랑스가 플랑드르 항구들을 위협했고 이로 인해 잉글랜드의 양모 무역이 위태로워졌기 때문이다. 1340년 벨기에 앞바다의 슬로이스Sluys 해전에서 잉글랜드가 초반에 우세했다. 프랑스군 2만 명이 목숨을 잃었고, 그들 대부분은 바다에서 허둥대고 있었을 때 화살에 맞아 죽었다. 영국 해협에 있는 물고기조차 프랑스어를 했을 정도로 많은 사람이 죽었다고 한다. 이로써 플랑드르 항구들은 자유로워졌고 논란의 소지는 제거되었어야 했다.

그 대신에 에드워드는 전투를 계속했고 자신의 왕위를 주장하기 위해 프랑스를 침공하고 파리를 향해 돌진했다. 1346년 크레시Crécy 전투는 군사기술 측면에서 결정적인 전환점이었다. 프랑스 기사들은 호화로운 갑옷이 잉글랜드 (그리고 웨일즈) 궁수들에 맞서기엔 비효율적이라는 것을 알게 되었다. 잉글랜드 궁수들은 끌어당기는 힘과 재장전 속도에서 전례가 없는 장궁을 사용했다. 줄지어 늘어선 프랑스의 기마 기사들이 빗발치듯 날아오는 화살을 맞고 쓰러졌다. 말들이 쓰러졌고 무거운 갑옷을 입은 채 거의 움직일 수 없었던 기사들은 땅바닥에서 맞아 죽었다. 잉글랜드군이 겨우 100명 죽은 것에 비해 프랑스군은 1만 2000명 이상이 죽었다고 한다.

승리에도 불구하고 에드워드는 자신의 군대가 프랑스와의 전쟁에서 위험에 빠졌던 이질에 걸렸을 때 철수할 수밖에 없었다. 그는 칼레Calais를 포위하러 되돌아갔고, 그곳에서 굶주린 시민 여섯 명이 나와 칼레의 시민들을 살려준다면 목숨을 바치겠다고 했다. 에드워드의 프랑스인 아내 필리파Philippa는 그들을 위해 애원했고, 그 대신에 인질로 잡힌 그들을 로댕Rodin이 19세기 조각에서 기념했다. 칼레의 양털 시장은 2세기 동안 잉글랜드가 계속해서 장악했다.

전쟁은 악몽과도 같은 양상을 띠었다. 잉글랜드군이 매년 기마 공격chevauchées으로 알려진 약탈 습격을 하러 도착했다. 이로써 잉글랜드군은 그 지역에 거주하는 생계형 농민들에게 빌붙어 살게 되었다. 프랑스 북부는 황폐해졌다. 14세기 초 유럽은 1320년대부터 계속해서 간혹 '작은 빙하기'로 불리는 확장된 냉각기로 접어들고 있었다. 도처에서 유난히 추운 겨울과 기근이 나타났다. 그런데도 에드워드의 귀족들과 상대인 프랑스에게 전쟁은 계절적인 기분 전환 같은 것이었다. 1348년 에드워드는 기사도 정신의 가터 훈장을 창시해서 전쟁을 기념했다.

:: 흑사병과 위클리프 ::

같은 해, 유럽은 동쪽에서 시작되어 어떤 타타르족 약탈자보다 더 치명적이었던 고통에 사로잡혀 있었다. 흑사병은 쥐의 등에 벼룩이 옮았을 것으로 추정되는 전염병이었다. 하지만 이는 탄저병과 폐렴의 주장자들에게 도전받고 있다. 세계 인구의 3분의 1 정도가 죽었고, 이미 기근으로 약화된 유럽에서는 아마도 그 이상이 죽었을 것이다. 그 대참사는 절망적인 반응을 불러일으켰다. 그것은 죄 많은 세상에 대한 하느님의 복수 탓으로 돌려졌고, 타락한 교황직과 부패한 교회 그리고 가능하다면 유대인 탓으로 돌려질 수 있었다. 1349년

스트라스부르Strasbourg에서 유대인 2000명이 하룻밤 사이에 학살되었다. 수천 명이 더 동쪽으로 도망쳐 카시미르Casimir 대왕(1333~1370년)의 관용적인 폴란드에서 환영을 받았다.

그 무엇도 에드워드의 전쟁을 방해할 수는 없었다. 그는 1350년대에 두 아들 흑태자Black Prince와 곤트의 존John of Gaunt을 전염병으로 파괴된 중부 프랑스를 두루 살육하고 약탈하는 전투에 자주 내보냈다. 이는 1356년 푸아티에 전투에서 절정에 달했는데, 크레시에서와 마찬가지로 그곳에서도 잉글랜드 궁수들이 프랑스 기병을 압도했다. 몸값을 노리고 프랑스 왕을 포로로 잡아 투옥했다. 이런데도 불구하고 에드워드는 파리를 함락시키기는커녕 파리로 이동할 자원도 부족했다. 그는 퇴각할 수밖에 없는 상황에 내몰렸고, 1360년 브레티니Brétigny 조약(또는 칼레 조약)에 서명했다. 이 조약으로 부빈 전투 이후 존에 의해 인정된 노르망디와 앙주의 상실이 승인되었다. 하지만 에드워드는 남쪽으로 아키텐에 대한 잉글랜드의 통치권을 다시 주장할 수 있었다.

브레티니 조약으로 잉글랜드의 지배계급이 계속해서 영국 해협 너머로 조상의 뿌리를 바라보았던 한 시대가 마감되었다. 3세기 동안 잉글랜드에 거주했음에도 잉글랜드 왕실은 프랑스어를 말했고 프랑스식 예법과 복장을 채택했다. 잉글랜드 왕실의 건축은 프랑스의 선례를 따랐고 성직자와 학자들은 노르망디로 쉽게 넘나들었다. 1362년부터 모든 법률 및 의회 문서는 영어로 작성되었다. 영국 해협을 가로지르는 손쉬운 교류는 중단되었다. 순례자들은 로마로 가기보다는 캔터베리에 있는 베켓의 성지로 갔다. 잉글랜드의 새로운 고딕 건축양식 ― 우아하고, 우뚝 솟은, 그리고 이후에 '수직 양식'으로 불린 ― 이 출현했다. 이는 아직도 현존하는 가장 큰 고딕 양식 창유리로 여겨지는 글로스터 대성당의 크레시 전투에서 싸운 귀족들을 기념하는 창문에 분명히 나타나 있다. 노르만 정복 후 3세기가 지나서 잉글랜드는 주권을 되찾았다.

흑사병은 장인과 노동자 사이의 교역 조건을 급격히 바꾸어놓았다. 직인의 이동과 임금 인상을 막으려는 법 통과 시도는 실패했다. 지주들은 토지를 울타리로 둘러싸고 환금 작물을 전문적으로 취급하기 시작했다. 생계형 농촌 경제가 점차 화폐경제로 바뀌었다. 생활수준과 생산성은 상승한 반면 부동산 임대료는 하락했다. 석유가 20세기 아랍에 중요해졌던 것처럼 양모는 중세 말기 잉글랜드에 중요해졌다. 금으로 만든 양 한 마리가 런던 시장을, 그 후에 증권 거래소를 장식했다. 게다가 대법관은 의회에서 양털을 채운 좌석에 앉았다. 잉글랜드 선박들은 플랑드르 및 한자동맹과 교역했다. 북해는 새로운 지중해가 되었다.

흑사병 이후 번영을 되찾은 잉글랜드의 모습은 초서의 서사시『캔터베리 이야기*The Canterbury Tales*』(1387년경)에서 가장 잘 표현되었다. 그 내용과 의도에서 반세기 전『단테의 지옥 편*Inferno*』과 더 동떨어진 것 같지 않았다. 초서에게는 천국과 지옥의 신화도, 미신에 사로잡힌 교회에 대한 암울한 상상도 아니다. 그의 등장인물인 남녀는 세속적이고 냉소적이며 익살맞고 호기심이 많았다. 무엇보다도 그들은 기성 교회나 국가에 전혀 존경심을 보이지 않았다. 초서의 순례자들은 잉글랜드 르네상스와 아마도 잉글랜드 종교개혁의 등장을 예고했다.

프랑스 전쟁으로 잉글랜드인들은 아비뇽 교황들을 적의 앞잡이로 취급하는 경향이 있었다. 기독교 신앙에 대한 충성과 로마 및 아비뇽 교회에 대한 충성은 전혀 별개의 것이었다. 예배의 성격도 변했다. 14세기 중에 교회 예배의 중심은 대체로 동쪽 끝의 성단소에서 서쪽으로 이동했고, 미사곡은 칸막이 벽 뒤에서 라틴어로 찬송되었다. 수직 창문들이 환히 밝혀주는 통풍이 잘되는 본당 회중석이 예배를 보는 사람들에게 환영받았다. 그곳에서는 성경 메시지가 설교단에서 순회 설교자에 의해 영어로 설명되었다.

이들 중 가장 중요한 인물은 1370년대 교회를 맹렬히 공격했던 요크셔 혈통의 신학자 존 위클리프John Wycliffe(1320~1384)였다. 그는 교회의 방종과 부패를 공격했다. 그는 성상, 수도원 제도, 화체설, 그리고 성인 숭배를 비판했다. 라틴어와 영어로 쓰인 그의 글은 교회 위계의 종언과 '가난한 사제들'로의 대체를 시도했다. 위클리프와 그 밖의 사람들이 신약성서를 영어로 번역하기 시작하자, 롤라드파Lollards로 알려진 그의 설교자들은 '신성한 교회의 의식에 반하는 그들의 종파와 가르침을 유지하기 위해 ··· 성경의 예리한 문장을 찾아보라'는 지시를 받았다.

위클리프를 종교개혁의 선구자로 보는 것에 대해서는 말이 많았다. 하지만 그는 줄곧 가톨릭 신자였고 자신을 변절자라기보다는 비판자로 여겼다. 인기가 절정에 달했을 때, 그는 자신의 추종자들이 거의 모두 남부와 동부에 있었다고는 하지만 잉글랜드 인구 절반의 지지를 받았다고 한다. 더 중요한 것은 에드워드의 궁정에 그의 지지자들이 있었다는 점이다. 그중에는 다름 아닌 바로 왕의 아들 곤트의 존이 포함되어 있었다.

브레티니 조약으로 프랑스 전쟁이 끝났을지도 모른다는 희망은 에드워드 3세가 그 합의안을 받아들이지 않음으로써 산산조각이 났다. 1370년대 에드워드 3세는 가스코뉴와 아키텐을 파괴하도록 곤트와 흑태자를 되돌려 보냈지만, 이제 샤를 5세가 이끌었던 프랑스군은 전투를 피했다. 그들은 잉글랜드군이 프랑스 중부 황무지를 배회하게 했다. 잉글랜드군은 점점 더 굶주리고 질병으로 인해 무력해졌다. 1376년, 죽어가는 에드워드가 더 많은 돈을 요청하려고 의회를 소집했을 때, 의회는 중단을 요구했다.

에드워드의 후계자 리처드 2세(1377~1399년)는 프랑스와의 전쟁에 별 관심이 없었다. 그 대신에 그는 1381년 전례 없는 위기, 즉 국왕이 의회의 극도의 재정 절약을 피하려고 징수한 인두세 부과에 반대하는 농민 반란에 직면하지 않으면 안 되었다. 반란은 곧 진압되었지만 프랑스에서도 흑사병으로 인한 노동력 감소라는 같은 이유로 비슷한 반란이 일어났고, 흑사병에서 살아남은 자들은 수요와 공급의 법칙에서 해방되어 그들의 노동을 재평가받기에 이르렀다. 흑사병은 유럽의 권력 구조를 근본적으로 변화시켰다. 흑사병은 적어도 서쪽에서 농노제의 급속한 쇠퇴로 이어졌다. 그리고 노동력 이동을 막으려는 동쪽에서 농노제 쇠퇴는 종종 더 심화되었다.

:: 서쪽 교회의 분열 ::

프랑스에서 곧 평화가 찾아올 수는 없었다. 1376년 아비뇽 교황 그레고리우스 11세는 자신의 자리가 로마에 있다고 결정하고 교황직을 원래의 거처로 다시 가져가겠다고 선언했다. 그러나 그는 곧이어 사망했고 후계자인 우르바누스 6세가 즉시 논쟁의 대상이 되었다. 아비뇽에서의 생활에 아직 만족해하고 있었던 성직자들은 신플라톤주의자라는 이유로 우르바누스를 거부했고 1378년 여전히 아비뇽에 있던 프랑스인 클레멘스 7세를 교황으로 승인했다. 이렇게 해서 이제 두 명의 교황이 존재하게 되었다. 이미 동서로 쪼개졌던 기독교 세계가 '서쪽 교회의 분열'로 한층 더 분열되었다. 이 분열은 1378년부터 1417년까지 지속되었다.

잉글랜드의 위클리프가 목소리를 낸 교회 비판이 북유럽 전역에 울려 퍼지기 시작했다. 비판의 소리는 특히 이제 신성로마제국을 구성하는 가장 큰 부분인 보헤미아에서 들려왔다. 보헤미아의 카를 4세(1346~1378년)는 황제가 되었고 보헤미아 지배권을 발트해에서 다뉴브강까지 확장했다. 그는 프라하의 독일인 상인과 학자들을 끌어들였고, 1356년 금인칙서Golden Bull로 독일 전역에서 호감을 샀다. 이렇게 해서 프리드리히 2세보다 제국을 훨씬 더 손쉽게 다룰 수 있게 되었다. 그는 '(신성)로마 황제들'은 '종교적이고 세속적인 선제후들의 자유, 사법권, 권리, 명예, 또는 영토'에 간섭해서는 안 된다고 공식적으로 말했다. 그는 또한 이들 선제후가 제후 네 명과 주교 세 명으로 단 일곱 명이어야 한다고 제안했다. 그들만이 독일의 왕, 나아가 신성로마 황제를 선택할 것이다.

1402년 교회에 반하는 위클리프의 가르침이 옥스퍼드 대학에서 카를이 새로 세운 프라하 대학으로 전해졌다. 프라하 대학에서 위클리프의 가르침이 신학자 얀 후스Jan Hus(1372~1415년)에 의해 번역되고 설교단에서 읽혔다. 얀 후스는 "위클리프여, 위클리프여. 당신은 많은 사람의 마음을 괴롭힐 것이요"라고 분명하게 말했다. 이는 절제된 표현이었다. 교회를 엘리트주의적이고 부패한 기관으로 간주하면서 성서 속의 그리스도에 대한 개인적 믿음을 알리는 메시지가 반란의 불을 지폈던 불꽃이었다. 특히 면죄(대사)가 논란이 되었다.

기독교 세계 도처에서 교회는 내세의 관리자로 간주되었다. 현세에서 어떤 죄를 지었든, 내세에서의 구원 문제는 신자들이 교회의 의견에 따르는 경향이었다. 도처에서 천국, 지옥, 성인, 천사, 그리고 악마가 묘사되었고, 교회는 교회만이 수수료를 받고 신자를 구할 수 있다고 주장하기 위해 죄와 고행과 속죄에 대한 전통적인 개념에서 벗어나고 있었다. 후스가 보기에 '영혼의 구원'을 위한 이 보상 개념은 가짜 종교였다. 후스는 '사람들은 고백성사를 위해, 미사를 위해, 성체성사를 위해, 면죄를 위해, 여자를 교회로 데려오기 위해, 축도를 위해, 장례식을 위해, 장례 예배와 기도를 위해 대가를 지불한다. 노파가 보따리에 숨겨둔 마지막 한 푼까지 … 남겨두지 못하게 될 것이다. 극악무도한 사제가 그것을 거머쥘 것이다'라고 말했다.

후스의 수정주의가 어디에서나 인기 있었던 것은 아니다. 그가 재직한 프라하 대학은 독일인 학자들이 라이프치히Leipzig로 집단 망명하는 일을 겪었다. 그러나 기독교 세계에 대한 교회의 리더십은 이제 조직적인 공격을 받고 있었다. 수 세기 동안 기독교 세계는 대륙 전체에 걸쳐 사제, 학자, 수도사, 신자들의 형제애로 결합되었다. 종교 개혁가들은 교황의 축복을 받으며 새로운 수도원 교단을 설립할 수 있었다. 교회는 타의 추종을 불허할 정도의 부자였고, 기독교 세계 전체에 걸쳐 남녀의 마음을 사로잡았다고 주장했다. 이제 기독교 세계는 다시 축소되고 있었다. 1389년 오토만 투르크인Ottoman Turks들이 코소보Kosovo 전투에서 슬라브족 세르비아인Serbs을 격파하고 발칸반도의 유럽 깊숙이 멀리 콘스탄티노플 서쪽까지 침투했다. 본국 보헤미아에서는 종교 분열, 파벌 싸움, 그리고 부패가 교회의 충성과 화합을 잃게 하고 있었다. 후스는 잠깐의 상처 이상으로 드러날지도 모른다.

8

비잔티움의 멸망

1400~1500년

:: 지기스문트: 아비뇽 교황의 종말 ::

교회는 비판자들을 의식하고 있었다. 1409년 주교 대공의회가 피사Pisa에서 열렸다. 지금까지 31년째를 맞이하게 된 서쪽 교회의 분열을 해소하고 후스주의의 도전에 맞서기 위해서였다. 공의회는 과감했다. 교회 분열에 대해서는 로마 교황과 아비뇽 교황을 모두 '이단자와 교회 분리론자'로서 폐위하고 공의회 자체의 제3의 인물 알렉산드르 5세를 임명했다. 다른 두 교황이 퇴위를 거부했기 때문에, 교회 분열은 두 명이 아닌 세 명의 교황이 존재하는 것으로 해결되었다. 알렉산드르가 곧바로 죽자 공의회는 추기경이자 지역 불한당이라고들 말하는 요하네스 23세Johannes XXIII(1410~1415년)를 선출했다. 그는 '놀랄 만큼 많은 수녀'와 함께 '200명의 기혼녀, 과부, 그리고 처녀를 유혹했다'고 한다. 그의 첫 번째 종교회의에서 요하네스는 얼굴로 계속 날아드는 미친 올빼미 때문에 정신이 팔려 있었다. 이는 당연히 나쁜 징조로 여겨졌다.

이 중요한 순간 독일의 새로운 왕으로 즉위해 머지않아 보헤미아의 왕과 나중에 신성로마 황제가 될 유능한 군주 지기스문트Sigismund가 무대 위에 등장했다. 그는 어떻게 해서든 교회가 개혁을 받아들이도록 설득함으로써 아비농의 교회 분열을 종식시키고 후스 추종자들을 달래기 위해 온갖 수단을 동원했다. 1414년 그는 스위스의 콘스탄츠Constance에서 성직자 700명이 참석하게 될 새로운 공의회를 제안했다. 후스는 직접 지기스문트로부터 안전 통행을 다짐받고 개인적으로 초대받았다. 이는 로마 교회가 새로운 지도력 아래 많은 사람이 알고 있는 로마 교회가 필요로 했던 것에 대비하는 것처럼 보였던 순간이었다.

1415년 공의회가 열리자마자 재앙이 닥쳐왔다. 지기스문트는 자리를 비웠고 공의회는 후스를 이단자로서 정식 화형에 처하는 절차에 돌입했다. 후스의 안전 통행을 위반함으로써 보헤미아 전역에서 격렬한 반反교황 정서에 불이 붙었고, 수천 명의 독일 가톨릭 신자들은 프라하에서 피신할 수밖에 없었다. 후스 추종자들의 봉기가 다섯 차례의 십자군을 포함해 15년간 진행된 후스 전쟁(1419~1434)으로 이어졌다. 가톨릭 연합은 유능한 얀 지슈카Jan Zizka 장군 휘하의 보헤미아군과 싸웠다. 후스 전쟁은 보헤미아가 로마에 복종하겠지만 후스 신앙은 허용되어야 한다는 타협안으로 막을 내렸다. 프라하가 스스로를 프로테스탄트 종교개혁의 발상지라고 선언하는 것은 당연했다.

콘스탄츠 공의회로 다시 돌아가 보면 토의는 웃음거리로 전락했다. 교황 요하네스는 공의회에서 쫓겨나 부르고뉴 공작과 함께 외투에 더컷ducat 금화를 부착한 채 마구간 소년으로 변장해 피난처를 찾았다. 공의회는 그가 없는 사이에 그를 심리했다. 기번은 '가장 추악한 혐의는 덮어졌다. … 그리스도의 대리자인 교황은 해적질, 살인, 강간, 남색, 그리고 근친상간으로만 기소되었을 뿐이었다'고 말했다. 요하네스는 나중에 대립 교황으로 분류되었고 운 좋게도 도나텔로Donatello에 의해 조각될 무덤인 자신의 침대에서 죽었다. 1417년 지기스문트의 공의회는 주요 목적을 달성하여 호반에서 체류한 3년의 기간을 끝냈다. 공의회는 교황 두 명을 더 폐위하고 제3의 인물인 로마의 강력한 콜론나 가문 출신 추기경을 교황 마르티누스 5세Martinus V로 선출했다. 그의 명령은 로마로 돌아가 교황직을 재건하고 보고하라는 것이었다. 아비뇽의 교회 분열은 막을 내렸다.

콘스탄츠 공의회는 대대적인 개혁을 단행했다. 마르티누스는 이제 공의회의 종복이었다. 이는 '공의회수위설(공의회의 결의가 교황권보다 우위에 있다고 주장하는 학설 — 옮긴이)'로 불리는 혁신이었다. 제도적 민주주의에 동의하는 것과는 별개로, 이는 그레고리우스 대교황부터 인노켄티우스 3세까지 지속되어 온 오직 교황만이 하느님에게 닿는 선이라는 주장을 파기해 버렸다. 이제 교회 공의회가 그 통로가 되었다. 공의회의 권위는 '직접 그리스도에게서 나왔다. 더욱이 교황 자신을 포함해 각계각층의 사람들 모두는 신앙, 교회 분열의 종식, 그리고 하느님 교회의 개혁과 관련된 문제에서 〔공의회에〕 복종해야 한다.' 개혁이라는 단어를 처음 채택한 것은 교황 그 자체였다.

:: 아쟁쿠르: 잉글랜드의 승리, 잉글랜드의 패배 ::

로마 교회가 질서를 찾는 것처럼 보이자 프랑스는 무정부 상태로 되돌아갔다. 프랑스 왕위는 미치광이 왕 샤를 6세(1380~1422년)가 차지했으나 그의 섭정은 발루와 왕조의 두 당파인 오를레앙 가문의 루이와 부르고뉴 가문의 존이 경쟁하고 있었다. 오를레앙 가문이 상위에 있었지만, 저지대 국가에서 론강까지 뻗어 있는 부르고뉴 공국은 유럽에서 가장 부유한 지방 중 하나였다. 브뤼주Bruges와 앤트워프의 상인들은 이제 북부 이탈리아 상인들보다 더 부유했다. 1412년 베리 공작Duc de Berry이 후기 고딕미술의 호화로운 작품인 풍요로운 날들Trés Riches Heures을 의뢰했고 1420년대 무렵에는 얀 반 아이크Jan van Eyek와 로히어르 판 데르 베이던Rogier van der Weyden이 강렬한 자연스러움과 힘을 표현하는 그림을 그리고 있었다.

단순히 프랑스 왕위 계승전쟁이었을지도 모르는 전쟁이 잉글랜드의 새 왕 헨리 5세(1413~1422년)의 결정으로 복잡해졌다. 그는 에드워드 3세의 프랑스 왕위 계승권 주장을 재개하려 했던 것이다. 아버지 헨리 4세의 왕위 찬탈과 그럴싸한 리처드 2세의 살해를 고려해 볼 때, 그의 결정은 자신의 정통성을 돕기 위한 계획적이고 냉소적인 의사 표시였다. 프랑스로 출발하기에 앞서 1415년 헨리는 플랜타지네트 왕가 전임자들의 무덤을 밀어내는 것으로 자신의 우월성을 주장하며 웨스트민스터 사원에 직접 웅장한 예배당을 지었다. 그는 일단 영국 해협을 가로질러 가서 부르고뉴 가문과 동맹을 맺고 아쟁쿠르 Agincourt 전장에서 프랑스 왕 및 오를레앙 가문과 대치했다. 프랑스 기병대는 다시 한 번 이전 패배의 교훈을 무시했다. 헨리의 궁수들이 크레시와 푸아티에의 학살을 반복했다. 약 3만 명의 프랑스군이 불과 1만 2000명의 잉글랜드 군에 압도당했다. 잉글랜드는 아쟁쿠르 승리에 도취되었고, 이후 셰익스피어의 희곡 『헨리 5세』에서 극화되었다.

헨리가 마침내 북부 프랑스에서 프랑스군을 물리치는 데 5년이 더 걸렸다. 1420년 트루아 Troyes 조약에서 샤를은 헨리 5세를 프랑스 왕의 후계자로 선언했고, 12월에 헨리는 파리에 들어간 최초의 잉글랜드 왕이 되었다. 거기서 미치광이 왕 샤를의 딸 카트린 Catherine과 결혼했다. 부부는 장차 잉글랜드의 헨리 6세가 될 아들을 낳았고, 그는 외조부 샤를의 정신박약을 물려받았다. 헨리는 2년 후 이질로 사망했기 때문에 자신의 왕위 계승은 시험대에 오르지 않았다. 샤를도 동시에 죽었기 때문에 아기 헨리는 잉글랜드와 프랑스 왕위를 둘 다 물려받게 되었다. 아기 헨리의 프랑스 왕위 계승권에 대해 프랑스 황태자 샤를이 이의를 제기했다.

전쟁은 1429년 잉글랜드군이 오를레앙을 포위 공격하는 동안 프랑스군 진영에서 사건이 발생할 때까지 질질 끌면서 따분하게 재개되었다. 아마도 책략을 꾸미는 궁정 신하들이 잔 다르크 Jeanne d'Arc(다르크 d'Arc는 그녀 아버지의 성이었다)라는 열일곱 살의 시골 소녀를 프랑스 황태자가 있는 곳으로 비밀리에 데리고 왔다. 카리스마 넘치는 성격의 잔 다르크는 자신이 프랑스군을 랭스로 인도하라고 명령하는 목소리를 들었다고 주장했다. 그녀를 성인으로 믿고 갑옷을 입히면서 다시 영감을 받은 프랑스군은 잉글랜드의 포위 공격을 격파하고 랭스로 진격하라는 잔 다르크의 충고를 받아들였다. 랭스에서 샤를 7세는 성유를 바른 프랑스 왕(1422~1461년)으로 즉위했다. 잔 다르크는 나중에 부르고뉴인들에게 붙잡혀 잉글랜드인들에게 넘겨졌다. 잉글랜드인들은 그녀를 악마의 대리인으로 재판하고 화형에 처했다. 그녀는 이후 성인으로 추대되었다.

1435년 부르고뉴는 편을 바꾸어 샤를의 대의에 동참했고, 이는 프랑스를 지배하려는 잉글랜드의 희망에 종지부를 찍기에 충분한 변절이었다. 20년 후인 1453년 보르도 인근의 카스티용Castillon 전투에서 프랑스는 잉글랜드 궁수들에게 포탄을 발사해 제압하려고 화약을 사용했다. 잉글랜드는 결국 칼레항에 대해서만 통치권을 유지한 채 프랑스에서 쫓겨났다. 한 세기에 걸친 갈등이 실패로 서서히 사라졌다. 잉글랜드 역사는 아쟁쿠르 전투의 승리만을 기억하며 카스티용 전투의 패배를 잊는 경향이 있다.

:: 교회 대분열의 종식 ::

새로운 교황 마르티누스 5세가 1420년에 로마로 돌아오자마자 당면한 과제를 해결하기란 거의 불가능했다. 로마는 버려져 있는 상태로 있었다. 인구는 2만 5000명에 불과했고 늑대들이 거리를 배회하고 있었다. 이와는 극명하게 대조를 이루며 북이탈리아 상업 도시들이 호황을 누리고 있었다. 이제 그들의 궁전에는 초기 르네상스의 예술가들로 가득 차 있었다. 피렌체는 메디치 가문이 계속 지배하면서 황금기에 접어들고 있었다. 마찬가지로 밀라노의 스포르차 Sforzas 가문과 베니스의 총독들도 열렬한 후원자였다. 로마에 도착하자마자 마르티누스는 최선을 다해 경쟁했다. 그는 피사넬로Pisanello, 젠틸레 다 파브리아노Gentile da Fabriano, 마사초Masaccio를 불러들여 새로운 궁전과 교회를 장식했다.

1431년 교황직의 권위를 논의하기 위해 바젤Basel에서 새로운 공의회가 소집되었지만, 마르티누스는 그때 이미 죽었고 참석자는 거의 없었다. 그의 후계자 에우게니우스 4세(1431~1447년)는 페라라Ferrara에서 1438년 새로운 공의회를 소집하면서 바젤 공의회를 전적으로 무시했고, 이후 피렌체로 옮겼다. 이는 콘스탄티노플과의 교회 대분열 종식 가능성과 다른 개혁 문제들을 논의하기 위해서였다. 일부 대표들이 바젤로부터의 공의회 이전을 거부했기 때문에, 이제 두 개의 공의회뿐 아니라 다시 한 번 두 명의 교황이 존재했다.

이 모든 것은 비잔티움의 지도자들 ─ 동쪽 황제와 콘스탄티노플 총대주교를 포함해서 ─ 이 페라라에 도착하면서 바뀌었다. 그들은 교회 분열의 종식과 더 긴급하게는 오토만 투르크에 맞서기 위한 도움을 호소했다. 비잔틴인들은 신하retainer 700여 명을 데려왔는데, 그들 중 대다수는 분명히 귀국 의사가 없었다. 통풍에 시달리는 황제는 의자에 앉아 이동해야 했고, 그의 수행원들은 긴 예복과 멋진 턱수염으로 모여 있는 사람들의 넋을 완전히 빼놓았다. 협상은 천천히 진행되었다. 처음엔 우위권에 대해서, 그리고 의사 진행을 라틴어로 할지 그리스어로 할지에 대해 논쟁했다. 그다음 대표단은 1054년 초기 교회 분열을 저주하는 악담을 퍼부었던 필리오케filioque(성자로부터) 논쟁, 즉 그리스도가 하느님과 동격인가 아니면 하느님에게 종속된 존재인가라는 논쟁에 빠져들었다. 이때 콘스탄티노플 총대주교가 쓰러져 죽었다.

결국 거의 전적으로 로마 생각대로 통합령Decree of Union이 합의되었고, 에우게니우스는 1443년 표면적으로 통합된 기독교 세계의 수장으로서 의기양양하게 로마로 돌아갈 수 있었다. 추가로 바젤 공의회 잔류파는 파문되었다. 콘스탄티노플로 돌아온 대표단은 반역자로 비난받았지만, 콘스탄티노플은 멀리 떨어져 있는 이탈리아에서 일어난 사건들에 신경 쓸 시간이 거의 없었다. 불가리족과 오토만족을 문 앞에 두고, 콘스탄티노플이 갈망했던 것은 수평선 위로 서쪽의 배들이 나타나는 것뿐이었다. 1443년 실제로 헝가리의 존 후냐디

John Hunyadi 장군이 대부분 자비를 들여 편성했던 헝가리와 발칸반도의 군대가 투르크족과 맞서게 되었다. 그러나 후냐디가 다뉴브강 아래로 성공적으로 진격했음에도 불구하고 군대의 단일 대오는 곧 와해되었고, 바르나Varna 전투에서 오토만 군대에게 패배했다. 로마는 약속을 지켰다고 생각했다.

4년 만에 에우게니우스는 죽었고 니콜라스 5세Nicholas V(1447~1455년)가 그 뒤를 이었다. 그는 지적으로 세련되었고 짧은 재위 기간 동안 로마와 교황의 존엄을 회복하려고 했다. 이로써 최초의 르네상스 고위 성직자라는 칭호를 얻었다. 현재의 트레비 분수에 물을 공급하는 주요 수로처럼 로마의 성벽이 재건되었다. 니콜라스는 레온 바티스타 알베르티Leon Battista Alberti에 의해 고전 양식으로 성 베드로 성당을 재건하기로 계획했다. 그는 동쪽에서 온 학자들을 환영했고, '모든 철학자, 역사가, 시인, 천지학자, 그리고 신학자들과' 알게 되었다고 한다. 바티칸은 알렉산드리아 이래로 가장 위대한 고전 도서관을 쌓아 올렸다. 이는 '학자들 공통의 편의를 위해 라틴어와 그리스어로 된 모든 책의 도서관이었다.

1450년은 순례자 10만 명을 로마로 끌어들이는 면죄부를 약속하는 대사大赦의 해가 되도록 명령받았다. 2년 후 오스트리아, 헝가리, 그리고 부르고뉴와의 결혼으로 통치자가 된 합스부르크Habsburg가의 독일 왕 프리드리히 3세는 신성로마 황제로서 로마에서 사라진 대관식의 전통을 되살렸다. 그는 수행원 2000명과 함께 정식으로 오스트리아에서 여행했다. 또한 포르투갈 왕의 딸 엘레어노아와 결혼했고, 그녀는 황후가 되었다. 대단한 미인이었던 그녀는 자신을 여왕으로 만들어줄 뿐이라는 이유로 프랑스 황태자와의 결혼 제의를 거절한 바 있었다. 그녀는 황후가 되길 원했던 것이다. 잠깐 동안 신성로마제국이 바라보고 있었던 것은 신성하고 로마이기도 하고 제국이기도 했다. 합스부르크가는 3세기 반 동안 로마에 대한 충성을 이행할 것이다.

:: 콘스탄티노플의 몰락 ::

축제 기분은 오래가지 않았다. 로마가 기독교의 재통합을 축하하고 있었을 때, 콘스탄티노플의 종말은 가까워졌다. 1453년 스물한 살의 오토만제국의 술탄 메흐메드 2세Mehmed II(1451~1481년)는 육로를 통해 보스포루스 해협으로 배를 끌고 가 비잔틴 방어 시설을 피해 콘스탄티노플을 포위 공격했다. 공성 무기들이 수레로 운반되었고 한때 난공불락이었던 성벽을 공격하기 시작했다. 이제 메흐메드는 성벽 공격을 위해 대포를 배치했다. 성벽은 대포 공격에 취약했으며, 대포 중에는 한 방에 1마일을 쏠 수 있었던 26피트 길이의 무서운 위력을 가진 것도 있었다. 대사들은 황제 콘스탄티누스 11세에게 콘스탄티노플을 포기하도록 간청했다. 로마가 구해줄 기미가 보이지 않았고 메흐메드가 약탈하지 않겠다는 것과 안전 통행을 약속했기 때문이다. 뚜렷한 이유 없이 콘스탄티누스는 거부했다. 메흐메드 군대는 예상대로 5월 29일 자정 콘스탄티노플에 입성하여 3일간 강간과 약탈을 저질렀다. 메흐메드는 현재 박물관으로 남아 있는 아야 소피아의 거대한 돔 아래에서 왕위에 앉았다.

로마제국에서 파생해서 그보다 1000년 더 오래 지속되었던 비잔틴제국이 갑작스러운 최후를 맞이했던 것이다. 비잔틴제국이 관리자 역할을 해왔던 로마와 헬레니즘의 전통은 이제부터 북아프리카 도시들에서 망명 생활을 하게 되거나 르네상스 시대 로마에서 부활될 것이다. 아테네는 1458년에 그리고 그 밖의 그리스 지역은 1460년에 메흐메드에게 함락되었다. 에게해는 오래전에 유럽의 심장부에서 사라졌고, 이제는 오토만의 호수일 뿐이었다. 비잔티움을 가장 열렬히 옹호했던 스티븐 런시맨Steven Runciman은 사망 기사를 다음과 같이 마무리했다. '한 문명이 돌이킬 수 없이 소멸되었다. 그것은 학문과 예술에서 찬란한 유산을 남겼고, 야만에서 온 나라를 되살렸으며 다른 사람들을 세련되게 했었다. … 불안정하게 하나로 결합되었던 그리스인의 날카로운 총명함과 호기심과 금욕, 로마인의 당당한 안정감과 행정상의 역량, 동방 기독

교인들의 초월적 강렬함이 이제 사멸하고 말았다.'

비잔티움의 저주는 한때 비잔티움의 힘, 즉 유럽의 맨 끝에 자리 잡고 있었다는 것이다. 비잔티움은 더 이상 서쪽과 동쪽 사이의 상업적·문화적 중계자로서의 지위를 이용할 수 없게 되었다. 특히 4차 십자군 이후 이탈리아 상인들이 중계무역을 장악하게 되었다. 오늘날 비잔티움 예찬자인 베타니 휴즈Bettany Hughes조차도 콘스탄티누스의 위대한 도시가 항상 '우리와 다른 사람 모두의 도시였고 … (그 도시는) 동방이 서방을 만나는 곳이 아니라 동방과 서방이 서로를 뚫어지게 그리고 간절히 바라보는 곳'이라고 인정했다. 오랜 경쟁자의 몰락 소식은 로마를 충격에 빠뜨렸다. 기독교 세계는 화해의 바로 그 순간에 좌절을 당했다. 익숙한 경쟁자가 사라졌고, 조상 전래의 로마 영혼 일부가 파괴되었다.

모두가 울었던 것은 아니다. 기독교 난민들이 도서관과 그 밖의 보물을 갖고 콘스탄티노플을 탈출하자, 그들을 서쪽으로 데려왔던 배들이 의기양양한 메흐메드와 무역을 이야기하고 싶어 했던 제노바와 베네치아의 상인들과 함께 동쪽으로 되돌아왔다. 메흐메드와 제노바의 거래는 불과 약탈 이틀 만에 성사되었다. 이탈리아 북부 도시들은 이제 융성한 시기로 접어들었다. 만투아Mantua에서 만테냐Mantegna(1431~1506)의 천재성이 꽃을 피웠다면 베니스의 영광은 조반니 벨리니Giovanni Bellini(1430~1516)와 비토레 카르파초Vittore Carpaccio에 의해 찬미되었다. 브뤼헐Brueghel 가문이 이후 네덜란드에서 하게 될 것처럼, 카르파치오(1465~1520)에게는 당대의 다채로운 군중을 떠올리게 하는 생생함과 익살스러움이 있었다.

교황 니콜라스는 메흐메드에 맞서 새로운 십자군에 대한 열정을 불러일으키려 애썼으나 누구도 선뜻 응하지 않았다. 비잔티움의 멸망은 기독교 세계의 정신적 수도인 로마의 위상을 확인해 주었다. 에우게니우스와 니콜라스의 치세에 교황은 콘스탄츠와 바젤의 공의회주의자들에 대해 교황의 우위를 다시 주장했다. 교회 개혁은 꽃을 피웠지만 무산될 수 있었다. 식스투스 4세Sixtus

IV(1471~1484년)는 새로운 부류의 교황이었다. 그는 족벌주의 − 10대 '조카들'을 추기경에 임명하는 − 에서는 전임자들을 능가했고, 사치 면에서는 그들과 대등했다. 전성기 르네상스가 본격적으로 로마에 도착했다. 식스투스는 중세 골목길을 큰 길로 바꾸어놓았다. 그는 바티칸 도서관의 크기를 세 배로 늘렸다. 그의 이름을 딴 시스티나Sistine 성당은 피렌체의 메디치 가문이 빌려준 보티첼리Botticelli, 기를란다요Ghirlandaio, 페루지노Perugino, 그리고 그 밖의 예술가들에 의해 꾸며졌다. 1480년 무렵 네로의 황금 궁전Domus Aurea 유적이 발견된 것은 예술가들에겐 흥분을 자아낼 만한 대사건이었다. 그들은 오랫동안 숨겨져 있던 방으로 내려가 고전 벽화에 경탄했다.

:: 러시아와 제3의 로마 ::

비잔티움의 멸망으로 오토만족은 남동 유럽의 평원으로 팽창해 가는 문을 열었고 그 지역에 새로운 세력 균형을 만들었다. 1386년 폴란드-리투아니아 연합 왕국이 만들어지면서 유럽의 마지막 이교 왕국인 리투아니아가 가톨릭으로 개종했다. 그러나 1410년 대규모의 타넨베르크Tannenberg(또는 그룬발트Grunwald) 전투 때가 되어서야 비로소 프로이센 튜튼 기사단의 공세가 마침내 중단되었다. 이제 발트해 무역이 급속히 팽창했고, 폴란드-리투아니아는 잠깐 동안 발트해에서 흑해까지 이르는 유럽에서 가장 면적이 큰 국가가 되었다. 마치 유럽의 경계 너머에 있는 것처럼 그 너머에는 고대 러시아가 여전히 정교회 지역으로서 싸우고 있었다. 고대 러시아는 서쪽으로는 가톨릭 국가인 폴란드-리투아니아, 동쪽으로는 타타르족, 그리고 남쪽으로는 오토만족 사이에 끼어 있었다.

이반Ivan 대제(1462~1505년)의 통치하에 모스크바는 마침내 러시아 역사가들이 '러시아 땅의 집합'으로 불렀던 것을 주워 모을 수 있었다. 노브고로드는

1478년 이반에 의해 모스크바에 굴복했다. 그 후 이반은 동쪽 기독교 세계의 지배자가 되었고, 게다가 모스크바가 콘스탄티노플의 멸망으로 공석으로 남겨진 '새로운 로마'의 지위를 가지려는 블라디미르의 꿈을 되살렸다. 1472년 이반은 마지막 비잔틴 황제의 조카딸 조이 팔레올로기나Zoe Palaiologina와 결혼했다. 그녀는 이반이 도시를 모든 면에서 옛 콘스탄티노플처럼 만들도록 격려했다. 그는 외국 건축가들을 초청해서 크렘린Kremlin을 재건하고 나라 전역에 교회를 세우게 했다. 그는 비잔틴제국의 머리 둘 달린 독수리를 러시아 문장으로 채택했다. 차르tsar라는 칭호마저 카이사르Caesar의 변형이었다.

1476년 이반은 타타르족 칸khans에게 더 이상 경의를 표하지 않았다. 4년 후 그는 '우그라Ugra강의 대치'에서 보복 공격에 저항했다. 이때 타타르 군대는 이반의 집결된 군대를 응시하고 돌아서기로 결정했다. 타타르 군대는 돌아오지 않았다. 기독교 세계의 동쪽 요새들 중 콘스탄티노플은 함락되었지만 모스크바는 살아남았다. 무역은 러시아의 큰 강들을 따라 북쪽 발트해의 한자동맹 항구들과 남쪽 흑해로 계속되었다. 그러나 러시아는 독일어권 나라들을 통해 밀려드는 종교개혁의 기세는 차치하고서라도 르네상스와도 어울리지 않았다. 타타르의 칸들은 러시아에 커다란 흔적을 남겼다. 매우 광범위하고 이질적인 제국은 도전받지 않는 단 한 명의 지도자와 강력한 중앙 권력이 통치할 필요가 있다는 것이 러시아 리더십의 표준 격언standard dictum이 되었다. 이 격언은 나중에 차르들이 파괴를 시험할 것이다.

9

르네상스와 종교개혁

1450~1525년

:: 새로운 학문 ::

르네상스와 종교개혁은 시대이자 과정이었다. 르네상스는 본질적으로 심미적
이고 지적이었으며 그 영향은 처음에 부와 학문의 중심지에 국한되었다. 단기
적으로 르네상스는 유럽의 힘을 이야기하는 데 거의 영향을 미치지 않았다.
종교개혁은 신학적이고 기독교적이었으며, 게다가 곧 정치적으로 영향을 미
쳤다. 르네상스와 종교개혁은 함께 두 개의 관문처럼 서 있다. 이는 중세시대
의 퇴장이자 유럽인들이 세상을 바라보던 방식이 교회 지도하에 주로 신앙에
좌우되었던 1000년의 퇴장을 의미했다.

우리가 보아왔다시피 이탈리아 르네상스는 페트라르카가 '순수한 과거의
빛으로 되돌아가는 것'에 고무되었다. 시인, 화가, 그리고 조각가들은 14세기
이후로 그리스와 로마의 글과 공예품에서 영감을 얻었다. 학자들은 고전의 휴
머니즘(인문주의)을 재생해서 초자연적인 것보다는 개인의 생각과 행동에서
나왔던 도덕성의 개념을 부활시켰다. 여기에 아리스토텔레스Aristotle에게서
차용되어 아우구스티누스가 이어받은 개인의 자유 의지에 대한 관심이 더해

졌다. 북유럽에서 네덜란드 학자 에라스무스Erasmus(1469~1536년)는 좀 더 자신의 신앙을 잘 이해하기 위해 성경 말씀에 대해 원문 분석을 받도록 했다. 잉글랜드의 토머스 모어Thomas More 경(1478~1535년)은 근대 유럽 국가들을 풍자했고 부분적으로 플라톤에 근거하여 최초의 공산주의 국가인 유토피아를 묘사했다.

이 열린 생각은 과학혁명을 자극했다. 과학혁명은 고대인들, 즉 아리스토텔레스와 프톨레마이오스와 피타고라스Pythagoras의 수학과 천문학과 지리학의 재발견으로 시작되었다. 중세의 세계지도인 마파 문디*mappa mundi*는 지구를 평평하고 은유적인 용들로 둘러싸여 있다고 묘사했다. 비록 대부분 학자들이 이제 지구의 구형 형태를 받아들였지만, 그들은 지도 제작자들이 예루살렘을 이미 알려져 있는 세계의 중심에 놓았던 것에 반하여 여전히 지구를 우주의 중심에 놓았다. 1543년 폴란드인 니콜라우스 코페르니쿠스Nicolaus Copernicus(1473~1543년)는 교회가 당황하고 믿을 수 없을 정도로 지구가 태양 주위를 돈다고 발표했다. 교회는 이러한 움직임에 적대적이지는 않았지만, 지식에 대한 면허를 잃고 있다는 것을 알았다. 1455년 통신 혁명이 일어났다. 마인츠Mainz에서 요하네스 구텐베르크Johannes Gutenberg(대략 1400~1468년)라는 독일인이 틀속에 있는 가동 금속활자의 줄을 사용해서 성경을 제작하고 인쇄했다. 작가들은 이제 많은 비용이 드는 원고를 회피하면서 특히 신앙 문제에 대한 견해를 국경을 넘어 그리고 법정과 대학과 교회로 더 쉽게 전파할 수 있었다.

실제 항해 세계에서 대형 삼각돛은 원양 항해선들이 바람 부는 방향으로 항해할 수 있게 해주었다. 대형 삼각돛과 대항해 시대의 관계는 롱십longship(좁고 긴 배)과 바이킹의 관계와 같았다. 대형 삼각돛은 공해상에서 새로운 자유를 제공했고, 게다가 외부 세계에 대한 개념을 넓혀 주었다. 동양에 대한 유럽의 인식은 베네치아 사람 마르코 폴로Marco Polo(1254~1324년)의 이야기와 귀환한 상인과 선원의 설명에 의존하는 단편적인 것이었다. 유럽인들은 점점 더 동쪽의 다른 문명들이 이국적인 비단과 향신료보다 인류에 더 기여할지도 모른다고 의식하게 되었다. 그들의 문화는 연구할 가치가 있었다. 14세기 브리스틀Bristol의 성 메리 레드클리프 교회St Mary Redcliffe 현관의 정교한 디자인은 페르시아의 이스파한Isfahan까지 거슬러 올라갈 수 있다.

르네상스의 영향은 점진적이었지만, 종교개혁의 영향은 즉각적이었다. 위클리프와 후스의 교리가 널리 퍼지면서, 지지자들은 주위 세계에 대해 자신들이 얼마나 많은 것을 확실히 알 수 있는지 묻기 위해 신학자들 너머를 보았다. 새로운 추론 학습이 잉글랜드와 프랑스와 저지대 국가, 그리고 독일의 학문 중심지에서 확고히 자리 잡았다. 개인들이 논쟁했던 것처럼, 그들도 집단과 파벌, 그리고 당파를 만들었다. 이렇게 해서 유럽의 끝없는 왕조 투쟁에서 아직 한 차례 더 이용될 분열이 본격적으로 조성되기 시작했다.

:: 이사벨과 페르난도 그리고 콜럼버스 ::

1420년대 포르투갈의 왕자 '항해왕Navigator' 엔히크Henrique는 아라비아반도를 건너는 위험과 비용을 피해서 인도로 가는 무역 루트를 찾고자 아프리카 해안선을 따라 배를 보내기 시작했다. 엔히크는 사그레스Sagres에서 거의 은둔자와 다름없이 살면서 포르투갈 남쪽 끝으로 여행해 본적이 없었다. 그곳에서 지도를 연구하며 선장들이 돌아오기를 기다렸고, 그들은 매년 새로운 땅에 대한 이야기를 가지고 돌아왔다. 1450년대까지 엔히크는 아조레스Azores제도, 마데이라Madeira제도, 카나리아Canaria제도, 기니, 그리고 세네갈로 함대를 보내고 있었다. 1456년에는 대량의 금을 구입하기 위한 시장인 케이프 베르데 반도 Cape Verde Peninsula에 도달했다. 돌연 대서양의 유럽 서쪽 경계에 대한 침투가 가능한 것처럼 보였다. 대니얼 부어스틴에게 엔히크의 모험적인 사업은 진정한 르네상스로 '정신의 모험이자 누군가의 상상력 추진이었다. … 선구적인 탐험가는 생각에 잠긴 외로운 사람이었다.'

스페인에서는 그라나다만이 여전히 무슬림의 수중에 있었다. 코르도바는 1236년 카스티야에게 정복되었지만, 그라나다는 무역 중심지이자 종교적 불관용으로부터 도피한 피난민의 안식처로서 살아남았다. 1469년 카스티야는 이사벨Isabella(1451~1504년)이 아라곤의 왕위 계승자 페르난도Ferdinand(1452~1516년)와 결혼함으로써 이웃 나라 아라곤과 결합되었다. 둘 다 아직 10대였지만, 곧 각각의 나라를 통치하게 되었고, 1479년부터 공동 통치자가 되었다. 그들은 함께 새로운 국가를 만들고 신성로마제국을 절정기로 이끌게 될 왕조를 건설했다.

페르난도는 근면 성실한 군인이자 행정가였고 이사벨은 단호했고 광적으로 경건했다. 그녀는 스페인에서 다른 모든 신앙과 종파를 금지하기로 결심했다. 1478년 그녀의 도미니크Dominic 수도회 고해 신부 토르케마다Torquemada는 한때 무어인의 땅이었던 안달루시아Andalusia에서 유대인 개종은 지나치게 가혹하다고 그녀를 설득했고, 결국 그녀는 교황 식스투스를 설득해서 이 개종에 '심문'을 개시하게 했다. 이것이 1483년부터 1498년까지 토르케마다가 주도한 스페인 종교재판이 되었다. 존 줄리우스 노위치John Julius Norwich는 '세상에서 가장 아름다운 건축물들 중 하나인 시스티나 성당의 창시자도 가장 악취 나는 기관들 중 하나에 영감을 주었어야 했다'는 아이러니에 대해 곰곰이 생각한다.

스페인은 이제 처음엔 유대인을 그다음엔 무슬림을 개종시키거나 추방하는 또는 처형하는 활동을 조직적으로 전개했다. 개종자로 추정되는 사람들의 의심스러운 관행에 대한 증거가 수집될 것이고, 고문하고 화형에 처해질 것이다. 이는 종교재판에 맞서 로마에 항소할 수 있게 했던 교황의 관용 압력을 무시한 것이었다. 로마에 대한 항소는 토르케마다에 의해 묵살되었다. 그다음 1492년 이른바 이중 군주제dual monarchy의 놀라운 해가 찾아왔다. 10년간의 전투 후에 페르난도가 그라나다를 점령했고 마지막 무슬림 왕이 알람브라 궁전의 열쇠를 넘겨주었다.

페르난도는 무어인에게 이동과 종교의 자유를 주었지만 즉각 약속을 어겼다. 1492년 알람브라 칙령은 스페인의 나머지 지역과 마찬가지로 그라나다에서 모든 비非가톨릭 신자들의 개종 또는 추방을 요구했다. 약 4만 명의 유대인이 개종했고 10만 명 이상이 망명길에 올랐으며, 대부분이 처음에는 포르투갈로 망명했다. 약 5000권의 이슬람 도서를 소장한 그라나다 대도서관이 불길 속에 타올랐다. 유대인 2000명이 종교재판으로 죽었다고 알려져 있다.

최근에 대담해진 스페인은 이제 포르투갈과 공공연한 경쟁 관계에 있다는 것을 알게 되었다. 1488년 포르투갈인 선장 바르톨로뮤 디아스Bartolomeu Dias는 희망봉을 돌아 동양으로 가는 새로운 항로의 가능성을 실현했다. 이 해안을 따라 포르투갈의 교역소가 생겨났다. 10년 안에 또 한 명의 포르투갈인 바스코 다 가마Vasco da Gama가 인도에 도달하면서 유럽의 동방 무역에 대한 아랍의 독점이 깨졌다.

스페인은 경쟁하기로 결심했다. 1492년 이사벨과 페르난도는 그라나다 함락을 축하해서 제노바 제독 크리스토퍼 콜럼버스Christopher Columbus의 계획을 지원했다. 콜럼버스는 대서양을 가로질러 서쪽으로 항해함으로써 포르투갈의 동양 항로에 대한 대체 항로를 찾으려 했던 것이다. 그것은 콜럼버스가 2세기 프톨레마이오스의 지구 둘레 계산(지구 실제 길이의 4분의 3)에 의존했을 정도로 1000년의 기간 동안 유럽 과학이 얼마나 발전하지 않았는지를 보여주는 척도였다. 콜럼버스는 3개월 후에 중국에 도착할 것이라고 추정했다. 그는 심지어 중국어 통역사까지 데리고 갔다. 실제로 중국이 얼마나 멀리 떨어져 있는지 알았더라면, 콜럼버스의 선원들은 결코 출항하지 않았을 것이다.

콜럼버스가 카리브해에서 돌아오면서 탐험의 광풍이 불었다. 이는 일부는 상업적이었고 일부는 국수주의적이었으며, 일부는 선교 목적이었다. 일찍이 1494년 포르투갈과 스페인의 군주들이 교황이 중재한 토르데시야스Tordesillas 조약에 합의함으로써 충돌을 피했다. 이 조약으로 베르데Verde곶에서 서쪽으로 1100마일 떨어진 지점에 경도의 선을 긋고 '신대륙' 양쪽을 분할했다. 이로써 서쪽은 스페인 땅에 그리고 동쪽, 즉 아프리카는 포르투갈 땅에 속했다. 그 선은 나중에 남아메리카 해안으로 잘려나간 것으로 밝혀졌고, 그곳이 포르투갈령 브라질이 되었으며 현재까지 브라질은 포르투갈어를 쓴다.

:: 메디치 가문, 사보나롤라, 그리고 보르자 가문의 교황 ::

1492년은 피렌체의 은행가이자 르네상스 시대의 대공이었던 위대한 로렌초 데 메디치Lorenzo de' Medici가 죽었던 해이기도 했다. 그는 유럽 전체와 심지어 오토만 술탄들에게까지 돈을 빌려주었다. 그는 신흥 자본주의 경제의 보루였고 르네상스 전성기 거장들인 산드로 보티첼리Sandro Botticelli(1445~1510년), 도메니코 기를란다요Domenico Ghirlandaio(1449~1494년), 미켈란젤로Michelangelo(1475~1564년), 그리고 레오나르도 다빈치Leonardo da Vinci(1452~1519년)의 후원자였다. 이들 중 레오나르도는 르네상스가 낳은 전형적인 인물로서 독학으로 자수성가했다. 그는 무엇보다도 자연과 인류의 작용에 대해 지칠 줄 모르는 호기심을 가졌다. 그는 로렌초를 대공으로서뿐 아니라 예술가, 시인, 서적 애호가, 그리고 시민지 도자로서도 완벽하게 돋보이게 했다. 로렌초가 '나는 돈을 잘 썼던 것이 … 우리 국가에 큰 영광을 주었다고 생각한다…'라고 말했던 것으로 보아 그의 재산 대부분은 예술과 자선에 쓰였다. 메디치 가문이 피할 수 없었던 고대 관습은 무능한 상속인에게 재산을 남기는 것이었다.

로렌초가 죽은 지 2년 후, 메디치 가문은 수도사인 지롤라모 사보나롤라 Girolamo Savonarola가 주도한 봉기로 피렌체에서 추방되었다. 그는 후스를 능가해서 모든 종류의 부패에 대해 교황 교회를 비난하고 지옥불과 죄인들의 지옥살이를 설교했다. 1494년부터 1498년까지 사보나롤라는 피렌체를 '민중 공화국'으로 통치했다. 교황직은 '솔로몬의 왕좌에 앉아 있는 매춘부'였다. 사보나롤라는 '허영의 소각' 의식을 도입해서 수백 개의 르네상스 보물을 불태워버렸다. 그는 성모가 '매춘부 복장을 한 것 같다'고 말했다. 4년 후, 사보나롤라도 다름 아닌 자신을 환영했던 폭도들에게 타도되어 이단자로서 산 채로 불태워졌다.

교황직은 이제 메디치 가문을 성인처럼 보이게 한 보르자Borgia 가문의 손에 달려 있었다. 두 번째 보르자 가문의 교황 알렉산드르 6세는 1492년 자녀 여덟 명(세 명의 여인에게서 낳은)의 아버지로 취임했고, 그들 중 다섯 명을 추기경으로 임명했다. 그는 성 베드로 성당 앞에서 투우를 하며 축하했다. 그의 아들 중 한 명인 체자레Cesare는 해산과 폭력에서 전설적인 인물이 되었다. 아메리카에서 돌아온 선원들이 유럽으로 가지고 들어갔던 매독 — 선원들이 아메리카로 가지고 갔던 질병에 대한 대가 — 으로 보기 흉해진 체자레는 어떤 법도 초월한 존재였다. 여동생 루크레티아Lucretia는 세 번 결혼했고, 두 명의 남편은 질투심 많은 오빠 체자레에게 살해당했다. 베네치아 대사는 '매일 밤 주교와 성직자 등 네다섯 명의 남자가 암살된 채 발견되었다. 로마 전체가 살해당할 것을 두려워해 떨고 있다'고 썼다. 체자레는 알렉산드르가 1503년 사망했을 때 비로소 권력을 잃었다. 그는 스페인으로 망명했고 그곳에서 4년 후 겨우 서른한 살의 나이로 사망했다.

북유럽에서는 보르자 교황 이야기가 스페인 종교재판 이야기와 융합되어 교회가 존경받을 권리가 전혀 없음을 보여주었다. 콘스탄츠 공의회의 개혁주의는 사라져버리고 말았다. 교회가 그리스도의 이름으로 동료 인간들을 학대한 것은 고대 로마의 사디즘을 연상시키거나 아니면 적어도 그 당시 세속 당국의 학대를 반영한 것이었다. 더욱이 개신교 신자들 또한 어떤 특별한 고결함도 주장할 수 없었다. 그들은 엘리자베스 시대의 잉글랜드에서부터 17세기 스위스까지 가톨릭 신자들을 고문하고 화형에 처했다. 그러한 불안정 속에서, 그 시대는 자체적으로 정치 철학자 니콜로 마키아벨리Nicolò Machiavelli(1469~1527년)를 길러냈다. 그는 격동의 시기에 권력 획득에 아주 관심이 많은 사람으로 잘 알려져 있다. 정치적 냉소주의자로 묘사되기는 하지만, 사실은 그 반대였다. 그는 보안을 통해서만 도덕적인 군주가 업무 수행에 영향력을 행사할 수 있다고 보았던 관찰력이 예리한 현실주의자였다.

:: 왕조의 출현: 스페인과 오스트리아 ::

스페인에서 고령의 이사벨과 페르난도에겐 다른 걱정거리들이 있었다. 그것은 주로 왕위 계승에 관한 것이었다. 서유럽 역사상 그 문제가 그렇게 중요한 적은 없었다. 유럽 대륙은 세 개의 정치권력 중심지로 응집되고 있었다. 스페인은 대서양 전역으로 뻗어가고 있었고, 프랑스는 역사적 경계선 안에 둘러싸이는 것을 두려워하고 있었으며, 불안정한 신성로마제국은 독일과 언제나 꺼림칙한 이탈리아에 걸쳐 있었다. 이사벨의 외아들이 죽은 후, 살아남은 딸들은 다양하게 결혼할 것이다. 두 명은 포르투갈 왕과 그리고 한 명인 캐서린은 왕자였다가 나중에 왕이 된 잉글랜드 왕과 결혼할 것이다. 또 한 명인 미친 후아나Juana는 합스부르크 왕실의 신성로마 황제 막시밀리안 1세Maximilian I (1493~1519)의 아들 필립 미남왕과 결혼할 것이다. 이들의 결혼으로 18세기까지 유럽 강국의 구조를 갖추게 될 것이다.

아라곤의 캐서린(1485~1536년)은 아름답고 지적이었다. 잉글랜드 왕 헨리 7세는 잉글랜드 왕조 전쟁인 장미전쟁에서 요크가의 리처드 3세에게 승리했다. 이로써 랭커스터계의 튜더 왕조가 시작되었다. 왕위 찬탈에 대한 비난에 민감하고 지위에 목마른 헨리는 1488년 자신의 아들 아서Arthur를 세 살의 캐서린과 약혼시켰고, 그녀는 마침내 1501년 열여섯의 나이에 잉글랜드에 왔다. 그들은 결혼했지만, 아서가 곧바로 죽었고, 결혼은 완성되지 못한 것으로 알려졌다. 캐서린은 잉글랜드에 남아서 아서의 동생 헨리와 결혼했다. 헨리는 1509년 헨리 8세로 왕위에 올랐다. 결혼 생활은 처음에는 행복했고 캐서린은 에라스무스와 토머스 모어를 친구로 둔 인기 있고 활기 넘치는 배우자였다.

그녀의 중대한 실패는 헨리의 아들을 낳지 못한 것이었다.

캐서린의 여동생 후아나의 운명 역시 몹시 고통스러웠다. 시아버지 막시밀리안은 1493년부터 오스트리아 및 독일의 왕이자 신성로마 황제였다. 그는 이탈리아 대부분의 명목상 통치자였고, 부르고뉴의 마리Mary와 결혼함으로써 부르고뉴와 플랑드르의 통치자이기도 했다. 이 넓은 땅에 더해 결혼 외교에 재능을 보여주었다. 딸 한 명은 세 살 때 프랑스 황태자와 약혼했다. 다른 딸들은 보헤미아와 헝가리의 통치자들과 결혼했다. 그의 이탈리아인 조카딸은 폴란드 지기스문트 1세와 결혼함으로써 폴란드의 르네상스를 촉진시켰다. 유럽에서는 어떤 상속녀도 합스부르크 일당으로부터 안전하지 않았다고 한다. 막시밀리안은 '다른 나라들이 전쟁을 치르게 하라. 그대, 운 좋은 오스트리아는 결혼을 하라. 마르스Mars 신이 다른 사람들에게 주는 왕국을 베누스Venus 여신이 너에게 주기 때문이다'라고 말했다고 한다.

그 전략이 항상 성공했던 것은 아니다. 프랑스는 부르고뉴에 대한 막시밀리안의 결혼 주장에 격렬히 이의를 제기했다. 1499년 슈바벤Swabian 전쟁에서도 스위스의 알프스주들에 대해 제국의 지배권을 상실했다. 나중에 밀라노의 스포르차 가문과 결혼했음에도 불구하고, 막시밀리안은 이탈리아에서 통치권을 확보하는 데 전임자들만큼 성공적이지 못했다. 그럼에도 후아나의 스페인 형제자매들이 죽으면서, 스페인 전체와 스페인의 해외 제국을 포함해 그녀의 상속 재산이 늘어났다.

그러고 나서 재앙이 닥쳤다. 후아나의 어머니 이사벨이 1504년 사망했을 때, 아버지 페르난도는 즉시 딸이 미쳤다고 선언하게 했다. 그녀가 미친 것이 아니라 비가톨릭적인 충성을 보이고 있다는 소문이 돌았다. 그녀는 투옥되어 바야돌리드Valladolid에서 여생을 보냈다. 1506년 남편 필립도 죽었고, 그녀에게 2남 4녀를 남겨놓았다. 이렇게 해서 후아나의 맏아들 카를Karl이 그녀의 스페인 제국뿐만 아니라 아직 살아 있었던 막시밀리안으로부터 합스부르크 제국도 물려받을 것이다.

1516년 페르난도가 사망하자, 열여섯 살의 카를이 스페인 왕위에 올랐다. 그는 프랑스어와 플랑드르어만 말했기 때문에 마드리드에서 통치하려면 스페인어를 배워야 한다는 말을 들었다. 죽은 아버지를 통해 할아버지의 상속인이 된 막시밀리안은 독일과 오스트리아의 왕관을 차지하게 될 것이지만, 쟁점이 되고 있었던 또 하나의 칭호는 신성로마 황제의 칭호였다. 신성로마 황제는 일곱 명의 선제후 결정에 달려 있었다. 연로한 막시밀리안은 이제 그들의 표를 확보해야 했다. 이는 결국 프랑스의 새 왕 프랑수아 1세Francis I의 도전을 막아내는 것을 의미했다. 프랑수아 1세는 선제후들에게 뇌물을 주기 위해 엄청난 양의 돈을 쓰고 있었다.

제국 정치는 복잡해졌다. 선제후에는 독일 귀족 브란덴부르크Brandenburg의 알브레히트Albrecht가 포함되어 있었다. 그는 1518년 교황 레오 10세로부터 추기경 모자를 구입함으로써 선제후 자격을 얻을 만큼 충분히 막시밀리안의 뇌물을 받고 싶어 했다. 레오의 교회는 성 베드로 성당을 개축하고 라파엘로가 로마교황청의 방들을 장식하는 데 들어간 비용 때문에 파산 직전이었다. 레오는 막시밀리안의 뇌물을 나누기로 알브레히트와 합의했다. 역대 최고의 부자들 중 한명으로 아우크스부르크Augsburg의 은행가이자 메디치가의 계승자인 야코프 푸거Jacob Fugger는 필요에 따라 목전에서 돈을 빌려주었다. 모든 대출금에 대한 담보에는 독일에서 교황의 면죄부를 판매하는 계약이 포함되었다.

막시밀리안은 성공했고, 1519년 그가 죽음으로써 카를은 무사히 상속할 수 있었다. 열아홉 살의 젊은이 카를 5세(1519~1556년)는 황제의 자리에 올랐다. 그의 연합 제국은 전례가 없던 것으로, 그 범위는 폴란드 국경에서 중부 유럽 및 서부 유럽(프랑스를 제외하고)을 가로질러 스페인까지 다양하게 펼쳐졌고, 게다가 신대륙으로 건너갔다. 북쪽으로는 발트해, 남쪽으로는 지중해에 둘러싸여 있었다. 이 모든 것이 연약하고 호감이 안 가는 한 젊은이의 절대 권력 밑으로 들어갔다.

:: 마르틴 루터와 보름스 의회 ::

푸거가의 대출금을 갚기 위한 면죄부 마케팅이 광신적으로 되어버렸다. 레오는 죄인들에 의해서뿐만 아니라 죄인들을 위한 선물로 면죄부를 살 수 있다고 규정했다. 면죄부는 죽은 친척들을 위해 살 수 있었고, 바로 그 순간 그들이 면죄부를 살 돈이 없어 연옥의 고통을 겪고 있다고 주장되었다. 면죄부의 '미래'는 심지어 아직 저질러지지 않은 죄 때문에 살아 있는 사람들이 보험으로 살 수도 있었다. 사후 세계에서 죄인들을 기다리고 있는 운명의 장면들이 네덜란드 화가 히에로니무스 보스Hieronymus Bosch에 의해 끔찍하게 묘사되었다. 죄의 감면은 산업적 규모에서 판매 기술이 되었다.

입바른 소리 잘하는 독일 수도사이자 광산 소유주의 아들이었던 마르틴 루터Martin Luther에게 이건 너무 심했다. 그는 로마를 방문했고 그가 본 것에 충격을 받았다. 그는 다른 많은 사람이 그랬던 것처럼 독일로 돌아와 제도권 교회의 현황과 그의 신앙과의 관계를 생각했다. 특히 그는 마치 '돈이 상자 안에서 쨍그랑 소리를 내는 순간 영혼이 연옥에서 뛰쳐나가듯이' 신도들에게서 돈을 쥐어짜내는 것을 맹비난하면서 면죄부와의 전쟁을 벌였다. 1517년 루터는 '논의를 위해' 95개의 논제를 작성했다. 그가 그것을 비텐베르크Wittenberg 교회 문에 핀으로 꽂아놓았는지는 지금 의심스럽다.

루터는 신앙이 인간과 하느님 사이의 개인적인 관계라고 주장하면서 위클리프와 후스의 정신에 호소했다. 그것은 가난한 사람을 위협해서 저축한 돈을 내놓게 하는 것은 고사하고 가톨릭 사제의 중재나 반계몽주의적 교리를 필요로 하지 않았다. 구원은 돈으로 살 수 있는 보상이 아니라 하느님의 사랑의 선물이었다. 루터는 매우 사려 깊은 사람이었지만, 또한 무례하고 불친절했으며, 확실히 관대한 타협가는 아니었다. 그는 교황직을 '바빌론과 소돔Sodom보다 더 타락했다'고 말했다. 그는 유대인을 몹시 싫어했고, 나중에는 다른 종교개혁가들과 갈등을 빚었다. 특히 그의 초기 영웅이었던 에라스무스와 갈등을 빚었다. 에라스무스가 교회를 내부로부터 개혁하는 데 전념했다면 루터는 그 것을 받아들이려 하지 않았다. 에라스무스는 루터에 대해 '나는 알을 낳았다. 루터는 전혀 다른 종의 새를 부화시켰다'고 말했다. 루터는 에라스무스를 '독 사, 거짓말쟁이, 사탄의 바로 그 입과 내장'이라고 부르며 끝을 맺었다.

많은 독일 통치자는 루터의 입장에서 정치적 이득을 볼 수 있었다. 교회의 토지 재산은 귀족, 상인, 대중 모두에게 혐오되었고 압류에 취약했다. 교회가 반격을 개시했다. 1521년 카를 5세가 의장을 맡고 루터가 참석한 의회, 즉 입 법의회가 보름스에서 소집되었다. 카를은 '사적 판단으로 잘못된 방향으로 이 끌린 단 한 명의 수도사가 1000년 이상 동안 모든 기독교인이 간직했던 신앙 에 반대했다. 그는 경솔하게도 지금까지 모든 기독교인이 잘못을 저질렀다고 결론 내리고 있다'라고 말했다. 카를은 루터에 맞서는 데 자신의 몸과 마음을 바치겠다고 말했다.

루터는 유명한 반대 선언문에서 '여기 서 있는 저는, 다르게 행동할 수 없습 니다'라고 답했다. 황제가 안전 통행을 보장했음에도 불구하고, 루터는 1415 년 후스의 운명을 상기하며 작센 선제후의 발트부르크Wartburg성으로 피신하 는 것이 최선이라고 결정했다. 화가인 루카스 크라나흐Lucas Cranach와 알브레 히트 뒤러Albrecht Dürer의 도움으로, 루터는 교회에 반항하는 삽화가 들어 있는 에세이를 출판하기에 이르렀다. 이렇게 종교개혁은 출판 제국을 낳았다.

루터보다 더 말수가 적은 신학자가 로마에 맞서 독일어권 세계를 하나로 묶을 수도 있었을 것이다. 아니면 적어도 관용과 개혁으로 이끌 수도 있었을 것이다. 루터는 정치적 보수주의자였다. 1525년 독일 농민들이 지주들에 대 항하여 봉기를 일으켰을 때, 루터는 농민 탄압을 지지하면서 누구든 '도둑 같 고 살기등등한 농민 무리들을 … 찌르고, 때리고, 죽여라'고 말했다. 그는 다 른 종교 개혁가들, 즉 재세례파와 취리히Zurich의 울리히 츠빙글리Ulrich Zwingli 신교도들, 그리고 제네바의 칼뱅Calvin 신교도들에 맞서 싸웠다. 그는 지구가 태양 주위를 돈다는 코페르니쿠스의 주장을 '신출내기 점성술사 … 이 멍청이'

의 짓이라고 조롱했다.

독일은 이제 대략 루터의 종교개혁을 찬성하는 북부와 반대하는 남부로 갈라졌다. 1525년 처음으로 그의 대의에 합류한 것은 프로이센의 튜튼 기사단이었다. 네덜란드 북부와 독일 북부, 그리고 프로이센도 합류했다. 오스트리아와 헝가리, 그리고 플랑드르와 함께 카를의 합스부르크 땅은 로마에 계속 충성했다. 이렇게 해서 신성로마제국은 분열되었고, 합스부르크 가문이 가톨릭 신앙에 바친 헌신으로 3세기 이상 동안 신성로마제국은 그 상태로 유지될 것이다.

카를 5세는 처음에 생각되었던 것보다 더 실력 있는 인물로 드러났다. 그는 카리스마가 없고 신중했으며 선악의 판단력이 예리하고 상황 판단이 빨랐다. 그러나 그의 제국은 유럽에서 가장 인구가 많은 프랑스를 포위해 어두운 그림자를 던졌다. 그 당시 프랑스를 통치했던 프랑수아 1세(1515~1547년)는 신성로마 황제의 자리를 놓고 카를에게 패배했다. 동시에 잉글랜드의 왕위는 젊은 헨리 8세(1509~1547년)가 차지했고, 그의 아내 캐서린은 카를의 이모였다. 이들 세 군주, 즉 카를과 프랑수아와 헨리는 중세 유럽의 막을 내릴 것이다. 그들은 구텐베르크의 인쇄기로 막후에서 루터 주장에 맹공격을 가하면서 중세를 끝냈다.

10

군주들의 전쟁

1525~1560년

:: 잉글랜드의 헨리 8세 ::

중세 유럽 통치자들은 무력으로 합법성을 획득했다. 약한 상속인은 더 강한 상속인 또는 전혀 상속인이 아닌 사람의 도전을 받곤 했다. 신하들에게 중요했던 것은 한 가지, 즉 안전이었고, 그들은 안전을 제공할 수 있는 통치라면 누구나 지지하곤 했다. 안전이 지리의 도움을 받았던 나라는 잉글랜드였다. 셰익스피어의 작품에서 곤트의 존이 말했던 것처럼 잉글랜드는 '은빛 바다에 박힌 / 바다는 그것의 성벽 역할을 하고 / 혹은 집을 방어하는 해자 역할을 한다'. 침략군은 잉글랜드의 국내 질서나 경제를 약화시키지 못했다. 내전은 짧았다. 1461년 타우튼Towton에서 일어난 대학살 사건인 장미전쟁을 제외하고 (그때 2만 8000명이 사망했다고 한다), 내전의 사상자는 비교적 적었다. 잉글랜드는 주로 해외에서 전쟁을 치렀다. 따라서 양모의 신들에 의해 원활해진 연간 수확과 무역 행위에 개입할 것이 거의 없었다.

헨리 8세는 1509년 열일곱 살의 나이에 잉글랜드 왕위에 올랐다. 그는 총명하고 정력적이었으며, 아버지 헨리 7세가 남긴 가득 찬 국고와 신속하게 추기경 및 재상이 되었던 토머스 울시Thomas Wolsey라는 유능한 고문으로부터 도움을 받았다. 그의 통치 첫 10년 동안, 헨리는 정부 업무를 월시에게 위임하고 자신은 즐겼다. 울시는 유럽 무대에서 야심찬 외교관이었다. 프랑스와 종잡을 수 없는 전쟁을 벌인 후, 그는 1520년 헨리와 프랑수아 1세 사이의 극적인 만남을 성사시켰다. 프랑수아 1세는 앞선 해에 신성로마 황제 자리를 카를 5세에게 빼앗긴 것에 아직도 속이 쓰라렸다.

프랑스 군주는 당시 기준에서 키가 6피트가 넘는 엄청난 장신이었다. 그는 유별나게 기다란 코를 가지고 있어서 '큰 코 왕'으로 불렸다. 그는 외향적인 사람으로 사냥과 마상 창 시합, 여자, 그리고 호화로운 복장을 좋아했다. 그의 흰 담비 털 망토는 금과 왜가리 깃털로 장식되어 있었다. 헨리와는 달리, 프랑수아는 박식하지도 상황 판단이 빠르지도 않았다. 그는 허영심 때문에 수행원 1만 명과 함께 전국을 여행하고, 아내 앞에서 자신의 정부와 간통하고 싶은 생각이 들었다. 그는 레오나르도 다빈치를 급성장하는 궁정으로 유인하여 퐁텐블로Fontainebleau에 유럽에서 가장 화려한 르네상스 궁전을 지었다.

울시가 헨리와의 회담 장소로 정한 곳은 영국을 벗어나 프랑스에 남아 있는 발판인 칼레였다. 금란평원The Field of the Cloth of Gold은 사치가 극에 달한 사건이었다. 헨리는 야영 천막을 설치하기 위해 인부 6000명 말고도 수행원 5000명을 데리고 왔다. 모든 것이 순조로이 진행되었던 것은 아니다. 헨리는 프랑수아에게 마상 창 시합 결투를 신청했다. 그것은 다행히도 레슬링 시합으로 대체되었고, 격분한 헨리가 패했다. 연회와 여흥은 엄청난 규모로 경쟁적으로 허영심이 발휘되었다. 사정이야 어떻든 겉치레였다.

헨리는 프랑수아와 잘 지냈지만 시간이 지나면서 화려하지 않은 카를 5세에게 더 애착을 갖게 되었다. 그는 카를을 두 차례 더 조용히 만났다. 로마의 비위를 맞추기 위해 1521년 헨리는 루터교에 맞서 가톨릭교회와 7성사를 조심스럽게 방어했다. 그는 잉글랜드 왕위를 위해 신앙의 수호자fidei defensor라는 교황의 찬사를 받았다. 그것은 잉글랜드와 교황청 사이의 마지막 화해 신호였다. 영국 동전에는 아직도 계속해서 FD fidei defensor라는 문구가 새겨져 있다.

:: 프랑스의 프랑수아와 스페인의 카를 ::

프랑수아와 카를 사이에는 화합이 이루어지지 않았다. 프랑스 왕 프랑수아는 전임자들이 이탈리아에서 신성로마제국 때문에 당했던 패배에 설욕하는 것이 자신의 임무라고 생각했다. 프랑수아가 이탈리아에서 치른 전쟁은 에드워드 3세가 프랑스에서 치렀던 전쟁처럼 되었다. 그것은 세력 확대와 복수 그리고 기사의 영광을 과시하는 것이었다. 주로 프랑스 기병이 독일과 스페인의 보병에 맞서는 전투가 뒤따랐고, 프랑스군이 거의 항상 패배했다. 이탈리아 북부의 불행한 시민들은 한 해에서 다음 해까지 누가 그들을 현재 통치하고 있는지 거의 알지 못했다.

1525년 파비아 전투에서 정점에 도달했다. 그 전투에서 카를의 대포와 휴대용 총의 화력이 아쟁쿠르에서 잉글랜드의 장궁이 그랬던 것처럼 프랑스군에 맞서 효과가 있는 것으로 드러났다. 말이 총을 맞고 프랑수아가 포로로 잡히면서 재앙이 닥쳤다. 1년 동안 포로로 잡혀 있었던 그는 나폴리와 밀라노, 그리고 부르고뉴에 대한 모든 권리를 포기해야만 했다. 이는 굴욕적인 합의로 그는 곧 합의를 위반했다. 승리는 카를에게 거의 평화를 가져다주지 않았다. 프랑수아는 카를에게 가차 없이 책략을 썼다. 이는 그것이 독일 군주이든 문제가 있는 교황이든, 혹은 심지어 오토만제국이든 카를의 적이라면 누구와도 동맹을 맺는 것이었다.

오토만제국의 스물여섯 살 젊은 술탄 술레이만 대제Suleiman the Magnificent (1520~1566년)는 16세기 유럽 군주들 중 네 번째 순위에 오를 만하다. 비록 기독교 세계의 친구는 아니었더라도, 그는 많은 점에서 르네상스 군주였다. 그는 오토만인의 교육, 법, 그리고 정부를 개혁했다. 그의 유명한 격언에 따르면

'왕의 최대 보물은 현명한 대신이다'. 그의 궁정은 문명화되었고, 수도 콘스탄티노플은 비잔티움 선조들을 훌륭히 계승했다. 다시 말하자면, 그는 유럽 무대의 한 모퉁이에 있는 선수였다. 십자군 전쟁의 종식과 콘스탄티노플의 멸망 이후, 그는 팽창과 정복에 대한 야망을 분명히 드러냈었다. 유럽 강대국들은 그가 서쪽으로 더 멀리 나가는 모험을 하지 않는 한 그의 존재를 받아들일 준비가 되어 있는 것 같았다. 정복과 개종을 위한 십자군의 열정은 사라졌다. 콘스탄티노플은 나중에 러시아의 세력 확대에 대비하는 방파제로 여겨졌다.

술레이만은 자신의 무한한 야망을 인정했다. 1521년엔 다뉴브강의 세르비아 도시 베오그라드Belgrade를 포위 공격해 점령했다. 1년 후에는 소아시아에 해군을 위한 새로운 항구를 건설했고, 5개월간의 포위 공격 후에 성 요한 기사단의 요새인 로도스Rhodes를 점령했다. 기사들은 '몰타의 매' 한 마리를 매년 스페인에 임대료로 지불하며 몰타에 재정착했다. 카를의 사촌인 폴란드 야기엘로니아Jagiellonia 왕조의 루이 2세(1516~1526년)는 합스부르크가와 결혼했다. 스무 살의 나이에 불과한 그가 제국의 동쪽 측면을 방어하기에는 병력이 충분하지 않았다. 1526년 근대식 대포 및 소총 장비를 갖춘 술레이만은 검을 휘두르는 루이의 군대를 모하치Mohács 전투에서 괴멸시켰다. 루이는 살해되었고 헝가리 귀족들은 몰살당했다.

기회주의적인 프랑수아는 술레이만을 부추겨서 카를의 수도 비엔나Vienna로 다시 진격하게 했다. 독실한 가톨릭 신자인 프랑수아의 이런 행동은 기독교 세계에 대한 배신이었다. 프랑수아의 적들은 이를 '불경스러운 동맹'이라고 불렀다. 1526년 술레이만은 부다Buda를 장악하기 위해 맹렬히 공격했고 헝가리 대부분을 점령했다. 이로써 신성로마제국 수도를 쉽게 공격할 수 있는 거리 내에 있었다. 여기서 술레이만은 다음에 무엇을 해야 할지 모르겠다는 듯 잠시 멈추었다.

같은 해, 카를은 포르투갈 왕의 딸 이사벨과 사랑에 빠졌다. 결혼식에서 황제는 너무 황홀했는지 축하 투우에서 투우사 앞으로 뛰어들어 직접 황소를 죽였다. 1년 후 이탈리아에서 프랑수아 - 당시 교황과 동맹을 맺은 - 와 싸운 카를 군대가 저지른 잔혹 행위로 인해 행복은 사라져버렸다. 그의 군대에는 독일 용병들이 있었고, 그들은 미친 듯이 날뛰며 로마를 공격했다. 훼손되지 않은 채로 남아 있었던 거리는 없었다. 수천 명이 살해되었고 그들의 시신은 테베레강에 내던져졌다. 라파엘로의 태피스트리들이 바티칸의 벽에서 찢겨졌고 시스티나 성당은 낙서로 뒤덮였다. 로마 인구의 4분의 3이 달아났고, 겨우 1만 명만 남아 있었다.

그의 이름으로 신성한 도시 로마에 퍼진 공포는 카를의 여생 동안 양심의 가책으로 남았다. 루터 특유의 성격은 냉소적이었다. 그는 '그리스도께서는 교황을 위해 루터를 박해한 황제가 어쩔 수 없이 루터를 위해 교황을 파멸시키는 방식으로 통치한다'고 말했다. 루터는 곧 다른 동맹자를 얻었다. 1528년 사실상 카를 군대의 포로나 다름없는 클레멘스 교황은 오르비에토Orvieto에서 괴로운 나날을 보내고 있었다. 그곳에서 교황은 잉글랜드의 울시로부터 헨리 8세가 카를의 이모인 아라곤의 캐서린과 이혼하는 것을 허락해 줄 것을 요청하는 청원자들을 접견했다. 헨리 8세는 아들이 필요했고, 앤 불린Anne Boleyn과 사랑에 빠져 있었다. 잉글랜드 군주 헨리 8세는 가톨릭 신자였지만 교황의 지지가 필요했다. 클레멘스 교황은 감히 자신을 억류한 카를의 이모에 대한 심한 모욕을 받아들이지 못했고, 게다가 거부하기까지 했다. 이는 잉글랜드에 헌정 위기를 촉발시켰다.

카를은 다른 곳에서 더 좋은 소식을 들었다. 헝가리의 술레이만 군대는 본국에서 멀리 떨어져 있어서 병참선이 불충분했다. 1529년 봄, 오래 기다린 비엔나 진격이 시작되었을 때, 술레이만은 오스트리아의 반격과 최종 격퇴에 자신이 취약하다는 것을 알았다. 비엔나는 함락되지 않았고, 비엔나 공성전의 실패로 오토만제국의 유럽 진출은 중단되었다. 동시에, 카를의 제국은 신대륙으로 크게 확장되고 있었다. 코르테스는 오늘날의 멕시코에서 아스텍Aztec 제국을 정복함으로써 스페인의 영향력을 대륙으로 옮기는 데 결정적인 조치를 취했다. 거기서부터 스페인 세력이 확산되었다.

:: 아우크스부르크 제국 의회와 반종교개혁 ::

카를에게 독일은 항상 문제였다. 루터교가 그의 제국 통일을 무너뜨리지 못하
도록 갈망하면서, 1530년 아우크스부르크에서 북부의 루터교와 남부의 가톨
릭 사이에 어느 정도 합의를 모색하기 위해 의회를 소집했다. 루터교 신자들
은 루터 자신과 그의 동료 필립 멜란히톤Philip Melanchthon이 준비한 신앙 고백,
이른바 아우크스부르크 신앙고백을 카를에게 선사했다. 그 신앙고백은 확고
했다. 그것은 기독교 신앙에서 로마 교회의 중심적인 역할을 거부하면서 '우
리는 하느님과 화해하기 위해 예수 그리스도에 전적으로 의지한다'고 선언했
다. 교회와 교회의 사제들은 로마가 아니라 오로지 성경만을 따라야 한다.

신학은 좀처럼 타협을 인정하지 않고, 게다가 카를은 그렇게 단도직입적인
신앙고백을 받아들일 수 없었다. 아우크스부르크는 1531년 신교 국가들의 슈
말칼덴Schmalkalden 동맹을 이끌어냈다. 이는 카를과 신성로마제국이 그들에게
가할지도 모르는 군사행동에 대응하려는 방어 동맹이었다. 여기에는 작센, 헤
센Hesse, 프랑크푸르트Frankfurt, 아우크스부르크, 그리고 포메라니아Pomerania
가 포함되었다. 브란덴부르크는 나중에 합류했다. 루터교는 바르바로사와 프
리드리히 2세에 의해 규정된 독일 국가들의 헌법상 자치권에 크게 의존하며
정치적 색채를 띠고 있었다. 아우크스부르크 신앙고백은 곧 프로이센, 스웨
덴, 덴마크, 네덜란드, 그리고 스위스 대부분에서 채택되었다. 프랑스에 대해
말하자면 프랑수아는 카를을 난처하게 할 수 있는 동맹이라면 무엇이든 암묵
적으로 지지하는 것에 늘 기뻐했다.

잉글랜드는 아우크스부르크에 합류하지 않았고, 합류할 필요가 거의 없었
다. 교황이 이혼을 허락하지 않은 것에 격분한 헨리 8세는 1534년 수장령Act of

Supremacy으로 잉글랜드 교회 수장으로서 교황의 자리에 앉았다. 그는 교회의 광대한 수도원 및 다른 재산들을 몰수했고, 그것들을 독차지하든지 아니면 잉글랜드의 신흥 상인 계급에게 분배했다. 그것은 노르만 정복 이후 잉글랜드 최대 규모의 부의 재분배였다. 헨리는 슈말칼덴 동맹에 가입하지 않았다. 그의 종교 개혁은 엄밀히 말하면 잉글랜드 종교개혁이 될 것이다.

스위스에서는 신교가 보다 근본주의적인 방향으로 선회했다. 1520년대 취리히는 츠빙글리의 영향을 받았으나, 1536년 피카르디Picardy 출신의 장 칼뱅 John Calvin이라는 프랑스 학자가 제네바에 도착했다. 그의 교리는 엄격했고, 구원은 수태 시에 신에 의해 예정되어 있다고 주장했다. 금욕은 필수적이어서 대부분의 오락, 음악, 그리고 사치스러운 생활이 금지되었다. 볼테르는 칼뱅이 수도원의 문을 열었지만, 그 결과는 '모든 사회를 수도원으로 바꾸는 것뿐'이었다고 말했다. 칼뱅은 관용적이지 못해서 심지어 가톨릭 신자들의 처형을 옹호하기까지 했다. 그는 위그노Huguenot의 깃발 아래 프랑스 신교에, 그리고 스코틀랜드와 잉글랜드 대부분에서는 청교도(퓨리턴puritan)의 비국교주의에 영감을 주었다. 제네바는 유럽 전역에서 온 신교도 망명자들, 특히 프랑스에서 온 위그노와 스코틀랜드에서 온 존 녹스의 추종자들에게 피난처가 되었다.

가톨릭교회는 신교의 도전을 무시할 수 없었다. 로마는 이제 카를 군대의 약탈에서 회복하고 있는 중이었다. 교황 바오로 3세Paul III(1534~1549년)는 과감한 개혁가이자 미켈란젤로의 후원자였다. 그는 미켈란젤로에게 오래된 포럼 forum이 내려다보이는 카피톨리누스Capitoline 언덕에 고대의 캄피돌리오Campidoglio 광장을 재건하게 했고, 나중에 성 베드로 성당의 새로운 돔을 설계하게 했다. 아우크스부르크 제국 의회가 소집되고 6년이 지난 1536년 교황 바오로는 교회의 권리 남용에 대한 보고서를 의뢰했고, 후스와 루터에 걸맞는 언어로 권리 남용 목록을 만들었다. 보고서는 신교 종교개혁의 확산을 단호하게 교회와 교회의 쿠리아curia 탓으로 돌렸다. 하지만 교회는 개혁이 아닌 선교 열정의 강화로 그런 자기비판에 반응했다. 1540년 교황 바오로는 바스크인 수도사이그나티우스 로욜라Ignatius Loyola를 예수회 수장으로 축성했다. 예수회는 스페인에 근거지를 둔 새로운 수도원 교단이었다.

예수회는 신교와의 싸움에서 교회의 정예 부대가 될 것이다. 오직 교황에게만 충성하는 이 '스페인 사제들'은 유럽 수도들 전역으로 퍼져나갔다. 그들은 젊은이에게 교리를 가르치고, 신학교를 세우고, 그리고 대학 교수진을 장악하는 데 집중했다. 예수회 수사들은 로마에 복종하라는 간단한 메시지를 전달했다. 그들은 특히 중부 유럽에서 성공적이었다. 그곳에서 오스트리아와 폴란드를 매료시켰지만 후스파의 보헤미아는 저항했다. 폴란드는 유럽의 가장 충실한 가톨릭 국가들 중 하나로 남을 것이다.

:: 트리엔트 공의회 ::

1545년 교황 바오로 3세는 종교개혁을 정면으로 다루고 15년 전 아우크스부르크의 피해를 복구하기 위해 이탈리아 북부에서 트리엔트Trent 공의회를 소집했다. 재차 교회 공의회는 교리 타협이나 개혁을 심사숙고하게 할 수는 없었다. 루터의 아우크스부르크 신앙고백을 직접 반박하는 것으로 4차 라테란 공의회의 칙령이 재확인되었다. 그 당시 인생 말년의 루터에게 어떠한 관용도 베풀지 않았다. 트렌트 공의회는 현재까지 가톨릭 교리의 기초가 되고 있다. 비타협적 태도로 비타협적 태도에 맞섬으로써 트리엔트 공의회가 유럽의 폭력적인 역사에서 지금까지 가장 소름 끼치는 대결이 되리라는 것은 거의 확실했다.

교황 바오로 3세가 지도하는 반종교개혁으로 교회는 활기를 되찾게 되었다. 그것은 종교 교리를 매너리즘 미술과 바로크 건축의 영역으로 가져갔다. 반종교개혁은 고통과 번민의 묘사를 권장하면서 종종 성모 마리아 앞에서의 예술적 나체와 '육욕'의 자극을 개탄했다. 티치아노Tiziano, 틴토레토Tintoretto,

안니발레 카라치Annibale Carracci, 그리고 엘 그레코El Greco와 같은 미술가들이 부름에 응했다. 거대한 캔버스에 움직임과 감정으로 가득했고, 이는 틴토레토가 그린 베네치아의 산 로코San Rocco 대회당 시리즈에서 가장 인상적으로 드러났다.

카를 5세는 트리엔트를 위해 개종자가 되었다. 그는 루터파 신민들과 맞서기 위해 독일로 여행했고, 그들이 신성로마제국 치하에서 자치권을 주장했을 때, 신앙이 그런 세밀한 구분에 우선한다고 규정했다. 1547년 그는 스페인 군대를 이끌고 돌아왔으며, 뮐베르크Mühlberg 전투에서 슈말칼덴 동맹에 맞섰다. 동맹은 일시적으로 붕괴되었지만, 신교는 그렇지 않았다. 카를은 제국 전임자들이 북쪽 민족에게 명시적으로 보장했던 자치 정부를 인정하지 않았다. 그는 신교도들에게 제국을 정신과 영혼에 대한 압제로 바꾸고 있었다.

:: 아우크스부르크 화의와 카를의 죽음 ::

아우크스부르크에서 다시 돌아와 기진맥진한 카를이 동생 페르디난트Ferdinand 에게 독일 신교도와의 마지막 타협을 모색하게 했던 1555년까지 논쟁은 계속되었다. 페르디난트는 사실상 항복이라는 돌파구를 마련했다. 한 나라를 통치하는 사람이라면 누구든지 자신의 종교를 결정한다cuius regio, eius regio는 원칙에 의거해 장차 한 국가의 종교적 소속이 결정될 것이라는 데 동의했다. 이는 로마 가톨릭 신앙이 독일 북부의 루터교 신자들과 제국 내부나 외부의 이웃 국가들에게 강제될 수 없다는 것을 의미했다. 심지어 개인과 도시도 통치자의 종교에 반대할 수 있게 해주었다. 이 칙령은 페르디난트가 사적으로 신교에 동정적이었음을 반영한 것이었고, 게다가 수감된 카를의 어머니 미친 후아나에 대한 동정에 공감해 왔다는 것으로 여겨진다. 그것은 관용과 온전한 정신이 발현되는 놀라운 순간이었다.

동생이 그런 양보를 했어야 했다는 것이 병든 카를을 오싹하게 했다. 1556
년, 쉰다섯 살에 불과했던 카를의 몸은 통풍이 벌집처럼 산재했다. 그는 플랑
드르의 수도 브뤼셀Brussels을 여행했고, 브뤼셀 궁전 모임에 앞서 스페인 왕위
를 스물여덟 살의 펠리페 2세Philip II(1556~1598년)에게 물려주었다. 모두가 절
망적인 장면으로 기록하고 있다. 1554년 아버지 카를이 잉글랜드의 가톨릭
군주 메리 1세Mary I와 결혼시켰던 펠리페는 인상적이지 않아 보였다. 그의 작
은 키와 못생긴 '합스부르크가'의 입술과 툭 불거져 나온 턱은 말할 때(그는 거
의 말을 하지 않았다) 땅을 보는 습관 때문에 악화되었다. 카를은 퇴위 연설을 마
치고 눈물을 흘리며 의자에 털썩 주저앉았다. 펠리페는 프랑스어는 물론이고
플랑드르어도 말할 수 없었고, 주교를 떠나기 전에 그를 위해 계속하도록 들
리지 않는 말을 몇 마디 중얼거렸다. 그는 유럽의 운명이 될 것이다.

카를은 엑스트레마두라Extremadura의 한 수도원으로 은퇴했고, 수행원은 762
명에서 150명으로 줄어들었다. 2년 후인 1558년, 그는 죽었고 펠리페는 마드
리드 외곽의 거대한 에스코리알Escorial 궁전을 아버지의 영묘이자 기념물로 시
작했다. 그것은 연이은 스페인 통치자들에게 심리적인 감옥이 되었다. 카를은
호감을 주지 못하는 군주로서 통치를 시작했지만, 상속한 제국에서 프랑스와
오토만의 침략을 저지하고 조국 스페인을 평화롭게 유지했다. 그는 '유럽 통
합'의 기회를 준 단지 몇 안 되는 통치자들 중 한 명이었다. 아이러니한 것은
동생 페르디난트가 아우크스부르크 화의를 확고하게 할 만큼 충분히 오래 살
았더라면, 그가 '유럽 통합'의 목표를 달성했을지도 모른다는 것이었다.

왕위 계승에 대해 말하자면 카를은 디오클레티아누스와 마찬가지로 광대
한 영토는 한 사람의 힘만으로 통치할 수 없다고 생각했다. 아마도 아들 펠리
페의 결점을 알고 있었을 카를은 자신의 유산을 둘로 나누었다. 독일, 오스트
리아, 그리고 결국에는 신성로마 황제 칭호를 동생 페르디난트(1558~1564년)에
게 주었다. 스페인, 네덜란드, 그리고 신대륙은 펠리페에게 돌아갔다. 이제부
터, 스페인은 유럽 역사에서 잠시 역동적 역할이 줄어들면서 점차 중부 유럽

의 극적인 사건에서 떨어져나갔다. 스페인의 미래는 펠리페의 위풍당당한 석조 요새에 묻혀 있었다.

군주들의 시대가 끝나가고 있었다. 카를의 경쟁자인 프랑스의 프랑수아는 1547년에 카를보다 먼저 죽었다. 프랑수아의 후계자 앙리 2세Henry II(1547~1559년)는 마상 창 시합 사고로 죽었고, 세 명의 어린 왕이 뒤를 이었다. 이런 상황은 앙리의 노련한 미망인 카트린 드 메디치Catherine de' Medici의 섭정을 필요로 했다. 이와 비슷한 상황이 같은 해 헨리 8세가 사망한 후 잉글랜드에도 찾아왔다. 그의 아들이자 열렬한 신교도인 에드워드 6세(1547~1553)는 왕위에 오른 지 6년 만에 열다섯 살의 나이로 죽었다. 그의 누이이자 계승자였던 메리(1553~1558년)는 잠깐 동안 스페인의 펠리페 아내였다. 그녀는 신교도를 공개 화형에 처하는 것을 포함해서 잉글랜드를 반종교개혁으로 몰아넣었다. 그녀의 남편조차 이 잔인한 행위에 반대했다.

메리는 시아버지 카를 5세가 죽은 지 불과 두 달 만인 1558년에 죽었다. 비록 남편 펠리페가 왕위를 주장했고 나중에 신교도 여동생 엘리자베스에게 구혼했지만 거절당했다. 엘리자베스(1558~1603년)가 메리를 계승했을 때, 종교개혁은 비록 소극적이라 할지라도 호의적인 지지자를 얻었다. 한편 잉글랜드는 드문 카리스마와 지성을 겸비한 군주를 얻었다.

11

종교전쟁

1560~1660년

:: 성 바르톨로뮤 축일의 대학살 ::

세 명의 군주가 세상을 떠났을 때, 유럽의 갈등은 풀리지 않은 채로 있었다. 합스부르크 왕가는 프랑스 발루아 왕가와 계속 사이가 좋지 않았다. 스페인의 펠리페는 잉글랜드의 엘리자베스와 여전히 대립하고 있었다. 신교 북유럽은 가톨릭 로마와 대립하고 있었다. 1555년 아우크스부르크 화의에서 도달한 중요한 타협을 준수하기 위해 신성로마제국의 고위 인사들에 의존했다. 그러한 의존은 깨지기 쉬웠다.

1559년 펠리페에 의해 바야돌리드에서의 화형으로 새 시대의 첫 피가 흘렀다. 서른한 명의 신교도가 중심 광장에서 산 채로 화형에 처해졌다. 잉글랜드의 엘리자베스에게 구혼을 거절당한 펠리페는 더욱더 고립되었다. 끊임없이 옮겨 다녔던 아버지와 달리 펠리페는 주로 에스코리알 궁전의 방에서 거대한 제국을 통치했다. 그는 이단에 사로잡혀 있었다. 종교재판은 스페인에서 이슬람과 유대교를 거의 근절시켰지만, 스페인령 네덜란드에서는 그렇지 않았다. 아메리카에서 스페인 통치는 이제 남쪽으로는 멕시코에서 페루와 칠레까지 그리고 북쪽으로는 플로리다까지 펼쳐져 있었다. 스페인의 로마 가톨릭교회는 간헐적으로 지역 주민들을 인도적으로 대우했다. 아프리카 노예들을 아메리카로 들여오도록 부추겼던 것은 스페인 제국 전역에서 아메리카 원주민의 노예화 금지 때문이었다.

프랑스에서, 여왕 카트린 드 메디치는 오랫동안 남편의 정부 디안 드 푸아티에Diane de Poitiers의 그늘에서 살아야 했다. 1559년 남편이 죽자 어린 계승자들의 섭정으로 사실상 30년 동안 프랑스를 통치했다. 진정한 메디치가의 일원인 그녀는 시아버지 프랑수아의 르네상스 전통을 유지했다. 그녀는 파리에 튈르리Tuileries 궁전을 지었고, 많은 미술품을 수집했으며, 현대 발레의 형태로 춤을 고안하고 제작한 것으로 인정받고 있다. 그녀는 점쟁이 노스트라다무스Nostradamus의 영향을 받아 주술에 매료되었다.

카트린이 가장 다루기 힘든 문제는 칼뱅주의였다. 칼뱅주의는 그것만 없었더라면 일치단결이 되었을 가톨릭 국가에서 적어도 10%, 주로 위그노 교도에게 퍼져 있었다. 그녀의 임무는 귀족들 중 일부에 자리 잡고 있는 위그노 교도와 프랑스 왕위를 주장하는 가톨릭교도인 기즈 가문House of Guise 사이를 중재하는 것이었다. 1561~1562년에 위그노 교도에게 예배의 자유를 부여하려는 시도는 파리에서 가톨릭교도의 폭동을 초래했다. 이는 루앙, 리옹Lyon, 그리고 오를레앙에서의 위그노 반란에 대응한 것이었다. 1563년 카트린은 앙부아즈Amboise 칙령으로 타협에 이르렀다. 이는 합의라기보다는 일시적인 중지로 드러났다.

스페인의 펠리페가 플랑드르에서 신교를 탄압하기 시작했을 때 긴장이 다시 고조되었다. 모든 네덜란드 시민이 트리엔트 공의회에 따를 것을 요구하며 종교재판을 도입한 것은 인내의 한계를 넘게 했다. 스페인 정부의 주요 수입원이었던 네덜란드가 반란을 일으켰고, 1567년 펠리페는 종교재판을 시행하기 위해 알바Alva 공작을 파견했다. 알바는 네덜란드 반란자들에게 사형을 선고했고, 그들은 브뤼셀 중심 광장에서 죽었다. 네덜란드 지도자인 '말수가 적은' 오라녜 공 빌럼Prins van Oranje Willem(1533~1584년)은 펠리페의 아버지 카를 5세가 총애하는 신하였다. 그는 심지어 카를 5세가 퇴위 연설을 하는 동안에 그의 팔을 붙잡기까지 했다. 알바의 가혹한 통치는 빌럼을 반란의 투사로 바꾸어놓았다. 이렇게 해서 네덜란드는 스페인으로부터 80년에 걸친 독립 전쟁을 수행하게 되었다.

사면초가에 몰린 펠리페 왕국은 잠시 로마에 대한 충성으로 지중해에서 재개된 오토만의 진격에 맞서는 것으로 전환했다. 술레이만은 옛 비잔틴제국 대부분을 정복하고 1566년에 죽었다. 1570년 오토만인들이 키프로스Cyprus를 점령하자 교황은 그들에 맞서 신성동맹을 결성했다. 펠리페의 스물여섯 살 이복 형제인 오스트리아의 돈 후안Don John의 지휘하에 주로 바르셀로나Barcelona, 제노바, 그리고 베네치아에서 배가 제공되었다.

1571년 돈 후안은 코린트 앞바다 레판토Lepanto에서 오토만 함대와 맞섰다. 이는 노를 갖춘 전함들 사이에서 기존 방식으로 치러진 마지막 전투였다. 약 500척의 선박이 좁은 바다에 빽빽이 몰려들면서 곧 옴짝달싹 못 하는 상태가 되었고, 갑판은 끊임없이 피로 얼룩지는 전쟁터로 변했다. 기독교는 압도적인 승리를 거두었고 유럽 전역에서 많은 축하를 받았다. 기독교의 승리가 갖는 전략적 의미는 제한적이었지만, 오토만인들의 활동 반경을 동부 지중해로 묶어두었다.

이제 네덜란드에서 펠리페의 전투는 갈수록 더 악화되었다. 프랑스에서 카트린은 딸 엘리자베스와 펠리페의 아들 돈 카를로스Don Carlos — 베르디Verdi의 작품명과 동일한 이름의 오페라에 줄거리를 제공했던 — 사이에 화해의 결혼을 모색했다. 하지만 정략적인 이유로 1559년 엘리자베스는 그 대신에 잉글랜드의 메리와 사별한 펠리페와 결혼해야 했다. 카트린은 이제 프랑스 종교 내전에 휘말렸다. 마치 엘리자베스의 결혼에 균형을 맞추기라도 하는 것처럼, 카트린은 또 한 명의 딸 마가렛Margaret을 위그노의 지도자이자 왕위 주장자인 나바라 Navarre의 앙리에게 청혼했다. 그러나 1572년 파리에서의 결혼 축제 동안 유명한 위그노 제독 콜리니Coligny가 암살 시도로 부상당했다. 뒤이은 혼란 속에서, 게다가 위그노의 복수를 두려워한 카트린은 당황한 나머지 무모하게도 기즈 당파에게 위그노의 지도자들을 암살하도록 허가해 주었다.

암살 명령은 8월 24일 성 바르톨로뮤St Bartholomew 축일에 수행되어 전면적인 대학살로 이어졌다. 사망자가 얼마나 되었는지는 아무도 모른다. 갖가지 풍문에 의하면 3000명에서 1만 명 사이였던 것 같다. 신교 유럽은 공포에 질렸지만 가톨릭 유럽은 승리에 경의를 표했다. 펠리페는 그것을 '하느님에게는 봉사, 영광, 그리고 명예이고, 모든 기독교 세계에는 보편적인 혜택이며', '현재 내게 올 수 있는 가장 즐거운 소식'이라고 분명히 말했다. 교황은 카트린에게 황금 장미 한 송이를 보냈고, 사은 찬미가Te Deum를 불러주도록 지시했다. 교황은 또한 바사리Vasari에게 대학살을 축하하는 프레스코fresco화를 그려달라고 의뢰했다. 교황은 대학살이 중요성에서 레판토의 승리와 어깨를 나란히 한다고 평가했다. 유럽의 종교적 분열이 심화되었다.

수많은 위그노가 이제 스페인에 맞서 공공연히 반란을 일으킨 북부 네덜란드의 피난처와 잉글랜드로 피신했다. 엘리자베스는 피난처를 제공했지만 군사 원조는 거부했다. 사실, 1572년 대학살 직전에 엘리자베스는 스페인에 맞서 카트린과 블루아Blois 조약에 합의했다. 그녀는 스페인의 갤리언galleon선을 먹잇감으로 삼기 위해 '사략선' 선장들의 속박을 풀어주었다. '사략선'은 국가가 지원하는 해적 행위에 해당했던 것으로 엘리자베스는 그들이 얻은 이익에서 개인적인 몫을 챙겼다.

네덜란드에서는, 오라네 공 빌럼의 반란이 힘을 얻었다. 1576년 펠리페는 동생 돈 후안을 보내 반란을 평가하게 했다. 돈 후안은 '오라네 공이 모든 사람의 마음을 현혹시켰습니다. 그들은 그를 사랑하고 두려워합니다. 그가 그들의 군주가 되면 좋겠다고 생각합니다'라고 알려왔다. 펠리페는 항복하는 것 말고는 달리 방법이 없었다. 빌럼은 독립한 네덜란드 공화국의 총독, 즉 사실상의 군주로 선출되었다. 스페인에게는 남쪽의 가톨릭 플랑드르 - 오늘날의 벨기에 일부 — 만 남게 되었다. 1581년 신교 네덜란드 연합주가 공식적으로 독립을 선언했다.

:: 스페인 무적함대 ::

네덜란드 영토를 잃은 것에 굴욕감을 느끼면서도 카트린의 위그노 징벌에 고무된 펠리페는 이단 반대 운동을 새롭고 놀라운 수준으로 끌어올렸다. 메리 1세의 홀아비로서 여전히 잉글랜드 왕위를 주장했다. 엘리자베스의 가톨릭교도 사촌인 스코틀랜드의 여왕 메리 또한 왕위를 주장했다. 프랑스 교육을 받았고 기즈 가문 모친의 딸이었던 그녀는 잠깐 동안 프랑스 왕이었던 프랑수아 2세(1559~1560년)와 결혼하기도 했었다. 스코틀랜드에서 음모를 피해 달아났던 메리는 잉글랜드에서 소문이 파다한 엘리자베스에 대한 가톨릭교도 음모의 중심이 되었다. 1587년 포더링게이Fotheringay성에서 메리가 처형되자 가톨릭 유럽은 격분했고, 펠리페는 오랫동안 계획된 엘리자베스 공격을 위한 전쟁 명분을 얻게 되었다.

펠리페의 잉글랜드 원정은 아버지의 기억을 기리고, 교황의 축복을 받으며, 신교에 타격을 줄 것이다. 원정 계획에는 잉글랜드인을 개종시키기 위해 군인과 사제를 태우고 느릿느릿 나아가는 130척으로 이루어진 무적함대가 포함되어 있었다. 리스본에서 칼레까지 항해하고, 그곳에서 파르마Parma 공작의 플랑드르 군대를 집결해 잉글랜드로 건너갈 것이다. 파르마는 엘리자베스를 무찌를 것이고, 잉글랜드 가톨릭 신자들의 봉기와 연결될 것이며, 스페인 왕녀를 잉글랜드 왕위에 앉힐 것이다. 그것은 결코 가망 없는 모험은 아니었다. 잉글랜드군은 파르마의 상대가 되지 않았을 것이다.

1588년 무적함대는 출항한 순간부터 재앙을 만났다. 플랑드르 앞바다 그라블린Gravelines에 정박할 때 잉글랜드 화공선의 공격을 받았다. 그다음 역풍이 북해 위쪽으로 그리고 스코틀랜드와 아일랜드의 북쪽 해안을 빙 돌아 불어왔다. 잉글랜드 해군의 공격으로 침몰된 함선은 거의 없었지만, 당초 함대의 절반만이 스페인으로 돌아왔다. 스페인 병사 약 5000천 명이 죽었다.

무적함대의 실패로 엘리자베스의 명성은 크게 높아졌다. 프란시스 월싱엄 Francis Walsingham 경의 정보기관 창설에 힘입어, 그녀는 어떻게든 개인과 국가의 안보를 어느 정도 종교적 관용과 균형을 맞추었다. 무엇보다도, 그리고 국내외 탄원에도 불구하고, 엘리자베스는 유럽에서 계속되는 전쟁에 관여하는 것을 제한하려 애썼다. 하지만 그녀가 총애하는 레스터 백작과 에섹스Essex 백작에게 연이어 불운을 가져다준 네덜란드, 프랑스, 그리고 아일랜드에 대한 원정을 막지는 못했다. 동시에, 잉글랜드는 로버트 스미스슨Robert Smythson의 건축과 윌리엄 버드William Byrd와 토머스 탤리스Thomas Tallis의 음악에서 찬미된 유럽의 문화 르네상스에 조금씩 다가갔다. 엘리자베스 시대의 한 잉글랜드인이 모든 국경을 넘어 유럽 대륙을 일주했다. 윌리엄 셰익스피어의 상상력 범위 ― 그리스에서 로마까지, 파리에서 베네치아까지, 스코틀랜드에서 키프로스까지 ― 는 새롭게 나타난 인문주의에 공통된 유럽의 경험을 받아들였다.

무적함대의 실패는 펠리페에게 굴욕감을 안겼고, 더 나아가 교황 식스투스 5세Sixtus V가 잉글랜드인 개종을 위해 약속한 거액의 보조금을 지불하지 않음으로써 펠리페의 상황을 더욱 악화시켰다. 그의 보좌관들은 외골수였다. 그들은 실패를 아직도 스페인에 있는 비가톨릭교도들에 대한 이른바 펠리페의 관용 탓으로 보았다. 하지만 스페인 사람들은 그들의 신앙에 만족해하고 왕에게 충성하는 것처럼 보였다. 스페인은 놀랄 만큼 평화로운 나라였다.

:: 미사를 드릴 만한 가치가 있는 파리 ::

스페인의 가톨릭 경쟁자인 프랑스는 스페인처럼 대중적 순종을 전혀 경험하지 못했다. 1589년 프랑스 왕 앙리 3세는 암살당했고 그의 어머니 카트린 드 메디치는 죽었다. 기즈당이 이끄는 예수회 영향을 받은 가톨릭 동맹이 파리를 지배했지만, 부르봉Bourbon가 왕위 계승자인 나바라의 앙리가 이끄는 위그노 교도와 계속 내전을 벌이고 있었다. 앙리는 결국 1590년 이브리Ivry 전투에서 승리했다. 그가 이제 공식적으로 프랑스의 왕이 되었다고는 하지만, 가톨릭 신자가 되는 것에 동의하지 않으면 파리로 들어갈 수 없었다. 치열한 협상 끝에 앙리는 마침내 동의했다. 파리에 입성하자마자 몽마르트 언덕에서 밖을 내다보며 '파리는 미사를 드릴 만한 가치가 충분히 있다'고 말했다고 한다. 이 말은 아마도 앙리에게 잘 어울리지만 사실로 알려지지 않은 역사상 수많은 인용문 중 하나일 것이다.

앙리 4세(1589~1610년)는 특이한 프랑스 군주로서 현명했고 온건했으며 가끔은 유머가 풍부했다. 그는 많은 비난을 받은 카트린의 통치에 대해 '그녀가 더 큰 잘못을 한 적이 결코 없었다는 것이 놀랍다'고 말했다. 그는 1598년 프랑스판 독일 아우크스부르크 화의였던 낭트 칙령을 성사시켰다. 이것은 공직과 법 앞에서 신교도들에게 종교적 자유와 관용을 규정했다. 낭트 칙령은 프랑스의 종교적 분열을 넘어서는 데 거의 도움이 되지 않았던 절충안이었고, 1610년 한 가톨릭 광신자에게 앙리가 암살되는 결과로 이어졌다. 그는 인기가 많았었다. 파리에서 현재 그의 조각상이 장식되어 있는 퐁네프Pont Neuf를 건설했다. 앙리 4세는 부르봉가 첫 번째 군주로서 혁명 이후 프랑스 왕당파의 영웅이었고, 아직도 어김없이 여론조사에서 프랑스가 가장 좋아하는 군주로 지명되고 있다.

프랑스가 가톨릭교도와 신교도 사이의 평화적 공존을 위해 애썼을 때, 아우크스부르크 화의는 신성로마제국을 반세기 동안 비교적 평온하게 만들어주었다. 보헤미아 왕이자 신성로마 황제인 루돌프 2세Rudolph II(1576~1612년)는 얀 후스의 고향인 수도 프라하를 르네상스 문화와 취향이 구현된 곳으로 만들었다. 그의 매너리즘 미술품 수집은 유명했는데, 특히 아르침볼도Arcimboldo가 과일과 채소를 배치해서 그린 루돌프 2세의 초상화가 유명했다. 루돌프 2세는 한 번도 결혼하지 않았고 과학과 주술에 매료된 내성적인 사람이었다. 1609년 동생 마티아스Matthias 대공의 압력으로 루돌프는 보헤미아 신교도에게 공식적인 신앙의 자유를 인정하는 칙서에 서명했다. 이는 루돌프가 가톨릭 신자였으므로 아우크스부르크 합의마저 넘어선 것이었다.

:: 30년 전쟁 ::

이런 관용은 17세기 초에 북유럽 전역에서 새롭게 나타난 것으로 전도유망했지만 불안정했다. 1617년 아우크스부르크 합의가 갑자기 결렬되었다. 보헤미아 왕위가 예수회 훈련을 받은 합스부르크가 페르디난트 2세(1617~1637년)에게로 넘어갔다. 그는 1619년 신성로마 황제가 되었다. 그 어떤 왕위 계승도 유럽 평화에 이보다 더 파괴적일 수는 없었다. 페르디난트는 사촌인 스페인의 펠리페와 선교 열정을 공유했다. 그러나 펠리페가 자신의 신앙을 동포들과 공유했던 것에 반해 페르디난트의 보헤미아는 신교도가 압도적으로 많았다. 그들이 신교도로 남아 있을 자유는 최근 루돌프 2세에 의해 공식화되었다.

1618년 페르디난트가 보헤미아 신교도 지배자들을 가톨릭 신자로 대체한다는 소식이 프라하에 전해지면서 즉각적인 반란으로 이어졌다. 페르디난트의 사절들이 프라하성 위쪽 창문으로 끌려가 50피트 아래 도랑으로 내던져졌다. 이는 흔히 프라하 창밖 투척 사건Defenestration of Prague라고 일컬어지고 있다. 놀랍게도 그들이 살아난 것은 가톨릭 천사들의 날개와 도랑에 깊이 쌓여 있는 배설물 덕분이었다. 보헤미아인들은 즉시 페르디난트 대신 작은 라인란트주의 선제후 프리드리히 5세를 임명했다. 프리드리히는 잉글랜드 제임스 1세James I의 딸 엘리자베스 스튜어트Elizabeth Stuart와 결혼한 칼뱅파였다. '유럽의 보석'으로 불리는 그녀는 오래도록 신교도의 숭배를 받게 될 것이다.

이제 페르디난트는 유럽 전역에서 가톨릭 군주들과 용병들을 불러들여 신교도들과 종교전쟁을 벌였다. 스페인, 폴란드, 그리고 교황은 사실상 유럽 내 십자군 군대인 가톨릭 동맹에서 페르디난트와 손을 잡았다. 이에 반해 프리드리히는 네덜란드 신교도, 스칸디나비아인, 프랑스인(우회적으로), 그리고 잉글랜드인(성의 없이)의 지원을 받았다. 계속되는 30년 전쟁으로 아우크스부르크 화의와 이전 세기 동안 도달했던 신성로마제국 구성원에 관련된 일에 대한 다른 모든 관용 및 불간섭 칙령들이 파기되었다. 그것은 한 사람의 신앙이 국가의 운명을 얼마만큼 좌우할 수 있었는가를 보여주었다.

30년 전쟁의 특이한 비극은 독일의 강점 — 유럽의 왕조 전쟁들과 동떨어져 있었다는 것 — 을 약점으로 바꾸어놓을 것이다. 유럽 대부분에는 적어도 가톨릭교도와 신교도 사이를 중재할 수 있는 통치자로 추정되는 사람이 있었다. 독일에는 그런 통치자가 없었다. 합스부르크 왕가는 오랫동안 독일의 이질적 공국들의 자치권을 보장해 왔다. 이제 그들은 자치권에 장애물이 되었다. 이질적 공국들은 독일인을 독일인과 겨루게 했다. 그것은 재앙을 의미했다.

30년 전쟁의 첫 번째 전투인 1620년 백산 전투the Battle of White Mountain가 프라하 외곽에서 벌어졌고 보헤미아인들이 완패했다. 프리드리히는 도망쳤고, 엘리자베스와 함께 헤이그Hague에서 망명 생활을 했다. 그들이 통치한 1년이라는 짧은 기간은 '겨울 왕과 왕비'로 알려졌다. 페르디난트는 회유하기보다는 오히려 잔인하게 승리에 반응했다. 스물일곱 명의 보헤미아 지도자들이 프라하 구시가지 광장에서 처형되었다. 보헤미아의 비가톨릭 귀족들 모두가 땅을 몰수당했고 모든 신교도가 추방당했다. 추방당한 신교도 대부분은 서쪽의 독일로 도망했다. 10년 안에 후스 종교개혁의 계승자는 300만 명에서 80만 명으로 떨어졌다. 이 종교적 정화 작업이 너무나 철저했던 나머지 오늘날까지도 보헤미아는 대부분 가톨릭 신자로 남아 있다. 그런데도 후스의 조각상이 프라하의 구시가지 광장을 장식하고 있다.

페르디난트는 곧 대부분 스페인 용병으로 이루어진 군대의 임금을 지불할 수 없다는 것을 알게 되었다. 이 용병 군대는 보헤미아를 넘어 독일까지 약탈했다. 전쟁은 병사들이 중세의 무절제한 상태로 자급자족해 살아가는 비적 행위가 되었다. 점차 유럽 전체가 분쟁 속으로 빨려 들어갔다. 프랑스 왕 루이 13세와 보좌관 리슐리외Richelieu 추기경은 합스부르크가의 적이라면 심지어 신교도의 편을 들기까지 했던 프랑스 정책을 따랐다. 열성적인 신교도지만 의회가 비용 부담하는 것을 반대하자 잉글랜드의 제임스 1세는 군인들을 소규모로 파견했다.

신교의 대의에 보다 실질적인 동맹은 덴마크와 스웨덴이었다. 스웨덴의 군왕軍王 구스타프 아돌프Gustavus Adolphus(1611~1632년)가 선두에 섰다. 구스타프는 혁신적인 현장 지휘관으로 명성을 얻었다. 그는 보병, 경포, 그리고 기병의 위치를 전장을 빙 둘러 계속 바꾸었고 공급이 원활하게 이루어지게 했다. 이는 크고 무거운 총과 기동하기 어려운 테르시오tercios, 즉 20열로 늘어선 창으로 무장한 병사들로 편성된 스페인 군대와는 대조적이었다. 스웨덴군은 1631년 브라이텐펠트Breitenfeld 전투에서 승리했지만 구스타프는 1년 후 전사했다. 이는 분쟁이 조기에 종식될 수 있다는 희망을 깨뜨린 재앙이었다.

1637년, 19년간의 전쟁 후에 페르디난트는 죽었지만, 그때까지는 자체적인 추진력을 가지고 있었다. 루이 13세와 리슐리외는 스페인의 펠리페 4세(1621~1665년)가 카를 5세의 스페인 및 오스트리아의 합스부르크 제국을 재결합시키기 위해 전쟁을 이용할지도 모른다고 우려했다. 따라서 그들은 공식적으로 마드리드에 대해 전쟁을 선언했다. 이제 신교에 대한 가톨릭의 전쟁뿐 아니라 가톨릭 합스부르크가에 대한 가톨릭 부르봉가의 전쟁도 시작되었다. 처음에 프랑스군은 힘든 상황에 처했고 스페인군은 파리 외곽에 도달했다. 그 대신 프랑스군은 스페인령 플랑드르를 위협하고 북쪽의 스웨덴군에 증원 부대를 파견했다. 그 후 오토만 군대가 신교도의 요청을 받고 동쪽에서 오스트리아를 공격했다. 유럽은 혼란에 빠졌다.

독일로 되돌아가 보면 더 이상 왕조와 종교 간 다툼이 아니었다. 그것은 생존이 달린 사람들의 원시적인 투쟁이었다. 규율이 안 잡힌 군대가 공국들을 분열시켰고 이전에는 존재하지 않았던 분쟁을 야기했다. 30년 전쟁에 대해 역사가 베로니카 웨지우드Veronica Wedgwood는 그 싸움은 별 의미가 없었다고 말하면서 '거의 모든 전투원에게는 정복욕이나 신앙의 열정보다는 오히려 두려움이 작용했다. 그들은 평화를 원했다'라고 썼다. 결국, 1643년 카리스마 넘치는 스물세 살의 프랑스 장군 앙기앵Enghien 공작이 아르덴Ardennes의 로크루아Rocroi에서 플랑드르 군대에 맞서 싸웠고, 그곳에서 테르시오를 대학살함으로써 스페인의 참전에 종지부를 찍었다. 스페인의 펠리페는 이제 페르디난트를 지원하는 것이 플랑드르와 그곳의 수입을 잃게 할 수도 있다는 것을 깨달았다. 로크루아는 30년 전쟁의 마지막 총력전이었다.

또다시 5년 동안, 군인 무리가 지도자 없고, 굶주리고, 자포자기해서 중부 유럽 전역을 떠돌아다녔다. 독일의 무역과 제조업은 붕괴했다. 파종과 수확은 중단되었다. 독일어 사용자 2000만 명 중 3분의 1에서 6분의 1이 사망했다. 1620년 주민 수가 2만 명이었던 엘베강 도시 마그데부르크Magdeburg는 1649년 450명에 불과했다. 하이델베르크Heidelberg 대학의 중세 도서관은 바티칸으로 옮겨졌다. 한 스웨덴 장군은 보헤미아에서 집으로 쓴 편지에서 '나는 그렇게 메마르고, 황폐한, 그리고 훼손된 보헤미아 왕국을 보리라고는 예상하지 못했다. 왜냐하면 프라하와 비엔나 사이에 모든 것이 완전히 파괴되었고 그 땅에서 살아 있는 사람이라곤 거의 볼 수 없기 때문이다'라고 말했다. 30년 전쟁은 20세기 이전 유럽에서 벌어진 가장 처참한 전쟁으로 여겨진다. 웨지우드에게 30년 전쟁은 '유럽의 무의미한 갈등의 역사에서 탁월한 사례로 대의가 분명치 않았고, 진로를 이탈했으며, 결과는 무익했다'.

:: 베스트팔렌 강화조약 ::

관련 당사자들을 대표하는 외교관들은 결국 모두 109명으로, 로크루아의 여파로 1643년에 만나 베스트팔렌Westphalia에 인접한 두 도시 오스나브뤼크 Osnabrück와 뮌스터Münster에 따로따로 자리 잡았다. 특사들은 말을 타고 양측을 오가며 한 가지 조약이 아니라 현지에서 일련의 합의에 도달했는데, 이는 집단 평화로 나아가기 위해 계획된 것이었다. 협정은 5년이 걸려 마침내 1648년 체결되었다. 그것은 본질적으로 아우크스부르크 화의, 즉 통치자의 종교가 그 지역의 종교cuius regio, eius regio라는 정치와 신앙에 대한 민족자결주의 원칙으로 되돌아가는 것이었다.

아우크스부르크에서처럼 루터파와와 칼뱅파는 유럽 일부를 가톨릭교도와 공유하기로 합의했다. 몰수된 재산의 전부 또는 대부분이 반환될 것이다. 오스트리아와 이제는 빈곤한 보헤미아의 가톨릭 지위가 인정되었다. 스페인은 상실한 북부 네덜란드 지방들의 독립을 공식적으로 승인했고, 유대인들은 그곳에 안전한 피난처를 얻었다.

베스트팔렌은 독일 국가들의 자치권을 회복시켰고, 다시 한 번 그들에 대한 신성로마제국의 권한을 인정하지 않았다. 종종 민족국가 개념을 창시한 공로를 인정받았지만, 베스트팔렌은 국제주의 및 국가 자치권에 대한 거듭된 주장 그리고 조약의 법적 불가침성이라는 면에서 더 중요했다. 이 점에서 베스트팔렌은 전혀 지속적인 성공이 아니었다. 그럼에도 불구하고 참가자들은 화가 헤라르트 테르 보르흐Gerard ter Borch가 뮌스터 시청으로 몰려드는 그들을 그린 위대한 초상화에서 자신들의 성취를 축하했다. 이 그림은 지금 런던 국립 미술관에 소장되어 있다. 잉글랜드는 베스트팔렌에 관여하지 않은 유럽 국가였다.

베스트팔렌 강화조약은 싸워서 지칠 대로 지쳐버린 유럽의 현실을 받아들였다. 프랑스는 알자스와 라인강 유역 독일 깊숙한 곳의 땅을 얻으며 선전했다. 이는 그 지역 독일어 사용자들 사이에 지속적인 불만을 야기했다는 점에서 강화조약 조항들 중 가장 현명하지 못했다. 북쪽으로 스웨덴은 많은 북독일 영토를 차지하며 지역 강국으로 부상했다. 독일은 여전히 50여 개의 '자유도시'와 60개의 기독교 공국, 그리고 250개(어떤 사람들은 1000개라고 말했다)의 자치도시 및 작은 주로 이루어진 불모지로 폐허가 되었다. 그들이 회복하는 데는 한 세기가 걸렸다.

신교 지역 프로이센은 호엔촐레른Hohenzollern가의 '대선제후' 프리드리히 빌헬름Friedrich Wilhelm(1640~1688년) 치하에서 가장 빠르게 다시 나타났다. 그의 영토는 신성로마제국 밖에 있었고 명목상으로는 폴란드 속국이었다. 그러나 30년 전쟁 동안 프로이센은 브란덴부르크와 합병되었으며, 브란덴부르크 공작은 오랫동안 신성로마제국 선제후였다. 프로이센의 수도 베를린은 30년 전쟁에서 인구 절반을 잃었기 때문에, 프리드리히 빌헬름은 모든 종교 난민에게 문호를 개방했다. 이는 이민을 통해 경제 활력을 돋우려는 것이었다(1945년과 2015년에도 다시 한 번 그렇게 될 것이다).

스페인은 신성로마제국에서 영구적으로 분리되어 산산조각 난 왕국으로 남게 되었다. 1640년대 카탈로니아와 포르투갈에서 일어난 반란은 30년 전쟁에서 펠리페의 역할에 재원을 마련하라는 스페인 요구에 항의하는 것이었다. 스페인의 구식 해군은 성장 중인 네덜란드 해군력에 상대가 되지 못했기 때문에 가톨릭 지역인 플랑드르마저 위험에 처했다. 30년 전쟁의 대리 선동자였던 교황도 스페인 못지않게 엄청난 충격에 휩싸였다. 교황 인노켄티우스 10세는 베스트팔렌에서 배제되자 베스트팔렌을 '무익하고, 공허하고, 무도하고, 부당하고, 저주할 만하고, 타락하고, 어리석고, 의미가 없다'고 비난했다. 그런 교황의 포고는 더 이상 위력을 발휘하지 못했다. 인노켄티우스는 로마의 매우 아름다운 나보나Navona 광장을 만들어내는 것에서, 게다가 바로크 건축의 천재인 보로미니Borromini를 후원하는 것에서 위안을 얻었다. 벨라스케스Velázquez가 그린 인노켄티우스의 근엄한 초상화는 로마의 도리아 팜필리Doria Pamphilj

궁전에 걸려 있다. 교황 인노켄티우스는 팜필리 가문이었다.

:: 잉글랜드 내전 ::

30년 전쟁이 끝나가고 있었을 때, 평상시에는 차분했던 잉글랜드에서 보다 소규모의 만남이 폭발적으로 늘어났다. 쟁점은 보통 말하는 예배의 자유는 아니었지만, 가톨릭교도와 신교도의 반감은 끊임없이 일어나고 있었다. 보헤미아 엘리자베스의 아버지 제임스 1세(1603~1625년)는 신교도이자 킹 제임스King James 성경(흠정欽定 영역 성서)의 자랑스러운 위원이었다. 놀랄 것도 없이 1605년 화약음모 사건을 고려해 볼 때, 모든 가톨릭교도가 용의자로 남았지만, 용의자는 또한 1620년 미국으로 이주했던 메이플라워Mayflower 항해자들 같은 극단적 청교도들이었다. 유럽에서는 거의 잉글랜드만이 꾸준히 중도를 추구하는 데 전념했다.

제임스는 신교도였을 수도 있지만, 신성한 왕권과 '하느님이 위임한 통치'를 옹호했다. 그는 '하느님이 위임한 통치'를 의회를 지배하기 위한 권한으로 해석했다. 1625년 제임스가 죽고 왕위를 계승한 찰스 1세(1625~1649년)가 독실한 가톨릭 신자인 프랑스의 앙리에타 마리Henrietta Maria와 결혼하면서 문제가 시작되었다. 그것은 스튜어트 가문의 신교에 대한 헌신을 신뢰할 수 없다는 널리 퍼진 두려움을 확인시켜 주었다. 1628년 권리청원은 찰스에 대한 의회의 우위를 거듭 강조했다. 권리청원은 찰스의 세입 말고도 상비군을 거부했다. 이는 둘 다 의회의 특권이었다. 권리청원의 입안자인 대법관 에드워드 코크Edward Coke 경은 '마그타 카르타Magna Carta는 어떤 군주도 갖지 않을 녀석'이라고 선언했다. 이에 대해 찰스는 '왕들은 그들의 행동에 대해 오직 하느님에게만 설명할 의무가 있다'고 응수했다. 이것은 안정된 정부의 근거가 되지 못했다.

1629년 찰스는 의회를 해산했고 이른바 '폭정' 기간인 11년 동안 다른 의회 소집을 거부했다. 그의 비용 지불을 위해 특별세인 '선박세'를 부과하려 했지만, 징수할 수 없는 것으로 판명되었다. 그 후, 1637년 찰스의 보수적 대주교 윌리엄 로드William Lsaud가 칼뱅파 스코틀랜드에 가톨릭 기도서로 널리 알려진 것을 강요했다. 브레친Brechin의 주교는 설교단에 장전된 권총 두 자루를 두고 그것을 읽어야 했다. 폭동이 잇달아 일어났다. 스코틀랜드에서 수천 명이 개혁 신앙을 주장하며 '신앙 서약'에 서명했다.

잉글랜드는 이제 유럽 대부분에서 2세기가 소요될 혁명을 20년으로 압축하기 시작했다. 1640년에 선출된 의회는 왕에게 압도적으로 반대했다. 1640년 의회는 지주와 시민 지도자 및 상인과 전문가, 말하자면 헨리 8세의 종교개혁과 엘리자베스의 평화 아래서 등장하고 번창했던 새로운 중산층을 아우르고 있다는 점에서 지금까지 보아왔던 것과는 달랐다. 그들은 권리청원을 대항의 서로 전환시켰고, 교회 및 국가에 대한 완전한 의회 주권을 요구했다. 힘이 없는 찰스가 이것에 동의했을지도 모르지만, 그의 조언자였던 가톨릭교도 아내는 완강히 반대했다.

1642년 왕과 의회는 전쟁에 돌입했다. 독일에서처럼 잉글랜드도 심각하게 분열되어 있었다. 왕당파와 의회파는 가톨릭교도와 신교도가 아니라면 적어도 고교회파high church와 칼뱅파를 대리했다. 의회파 군대는 곧 근엄한 올리버 크롬웰Oliver Cromwell 휘하에 한데 모였다. 그 당시 대부분의 군대는 귀족 아들의 지휘를 받는 지역 병사를 조잡하게 모아놓은 것이었다. 주로 칼뱅파 지역인 동앵글리아에서 끌어온 크롬웰의 신형군New Model Army은 직업군인으로 징집되어 급여를 받았다. 찰스 1세는 연이어 패배했고, 이 패배는 결국 1644년 마스턴 무어Marston Moor와 1년 후 네스비Naseby에서 막을 내렸다. 왕당파 군대는 해산되었고 왕은 나중에 스코틀랜드 사람들에게 붙잡혀 의회에 넘겨졌다.

베스트팔렌이 결론에 도달했던 1647년 크롬웰 병사들이 푸트니Putney 교회에서 만났다. 처음으로 유럽 권력자들은 오늘날에도 인정받을 수 있는 방식으로 정치의 기본 원칙을 논의했다. 그들은 보편적 참정권, 징병제 폐지, 그리고 사유재산 상황에 대해 토론했다. 급진주의자 토머스 레인스버러Thomas Rainsborough 대령은 '잉글랜드에서 가장 가난한 사람은 살아야 할 삶이 있다. 왜냐하면 한 정부 아래에서 살아야 할 가장 위대한 사람은 누구나 우선 자신의 동의로 그 정부의 지배를 받아야 하기 때문이다'라고 주장했다.

크롬웰은 군주제 유지를 주장했고, 심지어 반란을 끝내기 위해 찰스 1세에게 유화적인 조건을 제시하기까지 했다. 그러나 포로로 잡힌 왕은 전쟁 복귀를 모의했고, 그 결과 반역죄로 재판 받았다. 1649년 추운 1월 오후 화이트홀Whitehall 연회장 밖에서 왕에게 처형 판결이 내려졌다. 찰스 1세는 끝까지 '신민과 국왕은 완전히 다르다'고 말했다. 왕의 머리가 몸에서 분리되자, 군중으로부터 신음소리가 터져 나왔다. 승리에 대한 혁명적 기쁨이나 피에 대한 갈채는 전혀 없었다. 선을 넘어버렸고 그것은 앞으로 몇 년 동안 그 나라의 양심에 달려 있었다.

크롬웰 치하에서 잉글랜드는 민주적 통치의 안정적 기반을 결코 추구하지 않았다. 그는 왕을 지지하기 위해 편을 바꾼 스코틀랜드인들을 공격했고, 가톨릭 아일랜드를 극악무도할 정도로 잔혹하게 처리했다. 이는 관용적인 신교에 대한 모든 주장을 무시한 행동이었다. 처음으로 그는 영국제도British Isles의 국가들을 하나의 중앙 의회 아래 묶었다. 이로써 주교가 폐지되더니 결국 의회 자체가 해산되었다. 맹목적인 존 밀턴의 지지를 받은 크롬웰은 신중하고 정의롭게 자신의 '공화국commonwealth'을 통치하려고 했다. 그는 3세기 동안 추방당한 유대인이 잉글랜드로 돌아올 것을 권했고, 런던시를 위해 네덜란드인과 무역 전쟁을 벌였다. 영국 혁명의 민주적 자부에도 불구하고, 혁명은 5년간 '소름 끼칠 정도로 경건한' 독재 정권으로 이어졌다. 1658년 크롬웰은 죽기 전에 왕에게 어울리는 상속에서 위안을 찾았고, 자신의 아들 리처드를 후임자로 임명했다.

2년 후, 몽크 장군은 의회와 상의했고 사실상 잉글랜드가 생각을 바꿀 것을 권했다. 의회는 죽은 왕의 아들 찰스 2세(1660~1685년)가 그의 뜻이 아닌 의회의 뜻에 따라 망명 생활에서 돌아올 것을 요청했다. 군주정은 그 재능을 타고 났다. 잉글랜드 교회는 권리와 재산을 갖고 재건되었다. 예배의 자유와 의회 주권은 굳게 뿌리를 내리고 있었던 것으로 보인다. 유럽 국가인 잉글랜드는 국왕 살해, 독재, 그리고 공화국을 맛보고 그들 모두를 거부하며 혁명의 골짜 기를 빠져나갔다. 잉글랜드의 '입헌군주정'은 적어도 초기에는 자유국가였다.

:: 오스트리아의 안느와 프롱드의 난 ::

입헌군주정 국가는 프랑스에서 마지막으로 논의된 것이었다. 루이 13세와 리슐리외는 죽었고, 파리는 루이의 별거 중인 아내이자 당시 프랑스를 통치한 역대 세 번째 범세계주의자cosmopolitan 여성인 오스트리아의 안느Anne에 의해 통치되었다. 그녀는 루이 13세의 어머니이자 섭정이었던 카트린 드 메디치를 따라 했다. 안느는 17년 동안 아들 루이 14세의 섭정이었다. 1560년대부터 16 세기 대부분 동안 한 여성이 프랑스를 이끌었다.

안느는 리슐리외의 위풍당당한 추종자인 마자랭Mazarin 추기경과 협력하고 가능한 공존하면서 통치했다. 리슐리외와 마자랭 둘 다 프랑스 정치에서 무자 비한 술책의 대가였다. 그들은 유능하고, 두려움의 대상이었고, 실용적이었 다. 30년 전쟁이 끝나자 안느는 프롱드Fronde로 알려진 귀족당파의 반란에 직 면했다. 그들은 30년 전쟁에서 프랑스의 분담금 지불에 부과된 세금에 반대해 서 반란을 일으켰다. 프롱드 난은 부르봉 왕가를 쿠데타로 위협했지만, 결국 1653년에 진압되었다. 잉글랜드 내전에 파리가 응답한 것이었다고는 하지만, 프롱드 난으로 인해 당시 잉글랜드와 네덜란드가 쟁취했던 어떤 정치 개혁도 달성하지 못하게 되었다.

1661년 마자랭이 죽고 스물두 살의 루이 14세는 안느에게서 권력을 빼앗았다. 그는 상황 판단이 빠른 젊은이로 어머니가 어떻게 통치하는지 주의 깊게 지켜보았고, 군주란 절대 다른 사람에게 권력을 위임해서는 안 된다는 중요한 교훈을 배웠다. 절대 권력은 그런 것이었다. 후에, 루이는 '짐이 곧 국가다l'état, c'est moi'라고 말했다고 한다. 태양왕Sun King의 황금빛 궤도가 지평선 위로 떠올랐다. 그것은 유럽 전체를 현혹시킬 것이다.

12

절대 권력의 정점

1660~1715년

:: **태양왕의 출현** ::

루이 14세(1643~1715년)는 자신의 시대를 지배했다. 그는 '신이 선물한 자le Dieu donne'로 불렸고, 신을 능가하려고 애쓰면서 일생을 보냈다. 그는 30년 전쟁으로 지칠 대로 지치고 아마도 베스트팔렌 조약으로 평화가 회복된 유럽에 직면했다. 베스트팔렌은 가톨릭이 주장하는 유럽 신앙 체계에 대한 지배권을 종식시켰다. 이와 동시에 르네상스와 종교개혁의 에너지는 자연계와 인간 조건에 대한 논쟁에 불을 지폈다. 도처에서 확립된 가정들이 도전받았다. 르네상스를 동반했던 과학혁명은 새로운 힘을 얻었다. 교회의 비난을 받은 갈릴레오Galileo가 죽었던 1642년에 아이작 뉴턴Isaac Newton이 태어났다. 그와 함께 근대 물리학이 탄생했다.

프랑스에서, 루이 14세는 어떤 새로운 유럽도 인식하지 못했다. 로마 황제처럼, 자신이 '위대하고, 고귀하고, 즐거운 군주정의 일'을 할 운명이라고 믿었다. 작은 키에 성질이 급했던 그는 두려움과 화려함, 그리고 속임수로 통치했다. 어떤 반대도 용납하지 않았고 어떤 권한도 위임하지 않았다. 국무장관들은 그의 이름으로만 문서에 서명할 수 있었다. 그들은 매일 아침 그에게 직접 보고해야 했고, 그가 죽을 때까지 그렇게 했다. 태양왕 루이는 유럽에서 가장 인구가 많은 프랑스의 2000만 국민에게 영광을 안겨주었고, 프랑스에 파산과 혁명이라는 유산을 남겼다.

루이의 지휘 본부는 파리 외곽 베르사유 왕실 사냥 숙소 자리에 세워진 새로운 궁전이었다. 1682년 그곳으로 거처를 옮겼다. 새 궁전의 건립은 수도 파리의 영향과 노출로부터 자유로워지고 싶어서였다. 펠리페 2세의 음침한 에스코리알 궁전과는 달리 베르사유Versailles 궁전은 쾌락과 허세의 감옥이었다. 잉글랜드에서 엘리자베스는 귀족들에게 궁정을 떠나 지방의 땅을 지키고 개발하게 했다. 루이는 배후에서 음모를 꾸미는 프롱드 난의 재발을 전혀 원치 않았다. 프랑스 귀족 1000명이 베르사유 궁전의 350개 방에 마치 평생처럼 감금되었다. 노아유 가문은 노아유가Rue de Noailles로 알려진 복도 전체에 거주할 만큼 큰 가문이었다. 이곳에서 궁정 신하들은 매일 군주에게 굽실거렸고, 군주는 강제적인 환대와 여흥으로 화답했다. 황금 자루 속의 쥐들처럼, 그들은 사소한 반목과 조롱과 비굴함으로 전락했다.

루이 14세는 신교를 싫어했지만, 가톨릭 교황에게 전혀 경의를 표하지 않았다. 그가 곧 국가 전체였다. 주교들은 그의 종복이었다. 외교정책에서는 중세 이후 프랑스의 골칫거리였던 왕조 및 영토 분쟁에 사로잡혀 있었다. 그는 베스트팔렌 이전 시대로 복귀했던 것이다. 그는 권력 강화야말로 '군주의 업무 중 가장 가치 있고 마음에 드는 것'이라고 썼다. 그는 무모하게 권력을 강화하려 했고 별로 성과를 거두지 못했다. 베르사유에서 쓰지 않았던 그의 수입 대부분은 25만 명의 상비군에게 지출되었다. 다른 어떤 유럽 국가도 이 만큼 많은 상비군을 가지고 있지 않았다.

루이 14세는 재무상 장-바티스트 콜베르Jean-Baptiste Colbert에게 재정을 감독하게 했다. 콜베르는 세세한 부분까지 열정적으로 살폈고 관료주의를 좋아했다. 한 동시대인은 그가 '변함없는 북극성의 냉철함'을 지닌 회계사였다고 말했다. 그러나 콜베르조차도 루이의 사치를 감당해 낼 수 없었다. 결국 한 나라의 경제는 화려함의 베일에 가려 지속 불가능했다. 유일한 문제는, '그것이 루이보다 더 오래갈 수 있을까?'하는 것이었다.

:: 프랑스-네덜란드 전쟁 ::

루이 14세는 네덜란드에서 스페인인과 네덜란드인 모두에 맞서 빠른 시일 안에 승리를 거두려고 했다. 이를 위해 1670년 잉글랜드의 찰스 2세와 도버 밀약 체결을 모색했다. 찰스는 이미 아버지처럼 국회를 하찮은 존재로 여기고 있었고, 루이는 거액의 보조금과 프랑스와 잉글랜드 사이의 네덜란드 분할을 의제로 삼았다. 답례로, 찰스는 네덜란드 공격을 위한 60척의 배를 약속했다. 게다가 잉글랜드 교회는 가톨릭으로 복귀했다. 이 약속들은 터무니없었다. 루이의 사치를 간절히 흉내 내고 싶어 했던 찰스는 그의 하수인이 되었다. 단지 우정만을 맹세한 가짜 조약으로 뒷거래가 가려졌다.

루이는 1672년 네덜란드에 전쟁을 선포했다. 이는 표면적으로는 무역 전쟁을 선포한 것이었지만 실제로는 땅을 빼앗으려는 것이었다. 찰스는 약속했던 배를 보냈지만 의회의 반대를 불러일으켰고, 2년 후 루이와 맺은 조약을 어겨야만 했다. 네덜란드인들도 똑같이 저항한 것으로 알려졌다. 프랑스군이 침략했을 때, 네덜란드인들은 제방을 열어 프랑스군이 지나가는 지역을 범람시켰다. 장차 잉글랜드의 윌리엄 3세가 될 새로운 총독이 '최후까지' 싸우는 것이 자신의 전략이라는 유명한 말을 했다. 프랑스의 침공은 교착 상태에 빠졌고 결국 격퇴되었다. 1678~1679년 나이메헨Nijmegen 조약에 따라, 루이는 적당한 정도의 영토만을 획득했다. 그러나 전쟁으로 당시 유럽에서 가장 부유하다고 여겨졌던 네덜란드 경제가 완전히 파괴되었다. 렘브란트Rembrandt, 할스Hals, 테르 보르흐Ter Borch, 그리고 베르메르Vermeer의 네덜란드 회화 황금기가 막을 내렸다.

1683년 오스트리아는 잇따른 오토만제국의 침공으로 정신이 없었고, 이번에는 비엔나의 성문에 도달했다. 절정에 달한 비엔나 전투에서 오스트리아와 폴란드-리투아니아 연합군이 오토만 투르크 군대에 결정적인 승리를 거두었다. 이 전투에서 역사상 최대 규모의 기병 돌격이 있었던 것으로 알려졌다. 폴란드 기병 1만 8000명이 투르크군에게 돌진해 들어갔다. 루이의 프랑스는 가톨릭 유럽의 보전에 대한 위협이 재개되었을 때 오스트리아를 전혀 돕지 않았다. 다시 한 번 유럽은 협력할 수 없었다.

루이는 이제 고국으로 돌아갔고, 아마도 앙리 4세의 낭트 칙령으로 보호받고 있는 위그노 교도 주민에 대해 강박적인 공격을 지휘했다. 그는 단일 국가란 왕의 종교인 단일 종교를 가져야 한다고 생각했다. 1685년 루이는 낭트 칙령을 폐지하고 위그노 교도들에게 가톨릭으로 개종하든지 프랑스를 떠나라고 명령했다. 이로 인한 충격은 엄청났다. 추방에 대한 추정 수치는 매우 다양하지만, 25만 명에서 90만 명 사이의 위그노들이 집을 떠나 잉글랜드, 네덜란드, 프로이센으로 갔다. 이렇게 추방된 위그노 교도들로 인해 북유럽은 유럽의 신흥 자본주의에 대단히 유용한 숙련된 장인과 상인 및 금융업자들의 네트워크가 형성되는 축복을 받았다.

:: 오렌지 공 윌리엄의 등장 ::

낭트 칙령의 폐지로 잉글랜드에 아직 남아 있던 프랑스 애호의 흔적이 사라졌다. 프랑스 애호는 네덜란드의 모든 것에서 즐거움을 찾는 것으로 대체되었다. 런던 주재 프랑스 대사는 루이에게 잉글랜드에서 프랑스의 유일한 친구는 스튜어트 왕가라고 경고했다. 스튜어트 왕가 역시 단합되지 않았다. 오렌지 공 윌리엄William of Orange은 당시의 잉글랜드 왕 제임스 2세의 신교도 딸이자 왕위 계승자인 메리 공주와 결혼했다. 프랑스-네덜란드 전쟁의 영웅 윌리엄이 결국 메리의 남편으로서 왕위를 계승하는 것은 잉글랜드에서 열렬히 기대했던 신교도 국왕의 지배를 보증하는 것이었다. 이 희망은 1688년 6월 제임스 2세의 새 아내 모데나Modena의 메리Mary가 아들을 낳으면서 사라져버렸다. 이는 가톨릭 신자로 추정되는 사람을 왕위 계승 서열 1위로 만들었다. 윌리엄과 메리는 쫓겨났고 다시 한 번 스튜어트가의 위기가 찾아왔다.

　의회는 왕실의 가톨릭 복귀를 용납하지 않을 것이다. 1660년 두 번째 왕정복고에 대한 생각들은 결과가 좋지 않았다. 세 번째 왕정복고에 대한 생각들이 요구되었고, 네덜란드의 윌리엄이 주도권을 잡았다. 새로운 왕자가 태어났던 몇 주 안에 그는 잉글랜드에 있는 대리인 한스 벤팅크Hans Bentinck를 통해 동료 일곱 명에게서 편지를 받았다. 이는 잉글랜드로 쳐들어가 제임스의 왕위를 빼앗을 것을 요청하는 내용의 편지였다. 잉글랜드 정치는 시민혁명으로 거슬러 올라가며 의회주권 지지자들과 스튜어트 왕정 지지자들 사이에서 노선을 따라 갈라지고 있었다. 그들은 각각 휘그당Whigs과 토리당Tories으로 불렸다. 이는 스코틀랜드 가축 상인과 아일랜드 무법자를 욕하는 용어였다. 휘그당이 윌리엄의 왕위 찬탈의 강력한 배후였던 것에 반해 토리당은 스튜어트 왕실의 동조자였다.

　한 세기 전 스페인 무적함대의 세 배 규모인 463척의 배와 4만 명의 병력으로 구성된 네덜란드의 침략 함대가 1688년 11월 네덜란드에서 출항해 도버 앞바다에 도착했고, 그곳에서 울려 퍼지는 총포 소리의 환영을 받았다. 윌리엄은 상륙하지 않고 조심스럽게 서쪽으로 데본Devon의 브릭섬Brixham을 향해 갔다. 그곳에서 네덜란드군은 똑바로 런던으로 갔다. 런던에서 젊은 지휘관 존 처칠John Churchill이 이끄는 왕의 군대가 반역자로 돌변해서 침략군에 가담했다. 제임스는 템스Thames강을 따라 도망치며 잉글랜드의 국새를 물속으로 던졌다. 아마도 국새는 물속에 지금도 있을 것이다. 그는 프랑스로 탈출해서 루이의 환대를 받을 수 있었다. 윌리엄은 런던을 점령했고, 잉글랜드는 곧 동인도회사의 차, 도자기, 튤립 꽃병, 그리고 붉은 벽돌의 박공으로 넘쳐났다.

월리엄의 침략은 그와 이름이 같았던 노르만인의 침략처럼 뻔뻔스러웠지만, 이번에는 반대하는 사람이 거의 없었다. 그는 여성의 왕위 계승 조건을 무시하고 자신의 아내 메리(1689~1694년)와 동등한 조건으로 직접 왕위를 요구하여 월리엄 3세(1689~1702년)가 되었다. 의회는 동의하는 대신에 지난 세기 동안 제한적으로 성공했던 스튜어트가 군주들에 대한 헌법상의 제한을 주장했다. 이는 1689년 관용령과 권리장전에서 절정에 달했다. 가톨릭교도나 유니테리언Unitarians 교도 같은 극단적 청교도들에게는 (적어도 공개적으로는) 관용령과 권리장전은 예배의 자유를 허용하지 않았다. 그들은 공직에서 배제되었다. 의회는 국가 세입, 군대, 그리고 외교 정책에 대한 통제권을 유지할 것이다.

합의는 '가톨릭 군주의 통치를 받는 것은 이 신교 왕국의 안전과 복지에 부합하지 않는다는 것을 경험으로 알게 되었다'고 덧붙였다. 1701년 왕위계승법은 독일의 신교도 하노버Hanover 왕가에 의지하기 위해 스튜어트 왕가 가톨릭교도 후손 55명을 고려하지 않는 왕위 계승을 공식 선언했다. 메리나 여동생 앤이 자식을 낳지 않는 한, 잉글랜드 통치권은 독일 왕조와 함께 프랑스, 웨일즈, 스코틀랜드, 그리고 네덜란드 왕조의 선례를 따를 것이다. 월리엄의 왕위 찬탈은 '명예혁명'으로 건전한 것처럼 보였고, 게다가 크롬웰의 반란 이후 격동의 반세기를 종결시켰다. 온건한 대의제 의회가 군주정 체제의 핵심에 더 가까워졌다.

:: 9년 전쟁 ::

가만히 있지 못하는 성격의 루이는 이제 실제로 모든 유럽 주요 국가들과 대립각을 세웠다. 프랑스-네덜란드 전쟁 이후, 스페인은 네덜란드, 잉글랜드, 그리고 신성로마제국과의 믿기지 않는 연합으로 루이에 대항해 방어동맹을 형성했다. 이렇게 해서 9년 전쟁이 발발했다. 이 전쟁은 1688년 루이의 군대가 네덜란드를 거쳐 라인강 유역으로, 게다가 사보이와 카탈루냐Catalonia로 진격하면서 시작되었다. 루이의 군대는 캐나다, 서인도제도, 그리고 인도에서도 활약하고 있었다. 역사가들은 그 충돌을 '1차 세계대전'이라고 부를 수 있을 정도였다. 프랑스 군대는 인상적이었지만, 무엇보다 루이는 중요한 전략 없이 도시와 영토를 파괴하고 대학도시 하이델베르크에 불을 지르는 것으로 전락했다.

월리엄은 루이에 대항한 동맹의 수장이었던 것으로 보이지만, 의회는 유럽에서 복무할 잉글랜드 군대 모집에 반대했다. 1690년 루이가 추방당한 제임스 2세 치하의 아일랜드에 군대를 파견했을 때가 되어서야 의회는 생각을 바꿨다. 제임스 2세는 가톨릭교도들이 반란의 깃발 아래 집결하기를 바랐다. 월리엄은 더블린Dublin 북쪽 보인Boyne 전투에서 제임스를 물리쳤다. 이는 나중에 아일랜드 내전에서 '잉글랜드 왕 윌리엄 3세King Billy'와 오렌지색을 영예롭게 하든지 아니면 저주하게 했다.

1697년까지 루이의 종잡을 수 없는 모험에 대해 유럽인들의 극도의 피로감이 모든 면에서 나타나기 시작했다. 리스윅 조약Treaty of Ryswick으로 루이는 초반에 얻은 이득 대부분을 잃었다. 그는 어쩔 수 없이 라인강 동쪽에서 철수했고, 로렌을 잃었으며, 룩셈부르크Luxembourg와 바르셀로나를 스페인 국왕의 영토로 반환해야만 했다. 게다가 자신의 적이었던 윌리엄을 잉글랜드 왕으로 인정해야 했다. 교황 인노켄티우스 12세는 신교 국가들에 가톨릭교도의 예배의 자유를 허락해 달라고 호소했다. 30년 전쟁에 대한 기억이 아직도 많은 사람의 마음에서 아물지 않은 상처로 남아 있는 가운데, 교황의 호소에 기꺼이 호의를 보낼 사람은 거의 없었다.

:: 스페인 왕위 계승 전쟁 ::

루이에게 리스윅 조약은 좌절이었지만, 왕조의 지평선 너머로 더 큰 논란거리가 어렴풋이 나타났다. 수년간의 근친혼으로 프랑스 부르봉가와 오스트리아 합스부르크가의 피가 유럽 대부분의 왕가를 관통했다. 유럽의 끊임없는 갈등에 혈통에 의한 화합을 이끌어내려고 막시밀리안 1세가 추구한 결혼 외교는 정반대로 이끌려갔다. 말하자면 왕위가 공석일 때마다 대립되는 주장들이 그 물망처럼 이어졌던 것이다. 양쪽에 4촌이나 6촌이 없었던 전투는 거의 없었다. 루이는 '만약 내가 싸워야 한다면, 손자들과 싸우느니 차라리 적들과 싸우는 편이 낫겠다'고 말했다. 손자와 적을 구별하기란 쉽지 않았다.

곧 스페인의 병약한 왕 카를 2세의 왕위 계승이 쟁점이 되었다. 그는 몇 세대에 걸친 합스부르크가의 강박적 근친교배의 희생자였다. 스페인 합스부르크가의 아이들 서른네 명 중 절반이 열 살이 되기 전에 사망했다. 카를은 정신적으로 불안정하고 허약했다. 그리고 커진 혀 때문에 그의 말은 앞뒤가 맞지 않았다. 에스코리알 궁전에 감금되어 비밀 추기경의 통제를 받고 살았다. 1697년 죽음이 가까워졌을 때, 그의 제국은 합스부르크가 미성년자 세 명에 의해 논란의 대상이 되었다. 그들은 현재 신성로마제국 황제 레오폴트 1세 Leopold I의 아들인 열두 살의 카를, 루이 14세의 손자인 열네 살의 앙주 공작, 그리고 타협을 통해 선정한 후보인 다섯 살의 합스부르크가 바이에른의 요제프 페르디난트Joseph Ferdinand였다.

관계자들은 처음에 바이에른의 아이로 합의를 보았다. 왜냐하면 바이에른이 프랑스의 오랜 동맹국이었으므로 오스트리아-스페인 합스부르크 제국이 파리를 위협할 가능성이 낮았기 때문이다. 그 합의로 서유럽에서 3자 간의 세력 균형이 유지되었다. 하지만 1년 후 바이에른의 아이가 죽었고 합의는 취소되었다. 타협을 통해 선정한 새로운 후보는 나타나지 않았고, 도처에서 필사적인 노력에도 불구하고 관계자들은 무력에 호소했다.

황제 레오폴트는 아들을 위해 스페인을 차지해서 카를 5세의 통합된 합스부르크 제국을 복원하기로 결심했다. 그가 위험한 포위라고 보았던 것에 루이는 완강히 반대했다. 1700년 11월, 스페인의 카를이 사망했고, 루이의 손자 앙주 공작에게 왕위를 수여한다는 유언을 남겼다. 이렇게 해서 크게 기뻐한 루이는 아르덴에서 지브롤터 해협과 남북 아메리카까지 펼쳐져 있는 프랑스 제국을 상상할 수 있었다. 그는 손자를 스페인의 펠리페 5세이자 추가로 자신의 프랑스 왕위 계승자로 인정했다. 루이는 '이제부터 피레네산맥은 없다'고 선언했다.

이는 오스트리아의 레오폴트 동맹국들에게는 너무 지나친 처사였다. 레오폴드는 루이 못지않게 야심만만했음에도 불구하고 1701년 3월, 오스트리아와 네덜란드, 잉글랜드가 헤이그에서 루이에 대항해 동맹을 맺었다. 잉글랜드에서 윌리엄 3세는 그의 지휘관이자 이전 동맹으로서 지금은 말버러Marlborough 백작(나중에 공작)인 존 처칠에게 협상을 위임했다. 동맹군을 지휘하게 된 처칠은 '유럽의 자유를 보존하고 잉글랜드의 재산과 평화를 지키기 위해 그리고 프랑스의 과도한 힘을 줄이기 위해 황제 및 네덜란드와 함께' 동맹국은 신성로마 황제가 아들을 대신하여 스페인 왕위를 주장하는 것에 지지를 보낼 것이라고 알렸다.

스페인 왕위 계승 전쟁은 대부분의 이전 전쟁들을 반복한 것이었다. 루이는 익숙한 출발선인 플랑드르로 돌아왔다. 그에 대항한 동맹국들은 분열로 무력해졌다. 오스트리아에게는 오토만인들과의 동쪽 국경이 지속적이면서도 일차적인 관심사였던 반면, 잉글랜드의 말버러에게는 의회에서 반反개입주의를 주장한 토리당의 지지가 부족했다. 토리당 중 일부는 여전히 제임스 2세의 프랑스 후원자에 대한 자코바이트Jacobite(제임스 2세와 그 자손의 지지자 — 옮긴이)의 지지를 마음속에 품고 있었다.

루이는 60대였고 베르사유에 고립되어 있었다. 콜베르가 죽으면서 루이에게는 아마도 자신의 신성한 결정에 도전할 만한 현명한 조언자가 부족했을 것이다. 1702년 프랑스와 오스트리아 동맹국들 사이의 전쟁이 공식적으로 선포되었고, 루이의 군대가 오스트리아를 향해 라인강을 거슬러 진격했다. 프랑스군은 다뉴브강 상류에서 바이에른 동맹군과 합류하여 레오폴드의 비엔나를 프랑스와 바이에른이 합동 공격할 수 있기를 희망했다. 그것은 유럽 최강국의 수도에 대한 노골적인 공격이었다.

1704년 말버러가 2만여 명의 소규모 잉글랜드군과 함께 라인강에 도착하면서 군사 작전 시기가 시작되었다. 그는 더 큰 동맹군에 합류하여 5주 동안 250마일이라는 유명한 강행군을 벌였다. 말버러는 최근 젠타Zenta 전투에서 헝가리의 오토만인들에게 승리를 거둔 또 한 명의 동맹군 사령관 사보이 대공 유진Eugene과 만났다. 말버러와 유진은 이제 5만 2000명으로 규모가 커진 군대로 바이에른의 블렌하임Blenheim 마을에서 프랑스군과 대결해 압도적으로 승리했고 프랑스군은 퇴각할 수밖에 없었다. 말버러는 전쟁 열기에 들뜬 채 잉글랜드로 돌아왔다. 앤 여왕은 그에게 공작 지위를 하사했고 대체로 왕족과 주교들에게만 쓰는 용어인 '궁전palace'에 대한 특권을 수여했다. '궁전'은 우드스톡Woodstock의 왕실 소유지에 밴브루Vanbrugh가 바로크 양식으로 설계한 것이었다. 그것은 블렌하임 궁전처럼 오늘날까지도 서 있다.

루이는 패배를 인정하지 않았고, 전쟁은 연이은 여름 동안 대부분 저지대 국가에서 일련의 전투로 악화되었다. 말버러는 1706년 라미이Ramillies에서 확실한 승리를 거두었다. 게다가 1708년 아우데나르더Oudenaarde와 릴Lille에서 프랑스군의 패배가 이어졌다. 루이는 이제 네덜란드에서 쫓겨났고, 사보이군과 오스트리아군은 그를 이탈리아 북부에서 몰아냈다. 하지만 영국은 전쟁에 지쳤고, 1707년 앤 여왕이 열정을 갖고 추진했던 스코틀랜드와의 공식적인 통합을 달성했다. 이렇게 해서 새로운 '영국Great Britain'이 성립되었다. 이후 잉글랜드인은 대부분 '영국인'이 된다.

:: 위트레흐트 조약 ::

평화를 가로막는 주요 장애물은 루이가 스페인 왕위를 인정하지 않는 것이었고, 게다가 교전은 무자비한 백년전쟁의 성격을 띠었다. 1709년 벨기에 국경의 말플라크Malplaquet에서 벌어진 전투는 양쪽을 합쳐 19만 병력이 서로 피비린내 나는 싸움을 했지만 뚜렷한 결과 없이 마무리되었다. 말버러가 프랑스군을 퇴각시키고 그것을 승리라고 여겼지만, 2만 5000명이 죽고 부상당한 동맹군의 손실은 프랑스군의 두 배에 달했다. 한 프랑스 장군은 루이에게 '만약 폐하의 적들에게 또 한 번 그런 승리를 안겨주는 것이 하느님께 기쁨이 된다면, 그들은 파멸할 것입니다'라고 말했다. 루이는 '하느님은 내가 그를 위해 했던 일을 잊으셨단 말인가?'라고 투덜거릴 수밖에 없었다.

1710년부터 루이는 평화를 열망했지만 동맹국은 이에 동의할 수 없었다. 해양 국가들은 프랑스가 네덜란드에서 쫓겨난 것만으로도 만족했고, 그것은 이제 성취되었다. 레오폴드는 스페인 왕위 못지않은 것을 원했다. 영국에서는 전쟁에 반대하는 토리당이 과반수를 획득했다. 이는 어느 정도 말플라크의 유혈에 대한 공포감에 기인했다. 토리당인 옥스퍼드 백작과 프랑스군 사이의 협상이 1713년 위트레흐트Utrecht 조약으로 마무리될 때까지 논쟁은 계속 되었다.

전쟁은 모든 당사자들의 군대가 고갈되면서 끝났다. 위트레흐트 조약에 따라, 신성로마제국의 새로운 황제 오스트리아의 카를 6세는 스페인 왕위에 대한 권리를 상실했다. 그것은 루이와 그의 후보자인 펠리페 5세에게는 승리였다. 반면에 루이는 프랑스가 라인강에서 다시 한 번 철수하는 것에 덧붙여 프랑스 왕위와 스페인 왕위의 공식적인 분리를 승인해야 했다. 오스트리아는 이탈리아와 스페인령 네덜란드(대략 벨기에 서부와 룩셈부르크)에 있는 스페인의 이전 영토들로 보상받았다.

따라서 위트레흐트의 주요 성과는 숙적이었던 부르봉가 프랑스와 합스부르크가 오스트리아 사이의 세력균형을 재강조하는 것이었다. 말버러 백작과 옥스퍼드 백작이 성과를 거두는 역할을 했음에도 불구하고, 영국은 유럽 영토에 어떤 이해관계도 갖지 못했다. 영국의 관심은 해외에 있었다. 영국은 해외에서 지브롤터와 미노르카Minorca 그리고 뉴펀들랜드뿐만 아니라 30년간 스페인 식민지들과 아프리카 노예를 거래할 수 있는 독점권도 얻었다. 아프리카 노예 거래는 엄청난 돈벌이가 되었다. 각각의 경계선이 다시 그어지고, 각각의 통치권이나 결혼 동맹이 새로운 변화를 겪으면서, 변화무쌍한 유럽이 점점 더 복잡해졌다. 베스트팔렌처럼, 위트레흐트도 평화조약이라기보다는 또 다른 전쟁을 위해 골칫거리를 묻어두는 것이었다.

:: 영국 하노버 왕가의 등장 ::

위트레흐트는 새로운 영국에서 겉보기에 문제없는 권력 이동과 동시에 일어났다. 1714년, 스튜어트가 여왕 앤이 죽어가고 있을 때, 일단의 토리당원들이 내키지는 않지만 늙은 참주Old Pretender로 알려진 파리의 제임스 2세 아들을 통해 스튜어트가의 왕위 계승을 복원하려고 했다. 하지만 법은 명확했고 의회는 그것을 지지했다. 영국의 왕위 계승권은 하노버Hanover 왕가의 54세 독일인 조지George에게 있었다. 그가 대관식을 위해 도착했을 때, 영어를 거의 하지 못했다. 그는 불륜에 대한 벌로 이미 아내를 성에 감금했고 코끼리와 오월제의 기둥으로 알려진 뚱뚱하고 마른 두 명의 정부를 데리고 왔다. 그는 각각의 정부와 카드놀이를 하면서 교대로 밤을 보냈다. 조지의 주요 취미는 군사 활동과 사냥이었고, 그가 새로운 국가에 주었던 최고 선물은 작곡가 헨델이었다.

시간이 지나면서 더욱 의미 있는 축복이 나타났다. 조지는 정부나 정치에 조금도 관심이 없었다. 그는 신하들이 시키는 대로 했던 하노버를 좋아한다고 말했다. 그는 프랑스어로 각료 회의를 주재하려 했으나 곧 포기했고, 1715년부터 제1재무상인 휘그당의 로버트 월폴Robert Walpole 경에게 맡겼다. 이 친절한 노포크Norfolk의 지주는 '총리'라는 칭호를 받은 최초의 영국인이었다. 이렇게 해서 영국 군주의 권위는 혁명이 아닌 관심 부족으로 쇠퇴했다. 제대로 된 책임 있는 민주주의 열쇠인 정당 정치는 권력의 공백에서 탄생했다. 이제 장기간의 '휘그당 패권'이 시작되었다. 이 패권은 월폴이 처음으로 장악해서 1714년부터 1760년까지 거의 연속되었다. 17세기에 영국인들이 쟁취하기 위해 싸웠던 자유는 더 이상의 청원과 권리 및 헌법에 의해서가 아니라 관습과 관행에 의해 확립되었다.

조지가 왕위에 오른 지 1년이 지난 1715년 루이 14세는 죽어가고 있었다. 76세의 나이로 자신이 조국에 가했다고 느꼈던 고통에 괴로워하며, 루이 14세는 어리벙벙한 증손자이자 후계자인 다섯 살의 루이 15세에게 '무엇보다도, 이웃들과 평화롭게 지내라. 나는 전쟁을 너무 좋아했단다. 전쟁이나 낭비는 나를 따라 해서는 안 된다'고 충고했다. 후회하기에는 너무 늦었다. 루이 14세의 장례식에서 주교는 다음과 같이 노골적으로 진부한 표현을 썼다. '형제들이여, 하느님만이 위대하십니다.'

:: 스웨덴의 칼 ::

위트레흐트는 서유럽 경계를 반세기에 걸쳐 고정시켰지만, 동유럽 경계는 불안정했다. 동유럽 국가들에서는 발트해와 에스토니아에서 폴란드의 아래쪽을 거쳐 발칸반도, 헝가리, 그리고 우크라이나까지 펼쳐져 있는 부족들에 대해 왕권이 거칠게 행사되었다. 그들의 동쪽으로는 러시아가, 남쪽으로는 투르크인이 자리 잡고 있었다. 북쪽으로 스웨덴에서는 30년 전쟁의 영웅 구스타프 아돌프의 딸 크리스티나Christina 여왕(1632~1654년)이 특이하면서도 빛나는 통치를 했다. 동성애자 지식인이자 예술과 과학의 후원자였던 그녀는 스톡홀름을 신교도의 북유럽 아테네로 만들었다. 그 후, 1654년 스물여덟 살의 나이에 결혼 거부 문제로 신하들과 언쟁한 후에 돌연 퇴위했다. 남장한 그녀는 로마로 떠났고, 그곳에서 호화로운 개인 궁정을 가진 가톨릭교도로서 가정을 꾸렸다. 교황이 그녀를 '왕국 없는 여왕, 믿음이 없는 가톨릭교도, 그리고 수치심 없는 여성'으로 부르면서 비난하자 그녀의 명성은 훨씬 더 높아졌다.

크리스티나의 통치에 뒤이어 운석만큼 대재앙을 초래한 군주들이 등장했다. 칼 10세Karl X(1654~1660년)는 재치 없고 판단력이 부족했지만 전투에 재능이 있었다. 그는 덴마크와 폴란드 그리고 에스토니아를 침략해서 모든 주변 강국들의 원한을 샀다. 그의 야망은 손자인 칼 12세(1697~1718년)에 의해 제한되었다. 1700년 그는 에스토니아의 나르바Narva 전투에서 네 배나 규모가 큰 러시아군을 완전히 궤멸시켰다. 스웨덴군이 660명 죽었던 것에 비해 그는 러시아군 1만 명을 죽였다. 유럽 북부에 새로운 강국이 출현했다.

칼 12세는 무장한 지방 세력인 코사크Cossacks의 반란 지원을 바라면서 러시아의 차르도 권좌에서 끌어내리려고 결심했지만 실현되지 못했다. 그는 이제 나라 규모에 걸맞게 이따금씩 나타나는 카리스마와 능력을 갖춘 러시아 지도자들 중 한 명인 피오트르 대제Peter the Great(1689~1725년)와 대면했다. 1707년 칼은 폴란드 통치권을 주겠다는 피오트르의 제안을 거절했지만, 1708년 겨울까지 그의 군대는 기억에 남는 최악의 날씨로 심각한 손해를 입었다. 다음 해 여름, 원래 규모의 절반으로 대폭 감소된 스웨덴 군대는 우크라이나의 러시아 요새 폴타바Poltava에 이르렀고, 그곳에서 피오트르는 스웨덴 군대를 전멸시켰다. 칼은 목숨을 걸고 터키로 도망쳤다. 스웨덴 제국이 되었을지도 모르는 것이 이제 러시아와 프로이센 사이에 나누어졌다. 피오트르는 스웨덴의 패배가 '상트페테르부르크St Petersburg의 기초에 마지막 돌을 놓았다'고 선언하면서 발트해의 전략적 중요성을 깨달았다.

:: 피오트르 대제 ::

스웨덴이 가라앉자 러시아가 떠올랐다. 피오트르는 아직 중세를 벗어나지 못하고 있던 나라를 물려받았다. 차르 피오트르는 지방 귀족(보야르boyars)을 통해 러시아를 통치했다. 지방 귀족 밑에서 코사크가 대부분의 땅을 소유하고 경작했다. 코사크 밑에는 약 2000만 명의 농노가 있었다. 교육은 사실상 존재하지 않았고 여성들은 은둔 생활을 했다. 차르는 독재자로 통치했고 의회나 시민권은 존재하지 않았다. 남자들은 긴 턱수염을 길렀고 전통적으로 땅바닥까지 내려오는 외투를 입었다.

피오트르는 10세기 및 11세기의 블라디미르와 16세기의 이반처럼 자신의 나라를 유럽의 주류로 끌어들이고 싶어 했다. 스웨덴 전쟁 전인 1697년, 그는 표면상 신분을 숨기고 암스테르담, 드레스덴, 비엔나, 런던, 옥스퍼드로 1년간의 '대사절단' 일행으로 참가했다. 그는 군사 전략에서부터 도시 계획과 미술사에 이르기까지 모든 것을 공부했다. 돌아오자마자 콘스탄티누스를 흉내 내어 상트페테르부르크에 새로운 수도를 계획했다. 새로운 수도는 스위스와 프랑스 건축가들에 의해 고전 양식으로 설계되었고, 러시아 농민들과 스웨덴 전쟁 포로들의 노동력을 바탕으로, 그것도 소문에 의하면 그들의 시체 위에 건설되었다고 한다. 1703년 새로운 수도가 정식으로 설립되었으며 백색궁전, 금박을 입힌 교회, 광장, 그리고 운하가 새로운 수도를 유럽에서 가장 멋진 도시들 중 하나로 만들었다. 지금까지도 상트페테르부르크는 여전히 멋진 도시다.

피오트르는 근대적 행정 조직, 개혁된 정교회, 교육제도, 그리고 러시아 해군을 확립했다. 그는 귀족 의회인 두마duma를 폐지하고 국가에 대한 봉사에 입각하여 열두 명의 원로원과 새로운 귀족으로 대체했다. 피오트르는 러시아 알파벳에서 여덟 개의 문자를 없앴고, 남성들에게 면도하고 서구식 짧은 재킷을 입으라고 명령했다. 그렇다고 하더라도 피오트르는 철저하게 러시아인으로 남아 있었다. 그는 무모했고, 사치스러운 생활을 했으며, 늘 술에 취해 있었고, 반대나 반박을 용납할 수 없었다. 말하자면 그는 스텝 지대의 태양왕이었다. 그는 자신의 나라를 서구적 혁신에 적응시킬 수 있었지만, 정치 개혁에 영향 받지 않았다. 그는 유럽에서 부상하고 있는 지적 계몽에 러시아의 문호를 개방했지만, 결코 통과하지는 않았다.

외교 정책에서는 피오트르의 러시아와 월폴의 영국 사이에 일종의 균형이 존재했다. 두 사람 모두 지리적으로 유럽 대륙의 맨 끝에 앉아서, 약간의 거리를 두고 유럽의 분쟁을 바라보았다. 하지만 둘의 유사점은 거기까지였다. 영국의 전망은 해양과 세계 그리고 상업을 향해 있었다. 영국은 마치 해상의 모든 배를 능가한 것처럼 행동했다. 반면 러시아의 야망은 지상에 기반을 둔 것으로, 아시아의 광대한 영토와 동양의 부를 향해 반쯤 눈을 떼지 않고 있었다. 세계 제국주의가 될 영국과 러시아라는 두 기둥 사이에 새로운 유럽이 놓여 있었다.

13

이성에서 반란으로

1715~1789년

:: 폴란드와 오스트리아의 왕위 계승 전쟁 ::

유럽 대부분의 대조약 ─ 종종 아마도 '강화조약'이라고 불리는 ─ 처럼 위트레흐트 조약은 처음엔 비교적 평온한 시기를 예고했다. 영국은 하노버 왕가의 무기력과 이른바 '월폴의 평화'에 안주했다. 어린 왕 루이 15세 치하의 프랑스는 왕의 조언자 플뢰리Fleury 추기경(1726~1743)의 관리하에 들어갔다. 플뢰리는 월폴과 함께 실무자들의 임무는 전쟁을 피하는 데 있다는 강박관념을 가진 지적인 외교관이었다. 그는 '잠자고 있는 개는 건들지 말라'는 월폴의 격언을 인정했다.

20년 동안, 유럽의 개들은 대부분 잠들어 있었다. 국경이 열리고 여행이 번창했다. 부유한 북유럽인들은 남쪽으로 프랑스와 이탈리아를 일주했다. 그들은 새로운 유럽의 바로크 취향에 푹 빠졌고 그림과 다른 보물들로 가득 찬 배를 집으로 보냈다. 영국에서 벌링턴Burlington 경의 이탈리아식 취향은 한 세기 동안 조지 왕조 시대의 패션을 지배했다. 특히 이탈리아와 독일 문화의 우월성은 유럽 문명이 한 민족국가의 자극이 필요하지 않다는 것을, 다시 말하면 그것이 없어서 이익을 얻을지도 모른다는 것을 암시했다. 1749년 바흐가 자신의 나단조 미사곡을 완성하고 있었을 때, 뷔르츠부르크Würzburg의 제후 주교들은 이탈리아의 조반니 바티스타 티에폴로Giovanni Battista Tiepolo의 프레스코화로 비할 데 없는 궁전을 짓고 있었다.

위트레흐트 강화조약은 1733년 또 한 차례의 '상속 열기'로 깨졌다. 누가 폴란드 왕위에 앉아야 하는지가 문제가 되었다. 프랑스, 스페인, 오스트리아, 그리고 러시아가 유럽 대부분 지역에서 서로 싸웠다. 그것은 스페인 왕위 계승 분쟁의 축소판 반복이었다. 이는 부르봉가와 합스부르크가를 겨루게 했고 이번에는 합스부르크가의 승리로 끝났다. 영국의 월폴은 재차 단호하게 거리를 두었다. 1734년 월폴은 조지 2세의 아내 캐롤라인Caroline 여왕에게 '올해 유럽에서 5만 명이 죽었지만 영국인은 한 명도 없습니다'라고 자랑했다.

폴란드 왕위 문제가 해결되자마자 곧이어 오스트리아 왕위를 둘러싼 비슷한 분쟁이 뒤따랐다. 이는 거의 다루기 힘들었다. 신성로마제국 황제이자 스페인 왕위 주장에 실패했던 오스트리아의 카를 6세는 남자 후계자가 없어서 딸 마리아 테레지아Maria Theresa가 뒤를 이을 것을 간절히 바랐다. 이는 게르만족의 살리카 법에 도전하는 것이었으므로 카를 6세는 살리카 법을 제쳐두고 '현실적 승인'을 제안했다. 그가 1740년에 사망해서 승인이 구체화될 때까지 여러 선제후들과 동맹국의 동의를 얻어냈다. 오스트리아, 헝가리, 보헤미아, 실레지아Silesia, 크로아티아, 그리고 북부 이탈리아 대부분을 이제 스물 세 살의 연약한 여성이 통치할 것이다. 그들이 똑같이 어린 합스부르크가 남자를 반대했던 적이 없었다고는 하지만, 오래된 두려움과 새로운 기회가 수면 위로 떠올랐다.

프로이센은 30년 전쟁으로 독일과는 완전히 다른 그리고 엘베강 동쪽에 위치한 세 부분으로 이루어진 왕국으로 부상했다. 이 세 부분은 한때 튜튼 기사단의 식민지였던 폴란드에 근거를 둔 동프로이센, 독일의 포메라니아 지방 또는 서프로이센, 그리고 베를린을 수도로 둔 브란덴부르크 공국이었다. 동프로이센은 여전히 융커Junker 귀족들 지배하에 농노제를 유지했고 그들의 건국 아버지들의 철십자훈장을 자랑해 보였다. 지적인 독일인에게 프로이센인은 상궤를 벗어난 부족이었다. 프로이센인은 여러 조각이 알맞게 이어져 이뤄진 자율적인 독일과는 상반된 역사 및 전투의 전통을 가지고 있었다.

1713년 브란덴부르크의 호엔촐레른가 프리드리히 빌헬름(1713~1740년)은 30년 전쟁의 대선제후 손자로서 선제후가 되고 나서 프로이센 왕이 되었다. 그는 게르만족 특유의 고전적인 제복을 입고 이목구비가 반듯했으며, 엄격한 칼뱅주의자였고, 꼼꼼한 관료였다. 그의 공직 매뉴얼은 35개장에 달했고, 군대는 유럽에서 가장 잘 훈련되고 무장되었다. 하지만 사내답지 못한 아들(그의 이름 또한 프리드리히였다)에 대한 태도는 등골이 오싹해질 정도였다. 그 소년은 매일 아침 대포 소리에 깨어났고, 아동들로 구성된 연대에서 군사 지휘를 연습했다. 아버지가 경악할 정도로 프리드리히는 동성애자로 알려졌다. 아버지 프리드리히 빌헬름은 아들에게 가장 친한 친구의 참수형을 강제로 지켜보게 함으로써 동성애를 바로잡으려 했다고 알려지고 있다.

소년 프리드리히는 그러한 시련에서 살아남아 프리드리히 2세, 후에 '프리드리히 대제'(1740~1786년)로 알려지게 된다. 그는 직접 베르사유 방식으로 베를린 외곽의 포츠담Potsdam에 궁전을 건설해 '걱정 없는'이라는 의미로 상수시 궁전Sanssouci으로 불렀다. 베를린에 새로운 예술 아카데미를 설립했고 '세련되지 못한 독일어'보다는 프랑스어를 아카데미에서 사용하도록 지시했다. 프리드리히 2세는 프랑스 철학자 볼테르(1694~1778년)와 편지를 주고받으며 음악을 연주했고 시를 썼다. 그는 볼테르에 대해 '원숭이의 사랑스러움과 악의'를 가졌다고 말했다. 볼테르는 프리드리히를 높게 평가하고 아첨했다. 프리드리히가 아버지의 전쟁 중독을 물려받으면서 둘 사이가 틀어질 때까지는 그랬다.

프리드리히는 권위주의자이자 군국주의자로 드러났다. 그는 백성들을 '울타리에 가축을 놓아기르고 다시 놓아기르는 것 말고는 다른 기능이 없는 대군주의 공원에 있는 한 무리의 수사슴'으로 보았다. 그는 볼테르에게 '인류의 4

분의 3은 가장 터무니없는 광신의 노예가 되어 있다'고 말했다. 그는 장교 계급이 상속되는 융커 전통에 입각해 프로이센 예산의 80% 이상을 소모할 때까지 군대의 규모를 두 배로 늘렸다. 병사들은 주 단위로 모집되었다. 프리드리히는 '함께 싸우는 친구와 친척은 쉽게 서로를 실망시키지 않는다'고 말했다. 머지않아 프랑스인들은 '프로이센은 군대를 가진 나라가 아니라 국가를 가진 군대다'라는 속담을 갖게 되었다.

결국 1740년 마리아 테레지아가 아버지에게서 물려받은 합스부르크 제국을 계승하자, 프리드리히는 아무런 구실도 없이 오스트리아의 실레지아를 침공하기로 결심했다. 그는 루이 14세가 그랬듯이 크거나 작은 모든 국가에게 '확장의 원리는 삶의 기본 법칙'이라고 말했다. 다시 말하자면 이는 대부분의 유럽 역사에 뿌리를 둔 정치적 다원주의였다. 실레지아의 획득으로 프로이센의 규모는 최소한 4분의 1 늘어났고 오스트리아는 세수의 4분의 1을 잃게 되었다. 뒤이어 일어난 전쟁으로 오스트리아 및 네덜란드 군대와 영국의 보조금이 오스트리아의 천적인 프랑스와 동맹 맺은 프로이센과 겨루게 되었다. 1748년 마리아 테레지아가 오스트리아 제국을 지키고 프리드리히가 실레지아를 계속 보유하는 것으로 전쟁은 끝이 났다.

마리아 테레지아는 40년 동안 오스트리아를 통치할 것이고, 남편 프란츠 슈테판Francis Stephen이 신성로마 황제가 되면서 황후가 되었다. 그들은 불행한 프랑스의 마리 앙투아네트Marie Antoinette를 포함해 열여섯 명의 자녀들과 행복한 결혼 생활을 즐겼다. 눈부신 쉔브룬Schönbrunn 궁전이 있는 마리아 테레지아의 비엔나는 프리드리히의 베를린과 견줄 정도로 프랑스 취향의 동쪽 외지 영토였다. 18세기 유럽의 많은 비극 중 하나는 새로운 대륙을 건설했을지도 모르는 국가의 두 군주가 스스로 치유할 수 없는 분쟁에 빠져들어야만 했다는 것이었다. 프리드리히가 마리아 테레지아를 '참을 수 없는' 존재로 생각했다고 한다면 마리아 테레지아에게 프리드리히는 '정말로 사악한 사람'이었다.

:: 계몽주의 ::

1715년 사망할 무렵 루이 14세는 파리가 의심의 여지없이 유럽의 문화 수도가 되는 것을 보았다. 이제부터 프랑스 혁명이 발발할 때까지 파리는 단순히 예술과 패션의 중심지로서만이 아니라 이른바 계몽주의 시대의 본고장으로서 꽃을 피웠다. 계몽주의 시대는 대략 루이의 죽음에서 프랑스 혁명까지 18세기에 걸쳐 이어졌다. 그 뿌리는 프랑스 철학자 르네 데카르트Renè Descartes(1596~1650년)와 영국 자유주의의 아버지 존 로크Joun Locke(1632~1704년)의 합리주의에 있었고, 사상 영역에서 지배적인 힘을 발휘함으로써 종교에서 벗어난 르네상스 운동을 계속해 나갔다. 계몽주의는 런던의 왕립 학회와 관련된 과학혁명과 화학 분야의 로버트 보일Robert Boyle 및 물리학 분야의 아이작 뉴턴의 연구에서 영감을 받았다. 계몽주의 신조는 자연 및 철학 세계에 대한 호기심이었으며, 이는 스코틀랜드의 데이비드 흄David Hume(1711~1776년)에 의해 제공된 방법론이었던 경험적 연구와 회의적 사고방식에 의지했다.

계몽주의는 1751년 파리에서 드니 디드로Denis Diderot와 장 르 롱 달랑베르Jean le Rond d'Alembert가 편집한 백과전서가 출판되면서 절정에 달했다. 디드로는 단지 '사람들의 사고방식'을 바꾸려고 백과전서를 헌정했다. 백과전서파는 루터와 다른 사람들이 그랬던 것처럼 단지 가톨릭교회에만 맞서는 것이 아니었다. 그들은 철학, 과학, 경제학, 그리고 정치학을 포함해서 모든 전통적인 지식과 맞서고 있었다. 기고자에는 볼테르, 루소Rousseau, 그리고 몽테스키외Montesquieu가 포함되었다. 백과전서의 처음 28권은 플라톤의 아카데미 이후 유럽에서 가장 인상적인 지적 기획이었다. 그것은 마치 르네상스와 종교개혁으로 손상된 유럽인의 마음 주위에 오랫동안 세워져 있던 벽이 마침내 무너진 것 같았다.

계몽주의는 또한 제도적인 도전을 제기했다. 볼테르는 프로이센의 프리드리히에게 보낸 편지에서 프랑스의 가톨릭교회를 '세상을 감염시킨 가장 우스

꽝스럽고, 터무니없고, 잔인한 것'이라고 썼다. 예수회에 의해 백과전서가 로마에서 금지되었고, 일부 기고자들은 투옥되었다. 그러나 이는 파리의 분위기에서는 역효과를 낳는 것으로 드러났다. 예수회의 탄압에 맞서 투쟁이 시작되었고, 이는 예수회의 특권과 권력에 대한 광범위한 분노에 의해 부채질되었다. 투쟁은 성공적이었다. 1759년 예수회는 포르투갈에서, 그다음에 프랑스와 오스트리아에서 그리고 스페인에서조차도 추방되었다. 결국 1773년 교황은 예수회 전체의 활동을 금지하는 수밖에 없다는 결정을 내렸다. 예수회는 교회 내에서조차도 인기가 없어졌다. 로마의 추기경들은 예수회 본부로 몰려들어가 미술 소장품을 운반해 갔고, 지하 저장고의 포도주를 다 마셔버렸다. 예수회 지도자들은 산탄젤로Sant'Angelo성에 투옥되었다. 왜냐하면 친구가 없는 것만큼 나쁜 죄악은 없기 때문이었다. 예수회는 1814년에 복원되었다.

프랑스의 백과전서파가 영국의 의견을 따랐던 분야는 정치사상이었다. 디드로는 영국에서 '철학자들은 공무에 착수하여 왕들과 함께 묻히는 반면, 프랑스에서는 철학자들에게 영장이 발부된다'고 말했다. 1726년 프랑스에서 추방된 볼테르는 런던에서 3년 동안 합의, 관용, 언론의 자유, 그리고 교육에 대한 로크의 견해를 연구했다. 그는 영국이 '왕들에게 저항함으로써 왕들의 권력을 통제하는 데 성공했다'고 말했다. 영국의 권력분립에 찬사를 보냈던 몽테스키외가 볼테르의 뒤를 이었다. 몽테스키외는 '영국은 세계에서 가장 자유로운 나라이다. 왜냐하면 군주가 … 누구에게도 상상할 수 있는 어떤 피해도 입힐 수 없기 때문이다'라고 말했다. 알렉산더 포프Alexander Pope와 조나단 스위프트Jonathan Swift의 풍자처럼 사무엘 존슨Samuel Johnson과 에드워드 기번의 유머와 포용력도 찬사를 받았다. 영국에서 권력에 대한 비평가들은 혁명적이지 않으면서 잔인할 수 있었다.

이러한 자유는 밖으로 전해질 수 있었는가? 많은 프랑스 계몽 사상가에게 사상의 자유는 정치적 해방과 분리될 수 있었다. 마음이 자유롭기만 하면 누가 투표권을 필요로 할까? 볼테르는 장난기가 있는 것 같고 가끔 자신의 견해 때문에 추방되기도 했지만, 프로이센의 프리드리히와 편지를 주고받았을 뿐 아니라 루이 15세의 정부였던 퐁파두르Pompadour 부인의 총애를 받기도 했다. 그것은 지적이고 엘리트적인 정치적 자유 개념이었지만 프랑스에서는 곧 혼란으로 변질될 개념이었다.

볼테르가 편지를 주고받은 또 한 명은 러시아의 예카테리나Catherine(1762~ 1796년)였다. 그녀는 '대제'이자 성장하는 제국을 근대화시킨 피오트르를 계승했다. 원래 이름이 소피아였던 예카테리나는 1743년 열네 살의 나이에 독일에서 장차 차르가 될 피오트르 3세의 아내로서 러시아에 도착했다. 틀림없이 끔찍할 것으로 예상되었지만, 한 목격자의 묘사에 따르면 그녀는 '냉정하고 계산적이며 진지했다'. 그녀는 즉시 동방 정교Orthodoxy로 개종했다. 이는 '러시아인들의 호감을 사기 위해 러시아인이 되려는 것'이었다. 그다음 1762년에는 애인으로 추정되는 그레고리 포촘킨Grigory Potemkin의 도움을 받아 남편에 맞서 쿠데타를 일으켰다. 한 동시대인의 말에 따르면 비밀에 싸인 남편의 죽음은 '예카테리나가 왕위에 오르는 길을 준비하는 신의 신성한 뜻'을 입증하는 것이었다. 공모에 가담했던 것으로 추정된 400명 이상이 보상받았다.

예카테리나는 피오트르 대제의 개혁 조치를 따르기로 결심했다. 그녀는 자신의 나라와 정부의 효율성에 대한 보고서를 의뢰하며 스스로 계몽주의 전통에 따라 생각했다. 사법부와 교육을 개혁했고 계속해서 상트페테르부르크를 아름답게 꾸몄다. 하지만 피오트르처럼, 자신이 작동시키고 있던 문화를 이해했다. 예카테리나는 '군주는 절대적인 존재다. … 절대 권력의 목적은 사람들에게서 천부적인 자유를 빼앗는 것이 아니라 최대의 이익을 얻도록 그들의 행동을 인도하는 것'이라고 규정했다. 주인에게 불복종한 농노와 소농들은 '체포되어 처벌될 것이다'. 불법 청원은 채찍과 시베리아 강제노역형으로 답해야 한다.

러시아는 배우자의 중개로 예카테리나에 의해 통치되었고, 그들의 열정이 식었을 때 그녀의 친구이자 협력자인 포촘킨에 의해 통치되었다. 프리드리히처럼 계몽주의에 잠깐 손을 댔지만, 그것은 프랑스에서 유행했던 마치 지적 기분 전환 같은 것이었다. 영국의 정치사상에 대한 볼테르와 몽테스키외의 찬사는 그것의 실제적 결과인 어느 정도 진정한 대중의 자유에 뿌리를 두고 있었다. 영국의 정치사상은 사회를 변화시켰다. 프리드리히의 프로이센과 예카테리나의 러시아에게 그런 정치사상은 매력이 없었다.

:: 7년 전쟁 ::

1750년대까지 유럽은 그 자체의 안정성에 대해 자부심으로 가득 차 있었다. 오스트리아 왕위 계승 전쟁이 끝나고 8년이 지난 1756년, 프로이센의 프리드리히는 또 한 번 이유 없는 침략을 감행했다. 이번에는 실레지아에 더하여 인접한 작센의 영토였다. 이는 그의 가장 강력한 이웃인 오스트리아와 러시아의 적대감을 불러일으켰다. 토사물로 돌아오는 성서 속의 개처럼 유럽 대륙의 강국들은 다시 전열을 갖추었다. 왕위 계승보다는 영토가 쟁점이 되면서 프랑스는 이번엔 러시아, 오스트리아, 그리고 스페인과 동맹을 맺고 신흥 세력 프로이센에 맞섰다. 영국의 새 지도자 윌리엄 피트William Pitt(1756~1761년과 1766~1768년)는 프로이센 편을 들었지만, 프로이센 군대에 지원금만 지불할 정도였다. 월폴처럼 그의 목적은 유럽 전쟁을 이용해 해외 영토를 차지하려는 기회주의적인 것이었다. 그는 나중에 자신의 전략이 '엘베강 기슭에서 캐나다를 이기는 것'이었다고 자랑할 것이다.

프리드리히가 수적으로나 화력에서 우세하고 자주 패배했다고는 하지만, 작센을 지키기로 결심하고 군대를 계속 주둔시켰다. 1757년 로스바흐Rossbach 전투에서 오스트리아와 프랑스를 상대로 주목할 만한 승리를 거두었지만, 자원이 고갈되었다. 프로이센 경제는 거의 30년 전쟁 상태로 되돌아갔고 피폐해졌다. 인구의 3분의 1 정도가 굶어 죽었던 것으로 추정된다. 프리드리히는 지나치게 욕심을 내다가 실패했지만, 프로이센을 유럽 무대에 선 선수로 표시했다.

피트는 특히 하노버 왕가를 보호하려고 유럽 대륙에 군대를 보냈다. 이는 1759년 민덴Minden의 대승으로 이어졌지만, 그는 프랑스 식민지의 정복과 프랑스 함대의 격파에 초점을 맞추었다. 1758년 아메리카에서 프랑스군은 오하이오 계곡에서 쫓겨났다. 그곳에서 프랑스군은 후방에서 영국의 뉴잉글랜드 식민지를 위협해 왔었다. 1년 후, 울프 장군이 프랑스의 퀘벡Quebec 요새를 점령했고, 이는 북아메리카의 프랑스군에게 (비록 그들의 표현은 아니지만) 중대한 패배였다. 트라팔가르Trafalgar 전투에서의 넬슨Nelson처럼 울프는 전투가 한창일 때에 전사함으로써 영원한 영예를 얻었다. 그는 그레이Gray의 시 「시골 묘지에서 읊은 애가Elegy Written in a Country Churchyard」를 입에 달고 죽었다.

인도에서는 로버트 클라이브Robert Clive가 민간 동인도회사의 중개를 통해, 그리고 지역 통치자나 '제후국들'과의 전략적 동맹을 통해 프랑스군과 싸워 비슷한 승리를 거두었다. 급성장하는 대영제국에게 경이적인 해였던 1759년까지 봄베이Bombay와 마드라스Madras 그리고 캘커타Calcutta가 모두 영국의 수중에 들어왔다. 남북아메리카 이후 인도는 거의 2세기 동안 영국 왕관의 보석으로 여겨졌던 유럽의 해외 정복 중 가장 눈부셨다.

이러한 이득은 1763년 파리 강화조약에서 인정되었다. 유럽에서 전쟁은 무승부로 선언되었다. 작센은 독립을 유지했지만 오스트리아는 실레지아를 되찾지 못했다. 파리강화조약은 해외에서 더 의미가 있었다. 유럽 강국들 사이에 남북아메리카의 새로운 땅이 분배되었다. 스페인은 쿠바를 되찾았지만 플로리다를 영국에 내주었다. 프랑스는 미시시피Mississippi강 동쪽의 모든 것을 잃었지만, 설탕이 풍부한 마르티니크Martinique와 과들루프Guadeloupe를 되찾았다. 제약받지 않은 영국 해군이 복무했던 모든 곳에 영국 식민지와 교역소가 생겨났다. 빅토리아 시대의 제국주의 역사가 존 로버트 실리John Robert Seeley는 영국이 '제정신이 아닌 상태에서 세계의 절반을 정복해서 식민했던 것'같다고 말했다.

:: 아메리카 독립 전쟁 ::

과신은 금물이었다. 거의 우연히 획득한 제국은 머지않아 어리석음으로 축소될 것이다. 1760년, 오랜 기간 재위했고 거의 사랑받지 못했던 조지 2세는 아들보다 더 오래 살았고 스물두 살의 손자 조지 3세(1760~1820년)가 그를 계승했다. 총명하고 교양 있는 청년 조지 3세는 영국사람다움을 주장하고 싶어 했지만, 지체 없이 독일의 어린 왕자처럼 행동했다. 그는 경험이 풍부한 피트를 해임하고, 옛 가정교사로서 총리로 취임한 뷰트Bute 백작과 함께 의장을 맡을 내각을 임명했다. 그들은 함께 매수와 관직으로 의회에서 계속 토리당을 지원했다. 비평가들에게 조지와 뷰트는 거의 스튜어트 왕조를 회상시키는 존재였다.

젊은 왕에게 가장 먼저 필요한 것은 피트의 해외 진출 비용을 충당하는 것이었다. 피트의 해외 진출로 국가 부채는 두 배로 늘어났고 영국의 이자 수입 절반이 소비되고 있었다. 1765년 영국 정부는 아메리카 식민지들에 인지세를 부과했다. 그들이 영국 재무부에 기부하는 금액은 1년에 1400파운드라는 보잘것없는 액수였다. 이 때문에 조지 3세는 영국이 프랑스인과 아메리카 원주민 모두를 상대로 아메리카 식민지들을 방어했다는 점을 지적했다. 런던에서 식민지 대표인 벤저민 프랭클린Benjamin Franklin이 반대하자, 조지는 인두세를 차세로 대체했다. 1773년 한 무리의 밀수꾼이 보스턴Boston 항구에 차를 내던졌고, 조지는 자신이 개인적인 모욕으로 보았던 것에 격노했다.

조지 3세는 이제 거의 상상할 수 없는 일을 해냈다. 그는 유럽의 가장 안정적이고 찬사 받는 최초 민주주의에 맞서 성공한 봉기를 자극했다. 아메리카의 13개 영국 식민지는 이미 실질적인 자치권을 누리고 있었다. 그들은 원주민과 맺은 조약을 무시했고 그들의 채무에 신중하지 못하고 무책임한 태도로 임했다. 남부 식민지의 경제는 노예제에 의존했다. 그들의 진짜 불만 하나는 무역 제한에 대한 것이었지만, 이는 본국인 영국에서뿐 아니라 아메리카에서도 사업을 보호하려는 의도였다.

1773년 무렵부터 이제 능력이 부족한 노스North 경 치하의 런던에서 조지 정부의 움직임 하나하나가 반란을 부추겼다. 많은 식민지 주민들이 계속 충성했지만, 의회에서는 피트(이제 야당이었던)와 찰스 폭스Charles Fox 및 에드먼드 버크Edmund Burke 같은 다른 사람들을 포함해 반체제 인사들에 대한 지지가 높았다. 1774년 조지의 '강압적 법령'은 아메리카에서 지역 의회를 중지시키고 무역 제재를 가했다. 이는 그해 '권리 선언'과 무역 제재 종식을 위한 탄원서를 작성했던 필라델피아 의회로 이어졌다. 본질적으로 세금과 무역에 대한 논쟁은 영국 정부의 원탁회의에서 종결될 수도 있었다. 사실 결정이 대서양을 가로질러 4000마일을 가는 데 몇 주가 소요되었다. 결정은 시행될 때쯤에 대개 잘못된 것이었다.

1775년 전투가 벌어졌다. 영국 내각은 매사추세츠Massachusetts 총독에게 어떤 반란 세력도 엄하게 다루도록 했다. 1776년 7월, 격분한 아메리카 의회가 필라델피아에 다시 모여 독립선언서를 작성했다. 이는 영국 왕이 '자유민의 통치자가 되기에 부적합하다'고 힘주어 말했다. 로크와 계몽주의에 대한 과장된 수사로 독립선언서를 작성한 토머스 제퍼슨Thomas Jefferson은 '자명한 진실'과 '양도할 수 없는 권리'에 대해 썼다. 이는 여성이나 '인디언' 또는 '노예'에게는 적용될 수 없는 불완전한 것이었다. 반란 세력의 동기도 나중에 그들의 옹호자들이 주장하고 싶었던 것처럼 고상하지 않았다. 많은 반란 세력은 1763년 영국인이 아메리카 원주민에게 확고히 할당했던 서쪽 땅을 강탈한 투기꾼이었다. 일부 반란 세력은 영국의 노예제 반대 압력이 증가하는 것에 경각심을 갖기도 했다. 반란 세력은 자신들의 행동이 인간의 평등과 행복 추구에 관한 계몽주의 글들로 장식된 것을 보게 되어 기쁘기 그지없었다.

그때까지도 반란 세력에 대한 국내외 지원이 없었더라면 봉기는 진압되었을지도 모른다. 영국에서 아메리카인들을 억압하려는 실질적인 결정은 거의 없었다. 버크는 하노버가 용병, 즉 '영국인의 혈육에 대항해서 … 고용되어 일하는 독일의 촌뜨기와 신하의 칼'을 사용했다는 이유로 조지 3세를 맹렬히 비난했다. 프랑스와 스페인은 파리강화조약에서 영국이 얻은 이득에 여전히 분개하고 있었고, 게다가 영국을 당혹스럽게 하는 것에 기뻐했다. 1778년 아메리카 앞바다에 대규모 프랑스군이 도착해 반란 세력을 도왔고, 이 도움은 1781년 버지니아Virginia주 요크타운Yorktown의 승리로 절정에 달했다. 아메리카의 사령관은 전직 영국군인 조지 워싱턴George Washington이었다. 그는 '우리는 평등하고 좋은 정부의 단맛을 볼 수 있는 유일한 사람들이 되고 싶지 않다'고 단언했다. 그는 아메리카의 본보기가 확산되기를 그리고 곧 '모든 유럽이 혼란과 소동과 불안에서 해방되기를' 바랐다.

영국의 패배에 유럽 대부분은 기뻐했고, 조지는 엄청난 충격을 받았다. 대체로 자신의 행동으로 인해 조지는 매우 값진 영국의 재산을 잃어버렸다. 그러나 식민지 주민 지원에 대해 자유주의적 견해는 그다지 유감스러워하지 않았을 정도였다. 로버트의 아들 호레이스 월폴Horace Walpole은 '다음 아우구스투스 시대는 대서양 반대편에서 시작될 것'이라고 예측했다. 최초의 아메리카 대사가 런던에 도착했던 1785년, 조지마저 '독립국으로서 미국의 우정'을 제안하며 그를 다정하게 맞이했다.

몹시 망설인 끝에 1783년 조지 3세는 피트의 아들 소小피트William Pitt the Younger에게 총리직을 제안했다. 그는 겨우 스물네 살이었고 외부 지향적인 영국의 전형적 '신남성new man'이었다. 그에게 가장 중요한 책은 영국의 자유 시장 및 무역 규제 정책에 이론적 틀을 제공한 애덤 스미스Adam Smith의 『국부론 *Wealth of Nations*』(1776년)이었다. 피트는 정부의 평정을 되찾았고, 이미 영국 해협을 가로질러 몰려오고 있는 폭풍우를 헤쳐 나가기 위해 영국을 이끌 것이다. 영국은 아메리카에서의 패배로 상처를 입었을지도 모르지만, 영국의 패배를 확보했던 프랑스는 그렇게 한 것에 대해 곧 심한 고통을 받게 될 것이다.

:: 벼랑 끝에 선 루이 16세와 프랑스 ::

아메리카 독립 전쟁은 평등과 행동의 자유라는 계몽주의 원칙의 첫 사례였다. 유럽의 주요 강국 한 곳이 성공적인 반란에 취약한 것으로 드러났다. 자유주의자들과 혁명가들이 똑같이 대서양 너머로 국가에 종속적이지 않고 계약 관계에 있는 유럽인을 볼 수 있었다. 그것은 널리 읽힌 1762년 루소의 사회계약이 실행된 것이었다.

아메리카 혁명은 무시될 수 없었다. 프리드리히와 예카테리나 같은 몇몇 유럽 통치자들은 반대 의견을 더 탄압함으로써 그들이 알고 있는 유일한 방법으로 반응했다. 그러나 프랑스는 스스로를 새로운 사고의 근원으로 더 진보적이라고 생각했다. 프랑스는 아메리카의 반란 세력을 도왔고, 프랑스의 라파예트Lafayette 장군은 반란 세력에게 군 통솔력을 제공했다. 따라서 파리는 논쟁으로 들끓었다. 프랑스 왕위를 계승하자마자 루이 16세(1774~1791년)는 허약한 군주로 드러났지만, 그에게는 결단력 있는 오스트리아인 아내 마리 앙투아네트가 있었다. 프랑스의 정치제도는 변화를 다루기 위해 만들어진 것이 아니었다. 1780년 루이 16세는 부분적인 개혁을 단행하여 검열을 완화하고 법률상의 고문 및 농노제를 폐지했다. 하지만 또한 아메리카에서 라파예트의 모험적 행동을 위한 비용도 지불해야 했다.

1780년대 프랑스는 서서히 파산해 가고 있었다. 스위스 사람으로 루이 16세의 재무총감이었던 자크 네케르Jacques Necker는 회계장부의 균형을 맞추기 위해 보편적인 토지세를 요구했다. 프랑스는 수확 실패와 기근으로 고통 받고 있었고, 세금은 즉각적인 폭동에 직면했다. 그 결과 루이는 뒤로 물러났고, 지역마다 차례로 무정부 상태로 빠져들었다. 귀족들은 성의 안전을 살폈다. 장교들은 병사들의 충성심을 의심했다. 영국에서 온 방문객들은 식량 부족, 극심한 빈곤, 그리고 곧 닥칠 폭동에 대한 이야기를 전했다.

14

프랑스 혁명

1789~1804년

:: 반란이 일어나다 ::

1789년 초 프랑스는 가장 잘 알려진 정치학자 알렉시 드 토크빌Alexis de Tocqueville 이 '나쁜 정부에게 가장 위험한 순간은 … 개혁을 시작할 때'라고 했던 상황에 직면했다. 그칠 줄 모르는 폭동에 놀란 루이 16세는 귀족, 성직자, 그리고 대부분이 상인과 전문직 종사자인 612명의 일반 시민으로 구성된 휴면 상태의 삼부회를 소집했다. 그들을 베르사유에 데려왔지만, 그는 소문으로 들리는 삼부회의 급진주의에 불안해했고, 병사들이 삼부회 입장을 막았다. 삼부회 구성원들은 베르사유궁 근처의 실내 테니스 코트로 물러났다. 그곳에서 그들은 스스로 국민의회를 선언했고, 새로운 프랑스 헌법이 제정될 때까지 회기를 계속하겠다고 맹세했다.

1789년 6월 20일 테니스 코트의 서약은 변화를 촉발시켰지만 혁명은 아니었다. 테니스 코트의 서약은 화가 자크 루이 다비드Jacques-Louis David가 기록으로 남겼다. 그의 그림을 보면 커튼이 쳐진 창문을 통해 자유의 산들바람이 밀려오는 가운데 참가자들이 소리를 지르고 손을 흔들고 있다. 테니스 코트의 서약은 나중에 왕에게서 급여를 받은 것으로 알려진 불명예스러운 귀족 오노레 미라보Honoré Mirabau의 지도하에 새 헌법을 제정하기 시작했다. 파리의 거리로 돌아오면 열기가 가득했다. 7월에 폭도들이 무기를 구하러 파리의 오래된 바스티유Bastille 요새를 급습했고, 예상과는 달리 수백 명의 정치범이 아닌 일곱 명의 당황한 죄수들을 풀어주었다. 전술적으로 그리 중요하지 않았다고는 하지만 바스티유 함락은 상징적인 사건이었다. 군주정은 폭도들에 맞서 성조차 방어할 수 없었다.

루이는 1만 7000명의 군대를 파리로 소집했지만, 군대 또는 군 장교의 복종에 의존하지 말라는 충고를 받았다. 그 충고는 루이의 파멸을 의미했다. 이를 목격한 앙투안 리바롤Antoine Rivarol은 '군대의 변절은 혁명의 원인 중 하나가 아니다. 그것이 혁명이다'라고 썼다. 이제 파리코뮌Paris Commune이 설립되었고, 7월 말까지 전국의 도시에서 폭동이 일어났다. 프랑스 귀족들 대부분은 보물을 모아 해외로, 주로 영국으로 도피했다. 구체제가 무너지고 있었다.

8월에 의회는 루소의 사회계약론과 미국의 독립선언서에서 끌어다 썼던 '인간과 시민의 권리선언'을 발표했다. 그것은 미라보 및 당시 파리 주재 미국 대사였던 토머스 제퍼슨과 함께 작업했던 미국 독립의 영웅 라파예트에 의해 초안이 작성되었다. 그 문서는 자유권, 재산권, 신체 안전에 대한 권리, 그리고 억압에 대한 저항권을 포함해 '양도할 수 없는 권리'에 대해 반복적으로 언급했다. 결사의 자유와 언론 및 종교의 자유 그리고 무료 및 공개 재판권이 정식으로 기술되었다. 자유Liberté와 평등égalité과 박애fraternité가 시대의 슬로건이었다. 그 후 몇 달 동안 어느 것도 쉽게 눈에 띄지 않을 것이다.

인간과 시민의 권리선언은 계속해서 새로운 국가의 성격을 말했다. '주권의 원리는 무엇이든 근본적으로 국가에 있다. 어느 누구도, 어떤 개인도 국가에서 명시적으로 나오지 않는 권한을 행사할 수 없다. 정부는 수동적 시민으로 간주되지 않는 능동적 시민의 투표 참여를 요구했다. 이렇게 해서 여성과 하인 그리고 비과세자는 제외되었다. 모두 합쳐 1만 1000여 개에 달하는 일련의 법령이 프랑스 기득권층에 대변동을 일으켰다. 귀족, 직함, 특권, 그리고 관직 임명권이 폐지되었다. 교회는 국가에 종속되었고, 성직자는 공무원이 되었다. 신교도들에게 가톨릭교도와 동등한 권리가 부여되었다. 10%의 비옥한 땅을 소유한 교회 재산을 압류하여 매각함으로써 국가 부채가 경감되었다. 국가 임용은 공로가 있어야 할 것이다.

프랑스 구체제(앙시앵 레짐Ancien Régime)의 행정구역은 와해되었고, 프랑스는 대략 동등한 지방 83개로 나뉘었다. 지방의 이름은 지워졌고 자연적인 특징들, 즉 산과 강과 나침반의 32방위로 대체되었다. 이는 바르Var강, 알프마리팀 Alpes-Maritimes, 그리고 센에마른Seine-et-Marne 같은 식이었다. 그것은 의도적으로 지역 정체성을 없앤 것으로 조지 오웰George Orwell의 『1984』와 영국의 1972년 지방정부 개혁에서 모방되었다. 삼색기는 국기가 되었다. 새로운 측정법은 북극에서 적도까지 거리의 1000만분의 1로 정의된 미터에 기초할 것이다. 국가헌병대와 라파예트가 이끄는 국가방위군이 결성되었다. '인도적인' 단두대가 더 지저분한 처형 방식들을 대체했다. 새로운 '자유'의 시대가 언제 시작될 것인지에 대한 격렬한 논쟁과 함께(결국 1792년으로 결정되었다) 기존 연대가 폐지되었다.

:: **혁명: 유럽의 반응** ::

이 사건들 소식은 유럽을 매료시켰다. 프랑스는 유럽에서 가장 인구가 많은 나라였고 가장 세련되고 매력적이었다. 프랑스에서 일어난 일은 중요했다. 그래서 보수주의자들은 충격을 받았지만, 급진주의자들은 특히 영국에서 흥분을 감추지 못했다. 젊은 워즈워스Wordsworth는 '그 새벽에 살아 있다는 것만으로도 기쁨이었고, / 젊다는 것은 천국 그 자체였다'고 썼다. 좀처럼 오판하지 않는 피트는 파리로부터의 소식을 15년간의 평화를 예고하는 것으로 반겼다.

오직 신중한 에드먼드 버크만이 경계감을 드러냈다. 그는 일찍이 1790년에 출판된『프랑스 혁명에 대한 성찰Reflections on the Revolution in France』에서 프랑스 혁명이 '군주제를 와해시켰지만 자유를 되찾지는 못했다'고 말했다. 고대 로마 역사를 생각하면서, 그는 조만간 '어떤 인기 있는 장군이 무정부 상태 대신에 군사 독재권을 확립할 것'이라고 예측했다.

유럽 전역, 즉 네덜란드 공화국과 오스트리아령 네덜란드 그리고 제네바에서 머지않아 모방적 봉기가 일어났다. 더블린에서는 울프 톤Wolfe Tone이 독립운동을 조직했다. 그는 혁명가들로부터 군사 지원을 받으러 파리에 왔다. 폴란드-리투아니아 연합왕국의 스타니슬라프 아우구스트Stanisław Augustus 국왕은 선거에 근거한 자유 헌법을 도입했고, 심지어 버크마저도 그를 '지금까지 인류에게 주어졌던 가장 순수한 공공의 이익'이라고 묘사했다. 파리로 돌아온 루이 16세는 어쩔 수 없이 베르사유의 근거지를 버리고 파리의 튈르리 궁전으로 이주해야 했다. 그는 사실상 튈르리 궁전에 갇힌 포로가 되었다. 다음 몇 달 동안 그는 혁명을 달랬다. 그는 혁명 포고령에 서명했고 1790년 여름 '바스티유의 날' 기념행사에 슬그머니 참가했다. 그리고는 어리석게도 오스트리아에 구조 요청을 보냈다.

군주와 의회의 관계는 급속히 악화되었다. 1791년 6월, 루이는 피할 수 없다는 것을 감지하고 시종으로 변장한 채 도망치려 했다. 그는 신원이 밝혀졌고 붙잡혀 파리로 송환되었다. 그의 직무는 즉시 중지되었다. 그는 이제 클로비스와 피핀까지 거슬러 올라가는 왕좌에 마침표를 찍는 새로운 헌법에 서명해야 했다. 권력은 1791년 10월에 처음 모임을 가졌던 의원 745명으로 구성된 새로운 입법의회에 있을 것이다. 많은 사람은 온건한 지롱드파Girondin의 지배하에서 혁명이 끝나기를 바랐다. 이는 루이를 영국식으로 헌법상 국가원수로 남게 하는 것이었다.

프랑스는 토론에 의해 정치적 갈등이 수습될 수 있는 점진적 개혁이나 통상적 의회의 전통도 없어서 불리한 입장에 있었다. 1792년을 거치면서, 까다롭고 광신적인 막시밀리앙 로베스피에르Maximilien Robespierre가 이끄는 급진적인 자코뱅파Jacobins가 온건한 지롱드파를 투표에서 이겼다. 의회의 상단에 자리한 자코뱅파와 그들의 동맹은 산악파로 알려졌고 하단에 자리한 온건파는 평원파La Plaine 또는 소택파Le Marais로 알려지게 되었다. 군대 및 라파예트의 국가방위군의 충성심이 흔들렸고, 여름까지 파리는 귀족의 반바지보다는 바지를 입은 것 때문에 이름 붙여진 지방의 상퀼로트sans-culottes 무리들에게 장악되었다. 그들은 튈르리 궁전으로 쳐들어가 국왕을 질책했고, 그에게 붉은색 프리지아 혁명 모자를 쓴 채로 축배를 들게 했다.

이제 유럽 전역의 군주국이 각성했다. 1791년에 프로이센과 오스트리아는 '국왕의 권리에 따른 군주정 회복'을 요구하며 필니츠Pillnitz 선언을 발표했다. 그들은 루이를 구하기 위해 오스트리아, 프로이센, 네덜란드로 구성된 연합을 결성했다. 이 연합은 늘 그렇듯이 영국 자금으로 유지되었다. 1792년 9월, 브라운슈바이크Brunswick 공작 휘하의 프로이센 군대가 루이를 도우러 왔다. 그들은 군주정 복구라는 뚜렷한 목적을 갖고 샹파뉴 지방을 가로질러 파리를 향해 진격했다.

여기에 반응해서 1793년 입법의회는 총병력이 30만에 달하는 세 개 군을 증원했다. 이는 유럽 최초로 국민총동원령levée en masse을 통해 징집되었다. 북쪽 군대는 발미Valmy 전투에서 브라운슈바이크와 맞섰고, 그곳에서 운 좋게도 왕실 포병대의 퇴역 군인들에 의해 강화되었다. 연이은 포격으로 프로이센군은 달아났고 혁명의 승리를 이끌었다. 아마도 유럽에서 가장 잘 훈련된 병사들이 패배했다. 고무된 파리 의회는 '사람들이 자유를 되찾고 싶어 하는 나라라면 어디에나 개입할 것'이라고 선언했다. 발미 전투는 의심할 여지없이 혁명을 구했고, 게다가 유럽의 기존 체제를 공포에 떨게 했다.

봉기의 외침이 유럽 대륙 전역, 즉 바젤, 프랑크푸르트, 브뤼셀, 그리고 사보이에서 다시 계속되었다. 러시아의 예카테리나는 버크가 그토록 찬사를 보냈던 폴란드-리투아니아 연합왕국의 국왕 스타니슬라프 아우구스트의 '혁명적인' 개혁에 충격을 받았다. 그가 옛 연인들 중 한 명이었음에도 불구하고 그 녀는 폴란드-리투아니아 연합왕국을 침략하여 정체政體를 억압했다. 그런 다 음 예카테리나는 폴란드를 3분할해 전리품을 나누기 위해 인접한 오스트리아 와 프로이센의 통치자를 초대했다. 러시아는 리투아니아를, 오스트리아는 크 라쿠프Kraków를, 그리고 프로이센은 바르샤바Warsaw를 차지했다. 1795년까지 폴란드는 더 이상 존재하지 않았다. 예카테리나의 행동은 프리드리히 대제가 실레지아를 장악한 것과 함께 정당한 이유 없는 세력 강화로 평가되었다. 폴 란드가 더 강력하고 부도덕한 이웃 국가들의 심기를 건드려 대가를 치렀던 것 은 이것이 처음도 아니고 마지막도 아니었다.

:: 혁명: 공포에서 붕괴로 ::

1792년을 거치면서 입법의회는 외부의 적에 맞서 연합할 수 있지만 내분이 일 어날 수 있을 뿐이라는 것을 알게 되었다. 의회는 해체되었다. 파리코뮌은 조 르주 당통Georges Danton과 카미유 데물랭Camille Desmoulins 산하에 '비밀 위원회' 를 구성했다. 라파예트는 제명되었고 반역자들을 재판하기 위해 법정이 설치 되었다. 입법의회는 국왕의 파면과 공화국의 수립을 선언한 더 급진적인 '국 민공회'로 대체되었다. 그 후 국민공회는 로베스피에르와 당통 그리고 급진적 언론인 장 폴 마라Jean-Paul Marat가 동의를 얻으려고 열렬히 외쳤던 루이의 처 형에 대해 토론했다. 로베스피에르가 사형제 폐지에 대한 자신의 이전 결정을 상기했을 때, '프랑스가 살려면 루이가 죽어야 한다'고 대답했다. 1793년 1월 루이 16세는 단두대에 올랐다. 그가 군중에게 남긴 마지막 말은 울리는 북소 리에 들리지 않았다.

혁명은 분열되기 시작했다. 국민공회는 '공안위원회'에 의해 보완되었다. 남아 있는 온건한 지롱드파는 폭도들에게 체포되었고, 그들 중 스물한 명은 단두대에 올랐다. 로베스피에르 휘하의 공안위원회는 이제 공식적으로 구체적 정책으로서의 '공포정치'를 선동했다. 로베스피에르는 '혁명에서 대중 정부의 기반은 미덕과 공포이다. 미덕 없는 공포는 재앙이며 공포 없는 미덕은 무기력하다. 혁명 정부는 폭정에 대한 자유의 독재이다'라고 말했다. 그 표현은 오래전부터 독재자들의 생각이 되었다.

공포정치는 일부는 파리의 혼란을, 일부는 방데Vendée 지역의 반혁명을 억제하려는 것이었다. 잔혹하게 40만 명에 이르는 사망자가 나오면서 방데 지역의 반혁명은 진압되었다. 진압을 지휘한 장군은 '아이들을 말발굽에 짓밟혀 죽게 했고, 더 이상 약탈자를 낳지 못하도록 여성들을 학살했다. … 우리는 포로들을 잡지 않는다. 왜냐하면 그들에게 자유의 빵을 먹이는 것이 필요할 것이기 때문이다'라고 자랑했다. 파리에서는 공안위원회 회의가 바깥 거리 아니면 시 청사에 머물고 있었던 폭도들의 합창 소리를 배경으로 개최되었다. 그들은 싫어하는 사람은 누구라도 린치를 가해 죽일 준비가 되어 있었다. 한때 폭도들은 감옥과 수녀원을 '해방'시켰지만, 결국 광란의 폭력으로 수감자들을 학살하거나 강간했을 뿐이다. 1793년 10월, 남편이 처형된 지 9개월이 지나서 마리 앙투아네트는 재판을 받고 단두대로 처형되었다. 그녀의 어린 아들 루이 17세는 무산자 계급의 양부모와 함께 병으로 죽었다.

1794년 초까지 혁명은 스스로 소모하고 있었다. 당통과 그의 동료들은 '과도한 절제' 때문에 처형되었다. 마라는 욕조에서 기사를 쓰고 있다가 지롱드파 동조자인 샤를로트 코르데Charlotte Corday에 의해 살해되었다. 다비드는 혁명의 아이콘이 된 그림에서 손에 펜을 든 마라의 시신을 그렸다. 로베스피에르에 대해 말하자면 그는 점점 이성을 잃어가고 있었다. 그는 노트르담Notre-Dame을 '이성의 사원'으로 선언했고 '초월적 존재에 대한 숭배'를 시작했다. 이는 공화국을 찬미하는 튈르리 정원의 축제로 기념되었다. 횃불을 든 로베스피에르가 기독교의 죽음을 선언했고 꽃을 들고 춤을 추는 수천 명의 행렬을 이끌었다. 그것은 올림픽 개막식의 선구자 격이었다.

3주 후, 파리는 무정부 상태에 휩싸였다. 폭도들이 서로 싸우며 거리를 돌아다녔다. 회의는 비공개로 진행되었고, 회원들은 매일 행해지는 처형을 두려워하고 있었다. 군인들은 복종할 사람이 없었다. 그때 로베스피에르가 2시간 동안 국민공회에서 연설했다. 이 연설은 지지자들마저 그를 비웃게 만들었다. 그는 체포되었고, 자신의 턱에 총을 쏘았으며, 고통으로 비명을 지르면서 단두대로 처형되었다. 100명의 동료들이 그와 함께 죽었다.

공포와 피로 넘쳐난 파리는 완전히 지쳐 쓰러졌다. 3년 동안 국민공회는 2600명의 희생자를 단두대로 보냈다. 감옥은 만원이었고 거리는 무법천지였다. 1794년 말 무렵 합리적 지도력에 대한 열망이 우세해졌고, 국가방위군은 통제권을 주장했다. 상퀼로트 지도자들이 체포되었다. 공안 재판소와 위원회는 해산되었다. 살아남은 지롱드파는 권력을 되찾았고 일반 사면이 선포되었다. 새로운 헌법으로 영국 의회를 본떠 양원제 의회가 만들어졌고, 다섯 명으로 구성된 총재정부 내각이 의회를 이끌었다.

1795년에는 급진파와 왕당파 양측의 추가 봉기가 진압되었다. 한때 왕당파는 이른바 '백색 테러'로 혁명가들에게 복수했다. 그해 10월 파리에서 일어난 왕당파 봉기는 코르시카Corsica 출신의 아주 작은 체구의 스물다섯 살 장교 나폴레옹 보나파르트Napoleon Bonaparte가 지휘하는 소규모 분견대에게 패배했다. 나폴레옹은 적진으로 대포를 발사했고, 그가 말했던 '포도탄(여러 개의 쇳덩이로 된 대포알 ― 옮긴이)의 냄새로' 해산시켰다. 토머스 칼라일Thomas Carlyle은 '포도탄의 냄새 … 그리고 우리가 특별히 프랑스 혁명이라고 부르는 것이 우주로 날아가버린다'고 결론지었다. 장교 나폴레옹의 자신감에 깊은 감명을 받은 총재정부는 그를 국내 치안군 사령관으로 임명했다.

보나파르트는 재빨리 도전에 나섰다. 혁명군을 장악했고, 상류계급의 정부情婦인 여섯 살 연상의 조세핀 드 보아르네Joséphine de Beauharnais와 결혼했다. 보나파르트와 함께, 총재정부는 전 주교였던 샤를모리스 탈레랑Charles-Maurice Talleyrand을 망명지에서 다시 데려왔다. 그는 설득력과 상황 판단이 뛰어나고 활력이 넘치는 인물이었다. 탈레랑은 테니스 코트 서약에 참석하여 인권선언의 초안을 작성하는 데 도움을 준 적이 있었다. 그는 해외에서 생활하고 근무함으로써 연이은 숙청을 피할 수 있었다. 프랑스 역사의 위대한 인물 탈레랑은 곧 프랑스의 외무장관이 되었다.

:: 보나파르트의 등장 ::

이제 새로운 온건파 총재정부는 신뢰성을 확립해야 했다. 파리와 전국의 질서를 회복해야 했고, 공식적으로 여전히 전쟁 중이었던 오스트리아와 영국 두 강대국을 다루어야 했다. 게다가 총재정부는 눈에 띄게 커져가는 군사령관 나폴레옹 보나파르트의 야망에 대처해야 했다. 1796년 나폴레옹은 당시 오스트리아에 맞서 반란으로 들끓고 있는 이탈리아로 '혁명의 불꽃을 옮기도록' 현장에서 떨어져 있었다. 일련의 전투에서 나폴레옹은 숙달된 야전술로 모든 군대를 물리쳤다. 그는 이탈리아 북부를 정복해서 공국들을 새로운 공화국으로 바꾸었고, 1797년 5월에는 베네치아를 점령했다. 파리와 상의하지도 않고 캄포포르미오Campo Formio 조약을 체결하여 프랑스가 롬바르디아와 플랑드르를 차지하는 대가로 베네치아를 오스트리아에 넘겨주도록 했다. 하룻밤 사이에, 프랑스 국가에 고용된 사람이 유럽 지도를 다시 그렸고 프랑스를 이탈리아 대부분의 주인으로 만들었다. 이는 그의 전임자들이 할 수 없게 만들었던 성취였다.

1000년간 계속 독립을 유지했던 베네치아 점령 사건은 세상을 놀라게 했다. 한때 지중해상의 최대 도시국가였던 베네치아의 상인들은 18세기에 걸쳐서 전기 작가 얀 모리스Jan Morris가 '쾌락주의에 푹 빠진 … 타락의 전형적인 예'라고 불렀던 상태로 쇠락했다. 베네치아 귀족들은 운하 쪽 궁전에서 호화로운 생활을 했다. 그들은 16세기에 카르파초가 묘사한 활력에서 18세기에

화가 피에트로 롱기Pietro Longhi가 묘사한 사악한 방탕으로 변화해 갔다. 진부한 평판의 아이콘 카사노바Casanova는 1798년 사망했다. 나폴레옹이 도착했을 때 베네치아는 카지노 136개와 미용사 852명을 가지고 있다는 것을 자랑으로 여겼다고 한다.

나폴레옹은 스스로를 '베네치아의 아틸라'로 선언할 정도로 무자비했다. 정체政體가 뒤집혔다. 대형 바지선이 부서졌다. 수천 개의 미술품이 약탈되어 파리의 루브르Louvre로 보내졌다. 이 중에는 산마르코 광장의 말들과 베로네세Veronese의 걸작 〈카나의 혼인 잔치The Wedding Feast at Cana〉가 포함되었다. 이 그림은 조각조각 잘려져서 결코 반환되지 않았다. 나폴레옹은 유대인 게토ghetto에서 통행금지를 끝냈고 산마르코 광장의 한쪽을 총독 궁전으로 개조했다. 그의 '베네치아 약탈'에 대해 가장 좋게 말할 수 있는 것은 베네치아를 하찮은 도시로 만들어서 아마도 재건을 막을 수 있었다는 것이다.

1797년 겨울 나폴레옹은 밀라노 외곽 몬테 벨로Monte Bello의 궁정에서 새 아내를 맞아들였다. 그가 혁명에 몸을 바쳤다는 가식은 사라졌다. 그는 자코뱅파도 왕당파도 아닌 실리적인 자기중심적 태도를 취했다. 1798년 그는 이탈리아 전투에서 획득한 것들, 즉 이탈리아의 교회, 박물관, 그리고 궁전에서 노획한 것들로 가득한 장식 수레 29대의 행렬을 파리로 보냈다. 여기에는 벨베데레Belvedere의 아폴로Apollo(기원전 4~1세기 그리스 시대의 원작을 모방하여 로마 시대에 만든 것으로 여겨지는 대리석상 ― 옮긴이)와 라파엘로와 코레조Correggio의 작품이 포함되었다. 다양한 동물원에서 온 사자, 곰, 낙타도 있었다.

영국은 여전히 어느 정도 혁명적 야심이 있는 정권에게 고민거리로 남아 있었다. 총재정부는 처음엔 침략을 목표로 정했고, 아일랜드 반군을 돕기 위해 다양한 원정대가 파견되었다. 1798년 프랑스군은 메이요주County Mayo에 상륙했으나 곧 일망타진되었고 울프 톤은 체포되었다. 이로써 1801년 피트 정부에서 영국 의회와 분리된 별도의 아일랜드 의회가 종식되고 영국과 아일랜드의 공식적인 연합이 수립되었다. 프랑스 혁명이 가져온 잘 알려지지 않은 하나의 결과는 새로운 '영국United Kingdom'이었다.

파리는 지중해로 초점을 바꾸었다. 이집트를 포함한 고전 세계는 오랫동안 혁명의 길잡이였다. 신고전주의는 다비드의 미술 작품과 파리의 새로운 건축에 영향을 미쳤다. 나폴레옹에게 지중해는 영국의 세력 기반이었던 인도로 가는 관문이기도 했다. 그는 회의적인 탈레랑에게 '영국을 파괴하기 위해서는 이집트를 점령하는 것이 필요하다'고 말했다. 그는 영국의 무역을 억누르고 대영제국을 파괴할 것이다. 또한 프랑스 학문에 나일강의 불가사의를 개방할 것이다.

1798년 나폴레옹은 이집트로 출항하여 오토만 군대를 물리치고 카이로Cairo를 점령했다. 하지만 나일강 전투에서 영국의 호레이쇼 넬슨Horatio Nelson에게 함대 전체를 잃게 되면서 자신과 군대가 고국에서 멀리 떨어져 고립되어 있다는 것을 알게 되었다. 프랑스로 돌아가는 것이 자신의 영웅적 명성에 크게 도움이 되긴 하지만, 나폴레옹은 이듬해 레반트와 시리아 원정에서 반쯤 성공했다.

∷ 제1통령에서 황제로 ∷

1799년까지 새로운 프랑스의 미래는 훨씬 덜 명확해지고 있었다. 자코뱅파와 왕당파 사이에 불화가 끊이지 않으면서 집권 총재정부는 불안정했다. 그해 8월 고국에서 아무런 소식 없이 이집트에 발이 묶인 나폴레옹은 영국 사령관 시드니 스미스Sidney Smith로부터 파리의 정치적 혼란을 상세히 전하는 프랑스 신문 꾸러미를 받았다. 그는 밤새워 읽었고, 다음 날 자신의 군대를 이탈해서 추종자들과 함께 프랑스로 출항했다.

10월까지 나폴레옹은 파리에 있었고, 그곳에서 개선장군의 대우를 받았다. 자신의 동맹자로 혁명 이론가 아베 시이예스Abbé Sieyès를 선택했고, 그의 도움으로 총재정부에 맞서 쿠데타를 일으켰다. 그는 '제1통령'으로 임명되었고(시이예스는 제2통령으로 임명되었다), 신속하게 두 번째 쿠데타로 자신의 권력을 어느 누구도 견제하지 못하게 했다. 당연하게도 시이예스의 심정은 '난 살아남았어J'ai vecu'라는 것이었다.

1799년 말 무렵, 겨우 서른이 된 나폴레옹은 새로운 프랑스를, 게다가 더 개인적인 혁명을 만들고 있었다. 프랑스군은 동쪽으로 오랜 목표인 라인강 기슭까지 네덜란드를 침공했다. 합스부르크가의 유럽은 후퇴하고 있었고 독일 자치 국가들의 운명은 나폴레옹에게 달려 있었다. 독일과 프로이센 그리고 오스트리아는 여러 차례 시도했지만 방어 연합을 결성할 수 없었다. 이로써 나폴레옹은 이탈리아의 마렝고Marengo 전투에서 오스트리아를 물리칠 수 있었다. 그 후 그는 1802년 영국과 아미앵Amiens 조약을 체결했고, 이후 영국 관광객들은 특히 나폴레옹이 이탈리아에서 사재기한 것들을 세밀히 살피기 위해 갑자기 파리로 몰려들었다.

1804년 나폴레옹은 파리에서 샤를마뉴의 후계자로 즉위했다. 교황이 참석하기는 했지만, 나폴레옹이 스스로 월계관을 썼다. 그는 "교황의 목적을 위해 나는 샤를마뉴다. 나는 그가 내 요구에 맞춰 행동해 주기를 기대한다"고 말했다. 그의 첫 주화에는 '프랑스 공화국-나폴레옹 황제'라는 역설적인 문구가 각인되어 있다. 베토벤은 방금 자신의 세 번째 교향곡 「에로이카Eroica」를 나폴레옹에게 바쳤지만, 그의 대관식 소식을 듣자 분노가 폭발했다. 베토벤은 "이제 그는 인간의 모든 권리를 짓밟을 것이고 오직 자신의 야망만을 탐닉할 것이다"라고 외쳤다. 그는 악보의 첫 페이지를 찢어냈고, 조수에게 시작 부분 마디들을 옮겨 적도록 했다.

15

나폴레옹의 유럽

1804~1815년

:: 유럽의 지배자 ::

프랑스 혁명은 겨우 5년 지속되었을 뿐이지만 유럽을 철저히 뒤흔들어 놓았다. 버크가 예언했던 대로, 프랑스 혁명은 대의정치, 폭민 통치, 공포정치, 붕괴, 그리고 결국에는 독재정치를 차례로 목격했다. 어떤 국가이든 그렇게 빨리 혼란에 빠지다 보면 정신이 번쩍 드는 법이다. 동양 속담에 있듯이, 무정부 상태의 일주일보다 100년의 폭정이 더 낫다. 하지만 그 교훈은 확실치 않았다. 오스트리아와 프로이센 그리고 러시아 정권은 파리에서 일어난 사건들을 어떤 형태의 것이든 민주주의에 대한 경고로 보았다. 영국의 휘그당원 같은 다른 사람들은 파리의 사건들이 개혁 필요성을 입증했다는 정반대의 견해를 보였다. 아이러니하게도 혁명의 요람이 유럽의 가장 강력한 독재정치로 변했다는 것에 모두 동의할 것이다.

　나폴레옹은 샤를마뉴의 후계자로 즉위함으로써 자신의 의도에 대해 의심의 여지를 남기지 않았다. 게다가 그의 의도는 전장에 국한되지 않았다. 황제 권력의 옷을 입은 나폴레옹은 카리스마 넘치고, 결단력이 있었으며, 놀랄 만 큰 에너지가 넘쳤다. 1800년 그는 프랑스의 새로운 법률 체계인 나폴레옹 법전의 초안을 만들기 위해 위원회를 설립했고, 가끔 자신이 의장을 맡았다. 1804년 프랑스뿐만 아니라 새로운 프랑스 제국 전역에서 정부와 사회를 위한 법적 본보기로서 나폴레옹 법전이 공포되었다. 1789년과 1790년의 혁명 법령을 차용한 나폴레옹 법전은 대체로 진보적이고 자유주의적이었다. 그것은 법 앞의 평등, 종교적 관용, 사유재산권, 그리고 가족의 안전을 재차 강조했다. 결혼과 이혼은 종교적인 문제가 아니라 민사 사건이 될 것이다. 프랑스의 공공 분야는 이제부터 종교와 관계없는 것이 될 것이다. 나폴레옹은 '나는 프랑스 땅에 화강암 덩어리를 던지고 싶다'고 말했다.

공화주의 국민국가는 중세 말부터 발전해 오고 있었다. 이제 구체적인 헌법상의 실체로 공식화되었던 공화주의 국민국가는 나폴레옹이 남긴 가장 영속적인 유산이 될 것이다. 프랑스에서 공화주의 국민국가는 혁명의 통제에 대한 강박과 지방의 다양성에 대한 억압을 소중히 여겼다. 혁명에 의해 이미 재정리된 지방정부는 중앙에서 책임을 지는 부서별 대표들로 대체되었다. 중등학교인 국립고등학교 조직과 함께 국립대학이 설립되었다. 모든 교사는 지시에 따라 가르쳐야 했다. 이는 지금까지도 적용되는 국가의 통제 정책으로 처음엔 조롱받았고 나중엔 영국에서 모방되었다.

:: 트라팔가르와 아우스터리츠 ::

런던 정부는 유럽에서 프랑스의 팽창주의 부활에 관심이 없었다. 반면에 나폴레옹은 독자적인 영국을 유럽의 오점으로 여겼다. 1803년 그는 주력부대로 섬들을 침략하려는 야심을 되살렸다. 일단 런던에 도착하면, 영국인들이 미움받는 하노버 왕가 지지자들에 대항해 반기를 들고 자신을 환영할 것이라고 확신했던 것이다. 풍자 만화가 제임스 길레이James Gillray의 난쟁이 독재자 묘사로 널리 알려진 것처럼 프랑스를 싫어하는 언론 활동들은 결코 나폴레옹을 단념시키지 못했다.

프랑스 육군 20만 명이 수송 함대 2343척과 함께 때맞춰 불로뉴Boulogne에 집결했다. 하지만 프랑스 해군은 육군의 안전한 도항을 보장할 수 없었다. 영국 선박들이 브레스트Brest에 있는 프랑스 북부 함대를 봉쇄하고 있는 중이었다. 넬슨 휘하의 다른 함대는 남쪽의 툴롱Toulon을 차단하고 있었다. 그럼에도 불구하고 피트는 위험을 심각하게 받아들였다. 영국의 동해안 및 남해안 전역에서 일련의 원형포탑이 세워졌다. 침략에 맞서 지역 민병대가 모집되었다. 하지만 나폴레옹의 대육군Grande Armée에 맞서 그들의 중세식 요새가 무엇을 할 수 있을지는 예견하기 어렵다.

1805년 여름, 빌뇌브Villeneuve 제독 휘하의 툴롱 함대는 넬슨의 봉쇄를 간신히 벗어나서 지브롤터 해협과 대서양에 도착했다. 서인도제도의 프랑스 함선과 결합하여 영국 해협에서 나폴레옹을 지원하려고 항해할 계획이었다. 소통 장애로 엉망이 되었던 빌뇌브는 결국 자신이 카디스Cadiz에 있다는 것을 알게 되었다. 그곳에서 출항했을 때 넬슨에게 봉쇄되어 트라팔가르Trafalgar곶 앞바다에서 공격받았다. 뒤이은 전투에서 넬슨은 함선 27척을 그에게 맞서 배치된 프랑스 및 스페인 함선 33척을 향해 직각으로 두 줄로 늘어서게 배치했다. 프랑스의 함선 배치는 파멸로 이어졌다. 넬슨은 한 척의 함선도 잃지 않고 적함 22척을 파괴했다. 승리의 순간에 넬슨이 저격수의 총탄에 맞아 죽음으로써 가슴 아픈 승리가 되어버렸다.

나폴레옹은 이미 트라팔가르 해전 무렵 자신의 침략 계획을 포기했었지만, 영국은 이제 프랑스의 추가 위협에서 안전했다. 포로가 된 빌뇌브는 런던에서 넬슨의 국장에 참석할 수 있게 되었고, 나중에 그곳에 트라팔가르 해전과 승리자를 기리는 새로운 광장과 기념비가 건립되었다. 피트는 영국이 '자신의 노력으로 스스로를 구했고, 직접 본보기가 되어 유럽을 구할 것으로 나는 믿는다'고 말했다. 그것이 함축하는 의미는 영국이 나폴레옹에 맞서 제 몫을 해냈다는 것이었다.

반反프랑스 연합의 다른 국가들에게 트라팔가르는 작은 위안이었다. 나폴레옹은 이미 불로뉴에서 군대를 이동시켰고, 트라팔가르 해전 하루 전에 남부 독일의 울름Ulm 전투에서 오스트리아 군대를 물리쳤다. 그는 계속해서 비엔나를 점령했다. 이로써 적군에게 결코 함락된 적이 없었던 신성로마제국 수도를 정복했다. 1805년 12월 나폴레옹은 아우스터리츠Austerlitz에서 러시아-오스트리아 연합군을 상대로 훨씬 더 큰 승리를 거두었다. 2만 6000명이 무자비하게 대학살되었고 러시아군은 고국으로 도망쳤다. 울름과 아우스터리츠에서 펼친 나폴레옹의 야전술은 20세기까지 (구식) 사관학교에서 교육되었다.

울름과 아우스터리츠 그리고 독일의 괴멸은 신성로마제국이 사실상 사망했음을 의미했다. 나폴레옹은 탈레랑에게 자신이 '신성로마제국의 존재를 더 이상 인정하지 않는다'고 말했다. 그것은 '오랫동안 모두에게 능욕되었던 늙은 창녀'였다. 나폴레옹은 독일을 36개의 국가(프로이센을 제외하고)로 합치도록 명령했다. 이는 그의 권한하에 느슨한 라인 연방을 형성하는 것이었다. 라인 연방 국가들은 불가항력을 호소하며 오스트리아 황제이자 신성로마 황제인 프란츠 2세(1792~1806년)에게 정중히 사과했다. 그들에겐 선택의 여지가 없었다. 나폴레옹의 의도는 약 1500만 명을 포함했던 라인 연방이 주로 그가 진행하고 있는 전쟁에 돈과 인력을 공급하게 하려는 것이었다.

이제 남아 있는 신성로마제국의 모습은 비참할 정도였다. 신성로마제국은 독일과 북부 이탈리아를 빼앗겼다. 이로써 오스트리아, 보헤미아, 헝가리 일부, 그리고 베네치아로 축소되었다. 프란츠 2세의 조언자들로부터 급히 신성로마제국을 '해체'하도록 설득 당했다. 이는 나폴레옹이 스스로 신성로마제국 타이틀을 거머쥐지 못하게 하려는 것이었다. 관리들은 서류를 작성했고, 속국들은 봉건적 속박에서 벗어났으며, 회계사들은 연금과 부동산 거래에 대해 걱정했다. 왕관 상징 보석들을 어떻게 해야 하는지에 논쟁이 있었다. 그리고 나서 1806년 8월 6일, 많은 훈장을 달고 있는 전령사가 비엔나의 예수회 교회 탑에 올라가 은 나팔을 불며 시민들을 불러들였다. 그는 신성로마제국이 더 이상 존재하지 않는다고 선언했다. 군중들이 눈물을 흘렸다.

신성로마제국은 1000년을 지속했고 적어도 독일 국민에게는 (대체로) 800년에 걸친 평화와 번영과 문화적 영광을 가져다주었다. 역량이 부족했음에도, 신성로마제국은 로마 이후 유럽의 어떤 조직보다도 오래 지속되었다. 전기 작가 피터 윌슨Peter Wilson의 말처럼 신성로마제국의 약점은 강점이었다. 구성원들에게 '더 넓은 제국 구조는 지역 특권과 자치권을 보장했다. 그들의 소속감은 가정, 교구, 지역사회, 영토, 지역으로부터 제국까지 다층적인 것이었다'. 유럽의 가장 위대한 건축가, 화가, 작곡가 중 일부를 배출했던 것은 신성로마제국 성공의 척도였다. 셰익스피어에 필적하는 것으로 널리 알려진 유일한 유럽 작가 괴테Goethe(1749~1832년)는 아주 작은 바이마르Weimar의 보잘것없는 궁정 관리였다. 이런 여러 가지 색깔의 외투를 이제 나폴레옹이 물려받았다. 그의 새로운 연방은 언젠가는 신성로마제국뿐만 아니라 자신의 조국 프랑스, 즉 새로운 독일 국가도 계승할 수 있는 토대를 마련했다.

:: 프로이센과 러시아 ::

이제 나폴레옹은 어디로 갈까? 나중에 탈레랑은 '방금 무슨 일이 일어났었는지, 다음에 그가 무엇을 할 생각이었는지' 자각하지 못하고 주인의 마음속에 있는 어떤 전략, 어떤 목표도 감지할 수 없었다고 말했다. 1806년 10월 프로이센이 나폴레옹 군대의 힘을 느낄 차례였다. 국왕 프리드리히 빌헬름 3세(1797~1840년)는 아우스터리츠에서 동맹 지원을 거부했고, 그 결과 동맹의 소멸에 기여했다. 그는 이에 대한 보상으로 이제 동맹 없이 예나Jena 전투에서 나폴레옹에 대항하도록 군대를 보냈지만 굴욕적인 패배를 당했다. 나폴레옹 군대는 동쪽을 휩쓸어 대승을 거두었고 베를린에 입성했다.

러시아가 앞에 가로놓여 있었다. 1807년 2월 나폴레옹은 베를린에서 동쪽으로 진격하여 아일라우Eylau와 프리트란트Friedland에서 벌어진 두 차례 유혈 전투에서 러시아군을 무찔렀다. 차르 알렉산드르 1세(1801~1825년)는 틸지트Tilsit 조약에서 가화를 제의할 수밖에 없었다. 이 협상 동안 나폴레옹은 프랑스와 러시아가 그들 사이에서 유럽을 동서로 나누는 계획을 생각해 보았다고 한다. 그는 프랑스와 러시아가 함께 투르크인을 발칸반도에서 몰아내고, 콘스탄티노플을 모스크바에 넘겨주고, 아시아를 가로질러 영국령 인도로 진격할 수 있다고 상상했다. 알렉산드르는 자신과 이름이 같은 알렉산더 대왕을 모방하고 싶었음에도 불구하고 설득당하지 않았다. 그는 나폴레옹이 나누기는커녕 약속도 잘 지키지 못한다는 것을 알고 있었다.

그 대신에, 나폴레옹은 프로이센의 국토 면적과 800만 명 이상의 인구를 절반 이상 줄이는 것으로 프로이센을 응징했다. 그는 1795년 예카테리나의 분할로 잃어버린 땅을 폴란드에 돌려주었다. 또한 폴란드인 정부情婦 마리 발레프스카Marie Walewska에게 도움을 주었다. 그녀는 러시아에 맞서 필사적으로 완충적 지위를 견고하게 하려는 폴란드 귀족들의 유도로 그와 합류했다. 그 후 나폴레옹은 영국의 무역 기반 약화를 시도함으로써 영국에 대한 강박으로 되돌아갔다. 1806년 그는 유럽 관세 통제라는 '대륙 봉쇄'를 확립했다. 이는 영국 상품을 유럽 시장에서 배제시키려는 것이었다. 20세기 유럽연합에 대한 흥미로운 예감으로, 나폴레옹은 '유럽 국가들 사이에 동일성이 충분하지 않다'고 밝혔다. '[국가들이] 서로 조화롭게 살아가게 할 충분한 권한을 가진' 단 하나의 강대국이 있어야 한다. 그 강대국은 당연히 프랑스여야 한다.

나폴레옹의 봉쇄는 대실패였다. 영국 선박들은 발트해를 포함해 북유럽 교역로를 지배했다. 모피와 리넨linen(아마 섬유)에서 수지 및 철에 이르기까지 거의 모든 러시아 수출품이 상트페테르부르크 항구를 가득 메운 영국 선박에 실려 떠났다. 러시아로서는 이 사업을 차단할 수 있거나 차단할 방법이 없었다. 게다가 1807년 사전 대책을 강구한 영국 외무장관 조지 캐닝Geogge Canning은 코펜하겐 항구에 있는 덴마크 함대 대부분을 장악해서 파괴했다. 이는 나폴레옹이 봉쇄를 위해 코펜하겐 항구를 사용하는 것을 막으려는 것이었다. 같은 해, 영국 의회는 공식적으로 영국의 대서양 노예무역을 폐지하는 법을 통과시켰다. 대서양 노예무역은 이론상 프랑스 혁명 때 폐지되었지만, 나폴레옹이 프랑스의 카리브해 제국에서 지역 이익을 달래기 위해 부분적으로 복원되었다.

:: 반도 전쟁 ::

코펜하겐에 대한 대응으로, 나폴레옹은 영국의 유일한 유럽 대륙 동맹국인 포르투갈을 응징하기로 결심했다. 이는 영국 선박이 리스본을 사용하지 못하게 하려는 것이었다. 1807년 나폴레옹은 스페인에 군대를 파견하여 군주 카를 4세에게 포르투갈에 대한 공격에 합류하도록 명령했다. 결과는 모든 관련자에게 참혹했다. 스페인은 유럽의 혁명적 격변을 피했던 보수적인 나라였다. 마드리드에는 인권을 주장할 논쟁의 장이 없었다. 스페인은 카를, 그의 여왕, 여왕의 연인 마누엘 데 고도이Manuel de Godoy, 그리고 고도이의 아내와 정부라는 기이한 가족에 의해 통치되었다. 그들은 프랑스 또는 누구에게나 믿을 수 없는 동맹이었지만 나폴레옹에게는 아무런 문제도 일으키지 않았다. 그는 그들을 그대로 내버려둘 수도 있었다.

프랑스의 침공은 스페인의 충성심을 분열시켰다. 그것은 카를의 퇴위와 아마도 사생아로 태어났고 확실히 무능했던 아들 페르디난트로의 교체를 촉발시켰다. 이는 프란시스코 고야Francisco Goya의 그림에서 잔인하게 묘사되었다. 나폴레옹은 인내심을 잃었고, 연속적으로 고무된 반목과 쿠데타 이후 1808년에 스페인 왕실을 추방해서 형 조제프 보나파르트Joseph Bonaparte로 대체했다. 포르투갈 왕실은 브라질로 도망쳤다.

평소답지 않게 영국은 과민 반응을 보였다. 존 무어John Moore 경이 한 군대의 수뇌부개입에 실패한 이후 1808년에 영국은 인도 전쟁의 영웅 아서 웰즐리Arthur Wellesley 휘하 군대를 포르투갈에 파견했다. 그는 프랑스 및 스페인 군대에 맞서 포르투갈과 영국 연합군을 지휘했다. 그 결과 일어난 반도 전쟁은 나폴레옹의 전투 중 가장 힘든 전투가 될 것이다. 반도 전쟁은 5년 동안 스페인 중부의 먼지투성이 평원들을 가로지르며 양쪽에 엄청난 손실을 입혔다. 가장 혁신적인 특징은 웰링턴Wellington 측에서 게릴라로 알려진 스페인 비정규 부대를 사용했다는 데 있다. 이것이 가져다준 주된 이익은 나폴레옹이 동쪽으로 새로운 모험을 감행하기 위해 모든 것을 필요로 했던 시기에 그의 자원을 고갈시키는 것이었다.

:: 모스크바와 대단원 ::

나폴레옹은 악마들과, 그중에서도 자신과 싸우고 있었다. 그는 유럽 전역의 국가들을 '해방시키는 데' 10년 이상을 보냈던 것으로 보인다. 독일어권 나라들에게 자유란 과세, 징병, 그리고 국가 개입 외에는 별 의미가 없었다. 나폴레옹은 전투에서 승리하고 정권을 무너뜨릴 수 있었지만, 충성심을 불어넣기는커녕 통치할 수도 없었다. 그의 제국은 막시밀리안의 '결혼에 의한 정복'을 패러디한 것으로 혁명에서 가업으로 변모했다. 보나파르트는 프랑스, 스페인, 네덜란드, 베스트팔렌, 이탈리아, 토스카나, 그리고 나폴리에서 왕관을 썼다. 영광은 프랑스가 아니라 황제에게 해당되는 것이었다.

패배한 유럽 정부들은 서서히 힘을 회복했다. 오스트리아는 귀족 외교관 클레멘스 폰 메테르니히Clemens von Metternich라는 명석하고 노련한 외무장관을 발견했다. 그가 너무 늦게 권력을 잡는 바람에 오스트리아는 1809년 바그람Wagram 전투에서 나폴레옹 상대로 다시 한 번 무모하게 전장에 나갈 수밖에 없었다. 결국 오스트리아는 무자비하게 파괴되고 말았다. 메테르니히가 할 수 있었던 최선의 방법은 오스트리아 황제의 열아홉 살짜리 딸 마리 루이즈Marie Louise를 나폴레옹의 새 아내가 되도록 보내는 것이었다. 조세핀이 아이를 낳지 않아 이혼했기 때문이다. 마리 루이즈는 그 예상에 소름이 끼쳤지만, 나폴레옹에게 헌신했고 그의 아들을 낳았다.

황제의 과대망상증은 이제 모든 것을 압도했다. 1810년 그는 군대를 프로이센으로 이동시켜 동쪽을 응시했다. 러시아는 나폴레옹의 영국 무역 봉쇄를 공공연히 위반하고 있었고, 이제 알렉산드르는 그에게 평화적으로 프로이센을 떠나고 폴란드에서 공작을 멈추라고 말했다. 오스트리아의 메테르니히가 나폴레옹에게 제안했던 외교적 책략은, 비록 나폴레옹이 철수하더라도 장차 러시아의 유럽 진출에 맞서 프랑스-오스트리아 동맹을 강화하는 것이었다. 나폴레옹은 유럽에 대한 지배권을 주장하기 위해 '수백만 명의 피를 헤치고 지나갈'것이라고 답했다고 한다. 오스트리아는 메테르니히의 '무장 중립' 정책으로 되돌아갔다.

1812년 봄 나폴레옹은 65만여 명의 군대를 집결시켰다. 그들 중 절반 미만이 프랑스인이었으며 대부분은 독일에서 징집되었다. 러시아가 영국과 교역하는 것을 저지하는 것 말고는 거의 전쟁을 개시할 이유가 없었던 나폴레옹은 러시아 국경을 넘어 역사상 가장 위대한 진군들 중 하나에 착수했다. 그는 러시아의 심장부와 알렉산드르의 군대를 찾다가 수도 상트페테르부르크를 피했다. 알렉산드르의 군대는 그보다 먼저 모스크바를 향해 계속 후퇴하고 있었다. 8월에 나폴레옹은 모스크바에서 230마일 떨어진 스몰렌스크Smolensk에 도착했고, 그곳에서 그의 장군들은 다가오는 러시아의 겨울을 염두에 두고 진군을 멈추도록 압박했다.

나폴레옹은 이제 망상 징후를 보이고 있었고, 게다가 동쪽으로 러시아군을 계속 뒤쫓게 했다. 1마일씩 이동하면서 프랑스의 기다란 군수품 수송 행렬은 약화되었고, 병사들은 점점 더 황폐한 땅을 약탈하며 살아야 했다. 결국 러시아 장군 쿠투조프Kutuzov는 모스크바에서 70마일 떨어진 보로디노Borodino에서 멈췄다. 전투가 벌어졌고 러시아군 4만 5000여 명과 프랑스군 3만여 명이 끔찍하게 살육되었지만 승패는 결정되지 않았다. 나폴레옹은 보로디노 전투를 '프랑스군은 승리할 만했지만 러시아군은 이길 수 없을 만했던 … 내가 경험한 어떤 전투들보다 끔찍한 전투였다'고 묘사했다.

쿠투조프는 이제 모스크바에서 사실상 25만 명에 달하는 거의 모든 시민을 대피시켰다. 그는 '나폴레옹은 우리가 막을 수 없는 급류이지만 모스크바는 그를 빨아들일 스펀지다'라고 말했다. 모스크바에 입성한 나폴레옹은 도시가 비어 있었고 대부분이 불길에 휩싸여 결국 건물의 4분의 3이 파괴되었다는 것을 알았다. 러시아의 항복 소식은 없었고, 한 달 후인 10월 말 프랑스군은 결국 철수했다. 이로써 프랑스군은 꽁꽁 얼어붙은 머나 먼 귀향길을 따라 무의미한 승리를 가져갔다.

톨스토이Tolstoy의 『전쟁과 평화War and Peace』에서 모스크바 전투에 대한 설명은 유럽의 그칠 줄 모르는 전쟁의 무의미함과 오만함을 기록하고 있다. 『전쟁과 평화』는 비록 수천 명이 죽더라도, 싸울 대상과 장소를 찾는 것이 문화적 DNA 깊숙이 남아 있었던 엘리트들의 군국주의 문화를 묘사한다. 나폴레옹의 모스크바 퇴각에는 그런 모험담이 없었다. 그를 퇴각시킨 적은 러시아의 가장 오래된 친구인 거리라는 장군과 겨울이라는 장군이었다. 나폴레옹의 대육군은 굶주렸고 얼어붙었다. 12월 동프로이센에 도착했을 무렵에는 최초 65만 명에 달했던 병사들 중 겨우 4만 명만이 싸울 수 있는 상태였다. 6만여 명이 부상당한 채 걸어가고 있었고 사실상 모든 말을 잃어버렸다. 러시아에게 생존이란 항상 승리를 의미했다는 점을 제외하고 결과는 러시아의 승리가 아니었다. 따라서 차이코프스키Tchaikovsky는 자신의 격양된 서곡에서 종과 대포로 1812년을 축하할 수 있었다.

나폴레옹은 러시아 땅을 떠나자마자 파리로 달려가 반란 소문을 막고 새로운 병력을 소집했다. 그는 놀라울 정도로 쉽게 해냈다. 그때까지 그의 스페인 전략은 혼란에 빠져 있었음이 분명했다. 이제 웰링턴의 후작 웰즐리는 1812년 마드리드를 해방시켰고, 곧 비토리아 전투에서 나폴레옹의 육군 원수 장-밥티스트 주르당Jean-Baptiste Jourdan을 격파하여 프랑스군을 피레네산맥 너머로 몰아냈다.

나폴레옹에게 러시아와 스페인은 둘 다 제국의 세력 확장으로 인한 피할 수 없는 재앙이었다. 가장 끈질기게 그를 비판한 프로이센의 전략가 칼 폰 클라우제비츠Carl von Clausewitz는 예나와 보로디노에서 그와 싸웠고, 손꼽히는 전쟁 이론가가 되었다. 그는 전쟁의 '원시적인 폭력, 증오, 그리고 적개심'을 전쟁의 진지한 목적으로 통합하려 했다. 이는 전쟁이 '다른 방식으로 정치적 교류를 연속시키는' 역할을 하는 것이었다. 무엇보다도, 그는 전쟁이 그 자체로 결코 끝이 되어서는 안 된다고 경고했다.

나폴레옹에게 전쟁은 바로 그런 존재가 되었다. 전쟁은 정책으로부터 나왔다기보다는 정책에 선행했다. 성공이 실패로 돌아갔을 때 황제 나폴레옹에게는 의지할 전략이 없었다. 그는 러시아에 대항하는 메테르니히의 동맹 제안을 거절했다. 이 동맹이 그의 제국을 구했을지도 모른다. 이제 러시아군과 프로이센군은 유럽 전역에서 나폴레옹 군대를 뒤쫓고 있었다. 10년에 걸쳐 그에게 맞서 형성되고 개혁된 연합은 이제 일관성을 되찾았다. 1813년 봄과 여름 동안에 러시아, 스웨덴, 프로이센, 그리고 오스트리아는 '6차 연합'에 동의했고, 영국은 늘 그랬듯이 상당한 양의 인력과 돈 모두를 제공했다.

10월 16일부터 19일까지 라이프치히 외곽에서 벌어진 '제국민의 전투battle of the nations'에서 정점에 도달했다. 이는 프로이센 장군 블뤼허Bluecher 휘하 50만 이상의 병사들이 참가했고, 20세기 이전에 유럽에서 벌어진 가장 큰 전투로 여겨졌다. 그때 병을 앓고 있는 영국의 조지 3세를 제외하고 연합의 군주들 대부분이 직접 참가했다. 나폴레옹은 바이에른을 포함한 많은 독일 동맹국의 변절을 경험했고, 마침내 전장에서 압도당했다. 그는 거의 전군을 잃었다. 지역 농민들이 논밭에서 시체를 치우는 데 1년이 걸렸다고 한다. 프랑스는 본국으로 철수했다.

1814년 4월, 러시아와 프로이센군은 파리를 목전에 두고 있었고, 나폴레옹의 사령관들은 그에게 전쟁이 끝났다고 말했다. 1807년 나폴레옹의 외무장관을 사임했었던 탈레랑은 격분했고, 우월한 지위로 복귀해서 원로원에 황제의 퇴위를 요구하도록 조언했다. 나폴레옹은 이탈리아 서해안의 엘바Elba섬으로 망명을 떠나야 했다. 이제 부르봉가의 루이 16세가 왕위에 올랐고, 탈레랑을 수석 고문으로 임용했다.

불굴의 탈레랑은 갑자기 자신이 패배한 국가의 탄원자라기보다는 유럽의 중재자인 것처럼 행동했다. 그는 알렉산드르를 초대해서 자신의 파리 집에 머물게 했고, 영국의 외무장관 캐슬리Castlereagh와 회담을 가졌다. 그는 모두에게 자신이 나폴레옹이 아니라 프랑스와 프랑스 국민들을 대표한다고 주장했다. 프랑스 혁명은 끝난 것으로 보아야 한다. 나폴레옹의 육군 원수 네이Ney는 나중에 반역죄로 처형되었고, 나폴레옹 관리 6만 명이 직위에서 해임되었다. 1814년 5월, 전쟁 당사자들이 파리 조약에 합의했다. 파리 조약은 부르봉가의 복귀를 승인했고 프랑스를 혁명 이전의 국경으로 되돌려 놓았다. 또한 파리 조약은 좀 더 포괄적인 합의에 이르기 위해 비엔나에서 다시 소집하는 것에 동의했다. 파리 조약은 유럽 역사상 가장 큰 권력의 집합체가 될 것이다.

16

비엔나와 개혁의 실패

1815~1840년

:: 대단원: 나폴레옹과 워털루 ::

1814년 9월 비엔나에 퍼레이드가 한창이었다. 유럽 지도자들이 한자리에 모여 집단적으로 안도의 한숨을 내쉬었다. 나폴레옹은 사라졌고 프랑스는 패배했다. 황제와 왕 그리고 대공들이 군사 및 정치 고문들로 구성된 수행원과 함께 왔다. 200명의 독일 소군주들과 측근들도 참석하면서 호텔과 빌린 타운하우스 안으로 몰려 들어갔다. 그들은 신성로마제국의 버려진 식탁에서 부스러기를 낚아채기를 기대했다. 여기에 도시, 교회, 은행, 기업, 심지어 출판사 대표들까지 더해졌다. 궁전 신하들, 아내, 그리고 결혼 적령기 딸들이 대표들과 동행했다.

나폴레옹에게 굴욕을 당한 비엔나는 관심의 대상이 되는 것에 크게 기뻐했다. 거리에 이주자 하인, 마부, 요리사, 재단사, '매춘부와 제과점 주인'으로 가득했을 만큼 비엔나 인구는 20만 명에서 30만 명으로 급증했던 것으로 추정된다. 그해 겨울 비엔나는 새로운 왈츠로 활기를 띠고 흥겨운 리듬과 함께 여흥에 푹 빠져들었다. 베토벤은 11월에 소환되어 웰링턴의 비토리아 승리를 축하하여 기운을 돋우는 전쟁 교향곡(지금은 거의 연주되지 않는다)의 연주회를 열었다. 라이프치히 패배에도 굴하지 않고 탈레랑이 이끌었던 프랑스인들은 유럽 최고의 치즈를 결정하는 대회를 열었다. 영국은 스틸톤Stilton 치즈를 스위스는 그뤼에르Gruyère 치즈를 내놓았다. 출품된 치즈 60개 중에 프랑스의 브리 드 모brie de Meaux 치즈가 치즈의 왕으로 선정되었다.

노련한 정치가인 탈레랑과 메테르니히 그리고 캐슬리가 공식 절차를 주재했다. 다른 사람들의 바람과는 달리 캐슬리는 프랑스가 어떤 합의든 무시할 만한 이유를 갖지 못하도록 프랑스의 참석을 주장했다. 앞선 파리 조약에서는 이미 관례에 따라 프랑스의 동쪽 국경을 따라 완충지대를 만들기 위해 옛 로타링기아의 경계를 조정한 바 있었다. 비엔나는 이를 공식화했지만, 나폴레옹이 드리웠던 어두운 그림자로부터 유럽을 구하고 회복시키려 했다. 해결해야 할 양쪽의 주장과 반론이 있었다. 반환, 보상, 무역, 그리고 부채의 문제들이 있었다. 축소되고 재분할되어야 할 프랑스 식민 제국의 문제가 있었다. 비엔나는 아직 싹트는 단계의 국제연합 회의였다.

1815년 3월, 나폴레옹이 엘바에서 탈출해 프랑스 남부 칸 근처에 상륙했다는 소식에 비엔나가 엄청난 충격을 받았을 때, 회의 절차는 거의 끝나가고 있었다. 그때 나폴레옹은 새로운 군대를 이끌고 파리로 진군했다. 루이 18세는 파리에서 도망쳤고 나폴레옹은 옛 왕위를 다시 차지했다. 비엔나 대표들은 일을 마무리 짓는 데 힘쓰기 전에 나폴레옹을 무법자로 선언하고 7차 반프랑스 연합을 소집하기 위해 휴회했다.

나폴레옹과 맞서는 일은 이제 영국의 웰링턴 공작에게 맡겨졌다. 그는 캐슬리를 대신해서 영국 대표단의 수장이 되었고, 이는 한 세기 전의 말버러처럼 영국이 새로운 유럽 질서를 진지하게 모색하고 있음을 알리는 것이었다. 그는 벨기에의 11만 8000명 연합군에 추가하기 위해 3분의 1이 아일랜드인이었던 그리 많지 않은 2만 5000명의 영국군을 소집했다. 나폴레옹은 브뤼셀을 향해 '북부군'을 참전시켰다. 이는 블뤼허 휘하의 프로이센군이 보강되기 전에 웰링턴과 맞서려는 것이었다.

나폴레옹의 진격으로 반프랑스 연합국들의 준비가 불충분했고 웰링턴의 전망이 불확실하다는 점이 확인되었다. 6월 16일 카트르브라Quatre Bras에서 예비 교전이 있은 후, 워털루Waterloo 마을 외곽에서 본격적으로 전투가 벌어졌다. 영국 보병 방진이 프랑스 기병대 앞에서 동요했다고는 하지만, 결국 한 발자국도 물러나지 않았다. 따라서 블뤼허의 프로이센군이 뒤늦게 프랑스 측면에 도착할 때까지 결과는 확정적이지 않았다. 나폴레옹의 황실수비대는 달아났고, 프랑스군은 궤멸되었다. 프로이센군의 역할에 대해서는 후에 많은 논란이 있었지만, 웰링턴과 폰 클라우제비츠 사이의 언쟁은 프로이센군의 도착이 결정적이었다는 데 동의했다. 그것은 웰링턴이 인정했던 것처럼 '당신이 살아오면서 보았던 것 중 최대의 위기일발 순간'이었다. 나폴레옹의 마차가 프로이센군에게 포획되었을 때, 마차 안은 보석으로 가득했다. 그 보석은 프로이센 왕관에 추가되었다.

그날 워털루는 결정적이었다. 설사 나폴레옹이 승리했더라도, 라이프치히에서처럼 대규모 연합군과 맞서야 했을 것이다. 사실은 승리하지 않았으므로, 영국군 및 프로이센군의 추격을 받고 파리로 돌아왔다. 이번엔 사령관들이 그에게 끝났다고 단호하게 말했다. 1815년 6월 그는 폐위되었고 파리를 떠나 해안으로 향했다. 그는 영국의 조지 3세에게 '나의 적들 중 가장 강력하고, 가장 변함없으며, 가장 관대한 적으로부터 … 법의 보호'를 호소하는 편지를 썼다. 그는 영국 시골 신사로서 망명을 꿈꿨다고 한다. 편지는 배달되지 않았다. 미국으로의 탈출을 고려했음에도 불구하고 나폴레옹은 영국군에게 붙잡혔다. 이로써 프랑스군이나 프로이센군에게 처형당할 수 있는 상황에서 벗어났다. 그는 영국 군함 벨러로폰Bellerophon호에 탑승한 뒤 노섬벌랜드Northumberland호로 멀리 떨어진 남대서양의 영국 식민지 세인트헬레나St Helena로 유배되었다. 그는 비서에게 '나는 독수리들에게 물어뜯기도록 바위에 결박된 새로운 프로메테우스다. … 10년이 지나기 전에, 유럽 전체는 코사크인 아니면 공화주의자가 될 것'이라고 말했다. 6년 후 나폴레옹은 사망했고, 사망 원인은 위암이었던 것으로 추정된다.

:: 비엔나: 합의 ::

비엔나 회의는 이제 업무를 완수했다. 지난 25년 동안 30년 전쟁 이후로 전례 없는 대학살을 목격했던 유럽을 진정시키려고 노력했다. 프랑스 혁명의 시작과 나폴레옹 퇴위 사이의 25년 동안 유럽 전역에서 500만 명이 죽었던 것으로 추정된다. 이는 1차 세계대전에서 죽었던 사람들보다 더 큰 비율이었다. 프랑스 한곳에서만 아마도 150만 명이 죽었을 것이다. 유럽 전체의 경제가 위축되었고 영국을 제외한 모든 곳에서 새롭게 나타난 산업혁명은 보류되었다.

비엔나에 참석한 정부들은 전쟁 이전의 현상 유지를 갈망했다. 그들은 본능적으로 베스트팔렌과 위트레흐트의 원칙으로 돌아가 유럽을 혁명의 트라우마로부터 구해내려고 했다. 이는 실제로 나폴레옹이 결코 나타난 적이 없었던척 하려는 것이었다. 메테르니히는 유럽 전역의 세력 균형에 특별히 집착했다. 이를 위해서는 나폴레옹 제국이 해체되어야 한다. 새로운 네덜란드는 남쪽의 벨기에를 편입함으로써 스페인, 오스트리아, 프랑스에 이어 네 번째로 벨기에를 지배하게 되었다. 사보이는 피에몬테Piedmont 및 사르디니아Sardinia와 결합되어 프랑스 남동부 국경에서 완충 국가를 형성했다. 폴란드와 작센은 잠깐이나마 나폴레옹에 관심을 보였다는 이유로 분할되는 고통을 겪었다. 일부는 러시아에 일부는 프로이센에 주어지면서 일부만이 독립을 유지했다.

프로이센은 나폴레옹에게 당한 굴욕에 복수하고 싶어 했고, 베를린 회의의 최고 수혜자가 되었다. 광물이 풍부한 루르Ruhr를 포함해 멀리 라인란트까지 북독일 대부분은 물론이고 작센 대부분도 차지했다. 그 결과 '엘베강 동쪽'에 한정된 프로이센이 이제 동쪽의 폴란드에서 서쪽의 프랑스 국경까지 이어졌다. 오스트리아는 잘츠부르크Salzburg, 티롤Tyrol, 그리고 이탈리아 북부의 옛 영토를 획득했다. 이제 오스트리아 지배하의 베네치아는 도난당한 산마르코 광장의 청동 말을 되찾았다.

비엔나 회의 대표들은 신성로마제국의 종말을 받아들일 수밖에 없다고 생각했다. 36개 국가로 이루어진 나폴레옹의 독일 연방이 39개로 개조되었고, 비엔나는 프랑크푸르트 연방 의회에서 주로 의례적인 모임을 주재할 것을 요청받았다. 이 새로운 실체는 프로이센 및 오스트리아와 함께 '제3독일'로 불렸다. 이 제3독일의 정체성에 대해서는 많은 논의가 이루어졌다. 신성로마제국은 1000년 동안 제3독일을 지켰다. 무엇보다도 북쪽에 독단적이고 호전적인 프로이센이라는 존재가 지방 주권을 방해할 이유는 거의 없어 보였다.

그렇지만 주장만 무성한 연방 의회로 충분할까? 독일의 정신은 나폴레옹의 정복으로 되살아났다. 함부르크와 프랑크푸르트 그리고 하이델베르크의 대학, 장교 클럽, 그리고 동업자 조합은 유럽 최고의 자리에 있기를 원했다. 국가 없는 민족이 된다는 것은 이도 저도 아닌 시대에 뒤처진 것처럼 보였다. 사이먼 윈더Simon Winder가 주목했던 것처럼 새로운 독일이 함께 꿰매어지고 있는 동안, 제네바의 메리 셸리Mary Shelley는 소설에서 '불안하고 반은 활기 있는 동작으로' 생기를 불어넣은 프랑켄슈타인의 괴물을 꿈꾸고 있었다.

영국의 캐슬리는 유럽 대륙의 어떤 흥정에도 휘말리지 말라는 엄중한 내각의 지시를 받았다. 비엔나 회의는 네덜란드로부터 케이프타운Cape Town을 포함해 영국의 전시 식민지 획득을 확정했다. 유럽에서 영국의 미래에 관해 말하자면 위트레흐트 조약 이후처럼 영국이 할 일은 끝났고 병사들은 물러날 것이다. 휘그당의 존 러셀John Russell 경은 군대에 대한 추가 지출에 반대했다. 왜냐하면 추가 지출이 '해군 국가를 육군 국가로 … 강력한 섬 국가를 … 하찮은 대륙 국가로' 바꿀 위험을 감수해야 할 것이기 때문이다. 군대는 60만 명에서 10만 명으로 감축되었으며, 대부분은 식민지를 위한 군대였다. 웰링턴은 하이드 파크 코너Hyde Park Corner에 있는 자신의 집에서 워털루 전투의 장군들을 위한 연례 만찬을 열기 위해 남게 되었다. 새로운 런던 다리가 워털루 전투의 이름을 따서 명명되었고 1817년에 개통되었다. 나중에 프랑스인들은 그들이 명명한 오스테를리츠역Gare d'Austerlitz이라는 이름으로 보복했다.

:: 비엔나의 여파: 유럽 협력 체제 ::

비엔나의 성과 중 하나는 진행 중인 회의에서 캐슬리가 구상한 '국가들의 협력 체제'였다. 이는 전쟁에 이르기 전에 국제 분쟁을 해결하기 위한 것이었다. 이를 위해 영국은 러시아, 프로이센, 오스트리아, 그리고 프랑스와 함께 정례 회의를 개최하기로 합의했다. 이 협력 체제의 의도는 '영국은 머물게 하고, 프랑스는 억누르며, 러시아는 배척하는 것'으로 알려졌다. 겉보기에 끊임없이 계속되는 유럽 전쟁의 시대는 끝나야 한다.

근대 국가의 장치를 전쟁 규율에 적용한 나폴레옹의 주요 혁신은 그다지 주목받지 못했다. 일단 자리를 잡으면 이상할 정도로 해체에 내성이 입증된 장치였다. 어떻게 그러한 권력을 억제하고 시민에게 책임을 지게 할 것인지가 문제였다. 하지만 비엔나 회의는 그것을 묻지 않았다. 그 대신에 미래의 반란으로부터 유럽 대륙의 지배적인 독재정치를 어떻게 보호해야 할지 논의했다. 프로이센, 오스트리아, 폴란드, 그리고 프랑스 군주들은 국민의회를 손보았으면서도 대체로 그 결과를 후회했다. 이 점에서 캐슬리는 대중의 정서는 영원히 억누를 수 없다고 경고한 급진주의자였다. 국내에서는 완고한 보수주의자일지 모르지만, 러시아의 알렉산드르나 오스트리아의 메테르니히에 비하면 그는 난폭한 자유주의자였다.

비엔나 회의 결과 중 하나는 17세기에 제국들이 성장한 이후로 유럽의 해외 활동에서 가장 끔찍한 오점이었던 대서양 노예무역이 점진적이지만 눈에 띄게 막을 내렸다는 점이다. 노예제는 유럽 자체에서 오래전에 끝났거나, 적어도 농노제로 제거되었다. 노예제는 18세기에 스페인, 포르투갈, 네덜란드, 프랑스, 그리고 영국의 모든 주요 무역상들과 함께 아메리카 양 대륙에 걸쳐 플랜테이션plantation 농장의 개발을 촉진시켰다. 리스본, 카디스, 낭트, 브리스틀, 그리고 리버풀Liverpool과 같은 도시들이 크게 번창했다. 그들의 배는 서아프리카에 공산품을 전달했고, 아프리카 무역상들로부터 노예들을 배에 태워 아메리카 양 대륙으로 실어 날랐으며, 그다음 설탕, 럼주, 그리고 목화를 유럽으로 가져왔다.

이른바 끔찍한 '중간 항로(아프리카 서해안과 서인도제도 사이의 항로 — 옮긴이)'의 존재는 여전히 수천 명의 노예가 유럽에 들어왔다고는 하지만 수천만 명의 노예들 대부분이 유럽 땅에 발을 들여놓지 않았다는 것을 의미했다. 이로 인해 1787년 일단의 영국 퀘이커Quaker 교도와 윌리엄 윌버포스William Wilberforce에 의해 결성된 노예무역 반대 운동가들이 자신들의 입장을 알리는 것이 더 어려워졌다. 1807년 자체적으로 노예무역을 끝냈던 영국은 1818년 스페인, 포르투갈, 그리고 네덜란드와 노예무역 금지 조약을 체결했다. 이 조약은 이전의 노예 무역상들에게 영국이 보상해 주는 것으로 뒷받침되었다. 영국 해군은 비록 처음에는 간헐적이긴 했지만, 노예무역 금지 조약의 집행을 위임받았다. 이는 북미에서는커녕 유럽 식민지에서도 노예제 폐지를 의미하지 않았지만, 노예무역을 끝내는 것이 첫 단계였다.

:: 병 속의 지니genie: 주저하는 1820년대 ::

비엔나 회의가 프랑스 혁명을 해체했을지도 모르지만, 혁명이 일어났다거나 새로운 질서에 대한 희망을 환기시켰다는 것을 무시할 수는 없었다. 시간이 지나면서 독일, 이탈리아, 벨기에, 그리고 폴란드의 젊은이들은 라이프치히, 워털루, 그리고 비엔나에서 얻은 것이 무엇이었는지 물었다. 독일은 여전히

39개 국가였고, 이탈리아는 여전히 아홉 개의 국가로 외부 세력의 지배를 받았다. 그리스와 발칸반도 대부분은 투르크 지배하에 남아 있었다. 비엔나 회의는 유럽의 건강을 다시 회복시켰지만, 그 전에 발생했던 질병을 치료하지는 못했다. 캐슬리가 말했듯이, 그 질병은 대부분의 유럽에서 권력에 대한 동의를 확보하기 위한 어떤 메커니즘도 결여되어 있었다는 것이었다.

루이 18세가 프랑스의 군주제와 귀족을 부활시켰지만, 혁명을 완전히 뒤집지는 않았다. 프랑스는 세속적인 상태를 유지했다. 의회, 국민방위군, 그리고 부처 장관들이 자리를 잡아가면서 나폴레옹 법전이 확고하게 뿌리를 내렸다. 왕당파들은 끊임없이 구체제로의 복귀를 요구했지만, 그들에 맞서 부활한 급진주의자들은 개혁을 요구하고 있었다. 루이 18세는 둘 사이를 넘나들려고 시도했다. 그는 귀족정치를 혁명의 관료주의적 국가주의와 결합함으로써 프랑스 혁명 이전 과거의 정신을 되찾으려 했다. 그것은 안정적으로 결합될 것 같지 않았다.

1820년 스페인 급진주의자들은 코르테스(의회)를 통해 마드리드에서 권력을 장악했고, 절대군주권을 가진 페르디난트 7세를 한낱 명목상의 우두머리로 바꾸어놓았다. 1823년 프랑스가 페르디난트의 완전한 독재권 회복을 위해 군대를 보낼 때까지, '자유주의 3년'이라는 어느 정도 혁명적인 통치가 뒤따랐다. 프랑스군은 스페인으로 진군했다. 이는 비엔나의 정신을 노골적으로 위반했지만 페르디난트를 왕위에 복귀시켰다. 끔찍한 폭력이 수반되었다. 고야는 이 폭력을 암울한 검은 그림Black Paintings 시리즈에서 연대순으로 기록했다.

스페인의 격변은 남아메리카에 지대한 영향을 미쳤다. 스페인 식민지들은 북미 독립 전쟁을 재현하기 위해 자국에서 내전의 기회를 잡았다. 그들은 내전에서 놀랄 만한 성공을 거두었다. 시몬 볼리바르Simón Bolívar의 카리스마 있는 지도력으로 1821년부터 10년 이내에 스페인의 식민지 군대를 무찌르고 베네수엘라, 콜롬비아, 페루, 그리고 볼리비아를 만들어냈다. 아르헨티나, 우루과이, 칠레, 그리고 멕시코를 포함해 다른 라틴아메리카 국가들도 같은 기간 동안 스페인으로부터 독립했다. 1822년 브라질이 포르투갈로부터 독립했다.

비엔나 회의의 강국들을 당황시킬 정도로 영국의 캐닝은 독점 무역을 열망하는 런던 금융가 이해 관계자들의 압력으로 남미 독립 국가들을 차례로 승인했다. 이는 또한 제임스 먼로James Monroe 미국 대통령(1817~1825년)에게 걱정거리를 안겨주었다. 그는 프랑스가 스페인의 남미 재정복을 지원할 가능성뿐만 아니라 캐닝의 역할에 대해서도 위험을 느꼈다. 1823년 먼로는 러시아가 캘리포니아와 페루를, 프랑스가 멕시코를, 그리고 영국이 쿠바를 차지하는 끔찍한 상황을 상상했다. 그는 이것이 '우리의 평화와 안전에 위험할 것'이라고 말했다. 이렇게 해서 남북 아메리카는 옛 유럽 부모에겐 접근 금지 구역이 되어야 한다는 먼로 선언Monroe doctrine이 탄생했다. 이제 남북 아메리카는 미국의 '세력권'이었다.

:: 1830년, 혁명 실패의 해 ::

프랑스 혁명은 유럽 전역에 여진을 초래했지만, 유럽의 기존 질서에 심각한 피해를 입히진 않았다. 19세기가 진행되면서, 혁명의 충동이 다시 모습을 드러내기 시작했다. 첫 번째 징후는 깜짝 놀랄 만한 지역으로 오랫동안 잠잠했던 그리스에서 나타났다. 1821년 옛 비잔티움의 잊힌 존재였던 그리스가 오토만투르크에 맞서 전면적인 반란을 일으켰다. 이 투쟁은 영웅적인 바이런Byron 경이 이끄는 유럽 전역의 낭만주의자들을 들뜨게 했다. 1824년 그리스인을 위해 싸운 시인 바이런의 죽음은 고대 그리스의 모든 것에 대한 열광과 동시에 일어났다. 프랑스 혁명에 자극받아 고전 건축이 서구 세계 전역의 국가 건물, 시골 저택, 교회, 그리고 대학에서 복제되었다. 당시 건설 중이던 미국의 워싱턴은 오늘날까지 남아 있는 신고전주의 도시가 되었다.

1824년 프랑스의 루이가 죽었고, 그와 함께 개혁을 위한 느린 발걸음도 사라졌다. 후계자 샤를 10세(1824~1830년)는 10대 때 마리 앙투아네트의 댄스 파트너였고 베르사유궁에서 가장 사랑받았던 낭비벽이 심한 반동적 인물이었다. 그는 구체제로 돌아가려고 노력했고, 중세 군주들이 왕위에 올랐었던 랭스에서 성대한 의식을 치르고 왕위에 올랐다. 그리스는 그가 영광을 차지할 수 있는 기회였다. 1827년 샤를 10세는 영국과 러시아에 가담해서 그리스 반군을 지원하러 배를 보냈다. 그리스에서 러시아는 약화되고 있는 오토만제국을 탐욕스럽게 바라보고 있었다. 영국-러시아 함대는 1571년 레판토 해전이 치러졌던 해역과 동일한 펠로폰네소스반도 앞바다 나바리노Navarino에서 투르크 및 이집트 군대와 교전했다. 레판토 해전은 노를 젓는 배로 치러진 마지막 주요 전투였던 것처럼, 나바리노 해전은 오로지 돛을 단 배로만 치러진 마지막 전투였다. 투르크군은 유럽의 우세한 포격술로 격파되었고, 1830년까지 그리스 남부는 그다지 크지는 않더라도 독립적인 국가였다. 유럽의 민족주의는 작지만 총체적인 승리를 거두었다.

같은 해 파리에서, 샤를은 일련의 의회 패배에 의회 해산 법령으로 대응했다. 이는 언론의 자유를 종식시키고 선거권을 제한하는 것이었다. 폭도들은 오래된 근거지인 거리로 돌아왔지만 샤를은 흔들리지 않았다. 그는 이제 연로한 탈레랑에게 '영국의 왕처럼 군림하느니 차라리 나무를 자르겠다. … 나는 왕좌와 교수대 사이의 중도를 모르겠다'고 거만하게 말했다. 탈레랑은 "폐하께서는 사륜 역마차를 잊고 계십니다"라고 냉정하게 대답했다. 며칠 이내에 샤를은 겁을 먹고 영국으로 도망쳤고, 그곳에서 '퐁티외Ponthieu 백작'이라는 개인 시민으로서만 정착할 수 있었다.

프랑스 혁명이 축소된 형태로 재연되면서 샤를 10세의 사촌이자 '부르주아'였던 오를레앙의 루이 필립Louis Philippe(1830~1848년)에게 왕위가 넘어갔다. 그는 나이가 지긋한 라파예트와 팔짱을 끼고 파리시 청사의 발코니에서 기뻐하는 군중들을 맞이했다. 호감을 주는 루이 필립은 지속적으로 영향력을 입증했다. 그는 좌파와 우파의 성미 급한 사람들 사이를 오가며 프랑스의 세습되는 상원을 폐지했고, 프랑스에 18년간의 평화를 가져왔다. 들라크루아Delacroix의 그림에 자유의 혁명적 아이콘으로 무수한 시체 위로 삼색기를 들고 가슴을 드러낸 여성이 등장한다. 이는 흔히 추정되는 것처럼 1789년 혁명이 아니라 1830년의 쿠데타를 나타냈던 것이다.

1830년 내내 유럽의 수도들은 파리 바리케이드의 외침에 공감했다. 프랑스어를 사용하는 가톨릭 신자들 사이에서 브뤼셀 폭동이 발생했다. 이는 비엔나 회의에서 결정된 네덜란드, 플랑드르, 그리고 왈롱Wallonia의 어울리지 않는 연합에 항의하는 폭동이었다. 그들은 네덜란드어로 말하고 신교도들에게 동등한 지위를 인정하라는 명령을 받았다. 유럽의 협력체제가 작동하기 시작했다. 영국의 신임 외무장관 파머스턴Palmerston 경은 탈레랑과 협력하여 벨기에를 네덜란드에서 분리시키고 중립을 보장했다. 1831년 마침내 독립된 벨기에가 되살아났다.

이탈리아가 다음으로 지휘봉을 잡았다. 나폴레옹은 이탈리아에 통일과 공화주의를 경험하게 했다. 하지만 비엔나 회의는 이탈리아를 오스트리아 지배로 되돌려놓았다. 이탈리아 통일을 위한 움직임이 확산되었지만, 그것은 주로 이탈리아 전역에 지부를 둔 비밀 혁명가들의 조직이었던 카르보나리Carbonari 당에 국한되었다. 그들에게는 군사적 영향력이 거의 없었고 북부 지방에서 오스트리아에 맞선 봉기는 오래가지 못했다.

또한 1830년에 일단의 폴란드 장교들과 지주들이 다시 한 번 러시아에 반기를 들었다. 새로운 차르 니콜라이 1세Nicholas I(1825~1855년)는 전임자였던 실용주의자 알렉산드르와는 현저히 달랐다. 전기 작가에 따르면 그는 '독재의 화신으로 한없이 위풍당당했고, 단호하고 강력했으며, 돌처럼 단단했고, 숙명처럼 가차 없었다'. 그는 반군에 대응해서 폴란드가 비엔나 회의에서 부여받았던 자치권을 강제로 끝내고 스스로 폴란드 왕위에 올랐다. 바르샤바는 망연자실했고 중산층은 파리로 이주하여 비참한 상황에서 프레더릭 쇼팽Frédéric Chopin으로 인해 즐거워했다. 쇼팽은 "나는 고통 받고 있고 피아노로 절망을 쏟아내요"라고 괴로워했다. 폴란드의 질병은 파머스턴이 '의기양양한 잘못의 슬픈 유산'이라고 불렀던 것이었다. 그것으로 1830년의 밀려드는 혁명은 막을 내렸다. 비엔나 회의의 뼈대는 그대로 남아 있었다.

:: 매우 영국적인 혁명: 1832년 ::

그리스 말고도 1830년의 사건들은 아이러니하게도 프랑스 혁명의 영향을 가장 적게 받은 나라에 가장 큰 영향을 미쳤다. 영국은 경제적 성공이 가져온 정치적 후유증을 겪고 있었다. 산업혁명은 아직까지 유럽 대륙에서 알려지지 않은 정도로 영국의 사회 지형을 바꾸어놓았다. 1801년 영국 인구는 900만 명이었다. 1841년까지는 아일랜드인 800만 명을 더하여 1600만 명이었다. 시골 지역의 인구는 줄어들고 있었고 도시들은 호황을 누리고 있었다. 런던 외곽에서 가장 큰 도시는 더 이상 요크, 브리스틀, 그리고 노리치Norwich가 아니라 맨체스터Manchester, 버밍엄Birmingham, 그리고 리즈Leeds였다. 사회구조가 변화하고 새로운 지도자들이 등장하고 있었다. 제한적 영국 기관들이 더 적게는 시골 농장 및 교회가 되어가고 있었고, 더 많게는 공장, 제분소, 그리고 신생 철도가 되어가고 있었다.

영국 정치는 이런 변화를 반영하지 않았다. 의회는 인기 없는 하노버 왕실 군주를 견제할 수도 있지만, 국민에게는 거의 책임이 없었다. 세습되는 국교파 하원은 개혁에 거부권을 행사했다. 지방정부는 귀족적이었다. 영국 교회는 빈사 상태였다. 의회는 주로 지방 카운티와 옛 자치구의 25만 명 유권자를 대표했다. 유권자는 프랑스와 스페인보다 훨씬 적었다. 대부분의 산업 생활 중심지에는 전혀 선거권이 부여되지 않았다.

오랫동안 영국 헌법을 지키고 발전시켜 왔던 것은 정치 기구를 지배하는 자유주의 정신이었다. 이 자유주의 정신은 월폴, 피트 부자, 리버풀 경, 캐슬리, 그리고 캐닝이라는 탁월한 능력을 지닌 국가 지도자들을 배출했다. 각자는 보수주의를 개혁에 대한 관용으로 완화시켰다. 영국 국민은 자유로운 집회와 비교적 자유로운 언론에 자부심을 가질 수 있었다. 제러미 벤담Jeremy Bentham의 급진적 철학, 엘리자베스 프라이Elizabeth Fry의 감옥 개혁, 그리고 윌리엄 허스키슨William Huskisson과 리처드 코브던Richard Cobden의 자유 무역에 대한 청문회가 열렸다. 길레이Gillray와 크루섕크Cruikshank 같은 혹독한 풍자 만화가들은 용인되었다. 그들은 프랑스에서라면 단두대로 처형당했을 것이다.

1819년 이런 겉으로는 평온한 상황이 충격에 휩싸였다. 맨체스터의 성 피터 광장St Peter's Field에서 열린 선거법 개정을 위한 평화적인 집회가 겁에 질린 지방 치안판사의 명령으로 병사들에 의해 해산되었다. 11명이 죽었고 500여 명이 부상당했다. 이는 뉴스 헤드라인을 쓰는 기자들에 의해 (워털루 전투에 빗대어) '피털루의 학살Peterloo Massacre'로 불렸다. 한 프랑스 해설자는 '영국에서만 학살이라고 부를' 그 사건에 대해 유럽 대부분에서는 아무도 모르게 지나갈 것이라고 썼다. 그러나 여론과 정치적 견해는 경악했다. 그 사건은 초조해하는 보수주의자들에게는 영국 혁명의 전조였고, 자유주의자들에게는 시급한 개혁을 소환하는 것이었다.

1830년 오랫동안 병약했던 조지 4세는 너무 비만해서 대중 앞에 거의 모습을 드러내지 않고 죽었다. 그의 사망으로 관례에 따라 총선거가 치러졌고 웰링턴 공의 토리당이 가까스로 승리했다. 웰링턴은 개혁 요구에 대해 '정부 내에서 어떤 직책을 맡고 있는 한 … 항상 그러한 조치에 저항하는 것이 나의 의무라고 생각할 것이다'라는 말로 대응했다. 그는 개혁이 혁명의 시작이었다고 말했다. 그 발언은 폭도들을 거리로 끌어들였다. 이는 영국에서 거의 전례가 없는 일이었다. 웰링턴은 군사적 역량이 아닌 반동적인 정치적 비타협으로 인해 철의 공작Iron Duke이라는 별명을 얻었다.

웰링턴은 사임할 수밖에 없었고 그레이Grey 경 휘하의 휘그당이 정권을 잡았다. 1831년 그레이는 거의 60개의 '부패'(실제로는 비어 있는) 선거구를 폐지하고 하원의원 168명의 의석을 박탈하는 '대개혁 법안'을 도입했다. 이는 유권자 수를 두 배 이상인 65만 명을 넘어서게 했고 영국 국회의사당에 새로운 도시들의 대표를 불러들였다. 처음엔 하원에서 토리당이, 그다음 개혁에 대한 찬성이 과반을 넘었던 두 번째 선거가 끝난 후엔 상원이 그 법안에 반대했다. 정치는 혼란에 빠졌다. 새로운 왕 윌리엄 4세(1830~1837)에게 개혁에 찬성하는 귀족들을 만들어내도록 압력이 가해지면서 마침내 그와 웰링턴은 정신을 차렸다. 대개혁 법안은 1832년 6월에 가결되었다. 의회는 스스로를 구해냈다.

거의 '민주적'은 아니었지만, 1832년 영국은 정치적 개혁이 헌법적 틀 안에서 그리고 시민적 격변 없이 이루어질 수 있다는 것을 보여주었다. 국가의 중앙 기관인 왕과 의회 그리고 의회 지도자들은 토론의 통제력을 잃지 않았다. 웰링턴마저도 냉철하게 대처했다. 1833년 새롭게 개혁된 하원을 논평해 달라는 요청에 그는 '내 인생에서 형편없이 나쁜 놈들을 그렇게 많이 본 적이 없다'고 대답했다.

새로운 휘그 의회는 도처에서 보수주의자들의 두려움을 확인시켜 주었다. 비록 찰스 디킨스Charles Dickens가 심하게 풍자하긴 했지만, 휘그 의회는 아동 노동을 금지했고 구빈법을 도입했다. 교구 제의실이 시 자치체로 바뀌었다. 노동조합은 합법화되었고, 톨퍼들Tolpuddle 마을의 희생자들처럼 '조합' 때문에 호주로 추방되었던 노동조합원들이 집으로 돌아왔다. 1833년 식민지 전역에서 노예무역을 폐지하는 법안이 통과되었고, 윌버포스는 통과 소식을 들은 지 며칠 만에 사망했다. 1834년, 마치 정치적 봄맞이 청소를 상징하듯 웨스트민스터궁이 불타버렸고, 웅장한 새 건축물로 바뀌었다. 이것은 교회와 국가에서 똑같이 새로운 후기 고전 시대와 연관이 되었던 고딕 양식이었다.

3년 후, 18세의 얌전한 빅토리아Victoria 공주가 영국 왕위에 올랐고, 곧 흠잡을 데 없는 독일인 남편 앨버트Albert 공과 결혼했다. 새로운 빅토리아 시대 사람들은 우쭐해할지 모르지만, 한가하지 않았다. 어떤 영국군도 스페인 자유주의자들이나 폴란드 반군들 또는 이탈리아 해방자들을 지원하기 위해 항해하지 않았다. 그레이, 멜번Melbourne, 그리고 파머스턴의 휘그 의회는 주로 월폴 및 피트 부자의 불간섭주의를 고수했다. 영국인들은 한 세기 반 후의 캘리포니아 사람들과 더 비슷했다. 그들의 강박은 새로운 기술과 새로운 지평을 탐구하는 것이었다. 나머지 유럽이 혁명을 일으키고 있는 동안 영국은 배, 증기기관, 그리고 직물을 만들고 있었다. 1841년 브루넬Brunel의 새 철도는 런던에서 브리스틀까지 주행을 끝마쳤다. 해외에서, 대영제국은 세계 육지 면적 대부분과 세계 인구의 4분의 1을 포함시킬 정도로 성장했다. 대영제국 치하에서 로마의 평화를 훌륭하게 계승하는 새로운 영국의 평화Pax Britannica가 (영국에 의해) 선언되었다.

17

구체제의 마지막 외침

1840~1850년

:: 이데올로기의 출현 ::

1830년의 개혁적 격변의 실패는 혁명가들을 실망시켰을지 모르지만, 이론가 (이데올로그)들에게는 활력을 불어넣었다. 지나간 전쟁은 베스트팔렌(1648년)과 위트레흐트(1713년) 그리고 비엔나(1815년)의 반동적 합의로 이어졌다. 이 유럽 역사의 중계 지점들은 유럽 지도를 거의 변화시키지 않았다. 하지만 프랑스 혁명으로 정치적 대화가 엘리트 계층에서 일반 국민으로 확대되었다. 각계각 층의 유럽인들은 사회가 어떻게 정리되어야 할지 토론했다. 그들은 개인의 자 유와 국가 정체성, 부의 분배와 계급의 역할에 대해 곰곰이 생각했다. 신문과 철도로 시야가 넓어지고 거리가 줄어들었다. 이제부터 기존 질서인 궁전, 교 회, 그리고 성에 더 이상 위협이 닥치지 않았다. 길모퉁이 모든 곳, 병영, 대 학, 그리고 술집에 위협이 도사리고 있었다.

미국 혁명 및 프랑스 혁명의 이론가들은 사실 현실적 경험주의자인 로크에 게서 영감을 받았다. 영국에서 로크의 주장을 가장 잘 해석한 사람들 중 한 명 은 벤담이었다. 그는 정부의 목적을 본질적으로 '행복을 가져오는 공리적 계산법'으로 보았다. 다시 말하자면 '최대 다수의 최대 행복'을 확보하는 것이었다. 19세기 중반 무렵 다른 목소리들이 들려오고 있었다. 루소는 정부를 국가의 속박과 평등한 시민의 자유 사이의 '계약'으로 보았다. 결국 그는 프랑스의 생시몽Saint-Simon, 콩트Comte, 그리고 프루동Proudhon과 같은 사회주의 및 무정부주의 철학자들에게 영향을 주었다.

이들보다 뛰어났던 사람은 헤겔G. W. F. Hegel이었다. 헤겔은 새롭게 나타난 독일의 정신에 틀을 제공했다. 그는 역사를 대립물들의 '변증법'으로 파악했고, 그것들이 종합synthesis된 것을 '이성적 국가'로 보았다. 그러한 국가는 헤겔에게 '땅 위를 걷고 있는 신'이었다. 중요한 것은 국가의 복지였다. 이와는 대조적으로 개인의 자유는 중요하지 않았다. 이것은 17세기 영국의 철학자 토머스 홉스Thomas Hobbes(1588~1679년)를 떠오르게 했다. 홉스의 군주제 국가는 원초적인 자연 상태에 반하는 사회를 부드럽게 표현한 것이었다. 세계적인 신교 제국을 이끄는 새로운 프로이센은 헤겔 국가의 선구가 되었다. 비엔나에 조바심을 내고 정체성을 갈망한 독일 젊은이들에게 헤겔은 신이었다. 1829년 그는 베를린 대학의 총장이 되었고, 칼 마르크스Karl Marx라는 사람이 1836년에 학생으로 도착했다.

유럽 역사상 1840년대처럼 헤겔의 변증법에 그렇게 쉽게 적응할 수 있었던 시기는 거의 없었다. 산업 팽창과 자본 축적은 수백만 명을 시골에서 도시로 끌어들이고 있었다. 여기서 그들은 생계를 위해 땅에 의존할 수 없었고, 일하고 먹을 것을 찾을 수 있는 시장에 의존해야만 했다. 하지만 도시의 주택이 소농의 오두막집보다 더 건강에 좋다는 것이 입증되고 있었다. 배는 불렀고, 기대 수명은 삼대에 걸쳐 50% 증가했으며, 인구는 급증했다. 1800년에서 1850년 사이에, 프랑스는 2700만에서 3600만으로 독일은 2300만에서 3300만으로, 영국은 1600만에서 2700만으로, 그리고 러시아는 4000만에서 6800만으로 인구가 증가했다. 자본주의는 약속한 미래를 구현하고 있는 것처럼 보였다.

이러한 성장은 긴장을 유발했다. 도시의 무산자 계급은 시골 지역에서 보다 눈에 더 잘 띄고, 더 떠들썩하고, 조직하기가 더 쉬웠다. 산업화의 초기 약속은 '노동자 계급'을 화나게 만들었고 자유롭게 결합시켰다. 1844년 학업을 마치고 유럽이 자신을 중심으로 진화하고 있다는 것에 주목한 마르크스는 잠시 맨체스터에 머물렀고, 동료 독일인 프리드리히 엥겔스Friedrich Engels와 손을 잡았다. 여기서 급속히 발전하는 제분소에서 일하는 노동자들의 생활 상태에 충격을 받았다. 시장이 가난한 사람들을 먹여 살릴지는 모르지만, 권한 분산과 사람다운 삶에 대한 인류의 요구를 충족시킬 수 없는 것처럼 보였다. 마르크스와 엥겔스에게 자본주의는 사회 불안정과 그로 인한 최종적 붕괴의 전조가 되었다.

1840년대 중반, 유럽의 농업경제는 감자 병충해와 광범위한 흉작으로 불안정해졌다. 이로써 신도시로의 공급이 중단되었고 도시는 기근의 위협에 직면했다. 이것은 마르크스에게 분석을 위한 교과서적인 사례였다. 그는 헤겔의 생각을 받아들여 실제에 적용했다. 런던 하이게이트Highgate 묘지에 새겨진 그의 신조에 따르면 '철학자들은 세상을 다양한 방식으로 해석해 왔을 뿐이다. 중요한 것은 세상을 바꾸는 것이다.' 1848년 마르크스와 엥겔스는 비록 독일어였지만 '한 유령이 유럽 전역을 떠돌고 있다. 그것은 다름 아닌 공산주의라는 유령이다'라는 말로 시작되는 선언문을 발표했다. 그 선언문은 (번역에 따라 다르지만) '세계의 노동자들이여 단결하라. 족쇄 말고는 잃어야 할 것이 아무것도 없다'는 자극적인 말로 끝났다. 선언문은 발표되었을 당시와 그 후 25년 동안 미쳤던 영향은 미미했다. 선언문은 그 후에 유럽을 분열시킬 것이다.

:: 혁명의 해: 1848년 ::

이탈리아인과 독일인은 비엔나 회의로 그들의 민족의식이 무시되는 것을 보아왔다. 이탈리아에서 중세까지 거슬러 올라가는 오스트리아 통치에 대한 오랜 저항이 여전히 주로 사교클럽과 이따금 일어나는 가끔 거리 봉기에 국한되어 있었다. 1834년 여행을 많이 한 이탈리아인 주세페 마치니Giuseppe Mazzini는 베른Berne에서 급진적인 이탈리아인, 독일인, 그리고 폴란드인으로 구성된 젊은 유럽Young Europe이라는 단체를 결성했다. 마치니는 유럽 전체의 정치적 해방이 이탈리아에서 시작되어 '유럽 전역으로 퍼져나갈 것이다. … 이는 점진적이면서 거역할 수 없을 만큼 거대하고 통합된 집단을 형성하도록 인도하는 사회'라고 말했다. 그것은 시대정신이었다.

1848년 1월, 밀라노는 오스트리아 총독에 맞서 임시 정권을 수립했다. 피에몬테와 사르디니아의 국왕 카를로 알베르토Charles Albert가 지지하고 나섰고 오스트리아에 전쟁을 선포했다. 로마의 새 교황 비오 9세Pius IX(1846~1878년)는 '이탈리아를 축복하소서'라고 외치면서 오스트리아에 대항하는 군중을 맞이했다. 그는 로마의 유대인을 게토에서 해방시켰다. 마침 때맞춰 시칠리아가 부르봉가 나폴리의 독립을 선언했고, 보기 드문 베네치아 혁명가 다니엘레 마닌Daniele Manin은 오스트리아인들로부터 베네치아 독립을 선언했다. 1830년처럼 점차 유럽 전역에서 봉기가 일어났다. 2월에는 프랑스 차례였다. 파리 정부는 개혁 집회, 즉 '연회'를 진압하기로 결정했다. 이 '연회'는 고령의 루이 필립이 자신의 궁으로 도피해서 순순히 '나는 퇴위한다'고 중얼거리듯 말했을 정도로 격렬한 봉기로 이어졌다. 루이 필립과 왕비는 스미스Smith라는 이름의 부부로 런던으로 도망했다. 제2공화국이 즉시 선포되었고 선거가 치러졌다.

폴란드, 스위스, 노르웨이, 그리고 포르투갈에서도 봉기가 일어났다. 오스트리아는 이탈리아에서보다 더 심각한 문제에 직면했다. 한바탕의 웅변으로 헝가리 지도자 러요시 코슈트Lajos Kossuth는 오스트리아로부터 독립을 선언했다. 비엔나가 이미 정부 부패로 혼란에 빠지면서, 고령의 메테르니히가 사임하고 루이 필립을 따라 영국으로 망명했다. 그곳에서 벨그라비아Belgravia에 머물렀고 파머스턴과 디즈레일리Disraeli의 방문을 받았다. 몇 달 동안, 오스트리아는 헝가리 독립에 이의를 제기할 수 없었고, 코슈트는 유럽 전체에서 명성을 누렸다.

반란의 기운은 마침내 프로이센까지 미쳤다. 베를린에서, 줄곧 자신도 모르게 혁명의 동맹자였던 경찰이 공황 상태에 빠져 폭도 300명을 죽였다. 이에 매우 실망한 국왕 프리드리히 빌헬름 4세는 공개적으로 시민들의 용서를 구했다. 장군들이 공포에 떨게 할 정도로 헌법 개혁과 언론, 집회, 그리고 출판의 자유를 약속했다. 더 중요하게는 독일 통일에 대한 급진적 요구를 지지하겠다고 약속했다. 프리드리히 빌헬름은 독일 전체 국민을 위한 의회, 즉 제국의회Reichstag가 프랑크푸르트의 옛 연방 본부에서 회합을 가질 것을 선언했다.

그다음 프리드리히 빌헬름은 덴마크 통치를 받고 있는 슐레스비히Schleswig와 홀스타인Holstein 공국에 맞서 일어난 독일어권 반란자들을 지원했다. 덴마크와 독일이 경쟁하는 슐레스비히와 홀스타인 문제는 너무 모호해서 파머스턴이 나중에 단 세 명만이 그것을 이해했다고 말할 정도였다. 여기서 말하는 세 사람은 그때 죽었던 영국의 앨버트 공, 정신이 이상해졌던 한 교수, 그리고 잊고 있었던 파머스턴 자신이었다. '슐레스비히-홀스타인 문제'는 오래전부터 유럽의 국경 분쟁을 대표했다. 게다가 유럽 지도자들은 어떤 경우든 군비 경쟁할 준비가 되어 있었다.

이와는 대조적으로 영국은 한 번 더 혁명의 실망을 안겨주었다. 1837년 평등한 선거구, 보통선거권, 그리고 비밀투표를 후원하기 위해 설립된 차티스트Chartists에 대한 지지 집회가 1848년 4월 비에 젖은 케닝턴 커먼Kennington Common에서 소집되었다. 겨우 2만 5000명이 나타났고, 질서 유지를 위해 선발된 경찰 및 군인 1만 명과 마주쳤다. 집회가 국회의사당으로 행진할 것을 제안했을 때, 한 경찰관이 비가 올 것을 감안해서 두 대의 전세 마차로 탄원서를 보낼 것을 제안했다. 탄원서는 전해졌지만 무시되었다.

:: 실망스러운 결말과 반혁명 ::

1830년처럼, 이 소규모 반란들에서는 자극적인 요소를 찾아볼 수 없었다. 반란은 일어났다가 가라앉았다. 오스트리아에서는 러시아군이 분리주의를 주장하는 헝가리를 침공하여 비엔나에 돌려주었다. 코슈트는 망명을 간 런던에서 1851년 감옥에서 배운 적이 있었던 셰익스피어 시대의 영어로 열광적인 군중들에게 연설했다. 이탈리아의 반란은 오스트리아 군대에게 진압되었다. 이로써 절망에 빠졌던 피에몬테와 사르디니아의 국왕 카를로 알베르토가 아들 비토리오 에마누엘레 2세Vittorio Emanuele II(1849~1861년)에게 왕위를 물려주었다. 교황 비오 9세가 1848년 11월 로마를 탈출하면서 공화국이 선포되었고, 이듬해 봄 카리스마 있는 남미 전쟁의 참전 용사 주세페 가리발디Giuseppe Garibaldi의 도움을 받아 마치니를 맞아들였다. 가리발디는 곧 프랑스군에 패배하여 탕헤르Tangiers로 도망쳤다. 공화국은 몇 달 만에 끝났고 교황은 돌아왔다. 18개월이 지나서 베네치아 공화국은 오스트리아 군대에게 무너졌다.

사실, 1848년에 정권이 바뀐 것은 프랑스의 루이 필립이 타도될 때뿐이었다. 그것은 혁명가들이 원했을지도 모르는 변화가 아니었다. 비록 급진주의자들이 지배하는 정부하에서였지만, 왕당파 의회가 되돌아왔다. 왕당파 의회 지도자인 시인 알퐁스 드 라마르틴Alphonse de Lamartine은 '일할 권리'를 존중하기 위해 공장 건설을 지시했다. 이는 있지는 않은 일자리를 구하려는 수천 명의 농민들을 파리로 끌어들였다. 이로 인한 혼란으로, 폭도 1만 3000여 명과 군대가 라마르틴의 민병대였던 기동대Garde Mobile에 의해 살해되거나 부상당했고 또는 식민지로 추방되었다. '6월의 며칠June Days'은 혁명에 맞선 부르주아의 배반을 은유적으로 표현하는 말이 되었다. 작곡가 엑토르 베를리오즈Hector Berlioz는 바스티유 광장 기념비에 있는 자유의 여신상 가슴에 유탄 자국이 있다는 것에 주목했다.

프랑스 공화국이 스스로 목숨을 끊는 광경은 혁명의 대의에 엄청난 충격을 주었다. 1848년 12월 프랑스의 새 대통령을 뽑는 선거가 열렸다. 후보 중 한 명인 나폴레옹의 조카 루이 보나파르트Louis Bonaparte는 나폴레옹의 왕관을 요구하는 망명자였다. 사기꾼으로 그리고 심지어는 바보로 취급당한 그는 런던에서 은닉 생활을 해왔다. 런던에서 차티스트 집회가 열리는 동안 경찰로 근무했다. 보나파르트 가문 전체는 프랑스에서 금지되었던 것으로 추정된다. 하지만 파리에서 루이 보나파르트의 등장은 화제를 불러일으켰다. 이름뿐인 유명 인사가 500만 표 이상의 득표로 대통령에 당선되었다.

프랑스 급진주의자들은 이전 왕당파들의 뒤를 이어 런던으로 망명했다. 그곳에서 영국의 자유주의 정치와 개방적인 안전한 은신처는 유럽 전역에서 모든 유형의 정치적 망명자들을 끌어들이고 있었다. 다른 유럽 정부들이 혁명 전복을 주선했다고 개탄하고 있었음에도 런던은 언론 자유의 거점이라는 자부심을 가졌다.

:: 신독일이라는 사산아 ::

1848년 독일에서 일어난 사건들은 프리드리히 빌헬름이 모든 독일어권 의회에 양보하는 것으로 대단원의 막을 내렸다. 독일 남성의 대략 85%가 선거권을 부여받았다. 대다수가 법률가, 교사, 그리고 공무원이었던 800명으로 구성된 새로운 제국 의회는 5월 프랑크푸르트의 파울 교회Paulskirche에서 회합을 가졌다. 그것은 '교수들의 의회'로 환영받았다. 제국 의회 회의장 위로 불길하게 큰 칼과 아주 작은 올리브 가지를 들고 있는 신화 속 게르마니아Germania 그림이 높이 솟아 있었다. 제국 의회는 새로운 독일 '제국'을 선포했고, 그 헌법은 비엔나 회의 이후 39개 집단으로 이루어진 연방을 기꺼이 받아들였다. 대서양을 건너다보며 제국 의회는 미국식 자유에 전념했다. 1848년이 만들어낸 것들 중에 제국 의회는 가장 많은 희망으로 가득 차 있었다.

그런 많은 주요 민주주의 제도들처럼, 프랑크푸르트의 제국 의회도 권력 수단과 접촉이 없었다. 제국 의회는 세입도, 군대도, 정부도 없었다. 또한 제국 의회는 비엔나 조약의 조건 밖에 있었다. 말하자면 비엔나 조약의 조건하에서는 오스트리아가 독일 연방의 '의장'이었던 것이다. 게다가 제국 의회는 여전히 많은 독일 공국이 대단히 소중히 여겼던 아주 오래된 자치권을 손상시켰다. 제국 의회는 공식적으로 프로이센과 오스트리아를 포함시켰지만, 바이에른은 물론이고 오스트리아의 제국 영토들도 제외시켰다. 기존 프로이센 및 오스트리아 정부의 지위는 고려 대상에서 제외되었다.

첫 번째 회기에 제국 의회는 프로이센의 프리드리히 빌헬름에게 입헌 군주가 되어 달라고 요청했다. 그는 독일 국가들의 자치권에 대한 침해뿐 아니라 있을 법한 비엔나 및 상트페테르부르크의 반발에 대해서도 걱정하며 거절했다. 1849년 초까지 제국 의회에 대한 회의론이 독일 전역에서 커지고 있었고 의원들은 참석하지 않고 있었다. 여름까지 제국 의회는 정족수 미달로 와해되었다. 엥겔스는 제국 의회를 '토론 클럽에 지나지 않고, 속기 쉬운 가엾은 사람들을 모아놓은 곳'으로 일축했다.

프리드리히 빌헬름은 한 가지 점에서 옳았다. 러시아의 반동적 차르 니콜라이는 오스트리아가 그랬던 것처럼 민주적인 것은 고사하고 진보적인 독일 국가의 성장에 전혀 관심이 없었다. 1850년 11월, 차르 니콜라이는 프리드리히 빌헬름에게 '올뮈츠Olmütz의 굴욕'을 받아들이도록 강요했다. 프리드리히 빌헬름의 독일 주도권은 사망 선고를 받았다. 새롭고 진보적인 독일 국가일지도 몰랐던 것이 사산아였고, 오스트리아가 의장 지위를 갖는 구독일 연방이 복원되었다. 이러한 대실패에도 불구하고 프랑크푸르트 정신은 죽지 않았다. 독일 통합으로 가는 움직임이 무엇이든 아마도 프로이센의 후원을 받을 것이라는 분명한 메시지가 전달되었다.

:: 반동의 승리 ::

선동가들은 1848년의 봉기를 유럽 역사의 전환점으로 만들려고 했지만 유럽은 방향을 바꾸지 못했다. 전제 군주국인 러시아와 오스트리아는 힘을 모아 독일의 자유주의와 이탈리아의 민족주의에 대항했다. 새로운 보나파르트는 프랑스 혁명으로의 복귀를 좌절시켰다. 브랜든 심슨Brendan Simms이 지적한 바와 같이 마르크스주의의 야심찬 국제주의에도 불구하고 '국제주의는 자유주의자들과 노동자들이 단결하지 않았지만 보수주의자들과 반동주의자들이 단결했던 … 국제적인 것으로 입증된 반혁명이었다'. 보수적인 비엔나 합의는 다시 유지되었다.

1851년, 프랑스의 보나파르트는 법적으로 재선에 도전할 수 없었으므로, 그해 스스로 대통령이 되려는 쿠데타가 조직되었다. 하지만 그는 1852년까지 황제 나폴레옹 3세가 되지 못했다. 프랑스는 헌법 시계를 50년 뒤로 되돌려놓아 버렸다. 파리에서 발행되는 일간신문 ≪르 피가로*Le Figaro*≫는 '더 많은 것이 변할수록 더 많은 것이 그대로 남아 있다'고 분명하게 말했다.

나폴레옹의 통치는 1870년까지 22년간 지속될 것이다. 이는 숙부인 보나파르트 나폴레옹의 통치 기간보다 두 배 이상 길었다. 그의 첫 번째로 도시 계획 입안자인 오스망Haussmann 남작의 지휘하에 과감한 파리 재건축을 촉진시켰다. 오스망은 '반란과 바리케이드의 지역인 파리의 내부를 뜯어 고치겠다'고 말했다. 반란과 바리케이드 대신에 도시를 '전략적으로 가장 잘 정돈된 전쟁터'로 만들 것이다. 가난한 수천 명의 시민 대부분이 교외로 쫓겨났고, 다음 30년 동안 파리의 인구는 두 배 이상 늘어났다. 나폴레옹과 오스망이 오늘날의 파리 중심부를 만들었다.

다시 한 번 영국은 이 혼란에서 벗어났다. 한 프랑스인 방문자가 파머스턴에게 '내가 프랑스인이 아니라면, 영국인이 되고 싶다'고 아첨하자, 파머스턴은 '내가 영국인이 아니라면, 영국인이 되고 싶다'고 뻔뻔스럽게 대답했다.

1851년 차르 니콜라이가 프리드리히 빌헬름을 모욕하고 나폴레옹 3세가 쿠데 타를 일으키고 있었을 때, 앨버트 공은 하이드 파크에서 열린 만국박람회에서 영국이 과학과 상업 분야에서 거둔 성취를 전시하고 있었다. 전시물은 전 세 계에서 끌어모은 것들이었다. 철과 유리로 만든 세계에서 가장 큰 아치형 천 장이 급속히 발전하는 영국 철도의 종착역 지붕에서 복제되었다. 원하는 사람 들은 찰스 디킨스의 『황폐한 집*Bleak House*』(1852~1853년)과 『어려운 시절*Hard Times*』(1854년)을 읽음으로써 양심의 가책을 덜 수 있었다. 읽기에 쉽지 않은 것은 만국박람회와 같은 해에 출판된 헨리 메이휴Henry Mayhew의 『런던의 노 동과 런던의 빈곤층*London Labour and the London Poor*』이었다. 영국은 혁명의 격변 은 피했을지 모르지만, 여전히 부와 빈곤의 극단을 보여주었다.

:: 크림전쟁 ::

프로이센을 괴롭히고 오스트리아를 구해준 러시아의 차르 니콜라이는 이제 중앙 무대로 옮겨 갔다. 러시아제국은 빠르게 팽창해 가고 있었다. 1813년 페 르시아인들로부터 아제르바이잔과 동부 조지아를, 1828년 동부 아르메니아 를 차지했다. 오토만제국은 취약해 보였다. 그리스 대부분은 이제 독립했고 세르비아Serbia는 1830년 콘스탄티노플에 의해 자치권을 부여받았다. 다뉴브 지역의 공국 왈라키아Wallachia와 몰다비아Moldavia는 어느 정도 자치권을 획득 했다. 발칸반도의 슬라브족에 대한 투르크의 지배력은 약화되고 있었다.

　니콜라이는 이제 자신이 최고의 권력을 가진 투르크 기독교인들의 '보호자' 이자 그들이 예루살렘 성지에 접근하는 것을 보장하겠다고 일방적으로 선언 했다. 1853년 아무런 이유 없이 니콜라이는 왈라키아와 몰다비아를 침공하여 투르크의 흑해 함대를 침몰시켰다. 이로 인한 전쟁은 유럽의 기준으로 보더라 도 이해할 수 없는 것이었다. 많은 유럽 강대국은 러시아가 너무 크고, 너무 야심에 차 있으며, 너무 독재적이어서 남쪽으로 확대되어서는 안 된다고 보았고, 따라서 전쟁이 벌어졌다. 그들은 오토만제국이 더 이상 위협적 존재가 아니라 지중해 동부 전역에서 유용한 완충 역할을 한다고 여겼다.

프랑스와 영국은 투르크인들이 러시아를 격퇴하기 위해 요청했던 도움을 제공했다. 나폴레옹 3세는 힘이 있다는 것을 보여주는 것에 만족했고, 영국은 러시아를 견제하고 싶어 했다. 러시아인들은 다뉴브 지역 공국들에서 철수하는 데 합의하는 것으로 즉시 항복했다. 다뉴브 지역 공국들은 전쟁을 끝냈어야만 했다. 하지만 파리와 런던은 러시아의 침략에 응징하기로 결정했고, 크림반도 동쪽에 새로운 전선을 펼쳤다.

크림전쟁(1853~1856년)은 일련의 지리멸렬한 전투와 포위 공격으로 변질되었다. 여기에는 군사적 실수를 찬양하는 테니슨Tennyson의 시에 영감을 준 발라클라바Balaclava 전투와 경기병대의 돌격이 포함되었다. 결국 러시아는 굴욕적인 패배를 맛보았다. 1856년, 또 하나의 파리 조약에 따라 러시아는 흑해를 비무장지대로 만들 수밖에 없었다. 왈라키아와 몰다비아는 완전한 독립을 부여받았고, 결국에는 루마니아가 되었다. 러시아의 통치자들이 오랫동안 꿈꾸어왔던 비잔티움에 필적할 만한 제국은 또다시 물거품이 되었다. 그 대신에 파리 조약은 투르크가 '유럽 평화에 결정적 존재'라는 점을 확인했다.

그 결과에도 불구하고, 영국에서 크림전쟁에 대한 평판이 너무 나빠지면서 총리 애버딘Aberdeen 경이 사임했고, 전쟁 행위에 대한 중대한 조사를 받아들일 수밖에 없었다. 크림전쟁은 《더 타임스*The Times*》의 윌리엄 하워드 러셀William Howard Russell이 최초로 전쟁 현장을 보도한 주제가 되었고 플로렌스 나이팅게일Florence Nightingale과 스쿠타리Scutari 야전병원으로 야기된 전장 상황을 널리 알리는 주제가 되었다. 크림전쟁은 40년 동안 유럽에서 영국의 첫 군사 개입이었고, 이후 60년 동안 영국의 군사 개입은 없었다. 25만 명의 목숨을 앗아갔고, 대부분은 질병으로 사망했다. 영국 정부가 핑계로 내세운 것은 러시아가 영국의 인도제국을 위협하지 못하게 해야 한다는 것이었다. 러시아로서는 그런 의도가 없었기 때문에 이는 허울만 그럴듯한 핑계였다.

크림전쟁은 무의미한 전쟁이었을지 모르지만, 유럽의 세력 균형을 재조정했다. 소문에 의하면 니콜라이는 1855년 크림전쟁에 대한 수치심으로 죽었고, 농노제의 폐지를 최종 승인한 비교적 자유주의자였던 알렉산드르 2세(1855~1881년)가 뒤를 이었다. 마치 크림전쟁의 패배가 러시아를 유럽의 문화 공동체에 가입하도록 유도했던 것처럼 러시아의 창조성이 폭발했다. 톨스토이는 크림전쟁에 참전했고 러시아의 광활함을 유럽의 응접실로 끌어들였다. 도스토예프스키는 크림전쟁의 도덕적으로 복잡한 특징들을 끄집어냈다. 차이코프스키, 무소르그스키Mussorgski, 보로딘Borodin과 같은 러시아 작곡가들 그리고 얼마 지나지 않아 극작가인 체호프Chekhov는 유럽에서 가장 창의적이고 인기 있는 예술가들 중 한 명이 되었다. 알렉산드르 2세의 모스크바는 제2의 로마가 되지는 않았지만, 상트페테르부르크(1712년부터 1918년까지 러시아 수도)는 제2의 파리가 되었다.

프로이센과 오스트리아는 둘 다 크림전쟁으로부터 거리를 두었다. 둘 다 러시아를 멀리하지 않을 이유가 있었다. 반세기 동안 비교적 평온하게 유럽을 주시했던 이제는 나이가 지긋한 오스트리아의 메테르니히가 영국에서 비엔나로 돌아왔다. 1859년 죽기 직전, 그는 조언을 구하러 온 프로이센 출신의 젊은 귀족 오토 폰 비스마르크Otto von Bismarck의 방문을 받았다.

18

이탈리아와 독일

1850~1900년

:: 이탈리아의 부흥 ::

568년 롬바르드족의 침략이 끝난 뒤 이탈리아는 모든 통일 시도에 저항해 왔다. 북쪽에서는 프랑스, 오스트리아, 그리고 제노바, 밀라노, 베네치아의 강력한 도시들이 싸웠다. 교황은 이탈리아 중심부에 대한 통치권을 불안하게 유지했고, 나폴리와 시칠리아는 비잔틴인, 사라센인, 노르만인, 신성로마제국과 프랑스 사이에서 통치자가 바뀌었다. 비엔나 회의에서 사보이와 피에몬테 및 사르디니아로 이루어진 왕국이 승인되었고, 이 왕국에 더해 제노바가 프랑스에 대항하는 완충국이 되었다. 지중해를 연구한 역사가 페르낭 브로델Fernand Braudel은 이탈리아를 '사건들이 비슷한 파장과 영향을 미쳤고, 실제로 어떤 의미에서는 갇혀 버린 역사적 실체'에 지나지 않는다고 묘사했다.

1852년 규모가 작은 피에몬테가 주도권을 잡았다. 비엔나 회의 이후로 피에몬테는 카를로 알베르토와 아들 비토리오 에마누엘레의 자유 군주제 치하에서 번영했다. 이제 피에몬테에는 영리하고 야심찬 카부르Cavour 백작이 수상으로 있었다. 귀족으로서 이탈리아 통일을 옹호했던 그는 부활을 뜻하는 개인 신문 ≪리소르지멘토Risorgimento≫에서 통일의 대의를 고취했다. 피에몬테 는 1만 5000명의 병력을 크림전쟁에 파병하여 파리 조약에서 의석을 얻고 프 랑스와 유용한 동맹을 맺었다. 조약이 체결된 지 2년 후인 1858년, 카부르는 비밀리에 나폴레옹을 방문해서 오스트리아와의 향후 전쟁에서 군사적 지원을 약속받았다.

1년 후인 1859년, 그런 전쟁이 획책되었다. 프랑스는 마젠타Magenta 및 솔페 리노Solferino 전투에서 오스트리아를 격파하기 위해 예상대로 피에몬테에 합 류했다. 뒤이은 기만적인 협상으로 오스트리아는 베네치아를 계속 보유할 수 있었지만, 북부 이탈리아 전체를 피에몬테에게 빼앗겼다. 카부르는 사보이를 프랑스에 양도해야 했지만, 이탈리아를 충분히 얻어 지방 국민투표로 검증된 아직 초기 단계인 이탈리아 국가를 수립했다. 피에몬테의 비토리오 에마누엘 레가 이탈리아 국왕이 되었다.

이제 사건들이 빠르게 움직였다. 1849년 잠시 로마를 방어한 카리스마 있 는 가리발디가 1860년 이탈리아 통일을 위해 붉은 셔츠의 비정규군을 되살리 러 스스로 떠난 망명 생활에서 벗어났다. 그는 부르봉가 군주들로부터 나폴리 와 시칠리아를 해방시키기 위해 카부르가 남쪽 진격을 지원해 줄 것을 요청했 다. 카부르의 야망이 그렇게까지 커진 적은 없었다. 일부 독일인들이 프로이 센 사람들을 아시아의 일부로 여겼던 것만큼이나 북부 이탈리아인들은 여전 히 남부를 거의 아프리카의 일부로 여기고 있었다. 그러나 카부르와 비토리오 에마누엘레는 가리발디가 가져다준 축복을 좀처럼 부정할 수 없었다. 영국의 파머스턴은 팔레르모에 주둔한 영국 해군 부대들로부터 결정적인 도움을 제 공했다.

붉은 셔츠군은 시칠리아에 상륙하여 먼저 시칠리아 섬에서, 그다음엔 나폴 리 왕국에서 부르봉가를 몰아냈다. 가리발디를 노골적으로 지지한 ≪더 타임 스≫의 특파원 페르디난드 에버Ferdinand Eber가 전투를 생생하게 보도했다. 그 전투로 가리발디는 국제적인 명성을 얻게 되었다. 그는 남부 이탈리아를 자유

공화국이 되게 하는 것을 꿈꿨지만, 1860년 10월 비토리오 에마누엘레와의 테아노Teano '다리에서의 만남'에서 자신의 점령지를 이탈리아에 기증했다. 카부르는 가리발디가 로마로 진격하지 못하게 했다. 교황은 카부르가 신뢰했던 중요한 동맹인 프랑스군의 보호를 받고 있었지만, 1년 이내에 교황령의 3분의 2가 새로운 이탈리아에 합류했다.

가리발디는 사르디니아 앞바다의 카프레라Caprera섬에 정원을 만들기 위해 명예롭게 은퇴했고, 이후 유럽 전역의 반란에서 용병으로 떠올랐지만 거의 성공하지 못했다. 이탈리아의 완전한 통일은 오스트리아(1866년에)와 프랑스(1870년에)가 다른 곳에서 더 피비린내 나는 싸움에 정신이 팔려 있던 때를 기다려야 했다. 하지만 거의 통일된 이탈리아가 마침내 탄생하게 되었다. 그것도 2년 만에. 카부르와 비토리오 에마누엘레에게서 신중함과 관대함을 갖춘 지도자를, 그리고 가리발디에게서 유럽의 상상력을 사로잡는 군인을 발견한다는 것은 행운이었다. 영국은 심지어 가리발디의 이름을 따서 버몬지Bermondsey 비스킷을 명명했다. 새로운 이탈리아에는 자체의 음유시인 주세페 베르디Giuseppe Verdi도 있었다. 그의 오페라 〈나부코Nabucco〉에서 히브리 노예들의 합창은 이탈리아 민족주의의 국가가 되었다.

:: 오토 폰 비스마르크 ::

수 세기 동안 독일을 구성하는 영토들은 밀어내는 자석처럼 프랑스, 오스트리아, 그리고 러시아를 떼어놓았다. 나폴레옹과 비엔나 회의는 반발을 매력으로 바꾸어놓았었다. 이제 독일이 문제가 되었다. 독일은 문화와 민족은 하나였지만 정부는커녕 국가도 하나는 아니었다. 독일은 확정된 경계도 없었다. 예전의 공국들인 '엄밀한 의미의 독일'이었는가, 아니면 아마도 프로이센, 작센, 그리고 바이에른을 아우르는 대독일Greater Germany이었는가? 오스트리아와 오스트리아의 쪼그라든 제국은 어찌되는가? 이들은 모두 독일어를 사용하는 사람들로 라인강, 엘베강, 그리고 다뉴브강 상류 부족의 후손들이었다. 하지만 그들에게는 지도자가 없었다.

1848년 프리드리히 빌헬름의 프랑크푸르트 제국의회 붕괴를 목격했던 한 사람은 해결책에 대해 의심의 여지가 없었다. 오토 폰 비스마르크Otto von Bismarck는 작센 출신의 루터파 융커 지주의 아들로, 프로이센 국가의 보수적 행정부에서 급부상했던 뛰어난 학생이었다. 그는 여러 나라의 말을 했고 활력이 넘쳤으며 사치스러운 생활을 했다. 샴페인 5000병과 담배 10만 개를 소비하지 않고는 어떤 사람도 죽어서는 안 된다고 말했다. 비록 군복을 과장되게 입어다고는 하지만, 결코 군인이 아니었다. 전쟁이라는 직업이 외교에 자리를 내주던 시대에, 그는 무자비한 프로이센의 민족주의와 현실 정치라는 이름을 갖게 될 만큼 비도덕적인 실용주의를 겸비하고 있었다. 그는 이미 탈레랑, 메테르니히, 그리고 카부르를 포함한 19세기의 외교적 인물들보다 뛰어날 것이다.

1851년까지 비스마르크는 복원된 독일 연방에서 프로이센을 대표하고 있었다. 그는 독립 국가 지위를 갈망하는 독일 젊은이들에게 프로이센의 패권을 공공연히 설파했다. 국왕에게 보낸 비망록에서 프로이센이 이끄는 독일은 1848년 독일 급진주의자들과 상대하지 말아야 한다고 말했다. '독일에서 프로이센의 위치는 자유주의가 아니라 힘에 의해 결정될 것이다.' 그것은 '국가의 군사 및 재정 자원을 육성하는 강력하고 단호하며 현명한 통치자들'에 근거를 두어야 한다. 진정한 헤겔 철학 신봉자였던 비스마르크는 시민은 '공공복지와 결부된 정도의 자유와 프로이센이 유럽 정치에서 취해야 하는 과정만을' 누려야 한다고 주장했다.

1862년, 여전히 직업 외교관이었던 비스마르크는 런던을 방문해 러시아 대사와의 만찬에서 디즈레일리 및 다른 손님들에게 자신의 야망을 상세히 설명했다. 놀랍게도 그는 프로이센 의회로 하여금 새 군대에 돈을 지불하고, 오스트리아와의 전쟁에 구실을 찾고, 옛 독일 연방을 해체하고, 프로이센 지휘하에 새로운 독일을 통합하게 하겠다는 목표를 나열했다. 디즈레일리는 오스트리아 대사에게 '그 사람 조심하세요. 진심으로 말하는 것입니다'라고 경고했다. 그해 말 비스마르크는 프로이센의 새로운 왕 빌헬름 1세(1861~1888)보다 더 우위에 있는 프로이센 '수상'이 되었다. 그는 의회에서 비엔나 회의가 프로이센에 불만족스러운 경계들을 남겨주었지만 '시대의 가장 큰 문제들을 해결하는 것은 연설과 다수결 — 1848년의 실수였던 — 이 아니라 철과 피입니다'라고 말했다. 메시지는 분명했다. 즉, 프로이센이 유럽의 협력이 끝났다고 말했을 때는 끝난 것이었다.

:: 비스마르크와 오스트리아 ::

비스마르크를 가로막는 첫 번째 장애물은 신성로마제국의 유령이자 최근 이탈리아에서 카부르와 프랑스에 굴욕을 당했던 오스트리아였다. 비스마르크는 독일 국가들이 프로이센을 의심하고 있고, 그의 철권통치보다는 부드럽게 다루는 오스트리아의 '대통령직'을 선호하리라는 것을 알았다. 그는 또한 러시아가 자신의 계획에 중요하리라는 것도 알았다. 러시아는 올뮈츠에서 오스트리아의 동맹국이었지만, 크림전쟁 중 오스트리아의 중립으로 동맹 관계가 소원해졌다. 비스마르크는 1863년 상트페테르부르크를 지원함으로써 러시아에 대항한 또 한 번의 폴란드 반란을 이용했다. 이 반란에서 유럽 대부분은 폴란드 편이었다. 만약 프로이센이 오스트리아와 전쟁을 벌인다면, 그 답례로 러시아는 중립을 지킬 것이다.

비스마르크는 만반의 준비를 했다. 프랑스는 멕시코에서의 대리전으로 정신이 없었다. 런던에서 디즈레일리는 거만하게 영국이 '더 이상 단순한 유럽 강국이 아니며 … 유럽 강국보다는 아시아 강국으로 위대한 해양 제국의 중심'이라고 선언했다. 안절부절못하는 오스트리아의 헝가리인들은 여전히 오스트리아로부터 독립을 요구하고 있었고, 비스마르크가 이를 부추겼다. 1866년 7월, 그는 핑계를 꾸며대고 프로이센군을 기차로 오스트리아의 보헤미아 지방으로 파견했고, 프로이센 공격의 '철과 피'가 되었던 헬무트 폰 몰트케 Helmuth von Moltke 장군에게 지휘를 맡겼다.

프로이센은 사도바Sadová 전투(또는 쾨니히그레츠Königgrätz 전투)에서 오스트리아군에 대항했다. 그다음 비스마르크는 오스트리아가 베네치아를 이탈리아에 양도해야 하고, 새로운 합스부르크가의 오스트리아-헝가리 '이중 군주제'에서 헝가리에 대등한 지위를 부여해야 한다고 주장했다. 다뉴브강에 웅장한 의회가 세워진 부다페스트Budapest는 비엔나와 대등하다고 선언되었다. 이 의회는 영국 국회의사당과 로마의 성 베드로 성당이 기이하게 혼합된 것이었다. 헝가리는 자체 의회와 정부, 게다가 군대도 가졌다. 그런 명예는 오스트리아 제국에 남아 있는 보헤미아인, 체코인, 슬로바키아인, 크로아티아인, 그리고 슬로베니아인Slovenes에게 눈에 띄게 주어지지 않았다.

몇 달 안에, 22개 북독일 국가 대부분은 새로운 '독일' 헌법과 남성 보통선거권에 의해 선출된 제국의회 지배하에 프로이센이 이끄는 북부 연방에 합류하도록 권유받았다. 이 의회는 프로이센의 정부나 국방 예산을 통제하지 못했다. 빌헬름 국왕이 심지어 개혁에 충격을 받았을 때, 비스마르크는 '보통선거권은 당신을 곤경에 빠뜨릴 것'이라고 말했다. 비스마르크에게 선거권은 민주주의의 비위를 맞추기 위한 것이었다. 노동자 계급의 선거권은 급진적 힘이 아닌 보수적 제동장치로 드러날 것이다. 이는 부르주아 자유주의에 맞서는 독재를 위한 방벽이었다. 비스마르크는 초기 대중 영합주의자였다.

남독일 국가들은 독립을 유지했지만, 베를린과 군사 조약에 서명하도록 강제되었다. 그들은 거부할 수 없는 선택을 제안 받았다. 말하자면 비스마르크는 나중에 '우리의 속옷이 항상 가장 깨끗했던 것은 아니다'라고 인정했다. 그래도 그는 조심스럽게 나아갔다. 오스트리아에 영토 요구를 강요하지 않았다.

즉, 오스트리아에게 더 이상의 굴욕을 주려하지 않았다. 합스부르크 가문은 프로이센 영토가 될 새로운 독일에 대한 모든 권리를 상실한 것으로 충분했다. 비스마르크는 '독일의 조지 워싱턴'으로 찬사 받았다.

1860년에서 1866년 사이 불과 6년 만에 유럽의 정치 지형이 바뀌었다. 강력하지는 않았지만 새로운 이탈리아가 생겨났던 것처럼 새롭고 강력한 독일이 나타났다. 이것은 폭동이나 혁명을 통해서가 아니라 두 보수주의자인 카부르와 비스마르크의 재능을 통해 실현되었다. 이와 동시에, 대서양을 가로질러 미국은 참혹한 내전(1861~1865년)에서 회복하고 있었고, 내전 결과 경제적으로 놀라운 속도로 발전할 새로운 미국 연방제가 성립되었다. 이 두 개의 위대한 연방, 즉 독일과 미국의 연방은 같은 북유럽 신교에서 유래했고 같은 10년 동안 만들어졌다. 그들은 유럽의 이야기에서 다음 반세기를 지배할 것이다.

:: 비스마르크와 프랑스 ::

나폴레옹과는 달리 비스마르크의 야망은 전략적이고 제한적이었다. 그는 제국이 아니라 단지 유럽에서 프로이센의 우위를 추구했을 뿐이었다. 공식적으로는 프로이센 국가의 종복이었지만 비스마르크에게는 이미 유럽 전역에서 그의 부름에 따르는 순종적인 군주와 우수한 장비를 갖춘 군대 그리고 이유 없이 침략할 수 있는 능력이 있었다. 그는 러시아와 동맹을 맺었고, 오스트리아를 격파했으며, 독일을 통일했다. 그의 다음 과제agenda는 프랑스였다.

왜 비스마르크가 프랑스를 정복할 필요가 있다고 여겨야 했는지는 분명하지 않다. 프랑스는 여전히 루이 14세의 나라이자 아직도 보나파르트Bonaparte가 출신이 왕위에 있는 나라로 유럽 무대 위를 배회할지도 모른다. 하지만 프랑스는 아무도 위협하지 않았다. 비스마르크에게 프랑스의 주요한 위반은 프랑스라는 존재 자체였고 1866년 오스트리아와 마찬가지로 그에게 패배하지 않았다는 것이었다. 그는 당연히 '통일된 독일이 건설되기 전에 반드시 프랑스를 물리쳐야 한다'고 주장했다.

1870~1871년의 프랑스-프로이센 전쟁(보불전쟁)은 크림전쟁만큼 무의미했다. 어느 쪽도 다른 쪽과 심각한 영토 분쟁이나 그와 유사한 분쟁이 없었다. 나폴레옹은 프랑스의 힘에 민감했고, 여전히 삼촌 보나파르트 나폴레옹의 영광을 꿈꾸고 있었다. 그러나 전쟁의 유일한 이유는 비스마르크가 전쟁을 너무나 분명히 원했다는 데 있었다. 게다가 프랑스 최고 사령부는 프랑스가 질 것이라고는 상상할 수 없었기 때문에 기꺼이 전쟁을 했다. 전쟁의 핑계거리는 스페인 왕위계승 전쟁을 서투르게 흉내 냈던 것으로, 마드리드의 왕위 후보로 독일인이 적합한 지에 대한 논쟁이었다. 프랑스는 그 문제에 대한 프랑스의 입장에 프로이센 국왕이 취했던 예외에 '불쾌감을' 드러냈다. 사실 그 논쟁은 비스마르크에 의해 조작된 도발이었고, 파리도 그렇게 생각했다. 아주 친숙했던 것처럼, 유럽의 두 엘리트는 평생 훈련받아 왔던 대로 전쟁에 돌입했다.

1870년 여름까지 양측 정치가들은 열기에 사로잡혔다. 독일에서는 의도한 대로 남부 국가들이 비스마르크의 대의에 집결하여 북부에 합류했다. 프랑스에서는 무질서하게 그리고 독일에서는 효율적으로 군대가 동원되었다. 정교하게 배치된 철도의 도움으로 프로이센 부대는 며칠 만에 빌헬름 왕과 비스마르크가 지켜보는 가운데 프랑스 국경에 도착했다. 프랑스군은 집결하는 데 몇 주가 걸렸고 처음 교전에서 참패했다. 프랑스군은 곧 스당Sedan 전투에서 폰 몰트케에게 패배했고 나폴레옹이 사로잡혔다. 독일군은 아무런 저항도 받지 않고 파리로 진군했다.

파리는 1870년 9월부터 1871년 1월까지 4개월 동안 포위되었다. 파리의 주민들은 굶주렸고, 결국에는 고양이, 개, 동물원 동물들을 잡아먹었다. 두 마리의 코끼리 카스토르Castor와 폴룩스Pollux의 죽음은 작은 반향을 불러일으켰고, 그들의 고기는 하우스만 대로Boulevard Haussmann에서 웃돈이 붙어 팔렸다. 영국 저널리스트 헨리 라부셰르Henry Labouchere는 코끼리 고기를 '질기고, 거칠며, 기름기가 많다'고 묘사했으며, 영국 가정에 추천하지 않았다. 대중의 영웅 레옹 강베타Léon Gambetta는 풍선을 타고 탈출해 군대를 일으키려고 시도했다. 그는 심지어 프로이센군에게 작은 패배를 안겨주기도 했다.

마침내 파리가 항복하자 프로이센군은 파리 거리를 지나 베르사유로 진군했다. 프랑스의 굴욕은 새로운 독일제국이 루이 14세의 거울의 방에서 선포되었을 때 정점에 달했다. 뒤이은 프랑스 선거는 1830년과 1848년 혁명의 참전용사 아돌프 티에르Adolphe Thiers를 비스마르크와 최종 협상하도록 선택했다. 이로써 프로이센군은 떠났지만 알자스 대부분과 로렌 일부를 독일 정부에 양도하는 대가를 치르게 되었다. 프랑스는 비스마르크에 의해 냉소적으로 조작된 이 패배를 잊지 않았다. 유럽은 '여자 지배자를 잃고 남자 지배자를 얻었다'고 널리 알려져 있다.

티에르의 합의는 파리에서 극도로 평이 좋지 않았고, 1871년 3월 봉기로 파리코뮌이 잠시 동안 수립되었다. 파리코뮌은 1792년으로 거슬러 올라갔고, 국가는 공산주의 '인터내셔널가Internationale'보다는 '라 마르세예즈La Marseillaise'였다. 파리코뮌은 두 달 후 새 공화국 정부 군대에게 진압되었다. 프랑스는 전형적인 잔혹함으로 반군을 처리했다. 1만 명이나 되는 사람들이 한 차례의 싸움과 대량 처형으로 죽었다. 작가 에밀 졸라Émile Zola의 말에 따르면 '문명 시대에 그런 끔찍한 범죄를 결코 본 적이 없다. … 슬픔에 잠긴 도시에서 여전히 들려오는 총살형 집행대의 소리로 악몽이 잔혹하게 지속된다'. 제3공화국이 선포되었지만, 화가인 티소Tissot와 피사로Pissarro와 모네Monet를 포함해서 런던에 갈 여유가 있는 사람이라면 누구나 파리를 대량 탈출했다. 모네의 그림은 안개 낀 런던 국회의사당을 정교하게 환기시켰다.

인구 1600만 명의 프로이센이 전통적으로 공격적이지 않았던 40여 개의 독일 국가들과 연합하여 이제 4100만 명의 독일이 되었다. 이는 러시아 다음으로 유럽에서 가장 큰 나라였다. 1873년 비스마르크는 러시아, 오스트리아, 독일의 3제 동맹으로 새로운 제국 건설을 완성시켰다. 그는 공식적으로 유럽의 새로운 세력 균형을 선언했다. 이는 모두에게 독일이 '충분히 만족한 강국'임을 확신시키는 것이었다.

:: 비스마르크와 베를린 회의 ::

비스마르크가 충분히 만족했다면, 알렉산드르 2세 치하의 러시아 정부는 그렇지 않았다. 1875년 당장이라도 폭발할 것 같은 오토만 지배에 대한 발칸 반군의 분노가 세르비아, 보스니아, 헤르체고비나, 그리고 불가리아에서 전투로 분출되었다. 1876년 불가리아 봉기는 투르크군의 극단적 폭력으로 진압되었고, 민간인 1만 2000여 명이 보복 학살되었다. 유럽 여론은 무슬림 투르크인들에 의한 기독교도 슬라브족 집단 학살로 간주되는 것에 충격을 받았다. 알렉산드르는 크림전쟁의 대실패로부터 회복할 수 있는 자극이 필요 없었다. 그는 투르크의 속박을 벗어나기 위한 범汎슬라브족 해방운동을 이끌어가기로 결심했다. 1877년 전쟁이 발발했고 러시아군은 사실상 발칸반도 전체에서 장비를 제대로 갖추지 않은 투르크군을 몰아냈다. 산스테파노San Stefano, 조약에 따라 러시아 보호령이 거대한 새로운 불가리아 위에 세워졌다. 새로운 불가리아는 발칸반도의 북부 전역으로 확대되었고 차르의 조카가 왕위에 올랐다. '유럽의 병자'로 널리 무시되었던 오토만제국은 콧대가 꺾였고, 러시아는 한 번 더 콘스탄티노플의 성문으로 이끌렸다.

불가리인들에 대한 대중의 동정에도 불구하고, 유럽은 크림전쟁 당시처럼 계속 러시아 팽창주의에 반대했다. 투르크는 여전히 러시아에 대해 유용한 완충제 역할을 했다. 영국은 외교적 압력으로 콘스탄티노플이 점령되면 전쟁 선포마저 불사하겠다고 말함으로써 러시아가 새로운 유럽 회의에 동의하도록 유도했다. 1878년 여름 비스마르크에 의해 새로운 유럽 회의가 베를린에서 소집되었다. 이는 비엔나 회의가 서유럽을 위해 했던 일을 동유럽을 위해 할

작정이었다. 그것은 비스마르크에게 승리의 순간이 될 것이다.

비스마르크는 발칸반도에 개인적으로 관심이 없었고, 발칸반도를 '일개 포메라니아 척탄병의 뼈만큼 값어치가 없는 것으로' 여기고 있었다. 그는 러시아에 관심을 가졌다. 베를린 회의는 러시아의 기세를 사정없이 꺾어버렸다. 새로운 불가리아를 절반으로 줄였고, 투르크를 지원했으며, 발칸반도를 여러 민족들 사이에서 쪼개었다. 이로써 루마니아, 불가리아, 세르비아, 그리고 몬테네그로가 독립했다. 투르크는 마케도니아를 유지했지만 불가리아에서 떨어져나갔다. 보스니아는 오스트리아-헝가리에 주어졌다. 베를린 회의는 유럽의 전형적인 분할로서, 협의나 민족자결권에 대한 현실적인 접근이었다. 하지만 그것은 새로운 독일에서 유럽의 세력 중심이 어디에 있는지를 강력히 시사했다.

영국 총리 디즈레일리(1868년, 1874~1880년)에게 베를린 회의는 유럽 외교에 영국이 조심스럽게 발을 담갔던 캐슬리Castlereagh 시절로 되돌아가는 것이었다. 디즈레일리의 전략은 주로 인도를 겨냥한 것이었다. 1875년 그는 프랑스로부터 수에즈Suez 운하 지분의 거의 절반을 획득함으로써 제국의 안전을 강화했다. 1년 후에는 인도의 여황제라는 칭호로 빅토리아 여왕을 기쁘게 했다. 그는 휴헨든Hughenden의 집에서 방 하나를 베를린 회의 기념관(지금은 대중에게 개방되어 있다)으로 만들었다. 투르크에 대해 말하자면 불가리아인의 잔학 행위 동안 투르크를 부드럽게 다루었다는 이유로 글래드스턴Gladstone의 맹렬한 비난을 받았었다. 글래드스턴은 악랄했다. 그는 디즈레일리의 정책에 '분노가 치밀어 오르거나 끓어 넘치는 식인종은 남양 제도에 없다'고 말했다. 디즈레일리는 '불가리아인의 모든 공포 중에 아마도 가장 커다란 공포'는 글래드스턴이라고 대응했다. 정치적 독설에 새로운 것이란 없다.

러시아는 몹시 불쾌했다. 차르는 베를린 회의를 '비스마르크 공의 지도하에 러시아에 대항하는 유럽연합'이라고 묘사했다. 러시아와의 동맹은 비스마르크 초기 외교의 근간이었으므로, 이것은 비스마르크가 접촉의 끈을 상실할 수 있다는 골치 아픈 신호였다. 나이가 들어가면서 비스마르크는 도처에서 좌익 음모를 보면서 편집증이 심해졌다. 그는 '유권자의 변덕에 따라' 계속 통치자를 파면하는 나라를 개탄한다고 말했지만, 영국만은 신뢰한다고 공언했다. 기진맥진한 오스트리아만이 비스마르크의 호감을 샀다. 베를린 협정에 서명한 잉크가 채 마르기도 전에, 1879년 비스마르크는 적절한 절차에 따라 오스트리아-헝가리와 비밀 조약을 체결했고, 러시아의 공격이 있을 경우 양측이 '제국의 모든 전력으로' 서로 돕기로 약속했다. 3년 후 이 조약은 이탈리아를 받아들이기 위해 확대되었다. 3국 동맹은 신성로마제국을 상기시켰다. 그것은 또한 러시아를 소원하게 만들었다. 그러나 한때 '우리가 역사로부터 배우는 것은 아무도 역사로부터 배우지 않는다는 것이다'라고 말했던 사람은 다름 아닌 비스마르크였다.

1880년대 유럽은 영국이 한 세기 전에 경험했었던 산업 성장과 사회 변혁을 겪고 있었다. 남북 아메리카와 오스트랄라시아Australasia의 초원이 개방되면서 유럽 전역에서 생산 원가가 하락하고 있었다. 값싼 곡물과 냉장육이 식품 시장에 넘쳐났지만 유럽 전역에서 농업 불황을 초래했다. 새로운 부자들은 토지 소유자가 아니라 제조업자와 유통업자, 은행가, 그리고 무역업자였다. 새롭게 통일된 독일의 변화는 가장 극적이었다. 석탄 생산량은 다섯 배 증가했고 해상 무역은 30년 만에 일곱 배 증가했다. 베를린 정부는 특히 화학제품과 전기의 신기술 분야 산업 카르텔들을 관세로부터 보호했다. 베를린 정부는 직업 훈련을 촉진했고, 대학을 설립했으며, 도시 외곽을 구상했다.

비스마르크는 사회주의의 매력에 경각심을 갖고 있었다. 그는 비록 실업에 대해 아무런 보호 장치도 마련하지 않았다고 하지만, 유럽 최초의 복지국가를 시사하는 질병과 산재 그리고 노령에 대한 정부 보험 제도를 도입했다. 그것은 사회주의 및 다른 형태의 반대 의견 전파에 대한 형법의 대가로 주고받는 것이었다. 독일 노동자 계급은 보호받을 것이고, 편안할 것이며, 복종할 것이다. 번영은 근대 국가의 모티프로서 복종과 교환되었다.

:: 제국 시대의 절정 ::

1878년 베를린 회의는 아마도 국내에서 더 이상 모험할 수 없게 된 유럽 정부들의 품위 없는 '아프리카 쟁탈전'으로 이어졌다. 지도자들은 먼 지역의 정복에서 자부심을 찾았다. 프랑스 정부는 알자스-로렌을 되찾을 수 없을지도 모르지만 튀니스Tunis를 정복하고 베트남을 식민화할 수 있었다. 벨기에인들은 광물이 풍부한 콩고Congo 분지에 발을 들여놓고 있었고, 포르투갈인들은 앙골라와 모잠비크에서 그리고 이탈리아인들은 북아프리카와 동아프리카에서 확인되었다. 도달 범위가 통제 범위를 넘어서기 시작했다고는 하지만, 영국이 여전히 선두에 서 있었다. 남아프리카에서 영국은 줄루족Zulus과 네덜란드계 아프리카인 모두로부터 도전을 받았다. 수단에서는 고든Gordon 장군이 스스로를 구세주라고 부르는 사람에게 살해되었다.

이런 세력 확대에 비스마르크는 면역이 되어 있었다. 사실상 육지로 둘러싸인 비스마르크의 독일은 영국과 정반대의 우려를 가지고 있었다. 그는 "난 식민지를 좋아하는 사람이 아니야"라고 말했다. 하지만 그는 이제 유럽의 비공식 '의장'이었다. 그는 아마도 아프리카 지도를 정리하기 위해 1885년에 적절한 절차에 따라 한 번 더 베를린 회의를 소집했다. 이 회의에서 '카이로에서 희망봉까지' 영국의 압도적인 존재를 인정했지만, 영국이 콩고 분지에 관여하지 못하게 했다. 비스마르크는 콩고 분지를 벨기에 국왕 레오폴드Leopold의 개인 영지로 제안했다. 레오폴드는 콩고 분지를 강탈과 잔혹함으로 통치했다. 비스마르크의 더 나은 판단에 반하여, 독일마저 아프리카에서의 세력 확대에 합류해서 지금의 나미비아, 탄자니아, 토고, 그리고 카메룬을 받아들였다.

세계 다른 곳에서도 유럽 정부들은 마치 지구가 그들의 장난감인 것처럼 경계를 그리고 있었다. 극동에서는 영국과 포르투갈이 중국 해안에서 입지를 강화했다. 네덜란드인은 동인도제도를 지배했다. 프랑스인은 인도차이나로 확장했다. 중앙아시아의 광활한 땅덩어리에서 러시아제국은 시베리아의 먼

해안에 도달했고, 그때까지 시베리아 대지 면적의 겨우 4분의 1만이 우랄산맥 서쪽에 있었다. 러시아령 알래스카는 1867년 미국에 팔렸다. 한편 러시아의 남쪽 국경은 페르시아와 아프가니스탄에 접했다. 새로운 차르 니콜라이 2세 (1894~1917년)는 만주와 한국을 추가하는 꿈마저 꿨다.

1888년 90대 노인이었던 프로이센의 빌헬름 1세가 죽고, 게다가 그 후 곧 아들이 죽으면서 스물아홉 살의 손자 빌헬름 2세(1888~1918년)가 왕위를 물려받았다. 새로운 왕은 신체적으로 장애가 있었고, 허영심이 강했으며, 성미가 까다로웠다. 그는 즉시 '이 나라의 주인은 오직 한 명이며 그게 바로 나다'라고 선언했다. 빌헬름은 비스마르크를 즉시 해고함으로써 유럽을 충격에 빠뜨렸다. 유럽의 배가 조타수를 떨어뜨리는 장면을 묘사한 풍자만화가 쏟아져 나왔다. 비스마르크야말로 오늘날의 유럽을 만들었던 모든 정치가 중에 가장 유능한 인물이었다. 그가 없었더라도 독일은 존재했을 것이다. 상황이 그에게 새로운 나라를 만들 기회를 주었고 그는 그것을 받아들였다. 하지만 극한의 힘으로 받아들였던 것이다. 전략가인 존 루이스 가디스John Lewis Gaddis에 따르면 비스마르크는 '전쟁을 도발해서 나라를 통일했지만, 그 이후 분노의 균형을 맞추면서 평화를 확보했다'.

비스마르크 외교가 남긴 유산은 이러한 분노가 불안정했다는 것이었고, 그때 그는 분노를 통제하기 위해 참석하지 않았다. 오스트리아 및 이탈리아와의 3국 동맹으로 오랜 불안정이 재개되었다. 이에 맞서 3년 후인 1891년 프랑스와 러시아는 2국 동맹을 맺을 수밖에 없었고, 이는 편집증적인 빌헬름에게 포위 공포를 일으켰다. 중부 유럽 국가들은 지리 때문에 끊임없이 희생당해 왔다. 다시 한 번 그들은 희생자로 되돌아가고 있었다.

:: 세기말 ::

비엔나 회의 이후 세기 동안 내내 유럽을 대격전에서 벗어나게 했던 정치가들이 세상을 떠났다. 탈레랑과 메테르니히는 오래전에 죽었다. 글래드스턴은 1894년 총리직에서 물러났다. 1895년 선거에서 토리당 귀족인 솔즈베리Salisbury 경이 승리했다. 그의 외교 정책은 전통적인 '명예로운 고립'이었다. 이는 영국이 '충돌을 피하기 위해 가끔 장대갈고리를 끌면서 하류로 느릿느릿 떠내려가는 동안' 가능한 한 일을 적게 하는 것이었다. 다른 유럽 국가들의 내정에 개입하는 것에 대해, 솔즈베리는 '국가들의 경험이 더 한결같이, 게다가 정부들이 더 일관되게 추구하는 관행이란 없다'고 말했다. 그는 다른 유럽 국가들의 내정에 개입하려 하지 않았다.

비스마르크의 사망에도 불구하고, 세기가 끝나가면서 유럽의 평정에 문제를 일으킬 필요가 있는 일은 아무것도 없어 보였다. 세계 인구의 20%를 통치하는 영국의 빅토리아 여왕은 정기적으로 그녀를 방문했던 독일 빌헬름의 할머니였다. 웨일즈 공Prince of Wales은 프랑스에서 휴가를 보냈고, 프랑스어를 유창하게 구사했다. 프랑스와 이탈리아의 해안 관광이 호황을 누렸다. 1871년부터 1914년까지는 당연히 아름다운 시절belle époque로 불렸다.

그러한 낙관론에 경의를 표해 1899년 차르는 헤이그에서 평화회의를 소집했다. 그는 유럽에서 전쟁을 없애지는 않더라도 적어도 군비축소를 촉진하고 생산 라인에서 모든 새롭고 가공할 무기들을 제한하는 데 합의할 것을 요구했다. 헤이그 평화회의는 포로 및 비非전투원의 처우에 관한 1864년의 제네바 협약Geneva Convention을 계속 발전시켰다. 헤이그 평화회의는 점령된 도시의 파괴와 약탈, 열기구 풍선에서의 폭탄과 가스의 투하, 그리고 민간인들에 대한 공격을 금지했다. 분쟁 국가들이 그들의 사건을 변론할 수 있는 중재 재판소가 설치되었다. '분쟁 해결 장소로서의 전쟁터가 점차 중재 사법 재판소로 대체되고 있다'고 본문에 명시되어 있다. 모두가 동의하는 것 같았다.

이런 희망적인 배경에서, 유럽의 수도들은 전시회와 박물관 및 다른 명소들로 급성장했다. 그들 대부분은 유럽의 세계 패권을 보여주고 있었다. 제국주의 경쟁은 국내에서 표현될 필요가 있었다. 영국 화이트홀의 인도 사무소가 더바Durbar 법원 주변에 세워졌고 빅토리아 여왕이 오스본Osborne의 집에서 터번을 쓴 인도 하인들의 시중을 받았다. 벨기에에서는 실제 원주민들이 동전을 잡으려고 돌진하는 콩고의 '원주민 마을'이 건설되었다. 1900년, 파리는 그랑 팔레Grand Palais를 건립했고, 그곳에서 40개국의 전시관을 갖춘 만국박람회를 개최했다. 그랑 팔레는 '모든 인류에게 화합과 평화의 상징'으로 선언되었다. 5000만 명이 이곳을 방문했다.

20세기가 시작되었을 때, 유럽은 세계 인구의 절반을 지배했고 세계 무역의 85%를 장악했다. 런던에 살았던 650만 명은 단연코 이곳을 지구상에서 가장 큰 도시로 만들었다. 다른 어떤 대륙이나 민족 집단도 지구상에서 그러한 지배권을 주장했던 적이 없었다. 이러한 지배권은 유럽인들이 다른 사람들을 정복하고, 그들을 지배하고, 그들을 기독교로 개종시킬 권리가 있는 우월한 인종이라는 의식을 불러일으켰다. 이 힘은 진화의 정점에 도달했던 유럽을 대표했고, 문명이라는 단어를 그 나름대로 정의하고 싶은 유혹을 받았다. 유럽이 태양에 너무 가까이 날아간 순간이었다.

19

전쟁을 끝내려는 전쟁

1900~1918년

:: **힘겨루기** ::

20세기 전환기의 회고록은 향수로 물들어 있다. 회고록에서는 인도의 여름과 황실의 가을을 이야기하고, 대담한 정치가들이나 현명한 결정 또는 다가올 비극을 모면했을지도 모르는 천운의 순간들을 나열한다. 돌이켜보면 그때는 자기만족과 과신의 시기였지만, 가장 뚜렷한 특징은 지도력 부족이었다. 19세기 유럽은 항상 선의의 행동은 아니었다고 하더라도 대담하고 통찰력 있는 정치가들의 행동을 기반으로 만들어졌다. 20세기 초에는 그런 말을 들을 만한 정치가들이 거의 없었다.

비스마르크의 다양한 동맹의 유산은 독일과 오스트리아를 프랑스와 러시아 사이에 끼어 있게 만들었다. 좋든 싫든 영국은 일종의 균형을 유지했다. 영국은 전통적으로 독일에 그리고 지금은 프랑스에 모두 호의를 가지고 있었다. 1898년 영국은 나일강 상류 파쇼다Fashoda에 있는 프랑스 정착지와 뉴펀들랜드 앞바다의 조업을 놓고 프랑스와 충돌했다. 협상은 1904년 앙탕트 코르디알Entente Cordiale로 불리는 화친조약으로 합의를 끌어냈다. 그것은 군사동맹이 아니라 식민지 교환이었다. 하지만 프랑스가 이제 러시아의 동맹국이었으므로, 프랑스와 영국 사이의 어떤 좋은 관계라도 독일의 빌헬름 황제를 불안하게 만들었다. 황제의 편집증은 다음 10년 동안 유럽을 지배할 것이다.

러시아도 긴장했다. 니콜라이 2세는 빠르게 산업화하고 있는 나라를 통치했다. 기초가 허약했음에도 불구하고 러시아의 성장률은 독일을 능가하고 미국에 접근하고 있었다. 그러나 체제는 불안정했다. 선원들은 블라디보스토크에서 학생들은 모스크바에서 폭동을 일으켰다. 러시아와 그 위성국가 전역에서 반유대인 대학살은 유럽을 분개하게 만들었고, 수십만 명의 유대인들을 서유럽과 미국 그리고 남아프리카공화국으로 몰아냈다. 헐Hull 기차역 밖의 격리 창고를 1906년에만 믿기 힘들 정도로 많은 7만 5000명의 피난민들이 통과했다고 기록되어 있다. 그들은 유럽 대륙에서 리버풀로, 그리고 계속해서 미국으로 이동했을 때 격리되어 있었다.

제국을 동쪽으로 확장하려는 니콜라이의 열망은 1905년 만주의 심양(선양) 전투에서 일본군에 의해 중단되었다. 같은 해 그는 쓰시마 전투에서 함대를 잃었다. 이것은 중요한 경고로, 근대 아시아의 강국에게 유럽의 강국이 괴멸된 첫 사례였다. 충격을 받은 니콜라이는 언론과 종교 및 집회의 자유를 포함한 미온적인 내부 개혁의 '공약'으로 국민들을 달래려 했다. 그러나 러시아는 1780년대의 프랑스와 유사했다. 개혁은 너무 늦게 다가오고 있었고 제국주의는 위안이 되지 않았다.

유럽의 지도자들은 호전적이 되어갔다. 맹목적 국수주의가 고개를 들고 있었고 정치가들과 언론은 나약한 정치인들에게 군인다운 허세를 부리도록 자극하고 있었다. 슐리펜Schlieffen 독일 참모총장은 프랑스와 러시아 사이의 동맹에 대응하기 위해 선제적으로 프랑스 북부를 침공하는 방안을 마련했다. 이는 러시아가 군대를 동원할 수 있기 전에 프랑스의 여하한 위협도 제거할 것이고 독일이 두 전선에서 동시에 싸울 수 있게 할 것이다.

니콜라이 황제는 영국과 대등한 해군에 집착하게 되었고, 즉각적인 군비 경쟁을 일으켰다. 여론에 따라 영국의 자유당 정부는 드레드노트Dreadnought 전함들로 이루어진 함대로 대응했다. 처칠은 '해군 본부가 배 6척을 요구했다. 그런데 경제학자들은 4척을 제안했다. 우리는 마침내 8척으로 타협했다'고 기록했다. 생산 원가가 치솟자, 데이비드 로이드 조지David Lloyd George 재무장관은 소득세를 기본 세율 3.7%와 최고 세율 7.5%로 인상했다. 상원에서 거부권을 행사했고 1909년 헌정 위기로 이어졌다. 1911년 마침내 영국은 세습되는 상원의 권한을 제한하게 되었다.

:: 평화의 붕괴 ::

1907년 5월, 미국 대통령 시어도어 루스벨트Theodore Roosevelt는 1899년 러시아가 제안했던 헤이그 평화회의를 재소집하기로 결정했다. 이로써 오랫동안 유럽 선조들의 불화로부터의 고립에 뿌리를 두었던 미국 대외 정책이 바뀌었다. 이제 루스벨트는 유럽의 균형이 깨어진다면 '미국은 적어도 일시적으로나마 세력 균형의 재확립에 개입할 의무가 있을 것'이라고 말했다. 미국은 '위대한 나라가 되었고 … 우리는 그런 책임감을 가진 국민에 어울리는 것처럼 행동해야 한다'. 이것은 이상하게도 지금은 세계 경제를 주도하고 있지만 벨기에의 절반 규모의 군대를 가졌던 미국에서 나왔다.

루스벨트의 회담은 대실패였다. 러시아 외무장관은 군비 축소를 '유대인, 사회주의자, 분별력을 잃은 여성들의 생각'이라고 일축했다. 오스트리아인들은 군비 축소를 '군주제 질서에 필수적인 영웅주의 사상에 반대하는 것'이라고 말했다. 평화는 정치적으로 구매되지 않았다. 영국은 러시아와 프랑스의 2국 동맹에 정식으로 가입하는 운명적인 조치를 취함으로써 3국 협상을 만들어냈다. 제국 지도를 정리하는 것으로 제시되었다고는 하지만, 3국 협상은 분명히 독일을 겨냥했고 영국 외교 정책의 기본적인 규칙을 어겼다. 3국 협상으로 영국은 유럽의 정직한 중개인으로서가 아니라 세력 균형의 한편에 위치했다. 파머스턴이나 디즈레일리 또는 솔즈베리가 3국 협상을 지지했을 것이라고 믿기는 어렵다.

비스마르크는 한때 유럽이 다시 전쟁을 하게 된다면, 그것은 '발칸반도의 빌어먹을 바보 같은 짓'의 결과일 것이라고 예언한 바 있었다. 발칸반도는 이제 무대 위에서 시끄럽게 덜컹거렸다. 오스트리아의 지배를 받았던 크로아티아, 달마티아, 그리고 보스니아의 슬라브인 민족주의자들은 독립을 계속 요구하고 있었다. 그들은 1878년 이후로 오토만제국으로부터 독립했고 보스니아에 많은 국민이 살고 있었던 세르비아에 의해 고무되었다. 1908년, 비엔나는 보스니아의 독립 국민투표에 대응해서 보스니아의 자치권을 박탈하고 오스트리아에 공식적으로 합병시켰다. 이것은 러시아에 기대를 걸었던 세르비아를 격분시켰다. 하지만 러시아는 슬라브인 동맹국을 지원하는 데 실패했다. 왜냐하면 오스트리아가 불가리아에 대한 러시아의 비슷한 모험적 시도를 지원하는 데 동의했었기 때문이다. 거의 사소한 문제였지만 러시아는 이제 슬라브인의 대의를 배반했다는 혐의에 민감했다.

이 시점에 대단히 오랫동안 유럽의 동부 측면에서 꼼짝하지 않고 있었던 오토만 투르크 제국은 전례 없는 반란에 직면했다. 1908년 '청년 투르크당'으로 불리는 한 무리의 학생들과 젊은 장교들이 그리스의 살로니카Salonika에서 만나 술탄에게 자유주의 헌법 도입을 요구하며 콘스탄티노플로 행진했다. 술탄은 자유주의 헌법을 제안했지만, 즉시 실각했다. 1912년, 술탄의 유럽 제국에 속해 있었던 옛 나라들이 모여서 그리스, 세르비아, 불가리아, 그리고 마케도니아로 구성된 발칸 동맹을 결성했다. 연합군은 투르크군을 잇따라서 격파했고 1913년까지 투르크를 이스탄불을 제외한 유럽 땅에서 완전히 몰아냈다. 발칸 민족들은 외부의 도움 없이 5세기에 걸친 오토만의 점령을 뒤바꾸었다.

발칸 민족들은 성공하자마자 그들끼리 싸우기 시작했다. 이는 지그문트 프로이트Sigmund Freud가 '사소한 차이를 버리지 못하는 아집'이라고 불렀던 한 사

례였다. 그들은 단지 사소한 말다툼을 계속하려고 자유를 얻었던 것이다. 불
가리아인, 그리스인, 세르비아인, 그리고 루마니아인은 격렬하게 충돌하여 서
로 등을 돌렸다. 모든 중재 시도들이 실패했다. 결국 세르비아가 불가리아를
괴멸시키면서 지배적인 세력으로 부상했다. 그다음 세르비아는 보다 실질적
인 적이었던 오스트리아-헝가리에 대항했다. 그런 대립 속에서 세르비아는
러시아를, 오스트리아는 독일을 강력한 동맹국으로 두었다.

:: 전쟁의 광란 ::

알베르 카뮈Albert Camus에 따르면 '전염병과 전쟁은 사람들을 똑같이 깜짝 놀
라게 한다'. 그러나 1914년까지 유럽 전체는 공포와 흥분을 똑같이 느끼며 전
쟁을 예상하고 있었다. 정부에서 중요 사항이 결정되는 상층부였던 권력의 회
랑을 제복이 누비고 다녔다. 독일은 다른 생각을 거의 하지 않았다. 베를린 주
재 영국 대사는 고국에 보낸 편지에서 독일은 '100만 명의 사람들이 일주일 전
에 전쟁을 위해 흩어질 준비가 된 거대한 야영지 같았다'고 썼다. 프랑스 역시
'국민적 각성' 분위기에 휩쓸렸다. 프랑스 최고 사령부는 독일의 알자스-로렌
에 대한 신속한 공격을 계획하기 시작했다.

시작을 알리는 총소리는 비스마르크가 예언했던 대로 발칸반도에서 나왔
다. 1914년 6월, 사려 깊은 자유주의적 성향의 오스트리아 왕위 계승자 프란
츠 페르디난트Franz Ferdinand 대공이 최근 합병된 보스니아의 수도 사라예보에
서 암살당했다. 암살자는 세르비아 민족주의자 가브릴로 프린치프Gavrilo Princip
였다. 세계대전에 앞선 수많은 비극 중 최대 비극은 비엔나의 주전론자들 중
온건파였던 페르디난트의 죽음이었다. 오스트리아는 세르비아에 전쟁을 선포
했다.

대립은 평화적으로 해결될 수 있었고, 게다가 대담한 정치력하에서는 평화

적으로 해결되었을 것이다. 쟁점은 발칸반도를 배경으로 한 발칸반도의 범죄였다. 최악의 경우 오스트리아와 세르비아 사이의 문제였고, 가장 최악의 경우 오스트리아 및 독일의 한 축과 세르비아 및 러시아의 다른 한 축 사이의 문제였다. 그러나 오스트리아의 전쟁 선포 이후 사흘 만에 유럽 동맹의 도미노가 무너지기 시작했다. 러시아는 전시동원령을 내렸고, 독일은 완전한 방향 전환을 요구했지만 러시아는 거부했다. 독일이 러시아에 전쟁을 선포했고, 이로써 러시아가 프랑스와 맺은 동맹이 작동했다.

독일의 전략은 무자비했다. 슐리펜 계획은 독일의 서부 및 동부 전선에 대한 프랑스와 러시아의 선제적 동시 공격에 필요했고, 즉시 실행에 옮겨졌다. 독일군이 중립국 벨기에를 통해 프랑스로 돌진했고, 벨기에에서 독일군은 영국에서 크게 공론화되었던 민간인에 대한 잔혹 행위를 저질렀다. 런던이 손을 놓고 있었을지 모르지만, 영국이 중립을 보장했던 벨기에에 침공이 문제를 결론 지었다. 영국 해협과 북해의 안전 또한 영국 해군의 중심 전략이었다. 영국은 독일에 전쟁을 선포하고 군대를 프랑스에 파견했다. 영국 외무장관 에드워드 그레이Edward Grey 경은 '전등이 유럽 전역에서 꺼져가고 있다. 우리는 일생 동안 전등이 다시 켜지는 것을 보지 못할 것이다'라고 말했다.

유럽의 전쟁에서 아주 흔하게 볼 수 있듯이, 주요 참전국들 사이에 국제 질서의 방어를 제외하면 실질적인 전쟁 원인은 없었다. 프랑스, 오스트리아, 독일, 그리고 영국에게는 서로의 영토에 대한 긴급한 주장이 없었고, 해결이 필요한 불만은 없었다. 역사학자 테일러A.J.P. Taylor는 '어디에서도 의식적으로 전쟁을 도발하려 하지 않았다. 정치인들은 잘못 판단했고 자신들의 무기의 포로가 되었다. 안보를 제공하고 평화를 지키기 위해 집결된 대군은 스스로의 힘으로 나라를 전쟁에 끌어들였다'라고 썼다. 유럽은 심리적으로나 제도적으로 평온할 수 없는 것처럼 보였다. 마치 중세 이후로 아무것도 변하지 않은 것처럼, 전쟁은 더 고상한 선택으로 보였다. 세계대전의 원인들은 역사가들 사이에서 여전히 많이 논의되고 있다. 그 원인들은 크리스토퍼 클라크Christopher

Clark의 책에 등장하는 당대의 "몽유병 환자들"이라는 제목에 요약되어 있다.

유럽의 지도자들, 평범한 빌헬름, 쇠약해진 니콜라이, 그리고 전쟁에 대한 찬반으로 분열된 프랑스 정부는 민족주의 감정에 얽매여 있었다. 그들의 전체 주민들은 세뇌되었고, 세금을 부과 받았으며, 신속하면서도 영광스러운 승리를 약속받았다. 그들의 수상이 신중함의 화신인 허버트 애스퀴스Herbert Asquith 였던 영국인들마저 전쟁 열기에 사로잡혔다. 반독일 감정이 너무 강해서 영국 왕실은 결국 작센-코부르크-고타Saxe-Coburg-Gotha 왕실에서 윈저Windsor 왕실로 성을 바꿀 수밖에 없었다. 이것은 독일 황제로부터 셰익스피어의 희곡이 작센 -코부르크-고타 왕실의 즐거운 아낙네들로 바뀌어야 한다는 보기 드문 농담을 낳았다. 처칠은 아내에게 '만사가 파국과 붕괴로 치닫는 경향이 있습니다. 나는 관심이 있고, 준비가 되어 있으며, 행복합니다. 그렇게 만들어지는 것이 끔찍하지 않은가요?'라고 썼다.

:: 참호전 ::

첫 몇 주간의 교전에서 비스마르크의 1870년 공격이 되풀이되었다. 독일군은 프랑스로 빠르게 진격했고, 마른 강가에서 하루 만에 파리로 진군했다. 프랑스 정부는 열차에 서류를 가득 싣고 남쪽 보르도로 도피했다. 프랑스와 영국의 총반격으로 독일의 진격은 중단되었고, 지나치게 자신만만했던 독일군을 50마일가량 밀어냈다. 1914년 9월까지 전선은 로렌에서 해안까지 프랑스 북동부 국경 길이를 안정시켰다. 동시에, 독일군은 동쪽에서 러시아의 침공에 맞서기 위해 군대를 우회시켜야 했고, 이는 타넨베르크 전투에서 절정에 이르렀다. 비록 러시아군은 참패했지만, 3년 동안 동부 전선에서 대규모 독일군을 꼼짝 못 하게 함으로써 슐리펜 계획을 막아내는 성과를 거두었다.

전쟁이 진행될수록 신속하게 특정 상황에 맞추어 계획한 대로 싸우도록 훈련받은 군대들이 참호에 몸을 숨겼다. 그들은 플랑드르 평원의 제방이 무너지면서 진창으로 변해버린 철조망과 도랑이 가득한 들판을 가로질러 기동할 수 없었다. 기관총과 대포 때문에 방어가 쉬워졌고 공격은 자멸을 초래하게 되었다. 모든 진전에는 끔찍한 손실이 수반되었다. 참호전은 규칙적으로 반복되었다. 지기는 힘들었고, 게다가 이기기는 훨씬 더 힘들었다.

전쟁은 유럽에 국한되지 않았다. 반세기 동안의 제국주의는 전 세계적인 충돌을 위한 무대를 제공했다. 해군 수장으로서 처칠의 주도로 25만 명의 영국군 및 제국 군대가 독일의 동맹국 터키와 싸우기 위해 중동에 파견되었다. 1915년 봄 터키의 갈리폴리Gallipoli 전투에서 독일 주도의 터키군에 의해 재앙을 만났다. 호주 및 뉴질랜드군 사이에 끔찍한 인명 손실을 초래했다. 메소포타미아와 팔레스타인 그리고 독일 식민지, 특히 동아프리카에서도 전투가 있었다.

해상 전쟁은 전략적 중요성에서 제한적이었다. 왜냐하면 처음에는 양측 모두 함대 규모의 교전에서 값비싼 선박을 위험에 내맡기려 하지 않았기 때문이다. 그러나 1916년 5월, 독일 황제의 전투 함대는 결국 항구를 떠나 북해로 향했고, 유틀란트반도 앞바다에서 영국의 주력 함대와 마주쳤다. 짙은 안개 속에서 시작된 전투는 유럽에서 줄지어 있는 배들 사이에 치러진 마지막 대규모 싸움이 되었다. 영국군의 사상자가 더 많았음에도 독일 함대는 항구로 돌아오지 않을 수 없었고, 연합군의 봉쇄는 계속되었다. 독일은 잠수함 전쟁에서 더 좋은 결과를 거두었다. 1915년 독일 잠수함은 식량과 다른 보급품을 영국으로 수송하는 호송선을 완전히 파괴했다. 한 달에 100척의 배를 침몰시켰던 것이다. 영국 해군은 호송선을 호위하려들지 않았다. 왜냐하면 그것은 독일 봉쇄에서 배를 제거하는 것을 의미했기 때문이다.

서부 전선에서 전쟁은 1916년 여름 베르됭과 솜Somme강의 대학살에서 최악의 순간을 맞이했다. 영국, 프랑스, 독일 정부는 모두 지휘관을 파면했다. 12월에 영국 정부는 패했고, 자유당의 새 지도자로 열정적인 데이비드 로이드 조지(1916~1922년)가 연립 내각의 총리로 정권을 장악했다. 1917년의 시작은 아마도 유럽이 30년 전쟁 이후로 보아왔던 가장 암울한 시작이었을 것이다. 전선에서 희생된 사람들의 소모는 갈수록 심해졌고 비생산적인 것처럼 보였다. 그러나 호전적인 국내 여론은 그칠 줄 몰랐다. 당시의 분위기는 나중에 런던 뮤지컬의 아이러니한 제목인 〈오! 얼마나 사랑스러운 전쟁인가*Oh! What a Lovely War*〉로 재탄생되었다.

:: 러시아 혁명 ::

서부 전선과 동부 전선 모두에서 돌파구를 찾기가 힘들어지면서, 1916년까지 200만 러시아인의 죽음으로 평화에 대한 요구가 밀려들었다. 수도 페트로그라드Petrograd ─ 독일어의 상트 페테르스부르크St Petersburg에서 명칭이 바뀌었다 ─ 에서 일어난 식량 폭동으로 반란이 일어났고 군인들이 탈영했다. 니콜라이는 질서를 유지할 수 없었고, 1917년 3월 임시정부에 행정권을 넘기고 제위에서 물러났다. 임시정부는 전쟁을 계속 이어나갔지만, 이는 경쟁자인 혁명적 볼셰비키Bolshevik의 요구에 반하는 것이었다.

독일은 이제 유럽의 미래를 위한 엄청난 중요성을 입증하기 위해 뛰어난 기량을 발휘했다. 독일은 망명 중인 볼셰비키 지도자로서 카리스마 넘치는 레닌Lenin이 스위스에서 페트로그라드까지 비밀 열차로 안전하게 통과할 수 있도록 주선했다. 페트로그라드에서 레닌은 혁명의 불씨를 살리고 동부에서의 전쟁을 종식시킬 것으로 기대되었다. 초기 쿠데타에서 살아남은 후, 임시정부는 1917년 11월에 전복되었고 레닌에 의해 겨울 궁전에서 쫓겨났다. 구호는 '평화, 토지, 빵 그리고 모든 권력은 소비에트로'였다.

먼저 평화가 찾아왔다. 레닌은 즉시 독일과 조약을 체결하려 했지만, 독일군 사령관들이 제시한 조건은 너무 굴욕적이어서 독일 외교관들마저 충격을 받았다. 러시아인들은 실제로 서부에 있는 차르의 제국 전체를 양도하라는 말을 들었다. 이것은 레닌조차도 자기 마음대로 할 수 없었다. 따라서 1918년 3월이 되어서야 비로소 독일과 러시아 양측은 브레스트-리토브스크Brest-Litovsk 조약에 서명했다. 독일은 에스토니아, 리투아니아 그리고 폴란드 대부분을 차지했다. 우크라이나는 독립을 부여받았지만 오래가지 못했다. 러시아는 인구의 3분의 1과 산업의 절반 그리고 거의 모든 탄광뿐 아니라 리가Riga와 키예프도 잃었다.

러시아는 고통을 겪었을지 모르지만 독일 황제의 탐욕은 파멸을 초래했다. 브레스트-리토브스크 협상이 4개월 지연되면서 그가 자유롭게 동쪽 군대를 서부 전선으로 이동시키는 것이 연기되었다. 협상의 지연으로 독일 황제는 전쟁을 치르게 되었다.

:: 추세 전환 ::

중립국 선박에 대한 독일의 잠수함 공격은 마침내 미국의 여론을 전쟁 개입으로 전환시켰다. 미국의 여론은 1915년 독일군이 여객선 루시타니아Lusitania호를 어뢰로 격침시킨 것에 이미 격분한 바 있었다. 루시타니아호에 승선한 미국인 128명이 사망했던 것이다. 1917년 봄, 한때 주저했던 대통령 우드로 윌슨Woodrow Wilson(1913~1921년)은 독일에 전쟁을 선포했다. 이에 대해 로이드 조지는 '단번에 미국이 세계 강국이 되었다'고 말하는 예지력을 보여주었다. 이제 미군이 얼마나 빨리 서부 전선에 도달할 수 있는가는 현실적인 질문이었다. 영국군 사령관 헤이그Haig 장군은 일기에 '신이시여, 제발 미군이 도착하기 전에 승리하게 해주소서'라고 적었다. 신은 은총을 베풀지 않았다.

결정적인 변화는 대서양 보급 호송을 위한 무장해군 호위함의 창설이었다. 이로써 순식간에 해상에서의 손실이 독일 잠수함과 비교하여 연합군에게 유리한 방향으로 기울어졌다. 1918년 봄까지 속도가 빨라졌다. 3월에 브레스트-리토브스크 조약으로 적어도 독일 장군 루덴도르프Ludendorff는 동부 전선에서 병력을 이동시킬 수 있었다. 그는 주로 플랑드르의 영국 전선에 대략 300만 병력의 군대를 투입했고, 전선을 뒤쪽으로 밀어냈다. 그는 파리로 다시 진군할 수 있었다. 파리 시내 거리들을 65마일 떨어진 곳에서 포격했다. 1918년 봄 잠깐 동안 결국에는 독일이 승리할 것 같았다.

허술하게 수행된 독일군의 진격은 너무 늦었고, 이번에는 미군의 지원하에 치러진 격렬한 마른Marne 전투로 독일군의 진격은 한 번 더 저지되었다. 플랑드르 전선을 따라 뒤로 물러선 연합군은 400대의 영국 전차와 새로운 영국 공군으로 보강되었다. 독일군은 아미앵에 대한 연합군의 총반격이 있기 전에 무너졌고, 곧 연합군은 광활한 들판을 가로질러 독일을 향해 줄지어 이동했다.

독일은 더 이상 저항할 수 없었다. 황폐한 땅은 식량 폭동과 반란에 시달렸고, 최고 사령부는 적들이 독일 땅에 도착하기 전에 휴전을 간청했다. '11월 11일 11시'에 휴전 효력이 발생했다. 독일 황제는 퇴위하고 네덜란드로 도피했다. 그의 장군들이 사라지면서 민간 정부가 연합군과의 평화 조항에 동의하게 되었다. 그때쯤이면 1000만 명의 군인들이 죽었고, 아마도 또 다른 700만 명의 민간인이 죽었을 것이다.

그것이 공포의 전부는 아니었다. 1918년, 자연재해가 인간이 만든 가장 끔찍한 재난들을 능가할 수 있다는 것을 마치 유럽에 상기시키는 것 같은 사건이 발생했다. 기록상 최악의 유행성 독감이 폴리네시아Polynesia에서 북극까지 전 세계를 휩쓸었다. 사망자 추정치는 전 세계적으로 2000만 명에서 5000만 명 사이로 증가했으며, 유럽에서만 250만 명 이상이 사망했다. 전쟁에서 살아남았던 젊은 병사들은 막사와 야영지에서 대량으로 죽었다. 독일 황제, 로이드 조지, 그리고 우드로 윌슨 모두 병에 걸렸다. 그 질병은 다른 곳에서 사망 신고를 금지했던 전시 검열 때문에 스페인 독감으로 불렸다. 뉴스는 중립적인 스페인 언론으로부터만 나왔다.

:: 베르사유 조약 ::

1919년 1월, 승전국이 파리에 모여 베르사유 조약을 공식화했다. 영국 대표 헤럴드 니콜슨은 그들이 '유럽에서 새로운 질서를 세우고 … 영원한 평화를 준비하기 위해' 소집되었고, '어떤 신성한 사명의 후광이 우리 주위에 있었다'고 회상했다. 대표단은 다양하게 인용된 웰스H. G. Wells의 말처럼 세계대전이 '전쟁을 끝낼 전쟁'이었다는 거의 신비스러운 믿음을 가지고 만났다. 그와 같은 일이 다시 일어날지도 모른다는 것은 상상할 수 없었다. 평화는 불가피한 것이었다. 말하자면 이는 향후 20년 동안 유럽 외교를 지배하게 될 전제였다.

그다음 대표단은 줄곧 그러한 전제를 덜 그럴듯하게 만들었다. 독일인은 1918년 1월 윌슨이 제안한 14개 항 계획에 합의하기를 희망했었다. 이것은 민주주의, 민족자결권, 그리고 자유 무역의 원칙에 따라 구성된 유럽 국가들 사이의 새로운 관계를 확립했다. 국경은 지역 국민투표에 의해 결정될 것이다. 또한 평화를 감시하기 위한 '총회', 즉 국제연맹이 존재해야 한다. 윌슨의 제안은 선의에서 나온 것이었고 잘 만들어졌다.

윌슨의 희망이기도 했던 독일의 희망은 프랑스에 의해 여지없이 허물어졌다. 호전적인 전직 언론인 조르주 클레망소Georges Clemenceau의 지배하에 프랑스인들은 '비스마르크의 유산은 반드시 파괴되어야 한다'고 결정했다. 독일은 굴욕을 당해야 한다. 독일은 폴란드로부터 합병된 땅과 브레스트-리토브스크 조약에 따라 러시아에 의해 상실된 모든 땅을 빼앗겼다. 독일의 일시적인 해외 식민지는 승전국을 중심으로 분배되었다.

동유럽 지도는 근본적으로 다시 그려졌다. 1914년 독일보다 컸었던 오스트리아-헝가리 제국은 몇몇 민족 집단, 즉 아무리 마지못해서라고 할지라도 몇 세기 동안 하나의 연방으로 병합되었던 민족들로 해체되었다. 그들은 헝가리, 체코슬로바키아, 그리고 유고슬라비아로서 불확실한 독립을 부여받았지만, 안전은 보장받지 못했다.

오토만제국이 없어지고 터키라는 새로운 국가가 만들어졌다. 터키는 4년 안에 케말 아타튀르크Kemal Atatürk의 세속화 지배하에 들어갔다. 아랍 영토인 레반트와 메소포타미아는 연합군을 지원할 경우 '아라비아의' 로렌스 T. E. Lawrence로부터 아마도 무모하게 독립을 약속받았다. 이 약속은 깨졌고 아랍 영토 대부분은 연합국의 위임통치를 받았다.

축소된 러시아는 이제 프랑스 혁명 이후 유럽의 가장 위대한 이념 실험으로 새롭게 모습을 드러냈다. 1918년 7월 레닌은 전 차르와 그의 가족 및 종복들을 살해했다. 독일에서 레닌은 유럽 자본주의의 몰락과 함께 '독일 노동자 계급으로의 권력 이양'을 맞이했다. 바이에른에서 소비에트가 잠시 형성되었다. 이 새로운 러시아에 대해 영국과 미국 두 나라는 깊은 우려를 나타냈다. 영국의 처칠은 '동쪽에서 흐르는 붉은 야만의 홍수에 맞서 평화롭고, 합법적이며, 끈기 있는 힘과 미덕을 갖춘 제방'으로서 독일이 재건되기를 요구했다.

베르사유는 이 모든 것에 귀 기울이지 않았다. 1919년 6월, 루이의 대궁전에서 새로운 조약이 체결되었다. 루이의 대궁전이 선택된 것은 1871년 같은 건물에서 프랑스가 비스마르크에게 당했던 굴욕을 복수하기 위해서였다. 독일은 이제 무장해제 되었고 전차나 항공기를 보유할 수 없었다. 라인란트는 프랑스에 대한 새로운 침략을 막기 위해 연합군에 의해 10년 동안 점령될 것이다. 굶주리고 궁핍한 독일은 오늘날 금액으로 4300억 달러로 추산되는 감당하기 힘든 배상금 청구서를 받았다. 빌헬름의 전투 함대는 오크니Orkney제도에 있는 작은 만 스캐퍼 플로Scapa Flow에 억류되었고, 그곳에서 함대 사령관에 의해 침몰되었다. 주로 새로운 배 74척이 유실되었고, 그 이후로 줄곧 많은 배는 잠수부들을 위한 보물 창고가 되었다.

베르사유 조약은 비엔나, 위트레흐트, 베스트팔렌을 이어받았지만 동유럽 지도를 다시 그렸다는 점에서 모두를 능가했다. 베르사유 조약의 국경은 서쪽은 견고했던 반면에 동쪽은 약해서 독일과 공산주의 러시아 사이의 계속되는 긴장에 분명히 취약했다. 게다가, 베르사유 조약의 감시자는 유럽 국가들의

'제휴'가 아니었다. 그것은 새롭고 시험해 보지 않았던 국제연맹이라는 기구
였다. 국제연맹을 창안하고 보증했던 미국은 그 후 심지어 국제연맹 가입을
거부하기까지 했다. 따라서 국제연맹에는 결정을 집행할 수 있는 최소한의 수
단이 없었다.

20

세계대전 사이의 세월

1918~1939년

:: 베르사유 조약의 여파 ::

베르사유 조약은 유럽 외교에서 최악이었다. 독일 전역에 분노를 남겼고, 다른 나라들이 함께 전쟁 책임을 지지 않았다는 쓴맛을 남겼다. 오직 탈진과 기아 때문에 베를린은 최종적으로 항복할 수밖에 없었다. 반면에 프랑스는 독일이 충분한 처벌을 받지 않았다고 느꼈다. 이탈리아는 전쟁 동안 연합군으로 편을 바꾸었지만, 그렇게 해서 기대했던 것보다 얻는 게 적어서 실망했다. 이 실망은 1919년 사회주의자들로부터 이탈한 카리스마 있는 참전 용사 베니토 무솔리니Benito Mussolini의 '검은 셔츠단'의 출현으로 이어졌다. 영국에서 1918년 '정략' 선거는 지독하게 반독일적인 것으로, '독일이 삐걱거리는 소리를 낼 때까지 쥐어짤 것을' 요구했다. 비록 30세 이상이기는 했지만 여성이 참정권을 갖는 첫 번째 투표였다. 다른 북유럽 국가들도 동시에 여성에게 참정권을 부여하고 있었다. 프랑스와 라틴 국가들은 1930년대와 1940년대가 되어서야 비로소 여성 참정권을 부여했다.

모두가 베르사유 조약을 같은 시각에서 보았던 것은 아니다. 로이드 조지는 베르사유 조약이 너무 가혹하다고 걱정한 나머지 '우리는 세 배의 비용으로 … 또다시 다른 전쟁을 치러야 할지도' 모른다고 생각했다. 영국의 경제학자 존 메이너드 케인스John Maynard Keynes는 파리 강화회의에 고문 자격으로 참석하여 『평화의 경제적 결과The Economic Consequences of the Peace』라는 통렬한 비판으로 반응했다. 그는 독일을 무력화시키면 정치적으로 취약해질 것으로 보았다. 케인스는 '독일로부터 전쟁의 총비용을 확보하려는 선거운동은 지금까지 정치인들에게 책임이 있었던 정치적으로 무모한 가장 심각한 행동들 중 하나'라고 말했다. 그 이후 토론은 케인스의 경제 분석에 의문을 제기했지만, 정치적으로 입증된 그의 정당성은 그 이상의 것이었다. 베르사유 조약은 비스마르크 이전의 자유주의 독일을 부활시켜야 했지만, 자유주의가 생겨났을지도 모르는 토양을 오염시켰다. 베르사유 조약은 포위당하고 있다는 의식을 조장했다. 게다가 회복을 더디게 했고 온건함의 진가를 인정받지 못하게 했다. 프로이센의 극단주의에 도전이 내팽개쳐졌고, 프로이센의 극단주의는 곧 받아들여졌다.

전쟁은 다른 간접적인 결과를 낳았다. 전례 없는 규모의 충돌은 대중 동원을 요구했었고, 이는 경제 및 정치 공동체 전체가 공동의 대의에 헌신하는 것이었다. 이것은 국가가 시장을 통제하고, 자원을 할당하며, 노동을 감독한다는 의미였다. 전에는 결코 상상하지 못했던 국가 관료제가 확대되었다. 평화는 군대를 무력화시킬지도 모르지만, 국가가 사라지는 동기를 제공하지 않았다. 국가가 전쟁을 하는 것과 마찬가지로, 전쟁은 국가를 만든다.

이것은 영국에서 가장 뚜렷하게 나타났다. 처음으로 산업에 '계획 수립'이라는 것이 목격되었다. 100개 이상의 철도 회사가 네 개 그룹으로 경영이 합리화되었다. '참전 용사들에게 적합한 집'이라는 주택 건설 프로그램에 착수했다. 이것은 유럽의 다른 국가들이 주로 아파트식 거주지를 짓고 있는 사이에 교외 전원 지역으로 뻗어나갔다. 로이드 조지의 전쟁 전 국민 보험이 확대되면서 초기 복지국가가 등장했다. 경우에 따라서 40%까지 올라간 상속세는 토지를 가진 가족이 형벌 수준의 과세에 직면했음을 의미했다. 일부는 이민을 갔고, 다른 일부는 미국인 상속녀와 결혼했다. 한 세기에 걸친 투쟁 끝에, 아일랜드는 1921년 마침내 독립을 쟁취했다. 주로 북동쪽의 여섯 개 신교 카운티만이 영국 내에 남을 것이다.

:: 평화에 대한 갈망 ::

대부분이 좌파인 독일 정부는 점점 더 무정부 상태로 빠져들고 있었다. 파업이 계속되었다. 베르사유 조약을 거부하는 베를린의 초기 경향은 전투를 재개할 수 없다는 군대와 상충되었다. 동쪽에 새로운 위협이 모습을 드러내고 있었다. 국제연맹에서 배제된 소비에트 러시아는 1920년 공산주의 봉기를 기대하며 독립국 폴란드에 적군Red Army을 파견했다. 볼셰비키가 독일 국경으로 진격할 것이라는 전망은 연합군을 충격에 빠뜨렸고, 결국 폴란드가 러시아에게 보기 드문 승리를 거두었다. 적군이 바르샤바 전투에서 패배했던 것이다. 거의 알려지지 않은 바르샤바 전투는 역사적으로 매우 중요했다. 왜냐하면 중부 유럽이 가장 취약했을 때 공산주의 체제의 진격을 저지했기 때문이다. 1921년 리가 조약으로 폴란드와 발트해 국가들은 소비에트 러시아의 침략으로부터 벗어나게 되었다. 이제 러시아는 당분간 우크라이나와 카프카스 지역을 지배하게 되었다.

독일은 1921년 8월 처음으로 배상금을 지불했다. 그 후 다음에 지불할 배상금을 위해 외화를 매입했고, 마르크화의 가치가 하락하면서 더 많은 마르크화를 찍어냈다. 1922년까지 마르크화가 급락하면서 인쇄기는 더욱더 많은 지폐를 찍어냈다. 극심한 인플레이션이 만연했다. 1달러당 48마르크가 320마르크 이상으로 올랐다. 그해 후반기 독일의 생활비는 15배 올랐고, 독일은 전후 영양실조부터 극도의 빈곤에 이르기까지 휘청거렸다. 이듬해까지 마르크화는 1달러당 4조 마르크까지 떨어졌고, 베를린에서는 사람들이 가게, 술집, 그리고 새로운 재즈 클럽으로 몰려들어 점점 더 쓸모없는 화폐를 소비하고 있었다.

1923년 초 독일이 외화를 매입하지 못해 배상금을 지불할 수 없게 되자 프랑스는 루르 지방으로 10만 명의 병력을 파견하여 공장과 탄광을 압류했다. 이 조치로 독일은 지불할 수 있는 것보다 배상금을 덜 지불했다. 프랑스의 조치는 런던, 워싱턴 등지에서 반대에 부딪혔고, 비참하고 분노한 독일인들을 단결시켰다. 루르 지방 노동자들은 총파업에 들어갔다. 프랑스의 경제 침략은 눈에 띄게 역효과를 낳았다.

이듬해 여름까지, 구스타프 슈트레제만Gustav Stresemann 신임 총리하에 독일은 어느 정도 안정감을 되찾았다. 1923년 그는 금화지불채권 가격에 고정된 새로운 렌텐마르크Rentenmark를 만들었고 인쇄기는 조용해졌다. 그러나 1919년 바이마르로 이전했던 바이마르 정부는 권위를 확립할 수 없었다. 좌익에서는 공산주의자들이 그리고 우익에서는 민족주의자들이 봉기를 일으켰고, 종종 거리에서 공공연히 싸웠다. 민족주의자들 중에는 참전 용사이자 뮌헨Munich의 품팔이 화가였던 아돌프 히틀러가 있었다. 1923년 11월 8일, 뮌헨의 한 맥주홀에서 열린 떠들썩한 회의에서 그는 의자에 뛰어올라 격앙된 연설로 '국가 사회주의' 혁명을 요구했다. 그는 지난해 무솔리니의 로마 진군에 고무되었다. 무솔리니의 로마 진군은 이탈리아 정부의 붕괴와 총통의 권력 장악으로 이어졌다.

히틀러는 바이에른 정부에 로마 진군과 유사한 진군을 요구했지만, 그와 그의 추종자들은 군대의 저지를 받기 전에 간신히 거리로 나갔다. 히틀러의 동료 16명이 살해되었고, 그들 중 한 명은 옆구리에 총을 맞고 죽었다. 이른바 맥주홀 폭동은 실패로 끝났다. 히틀러는 투옥되었지만, 폭동에 연루된 재판관에 의해 9개월 후에 풀려났다. 그는 감옥에서 동료 수감자인 루돌프 헤스Rudolf Hess에게 자신의 선언문이었던 「나의 투쟁Mein Kampf」을 받아쓰게 했다.

1924년 초까지 독일의 인플레이션은 최고조에 달했지만, 독일은 사실상 통제 불가능했다.

:: 로카르노 정신 ::

연합국 정부들은 케인스Keynes의 예측이 실현되고 있다고 점점 더 우려하고 있었다. 프랑스의 보복 정책은 독일 내 좌우익의 위험한 세력들을 자극하는 선동적인 정책이었다. 프랑스군은 독일 광산에서 프랑스 발전소로 석탄을 실어 날랐고 프랑크푸르트 대학 캠퍼스를 '지키도록' 세네갈 군대를 파견했다. 공산주의자들은 독일과 오스트리아 선거에서 선전했고, 러시아 첩보원들이 두 선거 모두에서 활약했던 것으로 보인다. 유럽의 대부분에게 뮌헨 맥주홀에서의 히틀러는 범유럽 십자군에 대한 레닌에 비하면 하찮은 존재였다.

이것은 지속되지 않았다. 1924년 1월 레닌은 몇 차례의 발작 이후 죽었다. 그의 뇌는 천재성을 연구하기 위해 세밀하게 잘렸고, 방부 처리된 그의 시신은 붉은 광장에 전시되었다. 이오시프 스탈린Joseph Stalin은 권력을 장악하기 위해 재빨리 움직였다. 연이은 5개년 계획이 1928년에 시작될 것이다. 이는 제국 경제에 해당하는 것을 공산주의 노선으로 재정리하려는 첫 번째 시도였다.

영국에서는 1924년 램지 맥도널드Ramsey MacDonald가 지도하는 최초의 (소수) 노동당 정부가 출범했을 때, 동시에 전적으로 더 온건한 사회주의 혁명이 일어났다. 노동당 의원들에게는 5개년 계획이 없었지만, 오히려 왕실에 실크 해트silk hat(중산모)를 써야 할지, 아니면 세습 귀족들을 만들어내야 할지 걱정했다. 노동당 정부는 스탠리 볼드윈Stanley Baldwin 휘하의 보수당으로 교체되기까지 겨우 10개월 동안 지속되었다. 새로운 라디오 매체로 홍보된 그의 슬로건은 '국내외에서 모험과 헌신으로부터의 자유'라는 예전의 토리당 정책을 되풀이하는 것이었다. 토리당은 1차 세계대전의 격변을 통해 대영제국의 오래된 영토들을 '영연방'으로 전환시켰다. 아직까지 그것은 백인의 영연방이었다.

베르사유 조약은 이제 지속 불가능한 것으로 인식되고 있었고, 미국 정치인 찰스 도스Charles Dawes는 조약의 수정을 제안했다. 이 수정안은 루르 지방에서 프랑스군의 철수, 배상금의 축소와 단계적 조정, 그리고 재건을 위한 차관 제공이었다. 그 결과 독일, 영국, 프랑스, 이탈리아, 벨기에가 참여한 1925년 로카르노Locarno 조약이 체결되었다. 그것은 베르사유 조약으로 확정된 국경을 인정하고 독일의 국제연맹 가입을 허용한 상호 불가침조약이었다. 프랑스는 묵인했고, 스탈린의 러시아는 배제되었다.

로카르노는 전쟁 간 외교의 중대한 시점으로 평화의 불가피성을 재확인하려는 필사적인 시도였다. 영국 외무부는 로카르노의 이름을 따서 주 접견실의 이름을 지었고, 로카르노 협정 관련자들은 노벨 평화상을 받았다. 프랑스 외무장관 아리스티드 브리앙Aristide Briand은 로카르노에서 '우리는 새로운 언어인 유럽어를 사용했다'고 회상했다. 3년 후인 1928년 켈로그-브리앙Kellogg-Briand 조약은 더 나아가서 '국가 정책 수단으로 전쟁을 불법화했다'. 이는 국방을 결정적으로 배제하는 것이었다. 켈로그-브리앙 조약은 1899년 헤이그 회의의 섬뜩한 반복으로 50개국이 서명했다. 1930년에 브리앙은 우선 경제 협력으로 '유럽 연방'을 제안하기도 했다. 힘든 나날이었다.

켈로그-브리앙 조약은 개별 국가들의 세력권을 훨씬 초월하여 그들 사이의 거래를 통제하기 위해 법치를 확대하려는 진지한 시도였다. 베스트팔렌에서 비엔나를 거쳐 베르사유까지, 국가 간 폭력을 사법 및 외교 절차로 대체한다는 개념은 유럽의 국가 제휴를 벗어난 것이었다. 이제 이른바 '로카르노 정신'은 경제성장이 평화를 가져오는 힘이라는 것을 믿음으로써 강화되었다. 자동차들이 유럽의 도로를 가득 메우고 있었고, 그 수는 매년 두 배로 증가했다. 도시에서는 소비재, 화장품, 의약품, 그리고 차량 공장들이 생겨났다. 교외 주택단지, 중앙난방, 그리고 전차는 가족이 도시의 오염과 혼잡에서 벗어나게 해주었다. 영국의 주택 소유는 1910년 10가구당 한 가구에서 1930년대까지 세 가구당 한 가구로 증가했다. 농업 기계화, 특히 콤바인 수확기가 농업 생산성을 향상시켰다. 재즈 음악, 나이트클럽, 호화 여객선이 그랬듯이 피임 기구가 등장했고 이혼이 급증했다. 패션 혁명으로 파리의 남성 패션 디자이너 코코 샤넬Coco Chanel이 에드워드 7세 시대의 화려한 주름 장식을 깔끔하고 가느다란 선으로 대체했다.

:: 붕괴, 불황, 의심 ::

이러한 낙관주의는 1929년의 금융 붕괴로 위축되었다. 뉴욕 증권거래소에서 투기 거품이 터지면서 런던과 유럽 대륙의 증권거래소로 빠르게 확산되었다. 이것은 경제사학자 로버트 스키델스키Robert Skidelsky가 분석했던 '전쟁에 대한 지연된 반응'으로 악화되었다. 다시 말하자면 새로운 유럽 국가들이 '각각 그들만의 관세와 잘못 조정된 통화를 가지면서 그리고 영국이 더 이상 유럽의 최종 대출자 역할을 하지 않으면서 악화되었다. 이 금융 위기에 직면해 재정 부처들은 케인스의 충고를 무시했다. 그들은 통화를 금에 연결해 놓았고, 화폐 공급을 제한했으며, 지출을 줄였다. 유럽 대륙 전역에서 은행이 파산했다. 1931년 독일은 동유럽의 새로운 국가들과 오스트리아를 포함하는 관세동맹을 제안했다. 이는 사실상 독일의 더 큰 경제 공간이었다. 프랑스가 반대하자 로스차일드Rothschilds의 비엔나 은행인 크레디트-안슈탈트Credit-Anstalt가 붕괴했고 독일 실업자 수는 300만 명에서 500만 명으로 증가했다.

1932년 제네바에서 만난 연합국은 구제 자금을 호소하는 독일의 하인리히 브뤼닝Heinrich Brüning 총리와 대면했다. 다시 한 번 프랑스는 반대했고, 브뤼닝은 사임할 수밖에 없었다. 그것은 운명적인 순간이었다. 그해 11월 독일 유권자들은 좌우로 갈라졌고, 공산주의자와 나치는 모두 국가적 굴욕을 즐기고 있었다. 나치 세력은 구 프로이센 지방에 집중되는 경향이 있었던 반면, 좌파는 서부와 가톨릭 남부에서 더 강해지는 경향이 있었다. 히틀러는 1932년 말 제국의회의 최대 정당 지도자로 등장했고, 연로한 대통령 힌덴부르크Hindenburg로부터 총리직을 확보했다. 한 달 후, 제국의회 의사당이 화재로 전소되었다. 화재는 나치에 의해 선동되었던 것으로 추정되지만 나치는 이를 공산주의자들에게 책임을 전가했다. 히틀러는 힌덴부르크로부터 '수권법'을 요구해서 쟁취했다. 이는 집회와 언론의 자유를 억압하기 위한 독재 권력이었다. 히틀러의 동료 헤르만 괴링Hermann Goering은 '모든 공산주의자는 사살되어야 한다'고 선언했다.

베르사유의 겁쟁이들이 이제 제 자리로 되돌아오고 있었다. 프랑스는 주로 전후 독일에게 시행된 조건을 지시했고, 그다음 각 온건파 독일 지도자를 약화시켰다. 그러나 연합국은 모두 독일 파시즘의 발흥에 대해 책임을 나누었다. 그들은 이제 독일의 권력구조 변화에 무관심할 정도로 불황에 빠져 있었다. 독일에 대한 프랑스의 태도가 복수심에 눈이 먼 것이었다면, 동료 연합국에 대한 태도는 죄책감에 눈이 먼 것이었다. 어느 쪽이든, 히틀러가 힘을 기르는 것은 그의 재량에 맡겨졌다.

1933년부터 새로운 독일 총리 히틀러는 빠르게 움직였다. 그의 계획은 공산주의자를 제거하고, '만국의 유대인'을 탄압하고, 배상금 지불을 중단하고, 자국의 군사력 및 공업력을 재건하는 것이었다. 제조업은 전시체제에 놓이게 되었다. 1934년 나치 돌격대SA가 진압되면서 히틀러의 전 동료 150명 이상이 '긴 칼의 밤'에 살해되었고, 나치 돌격대는 법 밖에서 활동하는 준군사 조직인 친위대ss로 대체되었다. 친위대는 검은 제복을 포함해서 프로이센 귀족 융커의 군국주의를 모방했다. 소년단(보이스카우트)은 히틀러 유겐트Hitler Youth(독일 나치당이 만든 청소년 조직 - 옮긴이)가 되었다. 학교에서는 '인종학'을 가르쳤다. 독일에게 베르사유 조약은 효력을 상실했고, 조약 가맹국들은 '1918년의 범죄자'로 비난받았다.

　이 초기 몇 달 동안 히틀러는 존경을 얻기 위해 애썼다. 그는 노골적인 맹목적 애국주의를 과시했던 1936년 베를린 올림픽 기간 동안 유대인 반대 운동의 속도를 늦추었다. 베를린 올림픽 이후로 줄곧 올림픽 경기는 맹목적 애국주의를 어느 정도 유지해 왔다. 당시 독일을 방문한 사람들은 종종 무솔리니의 파시스트들에게서처럼 나치의 활력에 감명을 받았다. 외무부의 로버트 벤시타트Robert Vansittart는 '이 신경이 날카롭고 열정적인 사람들이 우리를 최고의 국가처럼 보이게 할 것'이라고 기록했다. 지난 전쟁 이야기에 진절머리가 난 유럽 전역의 젊은이들은 변화를 갈망했다. 그들은 은유적으로 '열차가 제시간에 운행되게' 할 수 있는 낙관적이고 자신감 넘치는 지도자들을 좋아하기 시작했다. 이런 태도는 영국의 ≪데일리 메일Daily Mail≫ 신문으로부터 영국 황태자에 이르기까지 영국 사회 구석구석까지 감염시켰다. 1935년 자신의 유럽 역사를 끝내면서 피셔H. A. L. Fisher는 순진한 히틀러를 '바그너 오페라의 자연 그대로의 영웅'으로 여길 수 있었다.

　서서히, 연합국 정부들은 독일에서 일어난 사건들을 초조하게 바라보기 시작했다. 히틀러는 이전의 독일 황제처럼 포위망에 사로잡혀 있었다. 그는 통합된 유럽에 대해 생각해 보았지만, 그의 팽창주의는 본질적으로 민족주의로서 순전히 독일 민족을 위한 생활공간을 추구했다. 가장 분명한 것은 그러한 공간이 동쪽에 있었고, 그곳에서 베르사유 이후로 수백만 명의 독일인이 특히 폴란드와 체코슬로바키아에서 외국의 통치하에 살았다. 히틀러에게는 그들이 독일어를 사용하는 아리아 인종의 고결함을 회복할 수 있는 명분이 되었다. 비스마르크처럼, 이 시점에서 히틀러는 독일 국가를 위해 중요한 지리를 찾았다.

　10년 이내에 유럽은 기쁠 정도로 자신감에 찬 로카르노 조약의 아침을 잃어버렸지만, 히틀러는 계속해서 자신을 속박하려는 압력을 피하기 위해 베르사유 조약에 대해 충분한 책임을 요구할 수 있었다. 1935년 어느 정당도 재무장을 제안하지 않았던 영국 선거에서 볼드윈은 그러한 약속이 선거에 자살행위가 되었을 것이라고 말했다. 과거에도 자주 그랬듯이 영국의 전략은 공군과 해군의 보호를 받으며 공중과 바다의 해자 뒤에서 유럽과 거리를 두는 것이었다. 나치는 선전을 통해 유럽에 대한 영국의 관심 부족을 보여주기 위해 '안개 낀 해협 – 끊긴 대륙'이라는 가공의 헤드라인을 만들어냈다.

1935년 무솔리니가 에티오피아를 침공하면서 로카르노 조약은 마침내 산산조각이 났다. 무솔리니는 동아프리카 해안 지역과 에리트레아Eritrea의 이탈리아 식민지를 에티오피아와 연결시키려 했다. 에티오피아 침공은 히틀러의 지지를 받았고, 국제연맹의 규정에 대한 노골적인 위반은 처벌받지 않았다. 그러나 여론은 여전히 외교를 통해 문제를 피할 수 있을 것으로 생각했다. 영국에서 역사상 이제까지 치러진 최대 규모의 국민투표인 1935년 여름의 평화투표는 성인 인구의 38%인 1050만 명의 유권자들을 끌어들였다. 그들은 다양하게 그리고 압도적으로 평화, 국제연맹, 그리고 무기 제조의 종식을 지지했다. 그러나 투표는 '한 나라가 다른 나라를 공격하겠다고 고집한다면, 다른 나라들은 연합해서 필요할 경우 군사적 수단을 사용해서라도 … 공격을 멈추지 않을 수 없도록 해야 한다'는 것을 다수결로 지지했다.

:: 유화정책과 뮌헨 협정 ::

1936년 3월 히틀러는 처음으로 명백한 침략 행위를 감행했고 라인란트를 되찾기 위해 군대를 보냈다. 프랑스는 물론이고 영국도 대응하지 않았다. 그들이 대응했더라면, 히틀러가 군대에 철수 명령을 내렸을 것으로 알려져 있다. 그는 동쪽 경계에 집중했을 것이다. 동시에, 독일은 이탈리아와 '추축국'을 형성했다. 그다음 히틀러는 마드리드의 좌파 정부에 맞서 반란을 일으킨 파시스트 프랑코Franco 장군을 지원하기 위해 폭격기를 보냈다. 스페인 내전은 잔혹 행위가 늘어나면서 3년 동안 계속되었다. 1937년 4월, 폭격기가 바스크족의 마을 게르니카Guernica를 공격했고, 조종사들이 지상의 민간인들을 태워서 재로 만들거나 기관총으로 쏘았다. 게르니카에 대한 공격은 파블로 피카소Pablo Picasso의 입체파 회화에 생생하게 기록되었다. 히틀러는 또한 소비에트 러시아를 견제할 목적으로 극동에서 일본과 우호적인 합의에 이르렀다.

그런 결합은 이제 그 자체의 공포를 경험하고 있었다. 스탈린의 초기 계획은 공업 생산량을 향상시켰다. 하지만 계획의 실행 방식, 특히 식량 생산의 붕괴는 사람들을 기아로 몰아넣었고 그를 강박적 편집증에 빠뜨렸다. 그는 특히 우크라이나의 봉기를 두려워했고, 1932~1933년에 '굶주림으로 인한 대학살Holodomor'로 우크라이나를 벌했다. 주로 집단농장화의 적으로 간주된 400만 명에서 700만 명 사이로 추정되는 사람들이 굶어죽거나 살해되었다. 카자흐스탄에서의 사망률도 이와 비슷했다. 홀로코스트와는 달리, 이런 굶주림으로 인한 대학살은 수십 년 동안 보고되지 않았고, 따라서 굶주림으로 인한 우크라이나의 대학살은 2008년이 되어서야 비로소 유럽 의회에서 반인륜적 범죄로 인정되었다.

1936~1937년까지 대숙청은 소비에트 정권을 비인간적으로 만들었다. 그 기간 동안 소비에트 러시아에서 대략 100만 명이 정부에 의해 처형되거나 집단 처형장으로 보내졌을 것이다. 프랑스 혁명 이후로 그렇게 많은 사람을 살해한 정권은 없었다. 관료, 기업가, 지식인, 농부, 심지어 스탈린의 동료들까지 살해되었다. 스탈린의 경쟁자 레온 트로츠키Leon Trotsky는 공직에서 파면되어 멕시코로 망명했고, 1940년 그곳에서 스탈린에게 살해되었다.

군정이 이제 사방에서 동요하고 있었다. 1938년 히틀러는 독일과 오스트리아의 합병을 요구했다. 오스트리아 정부가 거부하자, 히틀러는 환호하는 비엔나 군중들에게 '독일 국민은 두 번 다시는 갈라서지 않을 것'이라고 말하며 침공했다. 그 후 베르사유의 민족자결주의를 인용하여 독일어를 사용하는 체코슬로바키아의 주데텐란트Sudetenland를 요구했다. 이전 동맹국들은 또다시 우유부단한 고뇌에 휩싸였다. 어느 정부도 영국 언론에서 '독일의 뒷마당'이라고 묘사한 주데텐란트를 위해 진지하게 전쟁에 나서지는 않을 것이다.

1938년 9월, 네빌 체임벌린Neville Chamberlain 영국 수상과 그의 프랑스 상대방이 체코슬로바키아인들 및 히틀러와의 협상을 모색하기 위해 뮌헨으로 갔다. 체임벌린은 사실상 베르사유 조약을 파기하고 있었다. 그는 히틀러로부터 더 이상 침략하지 않겠다는 약속을 받는 대가로 주데텐란트를 내주었고, 런던으로 돌아와 '우리 시대의 평화'를 얻었다고 선언했다. 영국인들은 안도감에 광적으로 흥분했다. 체임벌린은 의심할 여지 없이 당시 영국에서 다수 의견을 대표했다. 그는 영국이 패했을지도 모를 유럽 전쟁을 미연에 방지했었다. 그는 방송에서 이 전쟁을 '우리가 전혀 모르는 사람들 사이에 있는 어느 먼 지역'을 둘러싼 갈등으로 묘사했다.

대서양을 건너 미국은 베르사유 이후에 고립주의로 되돌아갔다. 미국은 이미 유럽을 대신하여 한 번의 전쟁을 끝내는 데 도움을 준 적이 있었지만, 다시 그렇게 할 마음이 내키지 않았다. 프랭클린 루스벨트Franklin Roosevelt 대통령 (1933~1945년)은 히틀러로부터 유럽의 윌슨 합의까지 위험을 알고 있었지만, 의회의 제약을 받았다. 뮌헨의 소식을 들은 루스벨트는 체임벌린에게 '좋은 사람'이라는 전보를 쳤다. 히틀러는 유럽의 소심함에 '수정의 밤'으로 대응했다. 이는 독일과 오스트리아 전역의 유대인 재산을 파괴한 사건이었다.

1938~1939년 겨울 동안, 이런 연속적인 유화정책에 대한 히틀러의 대응으로 영국은 재무장의 필요성을 깨닫게 되었다. 걷잡을 수 없이 분출되는 평화를 위한 여론 때문에 이제 전쟁이 고려되지 않으면 안 되었다. 체임벌린은 1937년 취임하자마자 재무장을 지지했음에도 불구하고 하루아침에 영웅에서 악당으로 전락했다. 히틀러는 그를 '우산을 쓴 … 저 바보 같은 늙은이'라고 조롱했다. 프랑스인들은 말장난으로 그의 이름을 '내가 좋아하는 베를린 씨 Monsieur J'aime Berlin'라고 불렀다. 독불장군인 처칠에게, '우리는 우리 역사에서 끔찍한 이정표를 통과해 왔고, 그때 유럽 전체의 균형이 깨졌다'고 말했다. 영국과 프랑스는 심지어 히틀러의 적으로 추정되는 모스크바와의 동맹을 타진

하기까지 했다.

그다음 히틀러는 모스크바와 분쟁이 발생할 경우 군대가 폴란드 영토를 가로질러가게 할 수 있는 협정을 체결하기 위해 폴란드에 접근했다. 폴란드는 문제가 발생할 경우 서구의 원조에 의존할 수 있기를 바라며 거부했다. 히틀러는 기다리지 않았다. 연합국 협상 대표들이 스탈린과 동맹을 논의하고 있었던 1939년 8월에 동시에, 히틀러의 특사 리벤트로프Ribbentrop는 러시아 외무장관 몰로토프Molotov와 불가침조약을 체결하고 있었다. 이 불가침조약에는 폴란드와 발트해 국가들을 나누어 갖는 데 동의하는 비밀 의정서가 포함되었다. 이는 예카테리나와 프리드리히의 침략 행위가 되풀이된 것이었다. 파시스트 독재자를 어떻게 대할 수 있는지의 질문에 몰로토프는 기자들에게 '파시즘은 취향의 문제'라고 말했다. 그것은 독일과 러시아 양쪽 모두에게 순전히 기회주의적인 행동이었다.

1939년 9월 1일, 최후통첩이나 협상 없이, 히틀러는 150만 명의 군대를 서부 폴란드로 몰아넣었고, 모스크바도 동부 폴란드로 몰아넣었다. 스탈린은 동료들에게 폴란드 국가를 청산하려는 의도를 털어놓았다. 폴란드군 약 7만 명이 동부 전선과 서부 전선에서 전사했다. 그 열 배는 포로가 되었다. 이후 수천 명의 경찰관들이 총에 맞았고 수십만 명의 민간인들이 처참하게 학살당했다. 폴란드는 앞으로 6년 동안 끔찍한 고통을 겪어야 했다.

이러한 침략은 베르사유 조약에 대한 명백한 침해였고, 유럽의 평화에 너무나 적대적이었기 때문에 영국과 프랑스는 선택의 여지가 없었다. 9월 3일 아침 체임벌린이 국가에 말했듯이, '독일 통치자가 주는 어떤 말도 믿을 수 없고, 국민이나 국가도 스스로 안전하다고 느낄 수 없는 상황은 참을 수 없게 되었다'. 따라서 영국과 프랑스는 독일과 전쟁 상태에 돌입했다. 히틀러가 아직 어느 나라에도 침략 행위를 드러내지 않았기 때문에, 두 나라 모두 그러한 분쟁이 소련의 팽창주의가 저지될 수 있는 독일의 동부 국경 지역에 국한되기를 희망했다.

21

2차 세계대전

1939~1945년

:: 독일의 첫 행동 ::

2차 세계대전의 시작은 예측 가능한 체스 게임의 첫수와 같았다. 1차 세계대
전과 마찬가지로, 독일은 지형에서 벗어나려고 했다. 동쪽으로는 오데르Oder
강과 다뉴브강 너머의 탁 트인 지역을 바라보았고 서쪽으로는 라인강을 가로
질러 줄곧 경쟁이 치열했던 옛 로타링기아 영토를 바라보았다. 히틀러는 예리
한 역사학도였다. 1860년대 비스마르크는 오스트리아와 프랑스에 대항할 여
지를 얻고자 러시아와 동맹을 맺어 조심스럽게 배후지를 방어했다. 그는 주목
할 만한 성공을 거두었다. 1914년 빌헬름 황제는 똑같이 하는 데 실패했고, 게
다가 두 전선에서의 싸움으로 끔찍한 대가를 치렀다. 1939년까지 히틀러는
오스트리아, 체코슬로바키아, 폴란드를 제압했고, 몰로토프-리벤트로프 조약
으로 소비에트 러시아를 견제했다. 그는 언젠가는 러시아를 무시할 수 없는
존재로 여겨야 할 것이라는 점을 알고 있었다. 그러나 당장은 프랑스가 이 상
황에서 제거되어야만 했다. 이는 비스마르크식의 전략적 명확성을 말해 주는
것이었다.

히틀러는 참호에서 일개 병사였고, 이른바 '마지막 전쟁'을 치른다는 장군들의 일반적 통념에 구애받지 않았다. 그는 기동력 있는 기갑 장비의 중요한 가치를 배웠다. 군대는 가장 빠른 전차의 속도로 움직여야 하는 반면, 다른 모든 사람은 따라잡아야 한다. 독일 산업은 몇 달 만에 전차, 선박, 항공기를 수백 대씩 생산하면서 전쟁의 대의를 위해 결집했다.

1939~1940년 겨울 동안 히틀러는 잠깐 하던 일을 멈추고 생각했다. 그는 이미 독일 민족을 위한 생활공간을 가졌으며, 영국과 프랑스에 평화협상 타진의 소문이 돌았다. 영국 외무장관 핼리팩스Halifax 경이 평화협상 타진에 공감하고 있다고 알려졌다. 그러나 1940년 4월 노르웨이 해역에서 스웨덴 철의 독일 수출을 막으려는 연합국의 위협으로 히틀러는 덴마크와 노르웨이를 침공했다. 연합국의 원정군은 철수해야 했고, 런던에서 하원의 토의로 체임벌린이 사임하고 처칠이 이끄는 연립 정부가 뒤를 이었다. 한 가지 문제에 모두, 또는 거의 모두가 동의했다. 이제 히틀러와 어떤 거래도 있을 수 없다거나 다가오는 유럽 전쟁에서 더 이상 영국이 무관심할 수 없다는 것이었다. 여전히 전쟁이 '가짜'로 판명될지도 모른다는 기대가 있었다.

5월, 히틀러는 탱크를 벨기에 남부의 아르덴 숲으로 보냈다. 이는 난공불락이었던 프랑스의 마지노선 요새들을 우회하려 했던 것으로 보인다. 그를 저지하기 위해 북프랑스로 파견된 영국군을 물리쳐서 됭케르크로 몰아넣었다. 이 단계에서 영국과의 전면전을 꺼리고 전차를 쉽게 해주고 싶어 했던 히틀러는 병사들이 조금도 고통당하지 않은 채 귀국하도록 했다. 됭케르크 철수는 영국에서 일종의 승리라고까지 묘사되었다. 프랑스의 방어는 가망이 없었다. 독일군은 재빨리 파리에 도달했으며, 차를 타고 샹젤리제Champs-Élysées 거리를 따라 내려가서 에펠탑 앞에서 포즈를 취하는 히틀러의 모습이 촬영되었다.

프랑스 북부 전체는 곧 독일의 수중에 들어간 반면, 남부는 페탱Pétain 원수의 친독 비시 정권하에 들어갔다. 1차 세계대전과는 대조적으로, 프랑스는 2차 세계대전에 최소한으로 관여했을 뿐이다. 히틀러가 남유럽 지배를 위해 추축국 이탈리아에 의존한 것은 그다지 성공적이지 못했다. 이탈리아의 '제국' 을 발칸반도와 아프리카로 확장하려는 무솔리니의 시도는 실패에 부딪혔다. 독일군은 발칸반도 자체를 침공해서 그리스로 이동해야 했다. 프랑코가 스페인의 중립 약속을 확인하기는 했지만, 스페인에서 히틀러와 프랑코의 협상은 프랑코가 아프리카의 프랑스 영토에 대해 받아들일 수 없는 요구를 하자 실패했다.

영국과 관련해서 히틀러는 영국이 유럽 대륙의 분쟁을 피할 수 있기를 바라며 영국을 분리시키는 전통을 따랐다. 그럼에도 불구하고, 그는 필요할 경우 참모들에게 영국 남해안 침공을 위한 바다사자 작전Operation Sealion의 준비를 허락했다. 독일이 영국에 비해 해군력이 부족했기 때문에, 히틀러는 영국 해군 및 공군의 무력화 없이 바다사자 작전이 진행되어서는 안 된다는 단호한 입장이었다. 영국 공군을 완전히 파괴하려는 시도는 1940년 여름 영국 공군이 '영국 본토 항공전Battle of Britain'에서 승리했을 때 좌절되었다. 이는 처칠이 됭케르크 이후 사기를 되살리려고 훌륭하게 이용한 승리였다. 히틀러는 틀림없이 독일의 영국 침공 실현 가능성에 대해 의심할 만큼 현명했다. 영국 해군은 아직까지 패배하지 않았으며, 영국 공군은 독일 공군에 대해 효과적이었다. 히틀러는 1940년 9월 바다사자 작전을 취소했다.

영독 전쟁은 막대한 비용이 들었음에도 전략적 가치가 불확실한 폭격으로 치고받는 전쟁이 되었다. 양측의 공군 지휘관들은 폭탄이 정부가 항복해야 할 정도로 전시 생산을 약화시키고 민심을 깨뜨릴 것이라고 주장했다. 그것은 적에게는 적용되었지만 자기편에는 적용되지 않았던 전략으로, '블리츠blitz 정신(2차 대전 당시 공포와 좌절을 이겨낸 영국의 정신 ― 옮긴이)'에 의해 강화되었을 것으로 추정된다. 이는 민간인 공격이 헤이그 협약을 위반했다고 하더라도, 폭탄이 군사 및 산업 시설을 목표로 해야 하는지, 아니면 최대의 공포 충격을 위해 민간인 지역을 목표로 해야 하는지에 대한 논쟁으로 바뀌었다. 군사시설 공격 목표는 정밀함이 요구되었고 삼엄하게 방어되었기 때문에, 공군은 더 쉬운 공격 목표를 선호했다. 공포 폭격의 주요 옹호자로 '폭격기'라고 불린 영국의 아서 해리스는 '어쩔 수 없이, 항복할 수밖에 없는 황폐한 상태'를 추구했다. 그 주제는 대규모 파괴에 시험될 것이고, 오늘날까지 공군의 '충격과 공포' 전술로 살아남아 있다.

:: 추축국의 우위 ::

1940년 9월, 히틀러는 이탈리아 및 일본과 동맹을 맺었고, 미국과 전쟁이 발발할 경우 독일이 일본을 지지할 것이라는 데 합의했다. 이것은 1915년 독일 황제가 저질렀던 실수를 반복하는 위험을 각오한 것이었다. 그때에도 독일 황제는 미국을 자극하여 그에게 반대하도록 만들었다. 이로써 미국에서는 압도적으로 인기가 있었던 고립주의가 위태로워졌고, 그래서 1940년 11월 루스벨트는 재선 공약으로 '나는 반복해서 말합니다. 여러분의 아들은 어떤 외국 전쟁으로도 파견되지 않을 것입니다'라고 약속했다. 그는 선거에서 승리한 후, 게다가 처칠의 강력한 압력을 받고 미국이 '민주주의의 위대한 무기'가 되어야 할 때 '2차 세계대전'에 대해 경고하는 정반대의 말을 했다. 루스벨트는 1941년 영국에 대해 그리고 나중에 소비에트 러시아의 전쟁 활동에 대한 대규모 원조 계획으로 무기 대여에 착수했다. 미국 배들은 이제 심지어 미국 동부 해안에 가까운 곳에서도 독일 잠수함의 표적이 되었다. 독일 잠수함은 유일하게 처칠을 '정말로 두렵게 만들었던' 것이었다.

1940년 말까지 히틀러는 유럽 대륙을 거의 정복했다. 독일군은 한 번도 패배하지 않았고 독일군의 사상자는 적었다. 독일의 이웃 국가들은 이제 독일군 지휘관들에게 신세를 졌다는 것을 알았다. 그들의 군인과 전쟁 무기는 징발되었고, 유대인과 집시 및 공산주의자들은 체포되어 노예가 되었거나 살해되었다. 나폴레옹 치하에서처럼, 단 하나의 생각과 단 하나의 강박이 다시 유럽 전역의 통치자들에게 행동을 지시하고 있었다. 스탈린과 처칠에게만 여전히 약간의 작전 수행의 자유가 있었을 뿐이다.

탈레랑이 관찰해 왔던 바로는 과대망상에 빠진 지도자의 다음 행보는 대체로 마지막으로 열린 기회에 의해서만 지배되었다. 히틀러는 이제 야망을 상황에 맞게 조정했다. 표면적으로는 미국과의 전쟁을 피하고 싶어 하면서도 히틀러는 전쟁의 가능성을 경계해야 했다. 1941년 2월, 그는 영국군의 이탈리아 식민지 점령을 막기 위해 리비아로 롬멜Rommel 장군의 아프리카 군단을 파견했다. 또한 미국의 공격을 방해하고 보급품이 영국에 도달하지 못하도록 대서양 연안 지역을 지휘할 필요가 있었다. 그 후 롬멜은 이집트를 거쳐 중동의 유전 지대로 이동할 것이다.

동시에 히틀러는 정규 부대로 러시아를 공격하는 운명적인 도박을 시작할 순간이라고 결정했다. 러시아 서부를 식민지로 만들고, 슬라브인 주민을 대체하거나 노예로 만들고, 유대인을 죽이고, 카프카스 유전 지대를 장악하려는 것이었다. 1941년 6월, 히틀러는 몰로토프-리벤트로프 조약을 포기했고 바르바로사 작전을 가동하도록 명령했다. 이 작전에는 300마일의 전선을 따라 전진하는 네 개의 침략군이 참여했고, 보병 부대가 기동 기갑 사단의 뒤를 따랐다. 5000대의 전차가 투입되었다. 이 군대로 우크라이나의 키예프와 벨로루시Belarus의 민스크Minsk를 빠르게 점령했고, 1941년 9월에는 레닌그라드Leningrad를 포위 공격했다. 포위 공격은 2년 이상 지속되었고 100만 명이 죽었다.

1941년 겨울이 시작될 무렵, 독일군은 모스크바에서 불과 40마일 떨어져 있었다. 그들의 행동은 끔찍했다. 모든 전쟁 규칙은 무시되었다. 저항하지 않은 민간인 수십만 명이 학살당했다. 광대한 지역에 '굶주림 계획hunger plan'이 적용되었다. 그 계획에 따르면 기존 주민들은 굶어죽고 나중에 독일인으로 대체될 것이다. 예방적 편집증에 격분한 스탈린은 50만 명이 넘는 러시아인과 다른 소수민족을 죽이거나 시베리아 강제 노동 수용소로 보냈다. 이는 그들이 어떤 이유로든 독일군과 협력하는 일이 없도록 하려는 것이었다.

전투가 동쪽에서 진행되는 동안 루스벨트와 처칠은 뉴펀들랜드 앞바다의 전함에서 만나 대서양 헌장을 제정하고 있었다. 대서양 헌장은 윌슨의 1918년 세계 평화를 위한 14개 조항을 되풀이했다. 여기에는 민족자결과 자유가 포함되었고, '나치 폭정의 최종 파괴'가 뒤를 이었다. 미국은 아직 전쟁 당사자가 아니었고, 무언의 협상으로 처칠은 미국이 또 다른 유럽 전투에 복귀하는 대가로 대영제국을 해체하기로 합의했다. 대서양 헌장은 히틀러에 맞선 '연합국의 선언'으로 1942년 1월까지 26개 연합국이 헌장에 서명했다. 하지만 나치의 패배에 대한 보장은 없었다. 소비에트 러시아만이 진지하게 싸우고 있었을 뿐이다.

대서양 헌장 회담에 이어 정당한 이유 없는 공격 행위가 뒤따랐다. 1941년 12월, 353대의 일본 비행기가 하와이 진주만의 미국 태평양 함대를 공격했다. 전함 4척이 침몰했고 다른 15척의 배는 파괴되거나 손상되었으며, 미국 선원 2400명이 죽었다. 동시에, 일본은 동남아시아와 서태평양 전역의 미국과 영국 및 네덜란드 식민지를 공격해서 점령하고 있었다. 일본군은 실론과 인도로 나아가려는 분명한 의도를 가지고 홍콩, 필리핀, 말레이반도, 싱가포르, 그리고 네덜란드령 동인도제도를 침공했다. 영국군은 일본군에 맞서 무기력했다. 유럽의 아시아 제국들은 망각에 직면했다. 정말이지 전쟁은 전 세계적으로 진행되었다. 그러나 전쟁은 또한 전환점에 도달했다. 진주만 공격 이후 3일 이내에 미국은 일본뿐 아니라 독일과도 전쟁 중이었다.

:: **추세 전환** ::

1942년 1월 나치와 친위대 고위 간부들이 베를린 외곽의 반제Wannsee 호수에서 회의를 열었다. 주제는 유럽의 1000만 유대인에 대한 '최종 해결책'으로,

유대인을 노예 노동으로 사용하는 것에서 완전히 말살하는 것으로 전환하는 것이었다. 고위 관리들은 독일 자체, 특히 나치화가 덜 된 가톨릭 지방에서 그 계획에 대해 대중이 보일 반응을 우려했다. 따라서 강제수용소는 주로 동쪽 지역, 특히 폴란드에 위치해 있었다. 유럽이 전에 말살, 특히 유대인 말살을 목격한 적이 있었다고는 하지만, 한 근대 국가가 체계적으로 자국 시민 수백 만 명을 말살하려는 것은 전례가 없는 일이었다. 유럽의 한 강국은 대학살을 저질렀을 뿐 아니라 산업 및 사이비 과학을 근거로 그렇게 하고 있었다. 이것이 홀로코스트로 불리는 것은 당연하다.

20세기에 가장 추웠던 1941~1942년 겨울, 모스크바가 독일군의 시야에 들어왔다. 독일산 포탄의 기름은 얼어버렸고, 전차는 이동하기 전에 몇 시간 동안 예열해야 했다. 군복은 부족했고 동상 걸리는 일은 어디서나 볼 수 있었다. 러시아의 오랜 친구였던 동장군이 스웨덴의 칼 12세와 프랑스의 나폴레옹을 상대했던 것처럼 전쟁에 관여했다. 소비에트 러시아의 총동원령이 뒤따랐고, 100만 명의 러시아인들이 이미 900만 명을 넘어선 군대에 배치되었다. 이 숫자는 성공적인 것으로 드러났다. 러시아 사령관 주코프Zhukov 장군은 독일군을 모스크바에서 밀어냈고, 히틀러는 처음으로 패배를 맛보았다.

다음 해 여름, 히틀러는 스탈린그라드Stalingrad를 향해 스탈린의 남쪽 측면에 대한 대대적인 공격으로 보복했다. 그 결과 250만 명의 군대가 참여한 전투는 1942년 7월부터 이듬해 2월까지 계속되었다. 수적인 측면에서 아마도 유럽 역사상 최대 규모의 전투였을 것이다. 독일군은 스탈린그라드의 중심에 도달했다. 수개월간 시가전이 뒤따랐고, 독일군은 점점 불리해졌다. 겨울에 러시아의 반격으로 독일군이 포위되었고, 재보급이 불가능해졌다. 쥐들이 기갑 사단 전차의 절연 전선을 갉아 먹으면서 전차의 절반이 움직이지 못하게 되었다. 1943년 2월, 히틀러의 속달 명령도 무시하고 스탈린그라드의 독일 지휘관들이 항복했다.

극동에서 일본의 우위는 잠깐 동안 지속되었다. 미국 해군은 1942년 6월

미드웨이Midway 전투에서 진격하는 일본 함대를 격파하여 항공모함 4척을 포함해 일본 제국 함대의 주력함 7척을 침몰시키거나 무력화시켰다. 11월까지 영국과 인도의 군대는 1944년에 달성된 버마 재탈환을 위한 길고도 암울한 싸움을 시작했다. 연합국이 일본에 가까워질수록, 전쟁은 더 느리게 진행되었다. 결국 동방에서의 전쟁이 유럽에서의 전쟁보다 더 길어졌다.

롬멜Rommel이 북아프리카를 가로질러가는 것도 중단되었다. 1942년 10월부터 11월까지 엘 알라메인El Alamein 전투에서 영국군이 이집트와 아라비아의 유전 지대에 대한 독일의 위협을 막아냈다. 독일과 이탈리아의 군대는 리비아와 튀니지를 통해 뒤로 밀려났다. 11월, 아이젠하워Eisenhower 장군이 지휘하는 미군이 서쪽에서 롬멜을 공격했다. 1943년 5월까지 아프리카에서 독일의 활동은 중지되었다. 독일군과 이탈리아군 15만 명이 포로로 잡혔고, 그들의 모든 장비는 몰수되었다. 처칠은 엘 알라메인 전투를 '최후의 시작'이라고 표현했다.

이제 전쟁의 성격이 바뀌었다. 1943년 여름부터 히틀러는 침략자에서 방어자로 방향을 전환했다. 그는 러시아와 아프리카에서 철수하고 있었고, 조만간 연합군이 유럽 대륙에 상륙하리라는 것을 알고 있었다. 연합국들 사이에서 프랑스 해안을 따라 북쪽에서 아니면 프랑스 남부나 이탈리아를 통해 남쪽에서 유럽을 침공할 것인지를 놓고 격렬한 논쟁이 이어졌다. 침공 경로는 1943년 1월 루스벨트와 처칠의 카사블랑카 회담에서 결정되었다.

영국의 전쟁 노력은 이제 주로 해상 호송 작전과 독일 도시들에 대한 야간 폭격에 국한되었다. 동부 전선에서 독일 공군이 필요했으므로 영국에 대한 독일의 기습 공격은 거의 중지되었다. 1942년 봄 역사적인 항구 도시 뤼베크와 로스토크Rostock의 파괴를 시작으로, 영국 공군의 '사기 저하' 군사 작전은 독일 문화의 상징들을 파괴하는 것으로 전환되었다. 격분한 히틀러는 엑서터 Exeter, 배스Bath, 노리치 그리고 코번트리Coventry를 포함해 영국의 성당 도시들에 대한 '베데커Baedeker' 공습으로 보복했다. 영국이 고대 쾰른 대부분을 파괴한 후, 독일은 이러한 야만적 공격을 중단했다. 하지만 영국은 멈추지 않았다.

1943년 7월, 히틀러는 북아프리카인들을 위축시켰던 전차 전투로 모스크바 남쪽 쿠르스크Kursk의 소비에트 러시아 심장부에 대한 마지막 필사적인 공격을 명령했다. 그에 맞서 러시아는 막대한 자원을 전투에 배치시킬 수 있었고, 군인 250만 명과 전차 3800대는 독일군 78만 명과 전차 3000대를 압도했다. 독일의 러시아 정복 시도는 막을 내렸다. 대서양에서의 전쟁도 거의 끝나가고 있었다. 반反잠수함전쟁에서 영미 간의 협력과 독일 암호기계 코드의 파괴로 독일의 잠수함 작전은 거의 자포자기 상태에 이르렀다. 호위함의 손실은 1943년을 지나면서 감소했고 보급품이 유럽으로 쏟아져 들어오기 시작했다.

히틀러의 패배는 이제 시간문제에 불과한 것처럼 보였지만, 시간이 오래 걸릴 것 같았다. 1943년 7월 미국과 영국의 군대는 시칠리아에 상륙하여 팔레르모를 신속하게 점령했다. 이틀 안에 무솔리니는 히틀러의 전쟁에 최소한의 기여를 한 뒤 이탈리아 의회로부터 해임되고 투옥되었다. 그는 독일군에 의해 구출되었지만, 후에 게릴라 대원들에게 붙잡혀 총살당하고 한 건물 부지에 매달렸다. 이탈리아 정부가 공식적으로 항복했다고는 하지만, 이탈리아는 독일 부대의 완강한 후방 저항의 무대였다. 1944년 6월이 되어서야 비로소 연합국은 로마를 점령했고, 이번에는 로마의 역사적 건물들을 파괴하지 않고 존중했다.

동부 전선으로 돌아가서, 레닌그라드 주변의 독일군 사단은 결국 어쩔 수 없이 1944년 1월 철수하면서 로마노프Romanov 궁전의 보물을 약탈했다. 레닌그라드시는 해방되었고, 스탈린은 즉시 굶주린 장인들에게 폐허로 변한 궁전의 복구 작업을 명령했다. 런던에서 아이젠하워는 곧 있을 프랑스에 대한 북부의 공격 지휘권을 넘겨받았다. 이는 처칠과 망명 중인 프랑스 지도자 드골de Gaulle 장군과의 3자 갈등을 해결하는 데 중요한 역할을 했다. 1944년 6월 6일 노르망디 해안에서 50마일을 따라 역사상 가장 큰 규모의 수륙 양용 공격 작전의 행동개시일D-Day이 다가왔다.

연합국의 나치 유럽 정복은 예상외로 힘들었다. 1944년 8월 말이 되어서야 비로소 파리는 연합국에 넘어갔고, 파리 주둔 독일군 사령관은 역사 지구를 폭발물로 파괴하라는 히틀러의 명령을 무시했다. 12월에 철수하는 독일군은 벨기에 아르덴에서 발지 전투Battle of Bulge를 벌였다. 이는 연합국의 진격을 더 지연시켰다. 그러나 1945년 2월까지 소비에트 러시아와 서구의 군대 모두 독일 영토로 이동하고 있었다.

영국과 미국의 폭격기들이 독일 도시들을 자유자재로 파괴하고 있었다. 막대한 재산이 파괴되었지만, 1945년 이른 봄 독일의 전차와 비행기 생산이 사상 최고치를 기록했다는 사실은 이 폭격전에 영향 받지 않았음을 보여주는 것이었다. 전후 평가에 따르면 독일 산업 설비의 불과 7%만이 작동하지 않았다. 심지어 독일군은 런던에 맞서 V-1 비행 폭탄과 V-2 탄도 미사일을 배치할 수 있었다. 날아다니는 폭탄을 개발했다. 1945년 2월, 영국과 미국의 비행기들은 소비에트 러시아의 진격으로 셀 수 없이 많은 난민으로 가득한 드레스덴Dresden시에 폭격 후 폭풍처럼 번지는 불로 고통을 주었다. 사망 추정치는 2만 5000명에서 10만 명 이상까지 각기 다르다.

베를린이 함락되었던 5월 2일은 히틀러가 벙커에서 총으로 자살한 지 이틀 후였다. 아내 에바 브라운Eva Braun은 그의 곁에서 청산가리를 먹고 자살했다. 독일 장군들은 작센 북부의 뤼네부르크 히스Lueneburg Heath의 음산한 오두막에서 영국의 몽고메리Montgomery에게 항복했다. 다른 사람들은 동부 전선에서 러시아군에게 항복했다. 연합군은 완전히 파괴된 독일 전역으로 퍼져나갔고, 어느 정도 질서를 회복하려고 했다. 히틀러의 강제수용소가 탈환되면서 고통이 공포로 바뀌었다. 유럽의 전체 유대인 중 3분의 2에 해당하는 약 600만 명의 유대인이 강제수용소에서 사망했던 것으로 추정된다. 게다가 같은 수만큼의 소비에트 러시아 국민, 폴란드인, 슬라브인, 그리고 집시들도 강제수용소에서 사망했던 것으로 보인다.

:: 싹트는 합의 ::

이제 연합국 수도의 외교관들은 대서양 헌장을 개정하고 있었다. 이미 병으로 몸이 불편했던 루스벨트는 세계를 한 번 더 유혈 분쟁에 빠뜨렸던 유럽을 이끌면서 원로 정치인 역할을 하고 싶어 했다. 연합국은 '국제연합'으로 싸우고 있었고, 루스벨트는 이 개념을 전후 합의의 중심에 두었다. 이미 1945년 봄 크림반도의 얄타Yalta에서 루스벨트와 스탈린과 처칠은 저 멀리 떨어져 있는 길의 첫 걸음을 내디뎠다. 이는 유럽 지도를 다시 그리는 것이었다. 이제 그것은 현실화되어야 했다.

다른 무엇보다 더 중요한 문제는 한 번 더 독일을 어떻게 할 것인가였다. 베르사유의 실수는 피해야 했다. 독일은 민주주의를 위해 안전이 보장되어야 했지만, 방법에 동의한 사람은 거의 없었다. 처칠은 1918년 때와 마찬가지로 소비에트 러시아의 공산주의에 대항하는 방어벽으로서 강한 독일이 필요하다고 느꼈다. 그는 '프로이센을 무장 해제시킨 혐의로 기소된 국제 경찰력을 가진 … 유럽 합중국'을 예견한 바 있었다. 그는 영국이 합중국 회원이 되어야 하는지는 말하지 않았다.

소비에트 러시아는 전쟁으로 가장 큰 타격을 받았으므로 정당한 보상을 받아야 한다고 느꼈다. 러시아는 스탈린이 원했던 독일의 동유럽 정복에 대한 '세력 범위'를 얻었다. 프랑스는 알자스-로렌을 되찾았다. 당분간 미국, 영국, 프랑스, 소비에트 러시아 4개국의 연합국이 독일을 통치했다. 오스트리아 및 독일의 수도 베를린도 분할되어 소비에트 구역 내에서 불편하게 고립되었다.

얄타 회담은 독일 항복에 앞서 개최되었다. 독일 항복 이후 7월의 포츠담Potsdam 회담에서 서구 세계는 더 자신감에 찬 스탈린과 마주하고 있었다. 루스벨트는 사망했고, 부통령 해리 트루먼(1945~1953년)으로 교체되었다. 처칠은 회담 도중에 실시된 선거에서 노동당의 클레멘트 애틀리Clement Attlee에 의해 축출되었다. 서구 세계가 지도력 경험이 부족했기 때문에 스탈린은 독불장군으로 우쭐댔다. 그는 더 커진 폴란드에 대한 서구의 요구를 무시했고, 동유럽의 민주주의나 민족자결권을 단호히 거부했다. 그는 '이 모든 나라에서 자유롭게 선출된 정부는 소비에트 러시아에 반대할 것이고, 우리는 그것을 용납할 수 없다'고 단도직입적으로 말했다. 스탈린의 말은 유럽 대륙 전역에 울려 퍼졌다. 새로운 유럽은 분명히 두 개의 유럽이 될 것이다.

1945년 8월, 미국이 히로시마와 나가사키에 원자폭탄을 투하하면서 일본과의 전쟁은 마침내 끝났다. 일본 천황이 항복하면서 충격과 안도감이 뒤섞였다. 이로써 그런 폭탄들이 종종 승리를 확보하는 데 사용될 수 있다는 것이 많은 사람에게 입증되었다. 전쟁은 역겨운 인도주의적 행위로 끝났다. 하지만 전쟁은 끝났다.

22

냉전의 유럽 대륙

1945~1989년

:: 전후 복구 및 재건 ::

1945년 유럽은 피할 수 없는 냉혹한 사실에 직면했다. 50년 전 세계 인구의 3분의 1을 자신 있게 지배해 왔던 유럽 대륙이 산산조각 났던 것이다. 4000만 명이 죽었고, 역사적인 도시들이 훼손되었으며, 인구의 절반이 기아와 궁핍에 빠져들었다. 참전국의 경제가 1900년으로 되돌아가면서 반세기 동안 일구어 놓은 발전이 완전히 파괴되었다. 17세기 종교전쟁 이후로 유럽의 번영과 문화에 그토록 해로운 것은 없었다. 자만심은 피할 수 없는 벌로 이어졌었다. 유럽 대륙이 스스로 회복하기 시작하면서, 1918년에서처럼 한 가지 생각이 모든 사람의 마음에서 가장 중요하게 자리 잡았다. 말하자면 다시는 안 된다는 것이었다.

2차 세계대전 이후 유럽 지도자들의 전망은 1918년과 사뭇 달랐다. 그때 다시 그어진 경계선들은 이전의 조약들과 맥을 같이 했다. 이는 예전의 분열에 따른 새로운 변종으로 승자에게 보상하고 패자를 벌하는 것이었다. 1945년에 히틀러의 제국은 사라졌고 독일은 엄청난 충격을 받았다. 살아남은 지도자들은 전범으로 재판 받았고 대부분은 처형되었다. 독일은 네 방면으로 분할되었고, 공공 영역은 탈정치화되었으며, 중앙 및 지방정부는 연합국 관리자의 손에 넘어갔다. 독일은 비스마르크 이전처럼 해체될 것이다. 심지어 독일이 탈산업화되고 농업으로 복귀할 수밖에 없을 것이라는 이야기마저 있었다.

독일 대신, 새로운 세력균형이 나타났다. 이는 이제까지 유럽이 보아왔던 것보다 더 노골적이었다. 한편에는 포츠담 회담으로 대략 엘베강과 다뉴브강 하류까지 지배 영역을 확장할 수 있었던 승전국 소비에트 러시아가 있었다. 다른 한편에는 베르사유 동맹을 꼭 닮은 서유럽과 미국의 동반자 관계가 있었다. 이 두 '세력권'은 유럽이 오래된 분열에 중개 역할을 할 수 없는 것처럼 보이자 빠르게 갈라졌다. 역사학자 토니 주트Tony Judt가 말했듯이, 이 구분은 '유럽 대륙 주민들을 규정한 강박들 중 하나였다'. 나중에 알게 되겠지만, 그 그림자는 오늘날까지 남아 있다.

대규모 난민 추방으로 즉각적인 위기가 찾아왔다. 독일의 붕괴로 약 1200만 명이 집에서 쫓겨났다. 그들은 주로 스탈린에 의해 폴란드와 동유럽의 다른 곳에서 추방된 독일어 사용자들이었고, 나머지는 러시아가 그들을 대체하기 위해 재배치시킨 사람들이었다. 수백만 명이 민족적 보복이나 공산주의에 대한 두려움 때문에 도망쳤다. 유럽 역사상 최대 규모의 강제 이주를 야기했던 것은 전쟁이 아닌 평화의 잔혹함이었다.

사방에서 음식과 집 그리고 일자리를 외치는 소리가 들려왔다. 복잡한 시장경제는 생존 투쟁으로 전락해 있었다. 연합국 통제위원회 소속 경제학자들은 사회적 붕괴와 기아를 예측했고, 미국에 원조 요청이 쏟아졌다. 그러나 단기적인 기근이 있었던 반면, 전쟁 직후 몇 년 동안 놀라운 회복력을 보여주었다. 유럽 경제, 즉 동쪽의 공산주의 경제와 서쪽의 자본주의 경제 모두 1950년까지 전쟁 이전 생산량으로 되돌아간 것으로 추정되었다.

두 가지 요인이 전문가들에 의해 과소평가되어 왔다. 하나는 계속되는 전시 규율을 받아들인 것이다. 정부와 군대는 여전히 제자리에 있었고, 자원은 제멋대로 할당될 수 있었다. 더욱 중요한 것은, 일자리가 절박한 수백만 명의 사람들이 농장이나 공장에서 일자리를 찾는 방향으로 유럽 대륙 전체가 움직이고 있었다는 것이다. 폭격을 당해 산산조각이 난 것으로 보이는 폭스바겐 Volkswagen 전차 공장에 파견된 영국 관리 이반 허스트Ivan Hirst는 남아 있는 것을 해체해 매각하라는 지시를 받았다. 미국의 포드Ford는 그것이 '한 푼의 가치도 없다'고 분명하게 말했다. 몇 주 안에 허스트는 자동차를 만들고 있었고 1946년까지 한 달에 1000대를 생산하고 있었다. 루드비히 에르하르트Ludwig Erhard 경제장관이 새로운 화폐인 독일 마르크화를 신속하게 도입한 것은 대단한 의미가 있었다. 그는 식량 배급과 가격 통제를 강제하는 연합국의 명령에 불복하고, 현금 경제가 물물교환을 대체할 수 있도록 시장을 가능한 한 자유롭게 놔두어야 한다고 단호히 주장하며 식량 배급과 가격 통제를 모두 폐지했다. 그의 주장이 옳았다.

미국의 원조는 더디게 오고 있었다. 1947년 미 국무장관 조지 마셜George Marshall은 '의사들이 숙고하는 동안 환자는 쓰러지고 있다'고 주장했다. 그는 '자유로운 제도가 존재할 수 있는 정치·사회적 여건이 출현할 수 있도록 … 노동 경제의 부활'이 필요하다고 주장했다. 결국 마셜 플랜에 따라 엄청난 액수의 미국의 대對유럽 원조금이 서유럽으로 쏟아져 들어오고 있었다. 스탈린은 소비에트권으로 들어오는 어떤 원조도 받아들이지 않았다. 영국 노동당 외무장관 어니스트 베빈Ernest Bevin은 '미국의 원조를 믿을 수 없는 관대한 행위'로 묘사했다. 그 후 역사학자들은 미국의 원조가 미친 영향에 의문을 제기해 왔다. 왜냐하면 그것이 도착할 때쯤 이미 급격한 회복이 이루어지고 있었기 때문이다. 더욱 중요한 것은 미국이 독일의 국가 부채를 탕감해 준 것이다.

유럽이 자급자족하기 위해 고군분투하고 있었던 동안에도, 유럽 지배자들은 더 나은 사회로 가는 길에서 단호했다. 전쟁이 끝나기 3년 전인 1942년에 이미 영국은 경제학자 윌리엄 베버리지William Beveridge의 보고서를 발표했다. 이 보고서는 전 국민 보험, 실업 지원, 무상 의료 서비스를 지지했다. 그것은

1945년 이후 애틀리 노동당 정부에 의해 도입된 유럽 최초의 포괄적 복지국가를 위한 토대를 마련했다.

애틀리 정부는 또한 광범위한 공공 산업과 공공시설을 국유화했다. 유럽 도처에서 폭격으로 쫓겨난 사람들에게 대규모로 새 주택이 공급되었다. 광범위한 사회적 붕괴 속에서 정부들은 재건 중인 사람들에게 전쟁 규율을 효율적으로 사용했다. 영국에서는 '평화를 쟁취하며'라는 구호가 내걸렸다. 선출된 정치인들은 아직까지 세계 어디에서도, 심지어 미국에서도 상상할 수 없는 사회 개혁 프로그램을 통과시켰다. 유럽은 더 이상 잘난 체하고 우월한 대륙이 아니라, 오히려 상처 입고, 겸손해지고, 그리고 많은 사람이 바랐던 사회적으로 더 책임감 있는 대륙이었다. 유럽은 국가의 절정기를 보았다.

:: 갈라지는 유럽 대륙 ::

대서양 헌장에서 제안된 초국가적 제도들이 점차 속도를 내기 시작했다. 현존하지 않는 국제연맹을 대신해 50개국을 대표한 국제연합이 1945년 4월 샌프란시스코에서 첫 모임을 가졌다. 국제연합(유엔UN)은 국제재판소와 평화유지군을 설치했다. 그것은 남아프리카공화국의 수상 얀 스뮈츠Jan Smuts에 의해 '강제력을 가진 평화'로 묘사되었다. 이는 어떤 의도적인 침략 행위도 결코 시작되어서는 안 된다는 것을 확실히 하려는 의도였다. 미국의 참여에 대한 액막이로서 국제연합은 뉴욕에 본부를 둘 것이다. 동시에 세계은행과 국제통화기금이 워싱턴에 설립되었다. 20세기 중반까지 유럽이 새로운 세계 질서의 본고장이라는 주장을 단념했다는 것에는 의심의 여지가 없었다. 유럽의 시대는 끝났다.

하나의 문제에 미국은 단호했다. 미국은 두 번째로 전 세계에 제국주의를 위한 죽음에 군인들을 몰아넣지 않았다. 나중에 미국 국무장관 존 포스터 덜

레스John Foster Dulles는 미국이 '독립을 쟁취했던 … 최초의 식민지'라고 말했으며 다른 국가들이 따라오기를 기대했다. 이 중 가장 중요한 것은 인도였다. 인도에서는 마하트마 간디Mahatma Gandhi에 고무되어 독립운동이 한창이었다. 영국의 노동당 정부는 영국의 인도아대륙 철수를 신속히 발표했고, 이는 1947년 피로 얼룩지고 논란의 여지가 있는 인도아대륙의 분할로 이어졌다. 프랑스와 포르투갈 같은 다른 국가들은 영국이 다른 식민지들에서 했던 것과 마찬가지로 더 머뭇거렸다. 프랑스의 드골은 '프랑스가 강대국인 이유는 해외 영토들과 연합하고 있기 때문이다'라고 말했다.

소비에트 러시아에 대해 말하자면 이제 막 제국을 되찾은 반면, 포츠담 협정으로 인해 민주적인 유럽에 합류할 것이라는 희망이 사라져버렸다. 스탈린은 '세력 범위'뿐 아니라 이념(이데올로기) 또한 결정할 권리를 주장했다. 폴란드, 체코슬로바키아, 헝가리에서의 전쟁 이후 머뭇거리며 잠시 모습을 드러냈던 민주적인 정권들은 5년 안에 진압되었고, 소비에트 러시아의 지배로 빨려들어갔다. 전시의 동맹이 평화 시의 독재 정권이 되었다.

이런 시대의 흐름 속에서 1946년 공직에서 물러난 처칠은 미주리Missouri주의 한 모임에서 괴벨스Goebbels로부터 이미지를 차용해 '철의 장막이 유럽 대륙을 가로질러 쳐졌다'라고 말했다. 그는 철의 장막 뒤에 '중부 및 동부 유럽 고대 국가들의 수도인 바르샤바, 베를린, 프라하, 비엔나, 부다페스트, 베오그라드, 부쿠레슈티Bucharest, 그리고 소피아Sofia'가 놓여 있다고 말했다. 이와 동시에 모스크바의 한 미국 관리인 조지 케넌George Kennan은 소비에트 러시아의 정책에 대한 비밀 평가를 유명한 8000단어로 된 '장문의 전보'로 고국에 보냈다. 이는 소비에트 러시아의 운명이 '국경 너머의 정치 세력을 전복시키는 것'임을 인정했다. 하지만 그 운명 역시 자본주의가 필연적으로 붕괴할 것으로 보았기 때문에, 케넌은 서구의 최상의 정책은 '장기적으로, 인내심을 가져야 하지만 단호하게, 그리고 조금도 방심하지 않고 러시아의 팽창주의 성향을 봉쇄하는 것'이라고 생각했다. 억제에 의한 봉쇄가 미국의 소비에트 러시아 정책이 되었다. 그는 미국은 '러시아의 세력권으로부터 떨어져 있어야 하고 러시아는 우리 세력권으로부터 떨어져 있어야 한다'고 썼다. 억제에 의한 봉쇄로 50년 동안 평화가 유지되었다.

:: 새로운 독일 ::

독일의 서구권 구역 세 곳은 오랫동안 뚜렷하게 남아 있지 않았다. 미국이 2년 안에 유럽에서 철수하겠다는 열망을 나타냈기 때문에, 유럽을 어떤 자치 정부 형태로 되돌려야 한다는 절박함이 증가했다. 새로운 '강한 독일'이 출현하는 것을 막기 위해 분권형 연방 헌법이 제정되었다. 전쟁 이전의 바이마르처럼 그다지 크지 않은 본Bonn이 수도가 될 것이고, 정기적인 선거는 정부를 견제할 것이다. 새로운 서독 총리가 된 콘라드 아데나워Konrad Adenauer는 엄격했지만 나치가 아닌 흠잡을 데 없는 쾰른 시장이었다. 아데나워는 프로이센 및 작센의 동독에 매우 적대적이었고, 서독이 '유럽'의 미래로 합쳐지는 것을 보고 싶어 했다. 동쪽으로 여행하고 있었을 때, 아데나워는 열차가 엘베강을 건널 때 블라인드를 닫고 '자, 아시아로 다시'라고 말했다고 한다. 아데나워와 그와 같은 많은 사람은 철의 장막 뒤에서 엘베강 동쪽 지방들이 안전한 것을 보고 마음이 편안해졌다. 그는 심지어 미국을 압박해 스탈린에게 베를린을 포기하게 하려 했다.

스탈린은 독일의 4등분 분열이 그렇게 일찍 끝나자 몹시 격분했다. 1948년 4월, 그는 동쪽 구역을 가로질러 여전히 다국적인 서쪽 베를린으로 접근하는 것을 방해하기 시작했다. 곧 전면적으로 육상 봉쇄가 단행되었다. 그 결과 위기가 발생했고 연합국은 주요 수송 루트를 심사숙고하게 되었다. 하지만 이로 인해 전쟁이 재개되는 위험을 각오해야 할지도 몰랐으므로, 서베를린에 식량을 공급하기 위해서는 공중 보급이 필요했다. 심지어 아이들을 위해 사탕을 비행기에서 떨어뜨리기도 했다. 스탈린은 1949년 5월 봉쇄를 끝냈고 그 대신 '독일 민주 공화국GDR'으로 독일 연방 공화국GFR에 대응했다.

베를린 위기는 '냉전'의 시작을 알렸다. 서구 세계는 1949년 북대서양조약 기구(나토NATO)의 결성으로 반응했다. 나토 가맹국들은 '유럽이나 북미에서 그들 중 하나 또는 그 이상에 대한 무장 공격은 모두에 대한 공격으로 간주될 것'이라는 데 동의했다. 미국이 나토를 핵무기로 보호해 줄 것이라고 보장한 것은 매우 중요했다. 또한 이주 및 민족자결의 '권리'를 포함한 유럽 인권 조약도 작성되었다. 1949년 여름 스탈린은 소비에트 러시아의 원자폭탄을 시험했다.

1950년까지 유럽의 매우 오래된 '독일 문제(대독일주의와 소독일주의)'는 연합이 아니라 분할로 해결되었다. 전후 독일의 회복은 두 세계대전 사이의 회복만큼이나 극적인 것으로 드러나고 있었다. 전후 독일의 회복은 미국의 채무 면제뿐만 아니라 동쪽 공산주의자로부터의 운영 '보조금'에 의해서도 도움을 받았다. 일자리를 열망하는 건강한 난민들이 꾸준히 유입되었다. 공장이 재건되면서 생산성이 치솟았다. 서독의 생산량은 곧 영국을 넘어섰다.

유럽의 산업 외교관들은 서유럽 경제의 새로운 기회에 경각심 또한 갖고 있었다. 1951년 서독과 프랑스 및 저지대 국가들은 어느 정도 '전쟁을 생각할 수 없을 뿐만 아니라 실질적으로 불가능하게 만들기' 위한 방안으로 프랑스 외무장관 로버트 쉬망Robert Schuman에 의해 착수된 유럽 석탄·철강 공동체 ECSC를 결성했다. 그것은 석탄 및 철강의 공동 시장과 회원국 의원들로 구성된 의회를 설립했다. 초보자들을 위한 유럽연합이었다. 영연방과의 계속적인 무역을 열망한 영국은 가입을 거절했다. 월폴과 피트의 유령이 계속 살아 있었다.

:: 헝가리와 수에즈 ::

1953년 스탈린의 죽음으로 동서 긴장이 점진적으로 완화되었다. 이는 니키타 흐루쇼프Nikita Khrushchev가 모스크바에서 권력을 장악하면서 도움을 받았다. 그의 현대화 계획과 '스탈린 격하'는 폴란드와 헝가리의 개혁 정부를 자극했다. 심지어 '평화 공존'과 서로의 '체제'에 대한 용인이 거론되기도 했다. 이것은 그리 오래 지속되지 않았다. 헝가리가 분명히 독자적인 길을 걷기 시작했을 때, 흐루쇼프는 강경한 지배력을 회복해야 한다고 생각했다. 1956년 소비에트 러시아의 전차가 부다페스트 거리에 나타났고 헝가리 지도자 임레 나지 Imre Nagy는 반역죄로 재판 받고 처형되었다. 그는 '신이 내 살인자들에 의한 갱생의 처벌을 내가 모면하게 해주시길'이라고 말하면서 죽었다. 그는 1989년이 되어서야 비로소 그 운명을 맞이했다.

미국이 여전히 초연한 자세를 취하고 싶어 하는 가운데 서유럽으로서는 군사적으로든 아니면 다른 방법으로든 헝가리의 위기에 대응할 방법이 없었다. 영국 외무장관 앤서니 이든Anthony Eden은 유럽의 '진보적 통합'을 자주 이야기했고, 1954년 느슨한 방어 동맹으로 서유럽연합WEU을 제안했다. 그러나 집단 안보를 향한 어떠한 움직임도 한 쌍을 이루는 국가 주권과 미국의 나토 방어막의 가치라는 암초에 걸려 좌초되었다. 유럽 대륙이 미국이라는 대서양 건너편의 자손에게 의존하고 독립하는 역설은 오늘날까지 해결된 적이 없었다.

실제로, 그 역설은 프랑스와 영국이 제국주의적 사고방식을 버릴 수 없다는 점에서 두드러졌다. 프랑스는 1954년 미국이 군사 원조를 거절한 후 베트남을 잃었다. 미국은 10년 후 이것이 큰 희생을 치르게 한 거절이라는 것을 알게 되었다. 프랑스는 모로코, 튀니지, 알제리의 아프리카 식민지에서도 압박을 받았다. 프랑스가 우려했던 것은 공산주의가 아닌 이슬람 세력이었다.

1956년 모스크바가 헝가리를 진압하고 있었던 것과 동시에 영국, 프랑스, 이스라엘은 수에즈Suez 운하의 지배권을 되찾기 위해 비밀리에 이집트 침공을 공모했다. 수에즈 운하가 이집트에 의해 국유화되었고, 이는 이집트가 '수에 즈 동쪽'의 제국 통로를 위협하는 것으로 보였다. 워싱턴의 아이젠하워 대통 령(1953~1961년)은 격노했다. 그는 영국에 금융제재를 가했고 굴욕적인 철수를 강제했다. 메시지는 분명했다. 만약 새로운 제국주의 전쟁이 반공산주의 전쟁 보다 우선한다면, 미국은 전적으로 반대할 것이다.

:: 서유럽, 동맹에서 연합으로 ::

좀 더 건설적인 발전은 여섯 개 회원국으로 구성된 유럽석탄철강공동체ECSC 가 충분히 발달된 관세동맹으로 진화하면서 나타났다. 관세동맹은 전후 유럽 정치 재건의 창시자인 장 모네Jean Monnet에 고무되어 1955년 이탈리아의 메시 나 회의로 시작되었다. 유럽 경제 공동체EEC가 1957년 3월 로마 조약에 따라 결성되었다. 모네와 유럽석탄철강공동체의 쉬망은 이런 발전을 일회성이 아 닌 '평화의 보존에 반드시 필요한 유럽 연방으로 가는 첫 번째 구체적 단계' 로 보았다. 이렇게 해서 전후 유럽 정치를 규정하는 큰 염원이 탄생했다. 이 는 '더욱 긴밀한 연합'으로 나아가는 것이었다.

유럽경제공동체는 옛 로타링기아의 도시 브뤼셀에 본부를 두고 상설 위원 회와 회원국 대통령 또는 수상들로 구성된 각료 이사회를 추진해 나갔다. 각 료 이사회는 개별 정부의 거부권 행사로 국가 주권을 수호하는 최고 정책 결 정 기구가 될 것이다. 협의회와 유럽사법재판소가 설치될 것이다. 유럽이 집 단 제국이나 협력 또는 연합에 대한 이전의 모든 시도에서 그렇게 일관되게 행동한 적은 없었다.

새로운 유럽 정체성을 형성하는 일부 측면은 색다르게 낭만적 모험으로 가 득할 수 있었다. 유럽경제공동체의 설립은 도시 결합 관습에 활기를 불어넣 었다. 1955년에 시작된 유러피언 컵European Cup 축구 대회에서 레알 마드리드Real Madrid가 5년 연속 우승했다. 다음 해에 막이 오른 유로비전 송Eurovision Song 콘테스트에서 7개국이 경쟁했고 스위스가 우승했다. 무엇이 유럽 공용어가 될 것인지를 놓고 가벼운 불화가 발생했다. 프랑스는 프랑스어를 그리고 로비스트들은 세계적인 에스페란토Esperanto어를 밀어붙였던 것이다. 위원회는 그 대신 번역가들의 바벨탑을 선택했다.

영국은 유럽의 새로운 정치 기구에 합류할 수 없었다. 영국은 유럽 대륙의 모험에 영국의 통치자들이 예로부터 가졌던 것과 같은 혐오감을 표시했다. 영국은 자신을 유럽으로 보았지만 유럽에서는 그렇지 않았다. 런던은 1960년에 스칸디나비아 및 다른 국가들을 일곱 개 회원국으로 구성된 유럽자유무역연합EFTA에 가입시킴으로써 유럽경제공동체에 대응했다. 그러나 1년 후 수상 해럴드 맥밀런Harold Macmillan은 정책을 갑자기 바꾸었고 결국 유럽경제공동체에 가입하기로 결정했다. 한 각료 보고서에 따르면, 맥밀런은 유럽경제공동체 밖에서 '우리는 정치적 영향력을 상실하고 세계 강국임을 주장할 수 없는 위험을 무릅쓸 것'이라고 우려했다. 이는 '대영제국은 제국을 잃었지만 아직도 역할을 찾지 못했다'는 널리 알려진 딘 애치슨Dean Acheson 미 국무장관의 모욕적인 말에 반영되었다.

영국에게는 놀랍게도, 연로하고 영국을 싫어하는 프랑스 대통령 드골은 맥밀런의 가입 신청을 거부했다. 그는 영국이 유럽에서 미국을 위한 트로이 목마Trojan Horse라고 말했다. 다시 말하자면 '유럽은 결국 미국이 지배하는 … 거대한 대서양 공동체로 흡수될 것이다. 프랑스는 이것을 허락할 수 없었다'. 1962년 점점 더 독불장군이 되어가는 드골은 눈에 띄게 빈 의자를 남겨둔 채 유럽경제공동체 회의장을 빠져나갔다. 그는 또한 나토 협의에서 탈퇴하고 자체적으로 핵무기를 개발했다. 이는 전략적 힘은 없지만 유럽의 집단 안보를 복잡하게 만드는 행위였다. 유럽의 잉태라는 이 중요한 단계에서 프랑스는 더 넓은 공동체에 걸림돌이 되었다.

:: 1960년대, 위기에서 긴장 완화로 ::

1961년 흐루쇼프는 동독 지도자 발터 울브리히트Walter Ulbricht로부터 젊은이들이 서쪽으로 계속 탈출하다 보면 결국 '붕괴가 불가피하다'는 말을 들었다. 동독 국경은 상품을 제외하고는 폐쇄되었지만, 동독인들은 베를린 내의 여러 부문에 걸쳐 이동함으로써 서쪽으로 가는 통로를 확보할 수 있었다. 모스크바는 베를린시 전역에 장벽을 건설하는 데 정식으로 동의했다. 장벽이 더 높아져 가면서, 이주자 무리가 하루에 2000명으로 증가했다. 흐루쇼프는 이제 호전적이 되었다. 그는 동독의 침입자로서 베를린의 서구 주둔군 철수를 요구했다. 또한 장거리 미사일을 카리브해의 쿠바섬으로 이동시켜 나토 미사일이 터키에서 제거되어야 한다고 주장했다.

1962년 10월 긴장이 고조되자, 미국 대통령 존 F. 케네디John F. Kennedy(1961~1963년)는 베를린의 지위를 방어하겠다고 약속했고, 쿠바에서 미사일을 제거할 것을 요구했다. 핵을 주고받는 궁극적인 공포를 고려하면서 양측이 격렬히 대치했다. 이런 격렬한 대치는 나중에 확인되었다. 흐루쇼프는 재빨리 물러섰고 미국은 터키에서 미사일을 철수했다. 이듬해 케네디는 베를린에 가서 '나는 베를린 사람입니다'라고 선언했다. 핵 시대의 진정한 첫 번째 위기였다. 바로 그 순간 전쟁 억지력이 효과를 발휘했다.

1960년대는 전시 '인구 급증' 시대가 되었다. 영국에서는 그 10년 동안에만 대학의 숫자가 두 배로 늘어났다. 유럽 특유의 음악이 미국에서 수입된 로큰롤rock-and-roll로부터 벗어나기 시작했다. 1962년에 비틀즈Beatles의 첫 번째 싱글이 그리고 1963년에 롤링 스톤스Rolling Stones의 첫 번째 싱글이 발매되었다. 전쟁에 대한 기억이 전혀 없는 새로운 세대가 생겨났다. 젊은 독일인은 부모에게 1930년대와 1940년대에 무슨 일이 일어났는지 물어보기 시작했다. 이는 예전에 금기시되었던 질문이었다. 전통적인 정당들과 구별되는, 특히 청년 정치에 대한 생각이 확고해졌다.

1960년대 후반까지 유럽 전역의 거리 시위는 고조되는 미국의 베트남전쟁에 격렬하게 반대하고 있었다. 1968년, 파리에서 일어난 폭동은 주로 프랑스 고등교육 개혁에 대한 열망이 동기가 되었다고는 하지만, 지난 세기에 대한 자의식적인 반향이었다. 1970년 독일의 적군파와 이탈리아의 붉은 여단이 결성되었지만 기업체 임원들을 살해하는 것으로 변질되었다. 체코슬로바키아에서만 온건파 지도자인 알렉산드르 두브체크Alexander dubcekek 휘하의 일관된 저항과 짧은 '프라하의 봄'이 있었다. 그것은 또한 어디로도 이어지지 않았다. 10년 전 헝가리에서와 마찬가지로 소비에트 러시아의 전차는 봄을 겨울로 돌려놓았다. 1848년처럼, 1960년대의 유럽은 도시 혁명을 위해 불모의 토양을 제공했다.

쿠바 트라우마의 여파는 냉전에 의심할 여지가 없는 해빙을 가져왔다. 새로운 유럽의 상징적 사건은 1969년 서독의 첫 사회민주당 총리인 빌리 브란트Willy Brandt가 동방 정책으로 당선된 것이었다. 그의 동방 정책은 동쪽의 공산주의 국가들을 포용하는 것이었다. 그는 공식적으로 독일민주공화국GDR을 인정했고 동·서독 간 여행 및 무역의 완화를 촉진했다. 1년 후, 제1차 전략무기제한협정SALT-I으로 오랫동안 멈칫거리고 있었던 핵무장 해제에 대한 대화가 활기를 띠었다. 1972년 '선제공격'의 위험성을 줄이기 위해 고안된 탄도미사일 제한조약이 체결되었다.

1970년대까지 유럽경제공동체 내부의 분위기는 1973년 에드워드 히스Edward Heath 휘하의 영국이 가입을 허락받을 정도로 충분히 변해 있었다. 영국의 가입 결정은 2년 후 영국 국민투표에서 확정되었다. 놀랍게도 유권자의 3분의 2가 찬성했고, 반대는 주로 좌파에 집중되었다. ≪더 타임스≫는 앞으로는 학교에서 '제한적으로 영국 역사를 가르치기보다는 … 유럽 역사를 가르치도록' 요구했다. 이와 동시에, 유럽에서는 스페인과 포르투갈에서 살아남은 전시 독재 정권과 그리스의 군사정권이 종말을 고했다. 그들은 영국 이후 얼마 지나지 않아 유럽경제공동체에 가입하며 민주주의를 선택했다. 유럽연합은 마침내 성년이 되어가고 있었다.

:: '2차 냉전' ::

긴장 완화의 기간은 1969년부터 1977년까지 헨리 키신저Henry Kissinger가 미국 외교 정책을 지배했던 시기와 일치했다. 1938년 독일에서 탈출해 강한 독일어 억양을 잃지 않았던 유대인 난민 키신저는 비스마르크의 현실 정치에 아주 관심이 많았다. 미국을 베트남에서 벗어나게 해야 한다는 과제 때문에 수렁에 빠졌지만, 그는 세계의 세력 균형을 안정시키려 하는 것보다는 냉전에 관심이 덜했다. 이를 위해 미국, 구소련, 그리고 부활한 중국의 삼각 균형 체제를 갈망했다. 유럽은 이 삼각관계에 불참했다.

긴장 완화는 키신저의 목적에 부합했지만, 그리 오래 지속되지 못했다. 1979년 구소련이 아프가니스탄을 침공했을 때, 서구 세계는 집단적 인내심을 상실하는 듯했다. 봉쇄, 교전, 그리고 긴장 완화는 아무런 이득도 주지 못했다. 아프가니스탄 침공 이후, 러시아에 경제제재가 가해졌고 66개국이 1980년 모스크바 올림픽을 보이콧했다. 새로 선출된 영국과 미국의 보수당 지도자인 마거릿 대처Margaret Thatcher(1979~1990년)와 로널드 레이건Ronald Reagan(1981~1989년)은 반공산주의 수사로 서로 경쟁했다. 레이건은 긴장 완화가 '미국의 칼을 무디게 하는 악마적 장치'였다고 말했다. 그는 '전체주의가 만든 정권들이 정당성을 확립하는 데 30년 이상 걸렸다'고 지적했다. 구소련은 '사악한 제국'이었다. 대처에게 사회주의는 '파괴의 시험대에 올랐고 실패했던' 이념이었다.

지속적인 군축 회담을 허락했음에도 불구하고, 레이건은 우주에서의 '전략 방위구상' 형태로 동서 군비 경쟁에 착수했다. 지구 대기권 훨씬 너머에서 상상할 수 없는 미사일 충돌이 예상되었다. 모스크바는 미국의 전략방위구상과 경쟁하는 대가로 충격을 받았다. 1980년대 폴란드에서 압도적인 인기를 얻은 레흐 바웬사Lech Wałęsa의 자유노조운동이 성립되고 동유럽의 바르샤바Warsaw 조약 가맹국들 전체에서 비슷한 움직임이 보고되면서 모스크바의 불안감은 더욱 깊어졌다. 모스크바는 자유노조 탄압을 명령했고, 바웬사는 서구 세계에서 영웅이 되었다. 그는 10년을 감옥 안팎에서 보냈다.

1983년 긴장은 위기로 치달았다. 시무룩하고 병든 정치국원 유리 안드로포프Yuri Andropov 치하의 모스크바는 미국이 언제라도 자신을 공격할 계획을 세우고 있다고 확신했다. 1983년 9월 러시아 영공을 침범한 대한항공 여객기의 격추는 쿠바 미사일 사태의 반복을 촉발시켰다. 모스크바는 비행기가 스파이 활동을 하고 있었다고 주장했다. 몇 주 후, 나토는 중요한 에이블 아처Able Archer 훈련 중에 암호를 변경함으로써 모스크바의 정보기관을 불안하게 만들었다. 워싱턴은 모스크바에서 10분 거리의 서독에 퍼싱Pershing 미사일을 배치했다. 죽어가는 안드로포프는 핵 단추가 준비되어 있는 자신의 침대 옆에 보좌관을 배치했다. 누가 심각한지 아무도 몰랐고, 그렇게 위기는 지나갔다. 그러나 유럽은 다시 한 번 전쟁 억지력으로 도박을 했다.

냉전 전선에 관계된 어떤 것도 유럽경제공동체의 진화를 방해하는 것 같지 않았다. 1986년 유럽경제공동체는 과반수 의결 대상으로 회원국들 사이의 관계를 맺는 유럽통합 법안을 통과시켰다. 이렇게 해서 중요한 주권 이양이 구체화되었다. 유럽통합 법안은 무역을 훨씬 넘어서는 지역 연합을 예견했다. 특별 기금은 '사회적 결속'에 도움을 줄 것이다. 부유한 지역은 가난한 지역을 교차 보조할 것이다. 대처는 분명히 그 개혁을 지지했다. 2년 후 유럽통합 법안의 시행에 대해 그녀는 기업가들에게 '영국은 눈에 보이든 보이지 않든 장벽 없는 단일 시장을 만드는 데 앞장서 왔고, 3억 명이 넘는 세계 최고 부자들의 구매력에 직접적이고도 아무런 제약 없이 접근할 수 있게 해주었다'고 자랑했다. 그들은 단일 시장을 성공시켜야 한다.

유럽통합 법안의 체결은 나중에 대처가 체결을 후회한다고 공언했을 때 인정했던 것처럼 영국이 유럽에 헌신하는 데 중대한 시점이었다. 1986년은 런던이 그런대로 유럽연합이 충분하다고 결정하고 유럽자유무역연합EFTA의 품으로 돌아갔을지도 모르는 때였다. 런던은 더 가볍고 느슨한 형태의 유럽 무역 체제를 선택할 수도 있었다. 그 대신에 런던은 오랫동안 계속된 유럽 대륙과의 인 아웃in-out 게임에서 '유럽 대륙 안에 머무는' 것을 선택했다.

:: 막 내리는 철의 장막 ::

2차 냉전이 1983년 벼랑 끝에 이르자마자, 1962년 쿠바 이후처럼 양측은 한 걸음 물러섰다. 1985년, 구소련 공산당 총서기로 임명된 미하일 고르바초프Mikhail Gorbachev는 스탈린 제국 말기의 격변을 입증했던 일을 시작했다. 고르바초프는 지적이고, 침착하며, 외부 지향적인 구소련 체제의 특이한 산물이었다. 멋쟁이 아내인 라이사Raisa와 함께, 수 세기 동안 조국을 근대화하려고 애썼던 러시아 통치자들을 모방했다. 그 또한 그들처럼 중앙의 통제력을 잃지 않고 근대화하기를 원했다.

혁명은 선조의 야망을 거의 강요하지 않는다. 혁명은 스스로 판단한다. 고르바초프는 페레스트로이카perestroika(개혁)와 글라스노스트glasnost(개방)의 두 가지 정책, 즉 정책에 대한 접근 방식을 발표했다. 개혁과 개방 정책은 당의 책임이라는 틀 안에서 구소련 정치를 해방시키려는 의도였다. 부정부패에 맞섰고, 반체제 인사들을 석방했으며, 러시아 정교회를 부활시켰다. 고르바초프는 '유럽 공동의 고향'이라는 긴장 완화의 개념으로 복귀했으며, 서독에서 적절한 때에 '고르바초프마니아Gorbymania'로 우상화되었다. 그는 심지어 영국의 대처 및 미국의 레이건과도 친분을 쌓았다.

모스크바 본국에서는 모든 것이 긴장 상태에 있었다. 구소련은 알렉시스 드 토크빌이 말했던 최대 위험 순간에 직면했고, 그때 독재정치가 변화를 시작한다. 모스크바가 분명하게 반대하지 않은 상황에서 민족주의가 바르샤바 조약을 넘어 다시 나타나고 있었다. 새로운 정치 집단들이 형성되었다. 사람들은 자유롭게 말하고, 자유롭게 보고되었다. 폴란드의 바웬사와 체코슬로바키아의 바츨라프 하벨Václav Havel은 서구 세계에서 명사 대우를 받았다. 폴란드의 공산주의 지도력은 분명히 불안정했고, 게다가 고르바초프는 동유럽 전역에서 유일한 구소련식 공산주의가 지지받을 수 없게 되어가고 있음을 감지했다.

1986년 레이캬비크Reykjavik 군축 회담에 참석한 고르바초프와 레이건은 핵무기의 대폭 감축을 약속했다. 레이건이 유럽에서 단거리 및 중거리 핵미사일을 제거함으로써 미국의 우익을 분노케 했던 반면에, 고르바초프는 바르샤바조약을 넘어 병력 수와 미사일 기지를 대폭 감축했다. 그다음 바르샤바조약 가맹국 지도자들에게 내부 개혁을 위해 스스로의 길을 모색해야 한다고 말했다. 1989년 6월 폴란드는 선거를 치렀고, 바웬사의 자유 노조는 비어 있는 모든 의석을 차지하고 정부를 구성할 준비를 했다. 유럽 공산주의 개혁의 불빛이 빨간색에서 녹색으로 바뀌었다.

프랑스 혁명 200주년인 1989년 여름, 모스크바는 구소련 권력에 대한 지배력을 상실했다. 8월에 오스트리아-헝가리 왕위를 노리는 유럽의회 의원 오토 폰 합스부르크Otto von Habsburg가 오스트리아-헝가리 국경에서 '범유럽 피크닉'을 공동 후원했을 때, 역사는 아이러니로 전락했다. 수백 명의 동독인들이 그곳으로 긴 거리를 여행했고, 우정의 표시로 관리들이 일시적으로 국경 문을 개방했다. 피크닉에 온 600명은 국경 문이 닫히기 전에 우르르 건너갔지만 돌아오지 않았다. 수천 명이 부리나케 현장으로 달려가자 대혼란이 이어졌다. 9월 11일 헝가리 정부는 더 이상 국경을 통제할 수 없다고 발표했다. 국경이 열렸고, 동독인 약 3만 명이 서구 세계로 건너갔다.

철의 장막이 뚫렸고, 동독 지도자 에리히 호네커Erich Honecker는 사임했다. 10월에 헝가리 정부는 새로운 공화국과 자유선거를 선언했다. 한 달 후인

1989년 11월 9일, 동독은 베를린 장벽을 통한 동서 이동이 완화될 것이라고 발표했다. 군중들이 방벽으로 돌진하자, 군인들은 그들을 저지하려는 모든 시도를 포기했다. 열광하는 군중들이 방벽을 기어올라 보루에 늘어섰다. 이념의 붕괴를 상징하는 사진들이 전 세계에 퍼졌다.

40년 된 철의 장막이 무너졌던 것은 오랜 기간 민주주의를 부정했던 수십만 명의 사람들이 스스로 선택했기 때문이다. 구소련 제국이 의존했던 중앙집권적 규율을 고르바초프가 포기했기 때문에 그들은 스스로 선택할 수 있었다. 다른 정권들은 유럽인 전체 세대를 강제로 감금하려는 정치적 의지가 부족했다. 1989년 11월 말, 필자는 지역주민들이 쭉 뻗은 울타리를 자르는 것을 보려고 작센 위쪽의 작은 국경 마을을 방문했다. 그들은 그 틈을 뚫고 달려가 다시는 보지 못할 것이라고 생각했던 예전의 이웃과 나이 든 친척들을 껴안았다. 그것은 2차 세계대전 종전 이후 유럽에서 가장 고무적인 순간에 대한 눈물로 얼룩진 짤막한 장면이었다. 분열은 교차되어 일어났지만, 과연 종식되었는가?

23

과거와 현재를 긴장시키다

1989~

:: 역사의 종말? ::

한때 강력했던 구소련 제국이 한숨을 내쉬고 비틀거리며 무너지는 모습을 세계는 넋을 잃고 바라보았다. 그것은 불과 1년 만에 사라졌다. 아무도 예측하지 못했고 완전히 놀라운 일이었다. 유럽인들은 반세기 동안 분단된 독일과 분열된 유럽을 당연하게 여겼다. 그 간극은 유럽 대륙의 지도를 가로지르는 영구적인 그림자로 보였다. 양측 모두 사용하지 않도록 조심했다는 점에서, 잠깐 루마니아에서의 경우를 제외하고 분노하며 총 한 발 쏘지 않고 서구 세계는 냉전에서 '승리'했다'. 고르바초프는 약삭빠르게 '우리의 공동 승리'라고 불렀다.

비록 국방 로비스트들에 의해 인용되었다고는 하지만, 냉전의 종말은 어떤 세력 균형이나 군사적 우위의 변화에서 비롯되지 않았다. 역사학자 로버트 서비스Robert Service는 1989년 구소련 해체를 전적으로 '공산주의가 지속 불가능하다는 고르바초프의 깨달음' 탓으로 돌렸다. 그것은 새로운 동의 형식들을 찾아야 했다. 모스크바는 동유럽 위성국가들에 대한 지배권을 포기해야 할 것이지만, 내부의 책임 통로들도 열어야 할 것이다. 역사학자 서비스는 고르바초프에게 '미국에 의한 고도의 정치적 관여'의 중요성을, 특히 레이건이 그를 개인적으로 좋아한다는 점을 강조했다. 동서 양쪽의 지도자들 사이에 무언가가 동시에 발생했고, 이 동시 발생은 유럽의 국가 간 거래에서 오랫동안 없었다.

베를린 장벽이 무너진 후 2년 동안 고르바초프는 지배권을 유지하기 위해 애썼다. 그는 정당 평의회에 자유선거를 추구했고, 그렇게 함으로써 정치 생활의 민주화를 모색했다. 그것은 쉽지 않았다. 독재적 성격을 상실함으로써 공산당은 뇌와 척추를 잃었다. 공산당이 해체되었고, 공산당과 함께 레닌-스탈린주의 제국 내에서 제도적 규율의 원천이 붕괴되었다. 그 결과로 생긴 공백에 가장 눈에 띄는 제국의 적수였던 민족주의와 무정부 상태가 유입되었다.

모스크바에서, 결국 고르바초프의 크렘린으로부터 과거 러시아 공화국 본부인 모스크바 강변 '연방정부 청사White House'로 권력이 이동했다. 이곳에서 새로운 러시아 대통령 보리스 옐친Boris Yeltsin은 과거 모스크바 통치자들과 비슷하게 떠들썩하고 술을 좋아했다. 1991년 8월 옐친은 KGB 강경파의 쿠데타 시도를 저지했다. 그때 고르바초프는 잠시 흑해에서 모습을 감추었다. 12월까지 바르샤바조약 체제는 자신의 길을 가고 있었고, 러시아 자체도 마찬가지였다. 쇠약한 고르바초프는 마침내 구소련USSR의 공식적 해체에 서명하지 않을 수 없었다. 그것은 고르바초프가 몰락하고 옐친(1991~1999년)이 크렘린으로 이동하는 것을 의미했다. 1992년 새해 첫날, 68년간 총안이 있는 요새의 흉벽을 장식했던 망치와 낫이 끌어내려졌고, 그 자리에 제정 러시아의 삼색기가 올라갔다.

고르바초프는 서구 세계에서 영웅으로 남았지만, 구소련에 대한 찬사는 없었다. 절대주의 역사에서, 구소련은 회복할 가망이 없는 제국이었다. 1930년대와 1940년대의 스탈린 통치는 역사상 어느 정부보다 한 유럽 국가의 국민에게 더 많은 죽음과 고통을 가져다주었다. 노먼 데이비스Norman Davies의 말을 빌리자면, 구소련은 '내부 구조의 터무니없는 기관들이 생활필수품을 제공할 수 없었기' 때문에 붕괴되었다. 스탈린이 죽은 후 몇 년 동안 그 기관들은 내부의 평화를 유지했던 반면, 구소련의 국민들에게 1945년 이후 서유럽 전역의 사람들이 누렸던 전례 없는 번영과 자유를 허락하지 않았던 것은 다름 아닌 평화였다.

공산주의의 가장 슬픈 비문은 오직 옐친 치하에서 명백해졌다. 러시아의 가장 능력 있고 진취적인 시민들은 그들의 손상된 경제의 재건을 도우려고 머물지 않았다. 그들은 대량으로 서구 세계로 도피하면서 손에 넣거나 훔칠 수 있는 한 많은 자원을 가지고 갔다. 이상하게 이름 붙여진 '올리가르히oligarch' 는 도피의 상징이 되었다. 그중에서도 가장 심한 타격을 받은 러시아는 오랜 동맹국이었던 중국이 공산주의 국가의 틀을 해체하는 것에 신경 쓰지 않으면서 기업가적 자본주의에 적응하는 것을 지켜봐야 했다.

1989년 이후의 새로운 질서는 서구 세계에 흥분의 순간이었다. 미국의 정치학자 프랜시스 후쿠야마Francis Fukuyama는 새로운 질서를 '역사의 종말'이라고 선언했다. 그는 세계가 '인류의 이념적 진화의 종착점이자 인간 정부의 최종 형태로서의 서구 자유민주주의의 보편화'에 도달했다고 말했다. 돌이켜보면 이것은 순진한 생각이었지만, 1990년대에 유럽 전역을 휩쓸었던 광범위한 낙관론을 반영한 것이었다. 이러한 낙관론은 1890년대 세기말의 흥분을 되풀이한 것이었다. 그것은 마치 유럽의 진화가 일종의 절정기에 도달했거나 아니면 적어도 흥미롭지 않게 되었던 것 같았다.

구소련 제국의 몰락에 대한 서유럽의 실질적인 대응은 후쿠야마의 낙관론을 무시하는 것이었다. 동쪽과의 무역에서 관세나 다른 장벽을 낮추는 일은 없었고, 따라서 공산주의 이후 경제성장에 대한 자극이 거의 없었다. 브뤼셀의 로비스트들은 저비용 생산물, 특히 식품이 유럽경제공동체의 보호를 받는 시장으로 유입되는 것에 반대했다. 고르바초프의 초기 탄원에도 불구하고, 적어도 과거 공산주의 국가들이 유럽연합EU에 가입하기 전까지는 새로운 마샬 원조Marshall Aid(마샬 플랜에 의거한 미국의 대유럽 원조 — 옮긴이)도, 상당한 내부 투자도 없었다. 그 대신 런던은 러시아의 도난당한 루블화에 시장을 개방했다. 이와 동시에 서쪽으로 마구 쏟아져 들어오는 저비용 노동 이동이 있었다. 이는 동쪽에서 인재를 빼내고 더 나아가 서쪽의 경제를 돕는 것이었다.

더 위험한 것은 나토가 러시아의 옛 바르샤바조약 동맹국들을 즉각 환영하는 것이었다. 벨로루시, 우크라이나, 그리고 이름이 스탄stan으로 끝나는 중앙아시아 국가들처럼 러시아와 가장 가까운 공화국들은 모스크바의 보호하에 독립국가연합을 결성했다. 그러나 발트해 국가들은 폴란드, 체코슬로바키아, 그리고 헝가리와 함께 동쪽에 등을 돌리고 나토와 미래의 안전보장에 대한 협상을 시작했다. 이것이 이들 국가가 원했던 것이라는 데는 의심의 여지가 없었지만, 나토가 민첩하게 국경을 동쪽으로 전진시킬 준비가 되어 있을지도 모른다는 것이 러시아의 갈라진 상처인 국가적 자부심에 소금을 뿌렸다. 옐친은 나토의 팽창주의를 '중대한 정치적 실수'라고 표현하며 서구 세계에 중단해 줄 것을 호소했다. 그는 '전쟁의 불길이 유럽 전역에서 폭발할 수 있다'고 경고했다. 그는 무시당했다. 이런 점에서, 냉전의 종말이 베르사유의 태평한 승리주의를 재현하고 있다는 불길한 느낌이 들었다.

:: 새로운 독일, 새로운 유럽 ::

서독의 헬무트 콜Helmut Kohl은 베를린 장벽이 무너졌다는 소식을 들었던 1989년 11월에 폴란드를 방문 중이었다. 그는 기쁨의 눈물을 흘렸다고 한다. 그는 조국의 즉각적인 통일을 요구했다. 프랑스와 영국은 둘 다 확신이 서지 않았다. 대처는 구체제의 소멸을 후회하는 듯 보였고, 통일된 '독일이 다시 한 번 유럽 전체를 지배할 것'이라고 경고했다. 헬무트 콜에게 그것은 실제적 능력의 문제였다. 방벽이 열린 지 불과 두 달 만에 동독인 20만 명이 서쪽으로 이주했다. 동독 경제는 붕괴에 직면했다.

통일에 대한 국민투표조차 없었다. 선거가 실시되었고 1990년 7월까지 동독 지방 출신들이 의회에서 의석을 차지했다. 그 후 독일 수도를 베를린으로 이전하는 투표가 실시되었다. 이 투표는 동독인들에 이끌린 감정의 흐름으로 결정되었다. 새로운 동독 지역들은 유럽에서 가장 부유한 국가의 몹시 우울한 부분이 되었으며, 정치적으로 가장 보수적인 지역으로 부상할 것이다. 옛 동독은 독일 생산량에 불과 5%만 기여했지만, 국가 부채를 두 배로 늘릴 것이다.

동구권이 해체되는 바로 그 순간, 유럽경제공동체는 반대 방향으로 중요한 한 걸음을 내딛었다. 자크 들로르Jacques Delors 위원장은 1990년 유럽경제공동체가 유럽의회의 집행관이 될 것을 제안했다. 이는 현 주권자인 각료 회의가 단순히 평의원회가 된다는 것이었다. 이것은 비선출직 위원회의 권한을 대폭 늘리고 국가 주권을 약화시킬 것이다. 그것은 정치적으로는 말할 것도 없고 헌법적으로도 논쟁을 일으켰다. 유럽연합은 국가 없는 국가가 되어가고 있었다.

영국의 대처는 하원에서 '아니, 아니요, 아니에요!'라고 반응했다. 그녀는 나중에 '우리는 단지 유럽 수준에서 국경이 다시 부과되는 것을 보려고 영국의 국경을 원래 수준으로 낮추지 않았다. 유럽연합이라는 초국가가 브뤼셀에서 새로운 지배권을 행사하고 있다'고 덧붙였다. 들로르의 계획은 거의 지지를 얻지 못하고 무산되었지만 대처의 시대는 얼마 남지 않았다. 1990년 11월, 그녀는 정당 쿠데타로 물러났고 재무장관 존 메이어John Major로 교체되었다. 1980년대 영국 정치에 대한 지배력과는 별개로, '철의 여인' 대처가 냉전에서 보여준 자세로 그녀는 동유럽에서 영웅적 지위를 얻었다. 필자는 1991년 바르샤바 연회에서 그녀가 우상화되는 것을 보았다. 그때 몇몇 폴란드인들은 그녀에게 대통령 후보로 나서달라고 간청했다. 짐작컨대 그것은 명예직이었을 것이다.

1991년 유럽경제공동체는 설립 이후로 가장 중요한 조치를 결정하기 위해 마스트리히트Maastricht에서 비밀회의에 들어갔다. 이 비밀회의는 유럽 정부들이 통화량을 대략적으로 조절하기로 합의했던 기존의 유럽통화제도를 20세기 말까지 11개 회원국(나중에 12개 회원국)을 포괄하는 완전한 통화 연합으로 나아가게 할 것이다. 독일에게 이것은 힘겨운 조치로 전후 번영의 부적과도 같은 역할을 했던 독일 마르크화의 사망을 의미하는 것이었다. 그 보상은 과대 평가된 유로화와 내부경제 평형의 수단 부족이었다. 이는 독일에게 매우 유리했다. 2002년 유로화가 마침내 국가 통화를 대체하면서 프랑franc, 리라lira, 드라크마drachma, 페세타peseta, 그리고 에스쿠도escudo처럼 오래된 국가적 자긍심의 상징들이 제거되었다.

유로존의 의의는 상징적인 것 이상이었다. 그것은 통화정책, 국가투자, 빈부 지역 간 이전을 포함한 회원국 경제의 점진적인 동조화를 뜻했다. 북유럽에게 유로화는 독일을 더욱 긴밀한 연합으로 묶었다. 스페인, 이탈리아, 그리고 그리스에게 유로화는 양날의 칼이었다. 그것은 유럽의 가장 정교한 경제들과의 합병을 의미했지만, 또한 이 국가들이 결코 준비가 되어 있지 않았던 경제 조정도 의미했다. 영국은 환율조정제도Exchange Rate Mechanism에 가입했지만 1992년 '검은 수요일'에 파운드화가 극도의 압력을 받자 환율조정제도에서 탈퇴했다. 주요 정부들은 유로화 가입을 거부했다. 영국은 또한 고용권과 같은 분야들을 포함시킨 마스트리히트의 '사회 조항Social Chapter'에서 빠져나왔다.

유럽경제공동체는 이제 유럽연합EU이 되었고, 경제적 존재라는 단어는 현저히 약해졌고, '연합'이라는 단어가 모든 것을 암시하기 위해 남겨졌다. 영국이 유럽연합으로부터 반쯤 분리되어 있었다는 것은 독일이 가장 강력한 회원국으로서 지위가 확고했다는 뜻이었다. 독일의 은행가들은 유럽의 무역 조건을 재빠르게 인계하면서 유로존의 금융 체제를 이끌었다. 독일인들은 그들의 새로운 경제 패권을 받아들이는 것 같았다. 특히 구소련권 국가들이 유럽연합에 가입하도록 열성적으로 요청했다. 우선 폴란드와 헝가리 그리고 체코공화국이 줄서서 기다렸다. 한편 1993년 체코슬로바키아는 체코공화국과 슬로바키아로 갈라졌다.

독일에게 이 국가들, 게다가 지금의 나토 회원국들은 미국의 전쟁 억지력이라는 안전 방패하에서 독일과 신흥 러시아 사이의 완충제 역할을 할 것이다. 유럽연합은 각국이 정치적 자유와 부패 척결을 포함해 '연합의 정치적·경제적 조건을 충족시켜야 한다'고 주장했다. 이 주장은 극히 느슨한 것으로 판명되었다. 스웨덴, 핀란드, 오스트리아 또한 유럽자유무역연합EFTA을 탈퇴하고 1995년 유럽연합에 가입했으며, 불가리아와 루마니아가 그 뒤를 따랐다. 노르웨이, 스위스, 그리고 일부 작은 국가들을 제외하고 유럽연합은 이제 러시아 연방을 제외한 유럽 전체였다. 일종의 꿈이 실현되었다.

:: 푸틴의 등장 ::

옐친은 나토에 유럽의 세력 균형이 기울어질 경우 수반될지도 모르는 불길에 대해 경고했었다. 첫 발화 지점은 모스크바의 세력권 밖에 머물고 있던 공산국가 유고슬라비아였다. 1991년 6월 유고슬라비아의 슬로베니아Slovenia주가 베오그라드의 독립을 선언했고, 잠깐의 충돌 이후 평화를 유지했다. 크로아티아와 보스니아, 그리고 그 후 코소보 분리주의자들의 봉기가 뒤를 이었을 때, 가장 큰 세르비아Serbia주는 분리 독립을 막기 위해 군사행동을 취했다. 유럽연합과 국제연합 모두 그 결과로 초래된 충돌을 멈추게 할 수 없었다. 그 충돌은 1991년부터 1999년까지 지속되었다. 방어적 임무와 개입의 한계를 넘는 일이 나토에 맡겨졌다. 1999년까지 나토는 보스니아와 코소보의 독립을 보장할 수밖에 없다는 것을 알게 되었다. 이로써 유럽의 한 국가의 분열이 정당화되었다.

이제 유럽 방위 정책에 대한 논의에서 경솔함이 영향을 미치기 시작했다.

거대한 적이었던 구소련은 사라졌고 적군(붉은 군대)은 줄어들고 있었다. 구소련 군비 예산 중 러시아가 차지하는 부분은 1988년 330억 달러에서 1994년 불과 140억 달러로 급감했다. 상식적으로 볼 때 이제 유럽의 방어는 '더욱 긴밀한' 유럽연합으로 옮겨져야 했다. 미국의 보호를 유럽의 전쟁 억지력으로 대체할 때이자, 심지어 현재 형태의 나토NATO를 접어야 할 때인 것도 같았다.

엘친 통치하의 러시아는 이 시점에 극도의 굴욕과 편집증을 경험하고 있었다. 러시아의 경제는 파탄 났고 의기양양한 서구 연합은 러시아의 문 앞으로 나아가고 있었다. 이제 에스토니아, 라트비아, 리투아니아, 불가리아, 그리고 루마니아가 나토에 가입하기 위한 협상이 시작되었다. 이로써 이전 공산주의 국가들의 목걸이가 모스크바에게는 올가미에 더 가깝게 보였다. 하지만 엘친에게는 다른 걱정거리가 있었다. 그는 통화 통제와 엄격한 재정 감시활동을 보장함으로써 러시아가 점차 자본주의 쪽으로 나아가지 않도록 했다. 그 대신에 그는 전속력으로 전진했다. 공공 지출을 억제했고, 보조금을 삭감했으며, 가격을 자유화했고, 러시아 시민들에게 상품권 형태로 공장과 공공사업의 소유권을 주었다. 중개인들이 대단히 저평가된 상품권을 재빨리 매입해서 신흥 재벌 올리가르히 조직에게 매각했다. 올리가르히는 해외로 사라지기 전에 엄청난 부자가 되었다. 시베리아 유정油井이 순식간에 나이츠브리지Knightsbridge(런던 하이드 파크의 남쪽 지역 ─ 옮긴이) 대저택으로 바뀌었다.

이렇게 해서 러시아의 풍부한 천연자원들의 가치가 런던, 키프로스, 중동, 그리고 유럽에서 가장 조직적 절도 행위들 중 하나가 된 다른 도피처들로 투자되었다. 이는 유럽에서 가장 체계적인 절도 행위 중 하나가 되었다. (11세기에 정복왕 윌리엄이 잉글랜드에서 약탈한 것들은 적어도 대부분 본래의 장소에 있었다.) 1990년대 말까지 러시아의 국민생산은 절반으로 줄어들었고 루블화의 가치는 폭락했다. 수백만 명이 저축한 돈을 잃었고, 일부 지역에서는 공산주의로 되돌아가자는 외침이 들려왔다. 이것은 결국 엘친을 축출하려는 시도로 이어졌다. 고르바초프가 공산주의 종말에 대한 통제력을 잃었다고 한다면, 엘친은 자본주의 출현에 대한 통제력을 잃었다.

1999년 병든 옐친은 전 레닌그라드 KGB 국장 블라디미르 푸틴Vladimir Putin을 후계자로 지명했다. 두 사람은 완전히 대조적이었다. 푸틴은 공산주의 시대 냉혹한 기관원의 전형이었다. 이 전직 정보 장교는 민주주의의 친절을 베풀 시간이 없었고, 러시아의 자존심을 회복시킬 필요성에 예리한 감각을 가지고 있었다. 그는 말을 타고 사냥을 하고 맨가슴을 드러낸 자신의 사진을 발행하곤 했다. 신흥 재벌 올리가르히들에 대한 재판소를 통해 그들이 가졌던 것만큼의 해외 재산을 확보할 수 있게 되었다. 점점 더 부정선거로 승인되었던 푸틴의 정치는 시민권이나 시장경제에 대해서는 언급하지 않았다. 그는 대중영합주의자이자 민족주의자였다. 그의 공약은 러시아의 보전과 자신감 회복뿐이었다. 반대자들은 매수되거나 투옥되고 또는 살해되었다. 서구 세계는 옐친의 비위를 맞춰주고 괴롭힐 수 있다고 느꼈을지도 모른다. 서구 세계는 이제 마초 국가의 새로운 차르에 직면했다. 러시아 경제가 쇠약해진 것은 상관없었다. 독재 정권은 빈곤에 힘입어 번창한다.

:: 신용 경색 ::

유럽연합은 같은 생각을 가진 여섯 개의 회원국들을 위해 고안된 헌법으로 20세기 말까지 전혀 다른 28개 회원국으로 확대되었다. 1780년대 미국의 연방주의 논쟁에서 인정된 바와 같이, 중앙정부와 구성원들 사이의 헌법적 관계는 중앙정부의 안정에 매우 중요하다. 미국 헌법에 결함은 있었지만, 놀라울 정도로 탄탄했다. 20세기 말에 유럽의 헌법은 취약했다. 그것은 대부분 동질적인 일련의 연방 국가들이 아니라 전혀 다른 성격과 문화 그리고 취약성을 가진 국가들을 통치하려고 했다. 브뤼셀에서 한층 더 긴밀한 연합을 옹호했던 사람들에 의해 만들어졌기 때문에 그것들을 대륙 전체로 빠져들게 할 준비가

된 사람은 거의 없었다.

유럽 위원회와 의회는 둘 다 다루기 힘들어졌다. 건축 규제부터 식품 크기 순 배열에 이르기까지 모든 분야로 확장된 관료주의는 조롱당했다. 임박한 유로존은 도박이었다. 내부 통화가치의 절하 또는 기타 조정에 대한 안전판이 없다면, 회원국 주권의 심각한 손상으로 이어질 것이다. 유럽 의회는 국내 프로젝트를 위한 로비를 다루는 종이 호랑이였다. 투표율은 1979년 62%에서 2009년 43%까지 꾸준히 떨어졌다.

이에 굴하지 않고 브뤼셀 체제는 계속 통합을 추구했다. 2005년까지 브뤼셀 체제는 프랑스의 베테랑 정치가 발레리 지스카르 데스탱Valéry Giscard d'Estaing 이 관장한 새로운 헌법을 채택하려고 했다. 이로써 유럽연합은 세 번째 의장직(유럽연합의 위원회와 의회뿐 아니라 현재 유럽 이사회의 의장직까지)을 갖게 되었고, 유럽 이사회의 다수결 표결은 더 확대되었다. 이것은 즉시 곤경에 처했다. 유럽연합 역사상 유럽인들이 유럽연합의 힘, 또는 심지어 그 존재에 대해 직접 상의했던 적은 거의 없었다. 선출된 정부들이 결정을 내렸다. 지스카르 헌법은 프랑스와 네덜란드의 국민투표에서 부결되었고, 아일랜드인들에 의해 최종 조약이 부결되었다. 이 투표들은 재연되거나 무시되었다. 리스본의 최종 조약은 2007년에 체결되었다. 이는 실제로 부차적인 민족주의를 전혀 인정하지 않았으며 조약 입안자들은 그로 인해 야기될 수도 있는 초기 분노를 알아차리지 못했다.

1년 후, 유럽과 미국은 1929년 이래 가장 충격적인 금융 붕괴를 경험했다. 유럽에서는 유럽연합의 더 약한 국가들, 특히 남부 유럽 국가들이 주로 영향을 받았다. 독일의 관리를 받는 유로존의 유럽중앙은행ECB은 즉시 유로존의 더 약한 회원국들을 포함해서 독일 해외 차관의 안전에 주목했다. 유럽중앙은행은 돈을 찍어낼 준비가 되어 있었다고는 하지만(1929년의 재정 긴축은 반복되지 않았다), 유럽연합 회원국들이나 시민들에게보다는 오히려 독일 (및 기타) 은행들로 흘러갔다. 실업률이 노동 인구의 25%까지 올라가면서 그리스, 스페인, 이탈리아에 극단적인 긴축정책이 강제되었다. 스페인에서는 청년층의 절반이 실업자가 되었다. 그 어떤 것도 다시 부상하는 유럽 민족주의를 더 부추기거나, 더 긴밀한 연합의 대의에 더 큰 손상을 입힐 수 없었다.

:: 부활하는 러시아 ::

2004년, 발트해 국가인 불가리아와 루마니아는 슬로바키아와 슬로베니아가 그랬던 것처럼 나토에 공식적으로 가입했다. 곧이어 미국의 조지 W. 부시 George W. Bush 대통령(2001~2009년)이 공개적으로 우크라이나와 조지아의 유럽 연합 가입을 의제로 제안했다. 이는 나토를 러시아의 남쪽 국경으로 전진 배치시키려는 것이었다. 독일과 프랑스 모두 그런 노골적 도발의 타당성에 이의를 제기했다. 푸틴은 러시아 국경으로의 어떤 전진 배치도 '러시아에서는 우리나라의 안보에 대한 직접적인 위협으로 간주될 것'이라는 옐친의 경고를 되풀이했다. 2008년 여름, 푸틴은 러시아어를 말하는 조지아 북부의 남오세티야 South Ossetia와 압하지야 Abkhazia 지방을 침공하는 것으로 대응했다. 유럽이 보인 유일한 반응은 프랑스의 니콜라 사르코지 Nicolas Sarkozy 대통령이 휴전 협상을 제안하는 것이었다.

2010년 우크라이나의 친러시아 지도자 빅토르 야누코비치 Viktor Yanukovych 는 우크라이나를 나토나 유럽연합에 더 가깝게 하려는 움직임에 반대했다. 하지만 그가 4년 만에 키예프의 친서구 정당들에 의해 축출되고, 러시아어를 말하는 우크라이나 동부 지방이 모스크바의 지원을 받으면서 내전이 촉발되었다. 2014년 푸틴이 1950년대 우크라이나에게 부여된 러시아의 옛 크림반도 영토를 병합하면서 긴장이 더 고조되었다. 유럽은 경제제재 공세로 대응했지만 러시아의 포위 경제(전쟁 및 경제제재 등으로 인해 완전히 고립된 경제 — 옮긴이)를 확고하게 하고 푸틴을 신흥재벌인 올리가르히 동료들과 가까워지게 하는 것 이상의 정치적 효과를 보지 못했다. 경제는 국산 모차렐라 및 카망베르 치즈 제조를 포함해서 수입 대체로 전환했다. 나토는 우크라이나에 대한 초대를 재개했고 발트해 국가들에서 군사훈련을 실시했다. 러시아도 마찬가지로 군사훈련을 실시했다. 유럽은 다시 벼랑 끝 전술 모드로 되돌아갔다.

모스크바에 대한 잘못된 판단은 오랫동안 유럽 외교의 직업병이었다. 그것은 스웨덴인, 폴란드인, 나폴레옹 그리고 히틀러를 똑같이 저주했다. 이제 최근에 공격적인 러시아에 어떻게 대응할지의 문제로 분열된 서구 동맹을 망쳐 놓았다. 유럽연합이 종종 분열되지 않은 하나의 서구 동맹을 잠깐 생각했다고는 하지만, 군사력이 없었다. 유럽 '방위 공동체', 유럽 방위군, 신속 대응군, '군사행동 계획', 그리고 심지어 합동작전 본부까지 존재했었다. 추가로 토니 블레어Tony Blair 영국 수상은 1999년 시카고의 한 연설에서 민주주의와 인권이 위협받는 곳이라면 어디에서든 '인도적 개입'의 개념이 유효한 것으로 간주되어야 한다고 제안했다. 그에게 나토의 책임에는 한계가 있을 수 없었다. 하지만 누가 위협과 책임을 정의해야 하는가?

2001년 알카에다Al Qaeda가 저지른 뉴욕의 9·11 참사 이후, 나토는 워싱턴의 통치자들이 명령하는 곳이라면 어디든 개입할 것으로 예상되었다. 실제로 거의 모든 유럽 국가에서 소집된 군대가 아프가니스탄, 이라크, 시리아, 그리고 리비아에서 다양한 열정을 갖고 참전했다. 미국이 패권적 힘을 시험했을 때, 복종이야말로 핵우산 지속을 위한 대가였다. 아무도 누가 계속해서 확대되는 민주적인 유럽 국경의 치안을 유지해야 하는지에 대해 대답은커녕 질문도 하지 않았다.

2017년 도널드 트럼프Donald Trump 미국 신임 대통령이 직접 유럽에 도전했다. 그의 바로 앞 전임자들이었던 조지 W. 부시와 버락 오바마Barack Obama (2009~2017년)는 둘 다 유럽의 치안 유지라는 역할에서 벗어나고 싶어 했다. 부시가 중동에 열중해 있었던 반면, 오바마는 아시아-태평양 지역을 '중심축'에 놓았다. 트럼프는 나토를 '시대에 뒤떨어진 체제'로 일축하고 유럽이 이제 스스로를 방어할 만큼 충분히 부유하다고 시사했다. 그는 2017년 12월 한 집회에서 유럽인에게 '그들이 의무를 게을리해왔다. 그들은 돈을 내지 않고 있다. … 당신들이 돈을 내지 않는다는 것을 시사했던 것 같다. 우리는 유럽에서 나올 것'이라고 말했던 적이 있다고 말했다. 트럼프는 또한 푸틴과 동맹은 아니더라도 분명히 친구였다.

러시아는 이제 유럽 외교의 주역이 되어가고 있었다. 러시아는 엄청난 천연자원과 대규모 군대와 핵무기 그리고 무모할 정도의 이간질과 사이버 공격 및 해외 암살 능력을 가지고 있었다. 처칠이 1939년에 말했듯이, 러시아는 항상 '수수께끼 속의 불가사의에 싸여 있는 수수께끼'일 수도 있지만, 한 가지 문제에 대해 푸틴은 대단히 명료했다. 그는 나토가 국경을 포위한다거나 그의 '관심 영역'에 간섭하는 것을 좋아하지 않았다. 이 점에서 독일의 앙겔라 메르켈Angela Merkel 및 과거 바르샤바조약의 일부 지도자들이 점점 더 그의 의견에 동조하게 되었다. 지형 문제는 중요했다. 영국과 프랑스가 모스크바와 교전하는 것은 쉬웠다. 독일과 독일 동쪽의 아직도 순진한 민주주의 국가들에게는 쉽지 않았다.

:: 되살아나는 옛 문제들 ::

유럽이 경기 침체에서 벗어나려고 고군분투하고 있었을 때, 2015년 데이비드 캐머런David Cameron 영국 수상이 브뤼셀에 충격을 안겼다. 그는 다음 해 영국이 유럽연합에 계속 남을지의 문제를 놓고 국민투표를 실시하겠다고 말했다. 영국의 유로화 회의론의 횃불이 좌파에서 우파로 옮겨갔다. 이제 노동당보다는 오히려 보수당이 가장 반유럽적이었다. 유럽연합 개혁을 협상함으로써 유럽연합 '탈퇴'에 대해 유권자들을 달래려던 캐머런의 시도는 매사에 신중한 메르켈에 의해 일축되었고, 2016년 6월 캐머런에게는 놀랍고 실망스럽게도 영국 유권자들이 가까스로 유럽연합 탈퇴에 투표했다. 투표는 정부에 의해 구속력 있는 것으로 받아들여졌다. 의회가 탈퇴 날짜로 결정한 것은 2019년 3월이었다.

영국의 탈퇴는 대수롭지 않은 일로 일축될 수는 없었다. 영국의 경제규모는 독일 다음이었고, 유럽연합 예산의 20%를 기여했다. 영국은 유럽연합에 대한 헌신에 오랫동안 소극적이었을지도 모르지만, 이제는 혼자가 아니었다. 2016년 중반 퓨Pew 리서치의 설문조사는 유럽연합에 대한 반감이 영국에서만큼 독일과 네덜란드에서 높고, 프랑스와 스페인에서는 더 높다는 것을 보여준 많은 설문조사 중 하나였다. 감히 영국을 흉내 내서 유럽연합 회원국으로 계속 남을 것인지를 놓고 공개 투표할 수 있는 정부는 거의 없었다. 연합은 인기 있을지 모르지만 유럽연합은 그렇지 않았다.

유럽 민주주의는 이제 트라우마의 시기로 접어들었다. 예전과 같이 지역의 정체성과 불만이 표면화되었다. 분리주의 운동이 스코틀랜드, 카탈루냐, 그리고 프랑스와 루마니아 및 이탈리아 일부에서 탄력이 붙었다. 어디에서든 중앙정부와 지방정부 간의 충돌이 위급해졌다. 폴란드, 헝가리, 슬로바키아, 그리고 체코공화국의 이른바 비셰그라드Visegrad 그룹 4개국에서 맹렬한 민족주의가 나타나기 시작했다. 우파 정당들이 오스트리아, 네덜란드, 프랑스, 그리고 이탈리아에서 번창했다. 이들이 호소하는 핵심에는 가장 오래된 감정, 즉 세계화와 이민의 공격으로부터 기존 공동체의 성격과 본래의 모습을 지키려는 열망이 자리 잡고 있었다.

연방주의 모험은 그것의 이상주의에서 확인되듯이 항상 국가와 시민 사이의 합의 관계인 루소의 사회계약에 대한 존중을 필요로 했다. 유럽의 다양한 사람들이 연합을 지지할 것이지만, 그것은 그들의 인지된 성격과 생활 방식을 침해하지 않는 한에서 가능할 것이다. 급속히 발전하는 유럽 도시들은 변화를 받아들일 수 있을지 모르지만, 이것은 예전의 산업 지역, 농촌 지역, 그리고 노령 인구에게는 해당되지 않았다. 브렉시트Brexit에 찬성하는 영국의 유권자들(주로 지방과 농촌 및 고령층)에게서 이 차이가 반영되었다. 우파나 민족주의자 또는 대중 영합주의자로 다양하게 불렸던 정당들이 유럽 국가 전체는 아니더라도 대부분의 국가에서 강세를 보였다. 유권자들이 정치적·사회적 환경에 대한 '통제권을 회복하려는' 그들의 요구에 답했던 것이다. 가장 놀라운 것은 2016년 세계가치조사World Values Survey 발표에 따르면 1970~1980년생 응답자의 '절반 이하'가 '민주적으로 통치되는 나라에서 사는 것이 가장 중요하다'고 믿었다. 독일, 스페인, 일본, 그리고 미국에서 20~40%는 '의회나 선거에 신경쓸 필요가 없는 강한 지도자'를 선호할 것이다.

2015년 독일의 메르켈 총리는 급진적인 제스처를 취했다. 그리스로 유입된 시리아 내전 난민들을 받아들이려는 유럽연합의 계획이 실패하자, 독일에 피난처를 제공하기로 결정했던 것이다. 100만 명 이상이 피난처에 수용되었다. 반응은 격렬했다. 2018년 독일 선거에서 부끄러움이라고는 모르는 우파 정당인 '독일을 위한 대안Alternative for Germany'이 이전 구동독 지역에서 가장 강력한 제3당으로 부상했다. 너무 오랫동안 유럽의 여왕이었던 메르켈은 거의 쓰러질 뻔했다. 2017년 선출된 카리스마 넘치는 프랑스 대통령 에마뉘엘 마크롱Emmanuel Macron은 유럽연합에서 빠르게 주도적인 위치로 올라섰고, 즉시 유로존을 집중시키고 개혁하려는 또 하나의 시도에 착수했다. 독일은 동의하지 않았다. 유럽은 더욱더 분열되고 혼란스러워 보였다.

동쪽으로 더 어두운 구름이 몰려오고 있었다. 2018년 헝가리의 준 독재 지도자 빅토르 오르반Viktor Orbán은 '주권, 독립, 자유, 하느님, 조국, 그리고 안보'라는 슬로건을 내걸고 압도적으로 정권을 되찾았다. 그는 유럽을 언급하지 않았고, 유럽연합을 '자유주의의 수다liberal babble'라고 일축했다. 야당, 출판의 자유, 그리고 법치주의가 탄압받았다. 폴란드, 슬로바키아, 오스트리아, 그리고 세르비아의 정치인들은 똑같이 유럽연합의 자유주의 정신이 어울리지 않았다. 2018년 여론조사에서 슬로바키아인들 중 겨우 21%만이 서구에 '속해 있다'고 말했다. 대부분은 서구가 러시아에 더 엄격한 제재를 가하는 것을 꺼려했고 이민자에 대해 격렬하게 반대했다. 동서 간의 낡은 이념적 단층선이 다시 부상하고 있었던 반면, 부유한 북쪽과 가난한 남쪽 사이의 격차 또한 확대되고 있었다.

전후 유럽을 형성했던 가치에 대한 이러한 도전에 유럽연합은 거의 대응하지 못했다. 독일을 억제하고 탁월한 국가의 출현을 피하려는 헌법은 이제 지도력의 부족으로 고통 받았다. 러시아는 타격을 입고 화가 났으며, 미국은 자신이 어디에 서 있는지 알 수 없었다. 유럽의 도처에 예전과 같은 분열과 불확실성이 어렴풋이 나타났다.

24

맺음말

나의 이야기는 황소로 시작되었고 사자로 끝난다. 베네치아 해군기지 문 밖에는 한때 유럽 최대의 상업 제국을 호령했던 도시의 상징물인 대리석 짐승이 세워져 있다. 기원전 4세기에 조각되었던 것으로 17세기 베네치아인 프란체스코 모로시니Francesco Morosini가 그리스의 피레우스Piraeus로부터 약탈해 왔던 것이다. 그는 파르테논 신전을 폭파하기도 했다. 이상한 글자들로 표면이 긁혀 있는 사자가 웅크리고 앉아 있다. 수 세기 동안 그 글자들은 신비에 싸여 있었지만, 최근에 '키 큰 해럴드'의 명령으로 '아스문드Asmund'라는 사람에 의해 11세기 노르웨이의 룬 문자runes로 해독되었다. 해럴드는 콘스탄티노플의 황제들에게 고용된 바이킹 용병이었다.

이렇게 해서 피레우스 사자 이야기는 유럽을 감싸고 있다. 그것은 아테네의 신전과 스칸디나비아반도의 피오르드, 비잔티움의 성벽과 베네치아의 상인들을 둘러싸고 있다. 그것은 역사 속 우리 자신의 위치를 벗어나게 하고 과거를 멀리 떨어진 땅으로 보게 한다. 이 땅은 우리가 선입견과 뒤늦은 깨달음 없이 눈과 마음을 열고 여행해야 하지만 사건의 끊임없는 상호 연관을 의식해야 하는 곳이다.

이 여행의 끝에서, 나는 처음에 언급했던 주제들을 언제나처럼 생생하게 본다. 지리는 유럽 역사에 여전히 영향을 미치고 있다. 샤를마뉴의 영토였던 프랑스, 독일, 그리고 저지대 국가들이 늘 그래왔듯이 유럽의 비공식 회담을 지배하고 있다. 유럽의 지중해 국경인 그리스, 이탈리아, 그리고 스페인의 국경은 유로존에 갇혀 있고, 17세기부터 그래왔듯이 유럽 북부의 번영에서 떨어져 있다. 영국은 여전히 냉담하다. 러시아는 수수께끼로 남아 있고, 이웃 국가들과의 관계도 여전히 어수선하다. 거의 변화가 없는 것처럼 보인다.

1파인트들이 맥주잔 규모의 유럽 지리 안으로 2파인트의 이주자들이 초기에는 아시아에서 그리고 보다 최근에는 전 세계에서 들어왔다. 이 만화경 같은 장면은 오늘날 유럽 대륙의 생생한 특징인 다양한 민족과 언어를 만들어냈다. 최초의 부족 정착지로 거슬러 올라가는 이 다양성이 이질적인 요소들로 이루어진 유럽 역사를 좌지우지하는지는 끊임없는 논쟁거리다.

가장 분명한 점은 역사가들이 부족의 차이 그리고 나중에는 공동체의 차이가 유럽의 격렬한 분쟁에서 역할을 해왔다고 본다는 것이다. 이 분쟁은 중세부터 거의 의례적인 뿌리 깊은 전쟁 중독으로 나타났다. 이는 대부분 여전히 10대와 20대의 젊은이들, 즉 클로비스, 독일의 프리드리히 2세, 잉글랜드의 에드워드 3세, 스페인의 카를 5세, 루이 14세, 그리고 나폴레옹과 같은 남성들에 의해 행해졌다. 이 단계에서 유럽의 이야기는 서로 경합하는 남성적인 힘이 가져온 비극이었다.

유서 깊은 역사를 가진 각각의 조약 – 아우크스부르크, 베스트팔렌, 위트레흐트, 비엔나, 베르사유 – 은 평화를 유지하려고 노력해 왔지만, 그 노력은 전쟁이 재개되기 전 2세대를 조금 넘은 것에 불과했다. 1945년 포츠담 회담조차도 1989년 구소련이 멸망할 때까지만 지속되었다. 이제 냉전 이후 두드러진 합의 부족은 유럽 외교를 다시 긴장시켰다. 유럽 대륙의 DNA는 사람들이 마지막 혈투의 기억이 살아 있는 동안만 서로 평온하게 살아갈 수 있게 해주는 것 같다. 임종의 자리에서 루이 14세가 남긴 다음 말 속에 과거의 지혜가 담겨 있

을지도 모른다. '무엇보다도 이웃과 평화롭게 지내라. 나는 전쟁을 너무 좋아했다.'

유럽의 호전성이 최초 부족들의 까다로운 성미에 기인할 수 있는지는 알 수 없다. 아마도 유럽의 더 긍정적인 성취를 뒷받침해 주었던 경쟁적 에너지의 뿌리를 다양성에서 찾는 것이 더 유익할지도 모른다. 이 에너지는 지상에 기반을 둔 정착민과 해상에 기반을 둔 정착민 사이의 갈등에서 나왔다고 믿는다. 항해는 기업, 호기심, 접촉, 그리고 혁신을 촉진했다. 항해에는 개인과 집단 사이의 경쟁, 게다가 낯선 사람들과 관계를 맺을 준비까지 포함되었다. 초기 해양 도시국가들은 아테네와 에게해로의 집단 이주(디아스포라diaspora)를 불러일으켰다. 팽창의 필요성 때문에 스칸디나비아반도의 탐험가들과 모험가들이 등장했다. 바다의 정신은 지중해, 발트해, 북해, 그리고 결국에는 대서양의 교역 문화를 창조했다. 이와는 대조적으로, 아나톨리아와 러시아의 스텝steppe 지대에서 유럽에 도달한 지상에 기반을 둔 사람들은 뿌리를 내리고, 부를 축적하고, 영토를 지배할지도 모르지만, 해상 민족들과 끊임없이 다투고 있었다.

이른바 유럽의 가치는 이런 호전성으로부터 구축된 것으로 본다. 마키아벨리는 호전성을 '다양한 국가가 행동 능력과 개인의 창조적 에너지를 부추기는 것'이라고 표현했다. 유럽의 신앙인 기독교가 이 에너지에 항상 기여한 것은 아니었다. 일부 역사가들이 종파 분립의 기독교 교회가 유럽의 지적 무기력에 책임이 있다고 비난한 반면, 다른 역사가들은 교회의 교육 장려와 죄, 사랑, 구원의 복합 신학에서 미덕을 본다. 기독교 교회는 확실히 분열적이고 종종 폭력적인 힘이었다. 그러나 이것이 오늘날 우리가 알고 있는 유럽을 만들었던 혁명들, 즉 르네상스, 종교개혁, 그리고 계몽주의를 막지는 못했지만 아마도 자극했을 것이다.

고전주의와 기독교 둘 다 대단히 자주 유럽 문명의 결과로 간주되는 가치들을 만들어냈다고 주장할 수 있다. 그 가치들이란 관용, 법 앞의 평등, 언론의 자유, 인권과 민권, 그리고 통치에 대한 동의이다. 이러한 가치들의 적용은 독재, 노예제, 그리고 제국에 대한 갈망에서처럼 종종 편파적이고 위선적이었다. 그러나 미국 헌법과 국제연합 헌장은 둘 다 플라톤과 아리스토텔레스에 의해 윤곽이 드러났고 마그나 카르타에서 반영되고 계몽주의에 의해 전파된 이상에 근거한 것이었다.

유럽의 규제 자본주의와 사회복지의 혼용은 오랫동안 세계의 경제 및 정치 개혁가들의 목표였고, 여전히 유럽연합의 핵심 이념으로 자리 잡고 있다. 유럽 대륙은 세계 인구의 10%가 살고 있지만, 세계 복지 지출의 절반을 소비하고 있다. 유럽연합의 로마, 마스트리히트, 리스본 조약은 자체적인 결함에도 불구하고 평화뿐 아니라 번영의 반세기를 주재해 왔다. 그 결과 유럽 대륙은 그 자손인 미국과 함께 세계에서 가장 활기차고 진취적인 이주민들이 열망하는 목적지다.

유럽 대학들은 유명하고, 박물관들은 붐비고, 예술적 유산은 존중된다. 로스앤젤레스, 도쿄, 상하이, 또는 두바이의 음악당에 들어설 때, 공중에 떠다니는 것은 모차르트와 베토벤의 음악이다. 영어는 세계적인 의사소통 언어다. 유럽의 낡은 도시들은 여전히 관광객들에게 가장 매력적이다. 그 도시들의 문화적 유산은 19세기 초에 버크가 말했던 것이 21세기에 훨씬 더 해당될 정도로 대단하다. 말하자면 '어떤 유럽인도 유럽의 어느 지역에서도 완전한 망명자가 될 수 없다'. 이것은 다른 대륙과 문화를 흥미롭게 여기는 것을 방해하지 않는다. 그러나 이 유럽인에게 유럽 대륙의 특성은 여전히 최고다.

내가 말했던 모든 것을 쓰고 있을 때 지평선에 구름이 나타나고 있다. 냉전이 끝났을 때 유럽의 행복감 ─ 1890년대의 행복감을 연상시키는 ─ 은 희미해지고 있다. 유럽의 민주주의 관행은 더 이상 다른 모든 대륙 사람들에게 반드시 필요한 것으로 보이지는 않는다. 마지막 장에서 보았듯이 유럽의 제도에 대한 믿음은 한계가 있다. 21세기 초에 '서구의 가치'가 논쟁에서 이겼으므로 세계를 장악할 것이라고 예상되었다. 그것은 더 이상 그럴듯해 보이지 않는다. 권위주의적인 중국의 부상, 러시아의 퇴보, 그리고 이슬람 내부의 개혁 투쟁은 유럽의 특성인 자유주의를 세계에 대한 희망의 등불보다는 유럽 특유의 것으로 보이게 했다.

한 가지 이유는 유럽이 이념적 동질성을 잃어가고 있기 때문일 수 있다. 어느 누구도 중개 역할을 할 수 없었던 냉전이 만들어낸 유럽연합의 정치 구조는 민주주의 결핍에 사로잡혀 다루기 힘들어지고 회고적이 되었다. 유럽연합에는 다양한 국민이 전적으로 동의할 수 있는 헌법이 결여되어 있다. 유럽 지도자들은 국가와 초국가superstate, 지방과 중앙, 한 국가의 시민권과 유럽의 시민권 사이에서 지역 안정에 매우 중요한 균형을 이룰 수 없었다. 50년간 중심으로 향했던 구심주의가 중심으로부터 떨어져나가는 원심주의에 자리를 내주었다.

모든 시선이 다시 한 번 독일로 향했지만, 독일의 지도력은 불확실하고 의문시되고 있다. 유럽에서 두 번째로 큰 영국의 경제는 인내심을 잃고 역사적 분열을 재개했다. 그러한 분열된 지도력에 뒤이어, 엘베강 및 다뉴브강의 대략 동쪽과 서쪽에 유럽에서 가장 오래된 경계선이 다시 등장하고 있다. 동쪽 국가들은 반세기 동안의 연합에 자리 잡은 자유주의 가치에서 멀어지고 민족주의와 독재의 방향으로 나아가고 있다. 푸틴의 러시아와의 관계는 냉전의 호전성과 수사로 되돌아갔다. 유럽은 결코 배우지 않는 것 같다.

로마의 멸망 이후로 유럽 대륙을 자칫하면 지배할 뻔했던 세력이 없었다는 것이 현실이다. 샤를마뉴도, 합스부르크 왕조의 신성로마제국도, 프랑스의 나폴레옹도, 독일의 히틀러도, 또 유럽연합의 집행위원들도 유럽 대륙을 지배하지 못했다. 역사가 무엇을 가르친다면, 그것은 칸트의 '인간성이라는 굽은 목재'를 바로 세우려는 모든 시도가 실패할 것이라는 점이다. 유럽의 국민들은 우월한 국가가 아무리 자유 지향적이라고 하더라도 속박되지 않을 것이다.

유럽연합은 유럽 경제를 하나의 교역권으로 통합하려는 열망에서 생겨났다. 유럽연합이 없다고 한다면, 유럽 정치인들은 지금 그것을 만들어보려고 애쓰며 유럽의 수도를 일주할 것이라고 믿어 의심치 않는다. 그러나 그러한 통합에는 감시 활동이 필요하고, 감시 활동에는 정부가 필요하다. 역사를 통틀어 그러한 정부는 동의가 부족할 때 실패했다. 유럽연합은 동의 없이 더 많은 권력을 추구해 왔다. 유럽연합이 그 권력을 회원국들에게 돌려주지 않는다면, 이제 부패할 뿐이다. 이것은 현재 회원국들이 유럽연합을 보는 것처럼 국경과 이민에 대한 통제, 그리고 이에 따른 사회의 진화하는 성격에 있어서의 역할을 포함한다.

나는 우리가 '역사의 종말'에 있다는 것은 고사하고 유럽의 평화가 당연하게 여겨질 수 있다고는 추호도 생각지 않으면서 이야기를 해왔다. 그러나 지난 반세기 동안 유럽이 철학자의 평화의 돌을 보았다는 것을 암시할 만한 것이 있는가라는 마지막 질문에 여전히 흥미를 느끼고 있다. 여러 사람들이 뒤섞인 유럽은 2000년 동안 세계의 대부분을 지배하거나, 아니면 적어도 영향을 미치기 위해 반목하고, 싸우고, 팽창하며 지냈다. 그들이 불완전한 교역권이라는 메커니즘을 통해 그들 자신 및 이웃과 조화를 이루며 살아갈 수단을 발견했다는 것이 상상이 가는가?

이것이 머지않아 유럽연합이 다양한 계층과 다양한 가치의 연맹으로 진화하는 과정에서 일어날 수 있다고 믿는다. 구역 내에 구역이 있고, 각 구역은 나머지 구역과 맞춤형 관계를 맺을 것이다. 러시아 및 그 인접국과의 관계는 항상 골머리를 앓겠지만, 반드시 공격적이지는 않을 것이다. 영국은 항상 야누스의 얼굴을 하고 있지만 적어도 반쯤은 전념할 것이다. 신성로마제국이 혼란스러웠던 것처럼 유럽 대륙은 상당히 혼란스러울 것이다. 그러나 신성로마제국은 나쁘지 않은 본보기가 되었다. 유럽은 중앙집권주의보다 혼란스러움에 더 편히 살지도 모른다.

나는 유럽을 전체에 걸쳐 여행했다. 포르투갈의 알가르브Algarve에서 상트페테르부르크의 부둣가까지, 골웨이Galway의 애런Aran제도에서 미노스 문명의 크레타Crete 해변까지 여행했다. 런던에서 파리, 베를린, 모스크바, 아테네, 로마, 리스본, 그리고 마드리드까지 유럽 도시들의 거리를 걸었다. 나는 그것들을 모두 사랑한다. 그리고 티에폴로의 천장화에서처럼 그것들을 내려다보며 과거의 환영들을 느낄 수 있다. 오늘날의 유럽 대륙을 인정해서 고개를 끄덕이는 아우구스투스와 샤를마뉴, 카를 5세와 예카테리나 2세, 탈레랑과 비스마르크를 본다. 하지만 그들이 서로에게 '참 낯이 익군요. 정말 허약 하군요'라고 말하는 것을 듣는다. 그다음 전에 본 적이 있었던 피레우스의 사자상을 흘끗 쳐다본다. 사자상이 내게 수수께끼 같은 미소를 던진다.

유럽사 연대표

	연도	내용
기원전	2500~1450년경	미노스 문명의 지배
	1450~1100년경	미케네 문명의 지배
	1194~84년경	트로이 공성전
	508년	클레이스테네스가 아테네에 민주주의를 자리 잡게 하다
	490년	아테네인들이 마라톤에서 페르시아인을 물리치다
	461~429년	페리클레스의 지배, 아테네의 황금기
	336~323년	알렉산더 대왕의 치세
	241년	로마인이 시칠리아에서 카르타고인을 몰아내다
	218~203년	이탈리아에서의 한니발
	44년	카이사르 암살
	27년	로마 황제 아우구스투스
서기	33년경	예수 그리스도의 죽음
	117~38년	황제 하드리아누스
	286년	디오클레티아누스가 로마제국을 분할하다
	306~337년	콘스탄티누스 황제
	325년	니케아 공의회
	410년	알라리크가 로마를 약탈하다
	451년	아틸라가 카탈라우눔(Catalaunum) 평원에서 패배하다
	476년	아우구스툴루스가 권좌에서 쫓겨나고 로마제국이 공식적으로 종말을 고하다
	493년	클로비스가 테오도리쿠스를 이탈리아 왕으로 승인하다
	536년	유스티니아누스가 이탈리아를 탈환하다
	595년	그레고리우스 교황이 아우구스티누스를 잉글랜드에 파견하다
	632~700년	무슬림이 기독교 왕국의 3분의 1을 정복하다
	732년	마르텔이 압둘 라흐만을 푸아티에에서 물리치다
	800년	샤를마뉴가 신성로마제국의 초대 황제가 되었다
	845년	바이킹이 파리를 약탈하다

연도	내용
955년	오토가 레흐펠트에서 마자르족을 물리치다
988년	블라디미르가 러시아에 비잔틴 교회를 들여오다
1015~1017년	크누트가 영국을 점령하다
1054년	로마와 비잔티움 사이의 종교 대분열
1066년	노르만족이 잉글랜드를 정복하다
1077년	참회하는 신성로마제국 황제 하인리히 4세가 카노사로 걸어가다
1099년	1차 십자군이 예루살렘을 점령하다
1147년	2차 십자군
1170년	캔터베리에서 베켓이 살해되다
1204년	4차 십자군이 콘스탄티노플을 약탈하다
1215년	잉글랜드의 마그나 카르타
1216년	인노켄티우스 3세의 4차 라테란 공의회 칙령이 공포되다
1241년	황금 군단이 헝가리에 도착하다
1265년	시몽 드 몽포르 의회
1309년	프랑스의 필립이 아비뇽 교황 시대를 확립하다
1337년	백년전쟁이 발발하다
1346년	크레시 전투
1347~1351년	흑사병이 유럽을 파괴하다
1378년	분열된 교황이 서구의 종교 분열을 야기하다
1402년	얀 후스가 프라하에서 위클리프의 가르침을 설교하다
1415년	콘스탄츠 공의회와 후스의 화형
1417년	서구의 종교 분열이 막을 내리다
1453년	카스티용 전투가 백년전쟁을 끝내다 오스만인에게 콘스탄티노플이 함락되다
1455년	구텐베르크가 성경을 인쇄하다
1456년	항해 왕 엔히크가 파견한 선원들이 카보베르데(CapeVerde) 제도에 도착하다
1480년	이반 대제가 타타르족을 몰아내다
1483년	토르케마다가 스페인 종교재판을 이끌다
1492년	무어족의 그라나다가 함락되다 콜럼버스가 카리브해에 상륙하다
1494~1498년	피렌체의 사보나롤라
1517년	루터가 로마 교황청에 반대하는 논문을 발표한다
1519년	카를로스 5세가 신성로마 황제가 되다

연도	내용
1520년	프랑수아 1세와 헨리 8세가 금란평원에서 대결하다
1526년	술레이만 대제가 모하치에서 헝가리인을 물리치다
1530년	아우크스부르크 제국 의회에서 신교의 신앙고백을 듣다
1545년	트렌트 공의회가 가톨릭의 반박을 듣다
1555년	아우크스부르크 화의는 '군주가 자기 영토의 종교를 결정한다'는 원칙에 합의하다
1571년	레판토에서 가톨릭교도가 오스만인을 물리치다
1572년	성 바르톨로뮤 축일의 대학살
1588년	스페인 무적함대가 패배하다
1598년	앙리 4세가 위그노 신교도를 용인하는 낭트 칙령을 통과시키다
1618년	프라하 창밖 투척 사건으로 30년 전쟁이 시작되다
1648년	베스트팔렌 평화조약
1649년	찰스 1세의 처형으로 크롬웰의 연방공화국이 시작되다
1660년	찰스 2세가 영국 왕정을 복고하다
1661년	루이 14세의 개인 통치가 시작되다
1672~1678년	프랑스-네덜란드 전쟁
1685년	루이 14세가 낭트 칙령을 폐지하고 위그노를 추방하다
1688년	오라녜 공 빌럼이 잉글랜드를 침공하고, 제임스 2세가 프랑스로 도주하다
1688~1697년	9년 전쟁
1701년~1714년	스페인 왕위 계승 전쟁
1713년	위트레흐트 조약
1740~1748년	오스트리아 왕위 계승 전쟁 프로이센의 프리드리히가 실레지아를 침공하다
1756~1763년	7년 전쟁
1762년	예카테리나 2세가 러시아의 왕위를 장악하다
1763년	파리 조약으로 7년 전쟁이 마무리되다
1773년	보스턴 차 사건
1775~1783년	미국 독립 전쟁
1789년	프랑스 혁명이 시작되다
1793년	로베스피에르의 공포정치
1804년	나폴레옹이 프랑스 황제 자리에 앉다
1805년	트라팔가르와 아우스터리츠 전투
1806년	신성로마제국이 해체되다

연도	내용
1812년	나폴레옹이 모스크바에서 퇴각하다
1815년	워털루 전투와 나폴레옹의 몰락
1830년	그리스 독립 실패한 혁명의 원년
1832년	영국이 선거법 개혁으로 부패 선거구를 폐지하다
1848년	실패한 혁명 2년차
1853~1856년	크림전쟁
1861년	이탈리아 통일
1866년	비스마르크가 오스트리아를 무찌르다
1871년	비스마르크가 프랑스를 무찌르다
1885년	2차 베를린 회의에서 유럽의 제국들을 규정하다
1914년~1918년	1차 세계대전
1917년	러시아 혁명
1919년	베르사유 조약
1925년	로카르노 조약
1929년	대공황이 시작되다
1939년	히틀러의 폴란드 침공으로 2차 세계대전이 발발하다
1941년	미국이 진주만 기습 공격에 뒤이어 전쟁에 돌입하다
1945년	얄타와 포츠담 회담으로 2차 대전이 끝나다
1948~1949년	베를린 봉쇄
1949년	나토(NATO) 창립
1957년	로마 조약으로 유럽경제공동체(EEC)가 설립되다
1962년	쿠바 미사일 위기
1989년	베를린 장벽 붕괴
1991년	구소련 해체
1999년	푸틴이 모스크바에서 권력을 장악하다
2002년	유로화가 범유럽 통화가 되다
2016년	영국이 유럽연합 탈퇴를 놓고 투표하다

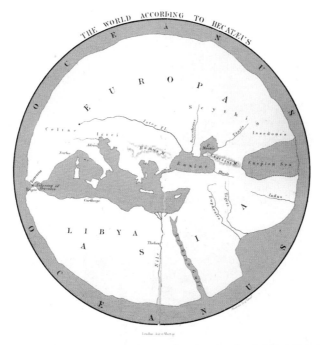

1 기원전 500년경 헤카타이오스(Hecataeus)에 의해 그리스인들에게 알려진 세계지도

2 기원전 5세기 밀레투스에서 나온 몸통뿐인 남성 조각상으로 완벽한 인간 형상을 보여준다

3 기원전 430년경 아테네
패권을 주도한 페리클레스

4 아테네 황금기의 상징−파르테논 신전이 있는 아크로폴리스

5 한니발과 코끼리로 추정되는 카르타고의 주화

6 3세기 로마의 카타콤(Catacombs)에서 나온, 양치기 모습을 한 예수 그리스도의 최초 초상
화로 추정됨

7 제국의 중심－피라네시(Piranesi)가 그린 18세기 로마 광장의 유적

8 최초 기독교 황제인 콘스탄티누스 대제(306~337년)

9 452년 천사들과 사도들의 시중을 받은 교황 레오와 훈족의 왕 아틸라의 만남

10-11 제국의 최후—유스티니아누스(왼쪽)와 그의 아내 테오도라, 547년경 라벤나의 모자이크

12 프랑크족의 왕이자 초대 신성로마
황제인 샤를마뉴(768~814년)

13 유럽에서 빛나는 이슬람의 광채 — 코르도바의 대(大)모스크

14 바이외 태피스트리에 묘사된 헤이스팅스 전투에서 잉글랜드의 왕 해럴드의 죽음

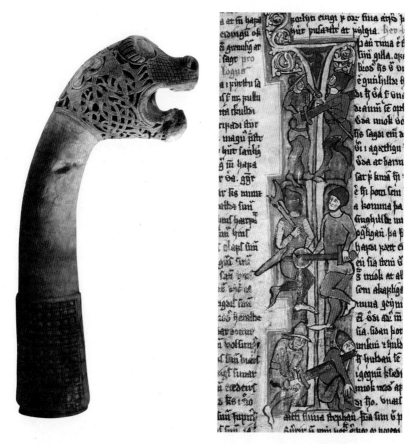

15 (왼쪽) 834년 오세베르크(Oseberg)의 바이킹 배 매장지에서 발굴된 조각된 용머리

16 (오른쪽) 바이킹의 잔혹성—중세 아이슬란드의 『플라테이자르복(Flateyjarbók)』 원고의 세부 묘사

17 1099년 예루살렘을 공격하는 1차 십자군

18 (왼쪽) 교회 대 국가—헨리 2세와 논쟁하는 베켓
19 (오른쪽) 교회의 승리—교황 인노켄티우스 3세

20 유럽의 흑사병 — 1349년 프랑스 투르네(Tournai)

21 얀 후스를 화형에 처하는 1415년 콘스탄츠 공의회

22 풍요로운 10월의 부르고뉴─베리공(公)의 매우 호화로운 기도서에서

23 1453년 투르크인에게 함락되는 콘스탄티노플

24 르네상스 시기 로마—1481년 기를란다요가 시스티나 성당에 그린 베드로와 안드레아의 부름

25 1455년 성경을 최초로 인쇄한 요하네스
구텐베르크

26 1490년경 이단에 채찍을 가한 카스티야의
가톨릭 군주 이사벨라

27 허영의 불꽃을 선동한 지롤라모 사보나롤라   28 종교개혁의 지도자 마르틴 루터
(1494~1498년)

29 서쪽과 남쪽으로 확장해 가는 유럽 — 1542년 리스본 항구

30 신성로마 황제인 스페인의 카를로스 5세 (1519~1556년)

31 프랑스의 프랑수아 1세(1525~1547년)

32 잉글랜드의 헨리 8세(1509~1547년)

33 투르크의 술레이만 대제(1520~1566년)

34 성 바르톨로뮤 축일의 대학살(1572년 프랑스)

35 16세기 프랑스를 통치한 세 명의 여인들 중 한 명인 카트린 드 메디치

36 파리는 '미사를 거행할 만한 가치가 있다' ―프랑스의 앙리 4세(1589~1610년)

37 1618년 프라하 창밖 투척 사건

38 교수형－30년 전쟁(1618~1648년)의 공포

39 고대 그리스·로마 신들의 복장을 하고 있는 프랑스의 루이 14세와 그의 가족

40 베르사유, 태양왕 루이 14세의 궁전과 금박을 입힌 감옥

41 1704년 블레넘(Blenheim) 전투

42 프로이센의 프리드리히 대제(1740~1786년)

43 가족과 함께 있는 오스트리아의 마리아 테레지아(1740~1780년)

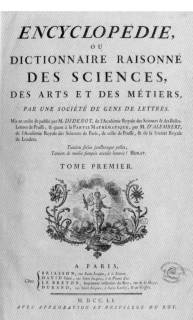

44 (왼쪽)
디드로와 달랑베르의 백과사전, 속표지

45 (왼쪽 아래)
계몽주의를 상징하는 노년의 볼테르

46 (오른쪽 아래)
러시아의 예카테리나 2세(1762~1796년)

47 자크 루이 다비드가 그린 혁명의 미풍—1789년 테니스 코트의 선언

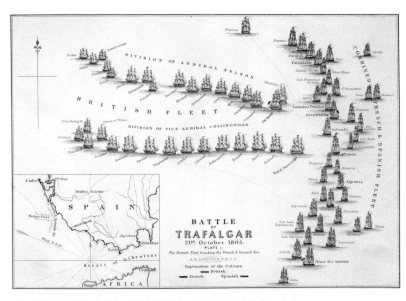

48 영국이 '솔선수범해서' 유럽을 구하다—1805년 트라팔가르 해전

49 통령에서 황제로－앵그르(Ingres)가 그린 나폴레옹

50 1812년 모스크바로부터의 퇴각

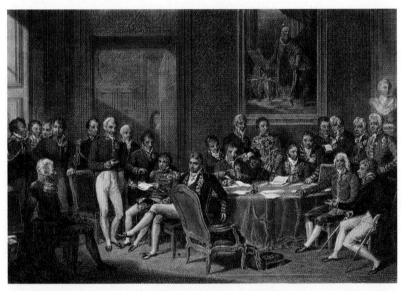

51 1815년 회기 중인 비엔나 회의, 중앙에 캐슬리(Castlereagh)가 오른쪽 두 번째에 탈레랑이
앉아 있다

52 혁명의 원년 ─ 1830년 파리에서 들라크루아가 그린 민중을 이끄는 자유의 여신

53 혁명 2년차 ─ 1848년 비엔나의 바리케이드

54 영국의 혁명―1849년 산업도시 브래드퍼드(Bradford)

55 '땅 위를 걷는 신'으로서의 국가―게오르크 빌헬름 프리드리히 헤겔

56 '잃을 것은 쇠사슬밖에 없다'―칼 마르크스

57 평화 때의 영국 — 1851년 만국박람회의 빅토리아 여왕

58 전쟁 때의 영국 — 1854년 발라클라바에서 경기병 여단의 돌격

59 혁명 영웅-1860년 시칠리아의 가리발디   60 1890년 오토 폰 비스마르크

61 파리코뮌-1871년 나폴레옹 1세 동상을 쓰러뜨리다

62 전쟁의 점화 ─ 1914년 사라예보에서 암살당하기 전의 페르디난트 대공

63 1917년 비미(Vimy) 산등성이 장악

64 해방의 단계 — 1915년 독일 군수공장의 여성 노동자들

65 '모든 전쟁을 끝내기 위한 강화조약' — 1919년 베르사유 조약

66 1937년 뉘른베르크 집회

67 1940년 파리 함락―관광에 나서는 히틀러와 슈페어

68 유럽의 재구성―1945년 2월 얄타 회담
에서 처칠, 루스벨트, 스탈린

69 전쟁 최악의 순간―1945년 2월 드레스
덴의 파괴

70 냉전의 시작 — 1948년 베를린 공수 작전

71 구소련의 승리 — 짓밟힌 1968년 프라하의 봄

72 공산주의 붕괴 — 1989년 베를린 장벽이 무너짐

73 (위) 냉전의 마지막 의식 — 1990년 대처와
고르바초프

74 (오른쪽) 2015년 베를린의 이주자 쉼터에서
셀카를 찍기 위해 포즈를 취하고 있는 앙겔
라 메르켈

75 만들어지고 있는 차르—2018년 푸틴의 재취임식

76 대립하는 동맹—2018년 G7 정상회담

저자의 말

이 책은 나의 『짧은 영국사*Short History of England*』(개요, 2011)의 패턴을 따르고 있다. 유럽 대륙 전체의 관점에서 볼 때 유럽의 정치와 사람에 대한 솔직한 이야기를 하려고 한다. 어떤 짧은 역사든 2차 자료에 의존해야 한다. 2차 자료는 주로 추가 참고도서 목록 부분에서 언급된 것들이다. 대부분은 이 책의 주제에 맞게 일반적인 유럽사다. 펭귄 출판사의 유럽사 시리즈가 가장 신뢰할 만했다. 최신 책들 중에서는 노먼 데이비스와 J. M. 로버츠J. M. Roberts의 책이 주목할 만하다. 대니얼 부어스틴의 『발견자들*The Discoverers*』과 피터 윌슨의 신성 로마제국 연구는 초점을 더 좁게 한정시킨 유용한 책이다. 고전 중에서는 에드워드 기번과 H. A. L. 피셔의 책이 항상 격조 높고 재미있었다.

현대 학문은 잘 알려진 사건의 평판과 의미에 의문을 제기함으로써 유럽의 과거에 대한 많은 통상적인 해석에 도전한다. 앞 장들에서는 심지어 날짜와 인용구마저 논쟁거리가 되는 경향이 있다. 대부분의 경우, 나는 논쟁으로 파고드는 유혹을 이겨내야 했고 일반 통념을 받아들였다. 외국의 장소 및 사람에 대해서는 대부분 영국식 철자를 사용해 왔다. 통치자의 이름 뒤에 오는 날짜는 달리 언급되지 않는 한 집권 기간을 말한다. 물론 어떤 의견 제시와 수정도 받아들이려 한다.

본문을 읽고 의견을 제시해 주신 분들께 감사드리려 한다. 제러미 블랙Jeremy Black, 피터 퍼타도Peter Furtado, 마크 그린그래스Mark Greengrass, 엘리나 스크린Elina Screen, 크리스 위컴Chris Wickham, 동생 톰 젠킨스Tom Jenkins, 그리고 아내 한나Hannah에게 감사드린다. 나는 대부분 그들의 충고를 받아들였지만 항상 그랬던 것은 아니었으므로, 사실이나 분석의 오류는 전적으로 내게 책임이 있다. 펭귄 출판사의 편집자 다니엘 크루Daniel Crewe에게도 감사를 표한다. 그는 처음으로 내게 이 멋진 일을 맡도록 권유했다. 편집 과정을 관리한 나탈리 월Natalie Wall, 코너 브라운Connor Brown, 지도를 만든 마이크 데이비스Mike Davis, 삽화를 연구하고 제공한 세실리아 맥케이Cecilia Mackay, 원고를 교열한 트레버 홀우드Trevor Horwood, 그리고 홍보를 맡은 루스 킬릭Ruth Killick에게도 감사드린다.

추가 참고 도서 목록

다음 책은 본문에서 인용되었거나 참고 자료로 사용되었습니다.

Abulafia, David. 2011. *The Great Sea*.

Beard, Mary. 2015. *SPQR*.

Black, Jeremy. 2008. *What If?*

Blanning, Tim. 2007. *The Pursuit of Glory*.

Boorstin, Daniel. 1985. *The Discoverers*.

Bradford, Ernle. 1971. *Mediterranean*.

Clark, Christopher. 2012. *The Sleepwalkers*.

Davies, Norman. 1996. *Europe, a History*.

_____. 2011. *Vanished Kingdoms*.

Evans, Richard J. 2016. *The Pursuit of Power*.

Fisher, H. A. L. 1938. *A History of Europe*.

Frankopan, Peter. 2015. *The Silk Roads*.

Gaddis, John Lewis. 2005. *The Cold War*.

Gibbon, Edward. 1994. *The History of the Decline and Fall of the Roman Empire* (3 vols.).
    David Womersley(ed.).

Greengrass, Mark. 2014. *Christendom Destroyed*.

Hawes, James. 2017. *The Shortest History of Germany*.

Herrin, Judith. 1987. *The Formation of Christendom*.

Hitchcock, William. 2003. *The Struggle for Europe*.

Hughes, Bettany. 2017. *Istanbul*.

Judt, Tony. 2005. *Postwar*.

Kershaw, Ian. 2015. *To Hell and Back*.

MacCulloch, Diarmaid. 2009. *A History of Christianity*.

MacMillan, Margaret. 2013. *The War That Ended Peace*.

Morris, Ian. 2013. *The Measure of Civilisation*.

Nixey, Catherine. 2017. *The Darkening Age*.

Norwich, John Julius. 2012. *The Popes*.

_____. 2016. *Four Princes*.

Robb, Graham. 2007. *The Discovery of France*.

Roberts, J. M. 1996. *A History of Europe*.

Runciman, Steven. 1933. *Byzantine Civilisation*.

Siedentop, Larry. 2014. *Inventing the Individual*.

Simms, Brendan. 2013. *Europe, The Struggle for Supremacy*.

Vincent, John. 1995. *An Intelligent Person's Guide to History*.

Wedgwood, Veronica. 1938. *The Thirty Years War*.

Wickham, Chris. 2009. *The Inheritance of Rome*.

Wilson, Peter. 2016. *The Holy Roman Empire*.

Winder, Simon. 2010. *Germania*.

Zamoyski, Adam. 1999. *Holy Madness*.

옮긴이의 말

이 책은 유럽 역사에 관한 개론서이다. 저자 사이먼 젠킨스Simon Jenkins는 고대 그리스의 정치가 페리클레스에서 지금의 푸틴에 이르기까지 유럽의 지정학적 실체에 대해 비교적 짧고 간단명료하게 이야기하고 있다. 이 책은 지금까지 나와 있는 통상적인 유럽 역사 개설서들과는 사뭇 다르다. 특히 이 책이 역자에게 기존의 유럽 역사를 다루었던 책들과는 달리 상대적으로 차별적이고 참신하게 다가왔던 부분은 국가 중심의 유럽 역사를 피하고 있다는 점일 것이다.

불과 수백 년 만에 유럽은 여러 제국의 흥망성쇠를 경험했고 과학적 역동성과 문화적 혁신 그리고 경제적 혁명의 혹된 시련의 장으로서 역할을 해왔다. 게다가 여러 차례 되풀이해서 거의 파괴 국면까지 이르렀던 격변과 유혈 사태를 목격하기도 했다. 대륙으로서의 유럽이라는 정체성은 지리적 또는 민족적 연속성에 의해서가 아니라 잘 알려진 기나긴 권력투쟁에 의해 모습을 드러냈다.

페리클레스, 카이사르, 샤를마뉴, 마키아벨리, 루이 14세, 나폴레옹, 마르크스 등 역사적으로 유명한 인물들로 가득 찬 사이먼 젠킨스의 유럽 역사는 로마제국, 암흑기로 알려진 중세 시대, 종교개혁에서 프랑스 혁명, 두 차례의 세계대전, 소련의 몰락까지 숨 가쁘게 이동한다. 저자는 여러 세기를 다룬다. 때때로 그 속도는 갈피를 못 잡게 하고 불가피하게 공백이 있으며 몇몇 주요 사건들이 아주 적은 페이지로 다루어진다. 이러한 문제들에도 불구하고 저자는 시간이 지남에 따라 문화적 정체성으로 끊임없이 충돌하고 폭력적 위기로 서로 영향을 끼쳤던 일단의 국가들이 어떻게 유럽 대륙이라는 의식을 발전시켜 왔는지를 묘사하고자 했다.

저자는 서구 문명의 빅뱅인 그리스에서 시작한다. 그리스는 유럽의 개념을 도입했을 뿐만 아니라 헬레니즘과 로마의 유산을 통해 유럽 정체성의 기초를 형성했다. 여기서부터, 우리는 시간의 흐름을 매우 빠르게 통과한다. 이 책의 첫 3분의 1의 내용은 중요한 인물과 인구 이동에 대해 이야기한다. 이것이 바로 로마와 번창하는 로마 가톨릭교의 잿더미 위에 프랑스와 이탈리아 그리고 스페인의 게르만 왕국에서 생겨났던 근대 유럽 국가들이다.

마지막 3분의 1은 이러한 국가들이 어떻게 상호 작용했는지 다루고 있다. 이것은 다름 아닌 나폴레옹 전쟁, 메테르니히 평화조약, 두 차례의 세계대전, 그리고 냉전으로 이어진다. 그것은 불편한 모순으로 막을 내린다. 한편으로 유럽 정치체제는 유럽연합에서 점점 더 강력한 연방체제로 통합되는 것처럼 보이지만, 다른 한편으로는 민족주의 부활과 EU가 붕괴될 경우 혼란으로부터 이익을 얻으려는 러시아에 의해 의심의 씨앗이 뿌려지고 있다. 이 책은 유럽이 탄생하고 4000년 동안 유럽이 가져온 상대적인 평화와 번영의 미래에 대해 의문을 제기하며 다소 침울하게 끝을 맺는다.

저자는 아리스토텔레스로부터 셰익스피어와 피카소에 이르기까지의 문화계 인사들뿐만 아니라 율리우스 카이사르와 잔 다르크부터 웰링턴과 앙겔라 메르켈에 이르기까지의 지도자들도 다룬다. 이로써 유럽을 변화시킨 힘과 유럽의 지배적인 시대를 평소의 통찰력과 색깔 그리고 권위를 갖고 하나의 연대기적 이야기로 묶어내고 있다. 유럽의 정치·경제·문화의 중요성에도 불구하고, 지금까지 유럽에 관한 이야기를 이렇게 간결하고도 명확하게 들려준 책은 없었다고 말한다면 지나친 걸까.

번역상의 오류는 역자의 능력 부족에서 비롯된 것으로 전적으로 역자가 책임질 몫이다. 끝으로 코로나 팬데믹 사태로 인한 장기적인 출판 시장의 불황에도 불구하고 고집스러울 정도로 인문학에 대한 남다른 애정과 열정으로 인문서 출판에 힘쓰시는 한울엠플러스㈜ 김종수 사장님께 존경과 감사의 뜻을 전한다. 특히 서투른 번역에도 불구하고 좋은 책을 만들기 위해 꼼꼼하게 편집하느라 애쓰신 조인순 님의 열정에도 더불어 감사하다는 뜻을 전한다.

2022년 7월 방배동 집에서

임웅

지은이

사이먼 젠킨스 Simon Jenkins

사이먼 젠킨스는 영국의 작가이자 신문 칼럼니스트이자 편집자이다. 1976년부터 1978년까지
≪이브닝 스탠더드(the Evening Standard)≫, 1990년부터 1992년까지 ≪타임스(the Times)≫
의 편집장을 지냈다. 저자는 현재 ≪가디언(the Guardian)≫에 칼럼을 쓰고 있으며 『영국의 짧
은 역사(A Short History of England)』를 비롯해 많은 책을 저술했다.

옮긴이

임 웅

고려대학교 사학과를 졸업하고 동 대학원에서 서양사 전공으로 박사학위를 받았다. 현재는 대
학에서 서양사를 가르치고 있다. 지은 책으로『로마의 하층민』『로마의 소작과 소작인』등이
있고, 옮긴 책으로『서양 고대 전쟁사 박물관』『말의 세계사』『문명이야기 3: 카이사르와 그리
스도』등이 있다.

한울아카데미 2388

짧은 유럽사

페리클레스에서 푸틴까지

지은이 **사이먼 젠킨스** ㅣ 옮긴이 **임웅** ㅣ 펴낸이 **김종수** ㅣ 펴낸곳 **한울엠플러스(주)** ㅣ 편집 **조인순**

초판 1쇄 인쇄 **2022년 9월 20일** ㅣ 초판 1쇄 발행 **2022년 9월 26일**

주소 **10881 경기도 파주시 광인사길 153 한울시소빌딩 3층**
전화 **031-955-0655** ㅣ 팩스 **031-955-0656**
홈페이지 **www.hanulmplus.kr** ㅣ 등록번호 **제406-2015-000143호**

Printed in Korea.
ISBN 978-89-460-7388-3 93920
※ 책값은 겉표지에 표시되어 있습니다.